Larousse

les fromages

Robert J. Courtine

DE L'ACADÉMIE RABELAIS

Larousse

les fromages

Larousse

17 RUE DU MONTPARNASSE 75298 PARIS CEDEX 06

à la mémoire de Jacques Casanova de Seingalt

Le texte du présent ouvrage est celui qu'a publié la Librairie Larousse dans sa collection des « Dictionnaires de l'Homme du XXe siècle » sous le titre *Dictionnaire des fromages*. L'illustration en couleurs est entièrement nouvelle.

Mise en pages Pol Depiesse.

Iconographie Françoise Guillot.

Couverture : Phot. S.O.P.E.X.A.

ISBN 2-03-506304

préface

Marchande de fromage. Gravure sur bois coloriée à la main, extraite de l'*Hortus sanitatis* de Joannes de Cuba. Strasbourg, 1507. Bibliothèque nationale, Paris. *Phot. Bibl. nat.*

Le fromage est un aliment presque complet qui contient en substance à peu près tout ce qui est nécessaire à la croissance et au développement du corps humain, comme le lait est indispensable aux premiers moments de la vie des mammifères. Il fut de tout temps considéré comme un aliment de haute valeur énergétique, les militaires, depuis les Romains, en ayant reçu pour leur ration quotidienne, les marins au long cours en disposant toujours pour l'équilibre de leur alimentation.

Après un assez long silence, le fromage est de nouveau à l'honneur, et le monde entier envie la France pour le nombre et la qualité de ses différents fromages. Il faut donc par tous les moyens qui sont à notre disposition conserver à notre pays la suprématie en cette matière qui constitue, en outre, une activité agricole et industrielle de première importance. Pour les gourmets aussi, afin qu'ils puissent satisfaire longtemps encore une certaine forme de leur sensibilité gustative et former avec les vins de nos terroirs des mariages heureux.

Depuis quelques décennies, le fromage est entré dans les mœurs alimentaires d'un certain nombre de peuples qui l'ignoraient et prend, dans les pays occidentaux, une place de plus en plus importante dans la composition des repas.

Le fromage remonte aussi loin que les sociétés organisées. Dès que les hommes préhistoriques parquèrent et élevèrent des troupeaux, ils burent le lait des femelles, puis tentèrent de le conserver. Ce fut l'apparition du fromage. On trouve dans les palafittes du VIe millénaire des tessons de pots percés qui ne pouvaient servir qu'à égoutter le lait caillé. Les plus anciens écrits nous montrent le lait caillé comme l'un des éléments de nutrition des populations orientales et des nomades, qui, eux, pour se façonner des liquides alcoolisés, le faisaient fermenter.

Il fallut attendre l'Antiquité romaine pour constater l'existence des pâtes pressées ou à moisissures internes, et les Temps modernes pour voir se créer les pâtes molles telles que nous les connaissons aujourd'hui. Quant à la transformation par fermentation de la caséine et sa liquéfaction, qui donne tant d'attraits aux fromages de haut goût, il fallut attendre le XXe siècle pour qu'elle s'impose et fasse apparaître ceux-ci sur les tables.

Tous les peuples, excepté ceux de l'Extrême-Orient, fabriquent traditionnellement des fromages. Ils les produisent selon la situation de leur pays, leur climat, les espèces animales dont ils disposent, leurs coutumes alimentaires,

leur économie domestique. Le fromage est donc un sujet très vaste dont l'étude est à peine ébauchée et dont la complexité exigera encore de nombreuses années de recherches.
Ce sont les conditions de l'habitat humain et la sociologie de la terre qui déterminèrent la forme et le format des fromages. En montagne, là où les intempéries durent longtemps et où la circulation est difficile durant l'enneigement, les fromages sont très importants, « à la grande forme », pour que, la dimension aidant, le produit ait une plus grande résistance au vieillissement. Dans les hautes vallées, les fromages sont encore de grand format, mais plus modeste, à pâte pressée mais non à pâte molle. Dans les pays chauds et secs, où la pâture est pauvre, la vache, trop exigeante, est remplacée par les chèvres frugales ou les rustiques pécores, les petits fromageons sont de courte conservation. On la prolonge par des procédés de dessiccation puis de fermentation en pots.
On ne saura jamais combien il a fallu de patience et de tâtonnements pour mettre au point les recettes de fabrication des fromages. C'est le principal mérite des humbles fermières, des moines silencieux que d'avoir réussi, au prix d'innombrables échecs, à mettre au point et à perfectionner l'assortiment des fromages dont nous sommes, à juste titre, très fiers, si l'on songe que cette extraordinaire palette est issue uniquement du lait, du sel et des ferments.
Toute la technologie moderne repose sur la possibilité de reproduire à volonté les différents phénomènes spontanés, autrefois incontrôlés, de la coagulation, de la maturation, de la fermentation des fromages et de les codifier. Les spécialistes n'y parviennent pas toujours, bien que la science laitière ait atteint un niveau très élevé de connaissances depuis que Pasteur découvrit le principe de la fermentation lactique.
Nos prédécesseurs pensaient avec raison que les agents naturels de l'environnement conditionnent la personnalité des fromages et les marquent du sceau indélébile du cru et du terroir. Aujourd'hui, pour des raisons économiques, hygiéniques ou techniques, on pasteurise le lait. Il ne m'appartient pas de critiquer ce procédé, car nul ne peut s'arroger le droit d'arrêter le progrès. Mais en est-ce un que de dépouiller le lait de ses principaux éléments bactériens et de les remplacer par d'autres sélectionnés et standardisés en laboratoire? Est-ce un avantage que de devoir restituer au lait ainsi dépouillé de ses principes vitaux d'autres éléments de synthèse? L'affadissement des produits laitiers modernes est-il un progrès sur la robuste saveur des produits initiaux?
Tout cela mérite réflexion. Robert Courtine y a bien réfléchi, c'est pourquoi il a entrepris le vaste travail qui consiste à réunir tous les documents disponibles qui permettent non seulement d'inventorier le patrimoine mondial des fromages, mais de se faire une opinion sur les avantages et les dangers de l'industrialisation.
Ces risques sont déjà perceptibles. Nous courons à la standardisation et à la banalisation de toutes les productions agricoles, et, si nous n'y prenons pas garde à temps, les amateurs n'auront plus à choisir entre autres « spécialités » que celles de formes différentes dans des emballages chatoyants composées de crème aromatisée ou de pâte fondue dont le décor aux noix, aux raisins ou autres ingrédients tient lieu de lettres de noblesse.
Ce ne sont certes pas ces créations qui laisseront dans l'esprit des gens de goût un souvenir marquant, mais bien plutôt ceux qui sont installés dans la tradition et l'histoire, tel le Brie de la ferme d'Estourville, à Villeroy, qui força l'admiration des diplomates de l'Europe entière réunis au congrès de Vienne en 1815, au point que Metternich le proclama « roi des fromages et premier des desserts ».

Pierre ANDROUËT.

Bénédiction de la foire du lendit, à Saint-Denis. Manuscrit latin. XIVe siècle. Bibliothèque nationale, Paris. ***Phot. Giraudon.***

avant-propos

Il a ajouté avec nostalgie qu'ils étaient très pauvres,
qu'ils se contentaient souvent d'un bout de fromage et de pain.
(Georges Simenon, *Novembre*.)

Le fromage est un des plus vieux aliments de l'homme. Il a fallu, bien évidemment, la domestication des mammifères (cheval, bovidés, ovidés, chameau) pour que l'homme préhistorique découvre les laitages. Mais laitages n'étaient point encore fromages. Et le premier de ceux-ci fut un caillé.

L'homme néolithique, en gardant le lait caillé dans des récipients en bois et en renouvelant constamment la masse coagulée au fur et à mesure de sa consommation, pouvait le conserver toute une saison, explique le Dr Alfred Gottschalk dans son *Histoire de l'alimentation et de la gastronomie*. C'est une pratique toujours en vigueur dans des coins reculés d'Europe centrale, et on cite ce mode de conservation comme encore mis en œuvre, avant la Première Guerre mondiale, en Normandie. Survivance probable d'antiques usages remontant aux invasions nordiques. On a retrouvé, dans les débris des palafittes, des vases perforés, en bois puis en poterie, analogues à ceux dont on se sert encore actuellement pour l'égouttage familial du caillé. Des bâtons en sapin écorché servaient au brassage : on dit encore *bâtons à baratter*. Mais le beurre ne fut découvert qu'assez tard, dans les régions relativement froides où le lait ne tourne pas, ce qui permet aux globules gras de remonter à la surface.

L'histoire des laitages caillés reste incertaine. C'est en Eurasie qu'on en trouve les premières mentions, chez les Buschirs, les Tatares, les Kirghizes, les Kalmouks, peut-être aussi au Tibet et en Perse, mais il n'est pas certain que les Babyloniens et les Hébreux aient connu les premiers fromages.

Les Tatares fabriquaient le Koumys, au lait de jument fermenté, tenu dans des outres en peau où il était brassé avec un bâton spécial, décoré comme un objet précieux. Jean Priscus, envoyé de Théodose auprès d'Attila, parle d'un « camum » ou d'un « komos » qui n'est probablement que le Koumys. Et en 568, Zenardius, ambassadeur de Justin II auprès du khan Bizibalus, cite un « kosmos » qui lui ressemble tout autant.

Le lait pas plus que les laitages, ne jouait en Egypte un rôle important dans l'alimentation, du moins jusqu'à l'occupation romaine. Le docteur Gottschalk remarque encore que, si l'on voit souvent représentés des pâtres en train de traire, le faible développement des tétines montre que les Egyptiens n'avaient pas su faire développer les organes de la lactation chez la vache, la chèvre ou la brebis.

On trouve plusieurs fois trace dans la Bible d'allusions au fromage. Une mention dans la Genèse (XVIII), concerne le beurre. Abraham, établi au pays de Canaan, reçoit les envoyés du Seigneur. « Il dit à Sara : « Apporte trois mesures de fleur « de farine, pétris-les et fais cuire des gâteaux sous la « cendre. » Et lui-même courut au troupeau, prit un veau tendre et bon et le donna à un serviteur qui le fit cuire aussitôt. Il prit aussi du beurre et du lait avec le veau qu'on avait apprêté, et il les servit, en se tenant debout devant eux, sous l'arbre... »

L'emploi des laitages est attesté dans la Grèce préhellénique par la découverte de récipients perforés destinés à égoutter le lait caillé.

Aux temps héroïques, les Grecs étaient sobres. Longtemps les Athéniens, lors de la fête des Dioscures, continuèrent à servir un repas rappelant ceux de leurs aïeux, composé de fromages, de gâteaux, d'olives et de poireaux. A Sparte, Lycurgue obligeait les habitants à manger en commun et à apporter à table une part égale de farine, d'huile, de miel, de fruits, de légumes et de fromage. Socrate, parlant des citoyens d'une république modèle, leur propose le pain et, avec ce pain, sel, vin, olives, fromages, oignons, fèves et pois grillés, fruits, baies de myrte et faines de hêtre.

Plus tard, et en fait à partir du Ve siècle avant notre ère, l'art culinaire se développa. Il y eut des écoles de cuisine; Athénée cite nombre de gâteaux comportant du fromage : le Staitites (cuit à la poêle puis couvert de miel, de fromage et de sésame), les Charisoos, l'Epidaïton, les Nanos (à base de fromage et d'huile), l'Euchylous (tartelette au fromage), le Phtois (fromage écrasé mêlé de farine, de miel), le Kinès (fromage pressé inondé de miel), le Thrion, enfin.

Le Thrion était composé d'une pâte de farine de gruau et de jaunes d'œufs pétris avec de la graisse et de la cervelle de porc, avec du fromage frais, enrichis d'amandes et de raisins secs, le tout roulé en boule et enveloppé de feuilles de figuier. On plongeait alors le Thrion dans du miel bouillant. Certains ont voulu voir en lui l'ancêtre du pudding britannique.

Le fromage alors était fort utilisé en cuisine. C'est peut-être parce que, le climat ne favorisant pas la montée de la crème, on ne faisait pas de beurre, ou on en faisait peu.

Mais l'industrie fromagère reste primitive. Homère nous montre Polyphème dans son antre. S'étant assis : « Il trait avec le plus grand soin ses brebis, ses chèvres bêlantes et rend ensuite les agneaux à leurs mères. Puis, laissant cailler la moitié de ce lait, il la dépose dans des corbeilles tressées avec soin et met l'autre moitié dans des vases pour se désaltérer et être son repas du soir. »

Pour hâter la coagulation, on brassait le lait avec des branches de figuier (on le fait encore à Majorque, de nos jours) ou avec du suc de figuier, avec des fleurs ou semences de chardons ou du caille-lait *(Galium verum)*. Plus tard, on utilisera le lait retiré de l'estomac des jeunes ruminants.

Archestrate a laissé une recette pour accommoder le scare (poisson de la Méditerranée et de l'océan Atlantique tropical, appelé aussi *poisson-perroquet*), qui consistait à l'enduire, entier, de fromage et d'huile avant de le faire rôtir au four.

Archestrate, encore, donne cette recette de lièvre : le faire rôtir, le débrocher encore saignant, le poudrer de sel et présenter sa chair aux convives. Et il ajoutait : « Toutes les autres manières d'apprêter le lièvre sont absurdes, soit qu'on l'arrose de substances visqueuses, qu'on le couvre de fromage ou qu'on y verse trop d'huile comme si l'on cuisinait une belette. » Ce qui prouve que ledit fromage était alors utilisé par d'autres pour apprêter un lièvre!

D'ailleurs, Erasistrate faisait une sauce en cuisant ensemble sang, miel, fromage, sel et cumin, tandis que Glaukos de Locres préparait la sienne avec du sang cuit, du silphium, du moût cuit, du miel, du vinaigre, du lait, du fromage et des herbes aromatiques. Ces chefs illustres ne précisent point de quels fromages ils usaient. Les Grecs connaissaient ceux de lait de vache, de brebis, de chèvre, frais ou durcis.

On sait pourtant qu'Homère parle surtout de fromage de chèvre. A Cos, on offrait à Hercule des fromages de brebis; Athénée vante les fromages « tronchiques » de Tromélie (chèvre). Longus proclame l'excellence de ceux de Lesbos. Les fromages de Bithynie étaient réputés. Les Crétois, dans certains sacrifices, offraient des fromages minces et plats appelés *Thalies,* et, avec le premier lait des bestiaux venant de mettre bas, concentré sur le feu, on fabriquait des Periephtés. Le fromage caillé au lait ou au suc de figuier s'appelait *Opias.* Enfin, à Athènes, on consommait surtout du fromage frais, et un emplacement de l'Agora était spécialement réservé à sa vente.

On sait que, des repas, en Grèce antique, le principal était le *deiphon* (repas du soir), suivi du *symposion,* sorte de souper. Ç'est à ce prolongement du repas que les serviteurs apportaient, sur des plateaux abondamment chargés, pommes, poires, dattes, raisins, figues sèches, châtaignes grillées, olives, amandes, noix, radis, cigales confites, fromages, gâteaux salés et épicés. Philoxène de Leucade, renommé pour son appétit, a décrit le menu d'un de ses repas. Cela commence par du congre farci entouré de grosses anguilles, du chien de mer, des calmars et des poulpes, se poursuit par des tétines de truies, une tête de chevreau à l'étouffée, des jambons, des tripes, des lièvres et du poulet. Le dessert se composait de miel, de lait caillé et de fromage.

La Rome antique prit la relève de la Grèce. La chèvre y fut préférée à la brebis, car elle s'adaptait mieux au climat, mais Varron classe cependant le lait de brebis en première ligne, comme étant le plus nourrissant, la vache arrivant en troisième position. Le lait d'ânesse fut fort utilisé à Rome, mais surtout en tant que produit de beauté. Le buffle, introduit en Italie au IVe siècle av. J.-C., n'eut guère de supporters. (Notons-le en passant : c'est par le Valais romain que l'industrie fromagère fut introduite en Suisse vers le IIIe s.)

De même qu'en Grèce, l'industrie beurrière ne fut pas exploitée par les Romains, qui se servaient d'huile et de graisse, en cuisine, et aussi de fromage. On préparait, par exemple, une sauce faite d'oignons et de poireaux hachés dans du vinaigre avec sel et fromage, pour accompagner les poissons bouillis.

On trouvait à Rome une grande variété de fromages, certains condimentés de thym, poivre, pignons mis dans le vase à traire. Les fromages les plus estimés étaient le Vestus (fromage local), le Vélabre (légèrement fumé), le fromage de Trebula, ceux de Rhétie.

Virgile a consacré des vers mélodieux au *moretum,* plat de fromage salé, pilé au mortier avec ail, persil, rue, coriandre, et arrosé d'huile et de vinaigre. Columelle donne une recette semblable, plus riche (il ajoute ache, poireau, oignon vert, feuille de roquette, de laitue, thym vert, pouliot, noix, amandes) avec du fromage frais et du fromage « gaulois ».

Mais s'il y eut Apicius et Vitellius, des épicuriens et des goinfres, on connut aussi des périodes de frugalité.

Le premier repas du matin, le *jentaculum* (entre 7 et 9 heures), comportait du pain frotté d'ail et du vin, puis du lait, du fromage, du miel, des œufs, des fruits frais ou secs. Pendant que

Marchand de fromage de Maroilles.
« Pour faire trouver le vin bon
Et dire les bons mots et les fines paroles
Au lieu de trencher de iambon
Prenes fromage de marolles. »
Gravure de Bonnart. Bibliothèque nationale.
Phot. Lauros-Giraudon.

Trimalcion organise le festin que l'on sait, un amphitryon plus modeste énumère son menu : cochon décoré de boudins et saucisses, gésiers aux bettes, un ramequin froid arrosé de miel et entouré de noix, pois chiches, lupins, pommes. Enfin, une gigue d'ourson, un fromage mou, du raisin, des escargots, un hachis d'animelles, des œufs, des olives à la saumure et des raves à la moutarde.
Virgile, avons-nous dit, a chanté le *moretum,* mets plébéien. Précisons que les moins démunis y ajoutaient de la viande.
Auguste était sobre. Son repas préféré se composait de gros pain, de fromage, de poissons secs et de figues fraîches, arrosés de vin de Rhétie fortement coupé d'eau, et Hadrien avait fixé ainsi la ration du légionnaire romain : 832 grammes de blé, 117 grammes de viande de mouton ou 96 grammes de lard, 27 grammes de fromage, un demi-litre de vin et 21 grammes de sel. Entre ces soldats réduits à la portion congrue, ces empereurs faisant profession de sobriété (Tibère faisait servir les restes de la veille, même en ses grandes réceptions!) et les sybarites, comme Lucullus s'invitant chez lui, ou d'autres plus exagérés encore, Horace nous paraît le juste milieu, le type du gourmand délicat et sage. Les menus qu'il relate régaleraient les gourmets d'aujourd'hui : « Un bon poulet ou un chevreau gras de la ferme, des légumes de son jardin, un fromage bien à point, des figues, des noix et des raisins. »

Au Moyen Age, le lait fermenté fut presque complètement abandonné. On utilisa le beurre et on se régala de fromages, en cuisine comme à table.
Les beurres les plus estimés étaient ceux de Normandie et de Bretagne, et celui de Vanves, près de Paris.
Les fromages les plus prisés étaient ceux de Chaillot, de Champagne et de Brie. On cite encore les fromages de Chauny (Picardie), de Bréhémont (Touraine), de la Grande-Chartreuse, de l'Epine et de Rosanois (Bourgogne). Le Parmesan fit son apparition après l'expédition d'Italie de Charles VIII.
Le Ménagier de Paris (1392/1394) indique ainsi les six conditions demandées à un bon fromage :

Non mie blanc comme Helaine,
Non mie plorant comme Magdelaine,
Non Argus, mas du tout avugle,
Et aussi pesant comme un bugle [*bœuf*]
Contre le pouce soit rebelle,
Et qu'il ait tigneuse croutelle.
Sans yeux, sans plourer, non pas blanc,
Tigneux [*épais*], *rebelle, bien pesant.*

Les habitants de Chaillot pouvaient alors mener paître leurs vaches dans les îles aujourd'hui disparues. (V. *Paris.*) En retour, ils devaient offrir chaque année à l'abbé de Saint-Germain-des-Prés des bouquets et un fromage gras.

Vint la Renaissance. Le lait se vendait dans les rues de Paris, où l'on criait le beurre de Vanves : « C'est le meilleur! Beurre frais bon pour la morue! » Celui d'Isigny ne se vendait qu'en hiver, de la Saint-Martin aux Rogations. On vendait encore du beurre salé, venu de Bretagne et de Normandie (le 14 août 1590, la femme de L'Estoile a payé ce dernier un écu la livre). Dans l'Est et en Lorraine, on préférait le beurre fondu.
On criait aussi les fromages. (V. *cris de Paris.*) Fromages frais (Caillebottes et Jonchées vendues dans des paniers de jonc), fromages de Brie et d'Auvergne considérés comme les meilleurs.
A ceux qui sont connus dès le Moyen Age, il faut ajouter les fromages de Craponne (Auvergne), de Béthune (Flandre), les Angelots (Normandie). Sans compter les fromages à la crème de Vincennes et de Montreuil.
Certains auteurs citent déjà le Pont-l'Evêque, le Gournay, le Sassenage. Et l'on importe, avec le Parmesan italien, un fromage de Florence, le Marsolin, moulé en forme de concombre, ainsi que du Gruyère suisse et du Hollande.
Olivier de Serres a conseillé, dans son *Théâtre d'agriculture et mesnage des champs* (1600), de mélanger les laits de vache, chèvre et brebis.
En cuisine, le fromage se prêtait à de nombreux apprêts et entrait dans divers mets. Son règne demeure.
Mme de Sévigné vante, dans une de ses lettres, le beurre breton de la Prévalais (près de Rennes), renommé jusqu'à Paris : « Nous en faisons des beurrées infinies. Nous y mettons de petites herbes fines et des violettes. »
L'abbé de Marolles donne une liste des fromages les plus estimés. Naturellement, il place le Maroilles en bonne place.
Selon lui, les fromages médiocres sont ceux d'Anjou, du Poitou et du Limousin. Les meilleurs sont les fromages à la crème de Blois, Vanves (où une petite communauté de ce faubourg fait un beurre dit « de l'Enfant-Jésus », très recherché), Clamart, Montreuil, Grosbois. Il cite aussi les Angelots, les Cœurs (de Gournay et du pays de Bray), les fromages d'Auvergne et du Cantal, de la Brie, de Linas (Linas-Montlhéry), de Roquefort, de Beauvais, de Boisgency (Beaugency), de Livarot, de Pont-l'Evêque et, répétons-le, de Maroilles. Pour les étrangers, les plus cotés sont ceux de Suisse et de Hollande, ainsi que le Parmesan. Notons que l'on fait déjà du « Gruyère » en Franche-Comté.

Vers 1780, il s'installa une vacherie suisse aux Champs-Elysées. D'après le *Gazetin du comestible,* sont exquis les fromages à la crème de Viry (-Châtillon), à 55 sols le pot chez soi, et dont se fournit la reine. Il annonce les fromages d'Olivet, de Marolles (Maroilles) : « On les fait — dit-il — de la forme qu'on demande et, avec les moules, on peut exécuter les armes que l'on veut. »
Citons encore les fromages de Gérardmer, de Remiremont (« ils sont anisés et dans des boëtes »), les fromages de Lorraine, de Camembert en Anjou *(sic),* de Monpila (Mont-Pilat) et du Lyonnais (« il faut les attendre, mais le retard les rend d'une qualité parfaite et leur donne une couleur bleue qui indiquera le moment où il faut les manger »). Et puis, les fromages de Harfleur, de Barberey (près de Troyes), de Roquefort (« c'est dans le mois de septembre qu'on en fait des envois, il coûte 25 sols la livre chez soi et est de première qualité »).
Enfin, le fromage bleu d'Annonay, celui de Septmoncel, de Neufchâtel en Normandie, de Sassenage (lait de vache et de brebis), les fromages de chèvre de Valence, le Brie quelquefois vendu en pots, les « façon Gruyère » de Franche-Comté *(sic).*
Il se vend encore un Capo Campo, de Toscane, « très délicat ».
Et Grimod de La Reynière signale les « Recuites », qui sont une sorte de Cancoillotte.

Jusqu'à la guerre de 1914-18 les fromages étrangers restent encore rares, tandis que les fromages français, très nombreux, tous fermiers, varient d'un village à l'autre souvent.
Si nous assistons, aujourd'hui, à une uniformisation industrielle du fromage, si les productions étrangères nous arrivent, dans leur variété codifiée et normalisée, plus facilement, la demande reste importante et le fromage, s'il n'est plus un aliment de base, fait partie de notre vie gourmande quotidienne.
C'est la justification de cet ouvrage.

R. J. C.

CAMEMBERT
FORMAGGIO FRANCESE A PASTA MOLLE PESO NETTO
45 POUR CENT
MATIÈRE GRASSE
LABEL ROUGE
DECRET du 13.1.65
homologation n° 002-68
SURCHOIX
VÉRITABLE CAMEMBERT
SYNDICAT DU
DE NORMANDIE
ORIGINE
GARANTIE
NORMANDIE
QUALITÉ
CONTRÔLÉE
P. LAVALOU A SÉRANS PAR ÉCOUCHÉ (ORNE)
DES JOURS DE FÊTE
GARNAUD ANGOULÊME

A

abbayes. — Une légende veut que Charlemagne, lors de sa campagne contre les Sarrasins, se soit arrêté chez l'évêque d'Albi, un vendredi. Le saint évêque, pauvre et démuni, ne put présenter à l'empereur à la barbe fleurie (qui, du reste, était rasé, d'après les historiens sérieux) que du fromage de Roquefort, des fruits et des galettes.
Ce Roquefort était-il préparé à l'abbaye de Conques? En tout cas, deux siècles et demi plus tard, en 1060, un document atteste de façon formelle la vocation fromagère des abbés de Conques, qui payaient à titre de redevance annuelle de leurs fermages deux formes de Roquefort à l'évêque de Vabres.
Aussi bien les abbayes ont-elles donné le jour à de nombreuses industries fromagères. Des fromages furent préparés par les moines et portèrent le nom des abbayes de Cluny (fondée en 910), Maroilles* (950) et Cîteaux (1098), puis de Bricquebec, Entrammes, Echourgnac, La Meilleraye, Chambarand et bien d'autres. Selon M. Pierre Androuët, les Angelots normands furent les ancêtres monastériens de l'actuel Livarot. Et c'est à l'abbaye de Bellelay, dans le Jura bernois, que l'on prépara en tout premier lieu la fameuse « Tête de Moine ».

Abertam (Tchécoslovaquie). — ***Brebis.*** Fromage à pâte dure fabriqué dans la région de Karlovy Vary (anciennement Carlsbad), en Bohême.

Abondance ou **Vacherin d'Abondance** (Savoie). — ***Vache.*** Petit fromage fermier à pâte molle et à croûte lavée, produit dans la région de Thonon. Bonne époque : d'octobre à mars. Mat. grasse, 45 p. 100.
Fabriqué à partir du lait entier coagulé très lentement à 27 °C, ce fromage « domestique », vendu enroulé dans une écorce d'épicéa, aurait été d'abord le fait des moines de l'abbaye d'Abondance, lesquels dépendaient autrefois des moines de l'abbaye de Sion, ce qui explique, selon certains, sa ressemblance avec le Vacherin suisse. Il a tendance à disparaître.
Quelques fruitières, ou « vacheresses », produisent aussi sous ce nom, dans la vallée d'Abondance, un fromage cuit, en meules de 8 à 20 kg, de bonne conservation. C'est le Toupin*.
L'un comme l'autre de ces fromages viennent du lait d'une race dite « d'Abondance » (rameau de la pie rouge de l'Est) et qui abonde — sans jeu de mots — dans le Chablais, les vallées des Bauges et les bons alpages du nord des Alpes.

L'abbaye de Conques, dans l'Aveyron, où naquit peut-être le premier Roquefort. ***Phot. Yan-Rapho.***

Mais leur lait est de plus en plus consommé par les hôtels et sanatoriums de la région et sert également au plus rentable élevage des veaux.

acidité. — C'est un facteur de la coagulation du lait en même temps que la température et les diastases de la présure.
C'est aussi la saveur d'un caillé ou d'un fromage frais au début de sa fermentation lactique.
Un lait acide est un lait aigri ayant subi une altération organique le rendant impropre à la transformation, et l'on appelle *acidulation* la tendance à l'acidité d'un caillé ou d'un fromage frais.

Ädelost (Suède). — ***Vache.*** L'Ädelost (avec un tréma sur le A) est un Bleu au lait de vache pasteurisé.

Aettekees (Belgique), dit aussi « Ettekees » ou « Fromage de Bruxelles* ».

affinage. — Le mot *affinage,* appliqué au fromage, correspond à peu près à celui d'*élevage* pour le vin. Tel un vin fraîchement cuvé, un fromage récemment démoulé et salé, à moins qu'il n'ait été spécialement préparé pour être consommé frais, doit attendre que la main des cavistes ait accompli les gestes rituels et lui ait donné les soins que lui commande la nature.
Les ferments, levures et moisissures qui le parsèment ou l'imprègnent évoluent de l'acide vers l'alcalin sous l'effet de processus biophysiques et biochimiques organiques prévus suivant la nature et le type en traitement, et le rendent vulnérable lors des diverses manipulations de déchargement, de stockage et d'affinage; il est donc important d'emmagasiner les fromages dans des locaux climatisés répondant aux caractéristiques définies dans le tableau ci-dessous :

Pâte molle		
Croûte fleurie	+6 à 8 °C	80 à 85 p. 100
Croûte lavée	+8 à 10 °C	85 à 90 p. 100
Croûte naturelle	+6 à 8 °C	80 à 85 p. 100
Pâte demi-dure	+4 à 6 °C	85 à 90 p. 100
Pâte dure ou sèche	+8 à 10 °C	85 à 90 p. 100
Pâte bleue	+5 à 7 °C	95 p. 100 min.
Pâte fondue	+2 à 4 °C	70 à 75 p. 100

Les renseignements ci-dessus, exprimés en degrés Celsius pour la température et en pourcentage pour l'hygrométrie, peuvent subir des écarts suivant les conditions thermiques extérieures et l'état des marchandises qui doivent être emmagasinées; ils sont surtout destinés aux commerces de gros ou d'importation, qui doivent conserver d'importantes quantités de produits dont l'écoulement est lent ou irrégulier.
Les affineurs qui déballent les fromages de leurs boîtes, papiers ou fardeaux d'origine, afin de surveiller l'évolution de chaque spécimen placé sous leur surveillance, doivent en outre procéder à des manipulations de retournage et d'aération pour assurer l'entretien et l'amélioration de la consistance de la chair des pâtes molles à croûte fleurie; de lavage, de brossage et de grattage pour aider les fermentations caséiques plus lentes à pénétrer la masse des fromages à croûte lavée. La durée moyenne de l'affinage d'un Camembert est de 3 semaines, celle d'un Livarot ou d'un Maroilles de 3 à 4 mois suivant son épaisseur, et cela dans les conditions optimales. Les fromages à pâte persillée et à pâte dure sont affinés encore plus longtemps : de 3 mois à 1 an.
Les liquides le plus couramment utilisés pour les traitements d'affinage sont, suivant les cas, la nature et l'origine des produits à traiter : l'eau salée, le lait, le petit-lait, le babeurre, le vin blanc, le cidre, la bière, l'eau-de-vie de vin ou de marc, l'huile d'olive. Certaines spécialités demandent à subir l'influence de fermentations végétales externes par contact avec : le foin de certaines graminées, les cendres de certaines essences dures (chêne, hêtre, acacia), sans omettre, dans les pays de vignoble, les sarments de vigne et les bois arrachés. La gêne de marc, les feuilles de vigne, de châtaignier et de platane sont des éléments d'emballage qui commandent d'autres variétés de fermentations secondaires.

Cave d'affinage de fromages.
Phot. Le Picard-Galliphot.

Agrafa (Grèce). — ***Brebis.*** Faux Gruyère vendu quelquefois sous ce nom.

aiguille. — Les affineurs de fromages à moisissures internes se servent de longues aiguilles pour piquer la pâte, l'aérer et ainsi permettre le développement des souches de *Penicillium glaucum* ou *Penicillium roqueforti.*

Aisy ou **Aisy cendré** (Bourgogne). — ***Vache.*** Du nom du village d'Aisy-sous-Tille, ce fromage de la région d'Epoisses est, comme celui qui porte ce nom, préparé initialement avec le lait des vaches de la race dite « pie rouge de l'Est », lesquelles sont souvent et de plus en plus remplacées par des vaches de la race « brune ». A pâte molle et croûte lavée, l'Aisy est appelé *cendré* parce qu'il est mis à mûrir sous la cendre de sarments de vigne. Bonne période : d'octobre à juillet. Mat. grasse, 45 p. 100.

Alcobaça (Portugal). — ***Brebis.*** Variété d'un fromage montagnard, le Serra*, il est quelquefois mêlé de lait de vache et se présente sous la forme d'un petit disque plat.

Alentejo (Portugal). — ***Brebis.*** Préparé dans la province d'Alentejo, on le trouve présenté sous trois dimensions de même forme cylindrique. Les plus petits (poids, env. 55 g) sont souvent mêlés de lait de chèvre. Les moyens pèsent environ 450 g, les plus grands 1,8 kg. Ce sont des fromages assez tendres, dont l'affinage dure plusieurs semaines. Le lait chaud est généralement coagulé par un extrait préparé à partir des fleurs d'une sorte de chardon.

aligot. — C'est le plat rouergat par excellence. Il utilise de la Tome fraîche, c'est-à-dire du fromage de Laguiole* encore souple et n'ayant pas fermenté. On le fait aussi avec du Cantal frais. Voici la recette utilisée par Marinette, restauratrice à Paris :

ALIGOT DE MARINETTE

Faire une purée ordinaire avec 1 kg de pommes de terre d'une race se défaisant bien et ajouter à cette purée un peu d'ail pilé et du gras de lard fondu.
Assouplir la purée avec un peu de lait bouillant.
Tailler en lamelles minces 600 g de Laguiole frais et ajouter à la purée (si possible pendant que celle-ci est dans le bain-marie). Travailler fortement à la spatule de bois en faisant des « 8 ».
Lorsque la pâte est homogène, onctueuse, filante, l'aligot est cuit.
Attention, tenu trop longtemps sur le feu, le fil du fromage se coupe!
Servir à large part de spatule, en coupant au ciseau.

Alkmaar. — Ville de Hollande où s'effectue rituellement la pesée des fromages du même nom. En 1954, le bourgmestre d'Alkmaar a invité à cette pesée ses collègues édiles de villes fromagères d'Europe.

Marché aux fromages d'Alkmaar : les célèbres porteurs pèsent les lots sur la balance publique avant l'embarquement sur les bateaux.
Phot. Candelier-Lauros-Atlas-Photo.

ALLEMAGNE (fromages d'). — Principaux fromages d'Allemagne : Allgäuer Emmentaler Käse, Allgäuer Rundkäse, Allgauer Limburger, Alte Kuhkäse, Altenburger, Backsteiner, Brand, Box, Brioler, Dotter, Dreizeitige, Dry, Edelpilz, Elbinger, Frühstück, Gaiskasli, Glumse, Handkäse, Harzkäse, Hauskäse, Herbst, Holstein Health, Holstein Skim Milk, Hop, Ihlefeld, Kloster, Kraeuter, Kuhbacher, Leather, Mainzer Hand, Mecklenburg Skim, Nieheimer Hopfen, Potato, Radener, Radolfzeller « Creme », Ragnit, Rahm, Rinnen, Romadour, Saint-Stephano, Satz, Schabzieger, Schloss, Schmierkäse, Spitz, Stangen, Steinbuscher, Süssmilch, Thuringia, Topfen, Tyrolien, Weisslacker, Werder, Westphalie, Woriener, Ziegenkäse, Zweitzeitige. (V. ces mots.)

Fondue au fromage d'Allgäu. Phot. Leo Aarons.

Allgäuer Emmentaler Käse (Allemagne). — ***Vache.*** La production laitière des Alpes bavaroises est aujourd'hui en pratique uniquement consacrée à la fabrication de fromages de type Emmental. Mêmes caractéristiques que pour ceux de Suisse ou de France. Les ouvertures sont généralement très régulières et sphériques, classiques, de la grosseur d'une noix. La pâte est un peu plus « retenue » (ferme) que celle des produits suisses, mais domine nettement la production française par sa qualité substantielle. En revanche, le lait pasteurisé ne donne pas de saveur bien marquée.

Allgäuer Limburger (Allemagne). — ***Vache.*** V. *Limburger.*

Allgäuer Rundkäse (Allemagne). — ***Vache.*** Porte aussi le nom d'*Emmental de l'Allgäu,* du nom d'un district des Alpes bavaroises.
C'est un fromage rond pesant entre 6,8 et 7,7 kg.

Alpenkäse (Suisse). — V. *fromage des Alpes.*

Alpkäse (Autriche). — ***Vache.*** Fromage cylindrique pesant 10 kg, à pâte jaune à trous, de saveur puissante, préparé dans les Alpes autrichiennes.

Altaïski (U. R. S. S.). — ***Vache.*** Fromage à pâte pressée en meules de 40 cm et pesant de 12 à 20 kg.

Alte Kuhkäse (Allemagne). — ***Vache.*** Sorte de Handkäse*. On dit aussi *Berliner Kuhkäse.*

Altenburger (Allemagne). — ***Chèvre.*** Fromage de lait de chèvre fabriqué en Thuringe, de 20 cm de diamètre sur 2,5 ou 5 cm d'épaisseur. Il pèse environ 900 g. On dit aussi *fromage de chèvre d'Altenburg.*

Altier (Auvergne). — ***Chèvre.*** Fromage rond préparé en Lozère. Bonne époque : de mai à octobre.

Alverde (Portugal). — ***Brebis.*** Fromage rond, petit et plat, et quelquefois fait d'un mélange de brebis et de chèvre.

Ambrosia (Suède). — ***Vache.*** Marque suédoise d'un genre de Tilsit*. Fromage rond de 25 cm de diamètre.

AMÉRIQUE (fromages d'). — A l'exception des Etats-Unis et du Canada, voici quelques fromages du continent américain : Asadero, Chubut, Coalhada, Cuajada, Cuartirolo, Goya, Guajaqueno, Minas, Moliterno, Panela, Patagras, Pepato, Prato, Quisillo, Queso (divers), Reino, Requeijão, Tafi, Tandil, Trebogiano. (V. ces mots.)

Amou (Gascogne). — ***Brebis.*** Ce fromage fermier portant le nom d'un chef-lieu de canton de l'arrondissement de Dax, à pâte demi-dure pressée non cuite, rappelle vaguement le Saint-Paulin. Bonne période : d'avril à octobre. Mat. grasse, 45 p. 100.

ANDROUËT (Maison). — La maison du 41, rue d'Amsterdam, à Paris (VIIIe), célèbre dans le monde entier, est née en 1909, date de l'acquisition d'un fonds de crémerie par Henri Androuët. En 1929, M. Androuët créait une dégustation de fromages dans les caves de son établissement, et, deux ans plus tard, les agrandissements des caves et du rez-de-chaussée permettaient l'installation d'une cuisine. Mais ce n'est qu'en 1934 que s'ouvrait au premier étage un restaurant proposant, outre les 150 fromages, les spécialités de « la ferme » normande des Androuët. Ce restaurant du premier étage devait s'augmenter de salons, en 1940, et d'un aménagement permettant l'adaptation du service à une « grande carte ».
Pierre H. Androuët, fils d'Henri Androuët, allait lui succéder après la guerre. De

1962 à 1964, il procédait à de nouveaux travaux, transformant les caves d'affinage, la boutique, les salles du restaurant. Il ouvrait, au surplus, un bar à vin. Pierre H. Androuët règne sur 350 m² de caves, dont une cave réfrigérée conçue et surveillée pour la réacclimatation des fromages après un transport difficile. Cette cave est tenue entre 85 à 88 p. 100 de degré hygrométrique.

Anfissis (Grèce). — ***Vache.*** Fromage gras de la région de Salona.

Angelot. — C'est le nom du plus ancien des fromages du pays d'Auge. Peut-être fut-il d'abord l'Augelot? Ou bien ce fromage ressemble-t-il à une ancienne monnaie d'or dont la face représentait un ange terrassant le dragon? Quoi qu'il en soit, Guillaume de Lorris cite l'Angelot dans son *Roman de la Rose* (XIIIe s.). Plus près de nous, il existait un autre Angelot, fromage fort des Flandres et qui a pratiquement disparu. Or, selon certains historiographes, cet Angelot (lait mi-écrémé) serait apparu dès le XIIe siècle avec le Dauphin* (lait complet) et le Larron (lait écrémé), qui n'auraient été autres que trois catégories de Maroilles*. (V. aussi *cris de Paris.*)

ANGLETERRE et IRLANDE (fromages d'). — Principaux fromages du Royaume-Uni et d'Irlande : Baker's, Bandury, Bath, Blarney, Blue Dorset, Brickbat, Buttermilk, Caerphilly, Cambridge, Cheddar, Cheshire, Cheshire-Stilton, Colby, Colwick, Coon, Cotherstone, Cottage, Cottenham, Cream, Crowdie, Daventry, Derby, Devonshire Cream, Dorset, Dunlop, English Dairy, Essex, Faiscre Grotha, Flower, Gloucester, Gloucester double, Grus (Gruth), Lancashire, Leicester, Lincoln, Millsen, Mulchan, Nessel, Norfolk, Packet Cheese, Pot, Roll, Slipcote, Stilton, Suffolk, Tanag, Tath, Truckles, Warwickshire, Wensleydale, Wexford, Wiltshire, York. (V. ces mots.)

Anniviers (Suisse). — ***Vache.*** Fromage gras du Valais servant à préparer la raclette*.

Annot (comté de Nice). — ***Chèvre.*** Pâte pressée non cuite à croûte naturelle brossée, fabriquée en montagne dans l'arrière-pays niçois. Appelé aussi *Tome d'Annot.* Bonne période : de juin à novembre. Quelquefois au lait de brebis. Mat. grasse, 45 p. 100.

Paysage de la vallée d'Auge.
Phot. Schulhof-Rapho.

Anost. — Nom d'une localité de Saône-et-Loire où l'on fabrique une des innombrables variantes du Charolles*.

Ansó (Espagne). — ***Brebis.*** Les fromages d'Anso viennent de la vallée du même nom, dans la province de Huesca. A croûte dorée, dure, fine et lisse, ils offrent un intérieur blanc, onctueux et doux, d'un goût savoureux fort agréable.

Aostin (Italie). — ***Vache.*** Fromage au lait acide, à caillé lavé blanchâtre, tendre, plus ou moins affiné. Il est fabriqué dans les fermes montagneuses de l'Italie du

Nord, au printemps, lorsque les vaches sont au pâturage, et on le consomme en été et en automne, comme dessert, souvent avec du miel et des fruits.
L'Aostin est généralement cylindrique et plat, de 20 cm de diamètre sur 15 d'épaisseur pour un poids d'environ 6 kg. Ayant la consistance du beurre, il est de saveur douce. Après une période de maturation supplémentaire de 3 mois dans une saumure spéciale, cette saveur s'accentue et on l'appelle *Salmistra*.

aphorismes. — Le plus célèbre aphorisme fromager est celui de Brillat-Savarin*, qu'une femme de la Belle Epoque avait transposé ainsi : « Un dîner sans fromage est un homme sans moustaches. »
Mais aujourd'hui, les repas, comme les hommes, sont souvent rasés! Un vieil ami du docteur Hemmerdinger aimait à dire :

« J'aime mieux un fromage sans dîner qu'un dîner sans fromage. »

Voici quelques autres aphorismes :

« Pain et beurre et bon fromage
Contre la mort est la vraie targe. »

La targe était un petit bouclier, au Moyen Age.
D'Alain Laubreaux, cette maxime :

« Un fromage sans vers ne vaut pas mieux qu'un verre sans vin. »

Et, ce mot cité par Joseph Delteil :

« Ne couche pas ton fromage, il pisse. »

Enfin, le bon Gaston Derys assurait, lui, qu'être borgne étant un malheur réparable, il convenait de dire :

« Un dessert sans fromage est une belle à qui il manque le cœur. »

appellations d'origine. — Une loi du 2 juillet 1935 stipulait (art. 13) que, dans un délai d'un an, le ministre de l'Agriculture devait « fixer les caractéristiques des principales espèces de fromages existant à ce jour, leur composition et notamment leur teneur en matières grasses et la nature du lait employé ». Une loi du 4 décembre 1941 réglementait le poids de l'extrait sec. Un décret du 17 décembre 1947, enfin, décida de dispositions relatives à l'apposition de labels par les syndicats professionnels et interprofessionnels agréés par le ministre de l'Agriculture. Pratiquement, cela se résume à quoi?
On a vu des tribunaux décider (cour d'appel d'Orléans) que le nom de *Camembert* était « tombé dans le domaine public » ou rejeter une action en définition du *Reblochon* (tribunal d'Annecy) sous le prétexte que ce nom n'était pas un nom de lieu ou de région géographique. Depuis, le Reblochon a bénéficié de cette appellation d'origine.

Page ci-contre et ci-dessous : bergers du canton d'Appenzell. Phot. P. Müller-Swissair.

Les fromages suivants, par contre, se sont vu conférer une appellation d'origine par décision judiciaire : Bleu du Haut-Jura (Gex et Septmoncel), Gruyère de Comté, Maroilles, Saint-Nectaire, Cantal, Roquefort...
Le problème est encore plus compliqué sur le plan international. La Convention internationale de Stresa (1er juill. 1951) a été signée par l'Autriche, la France, l'Italie, la Suisse, puis par le Danemark, la Norvège, les Pays-Bas et la Suède. Cette convention est entrée en vigueur le 8 juillet 1953; les parties contractantes s'engagent « à prohiber et réprimer sur leur territoire l'emploi des appellations d'origine, dénominations et désignations des fromages qui dérogent aux dispositions convenues ».

Mais lorsque l'on voit vendre, en France, du Camembert des Deux-Sèvres et en Suisse du Brie, tout comme on vend, chez nous, du Gruyère (ce qui nous paraît inadmissible; les producteurs du Jura tentent d'ailleurs de diffuser l'appellation *Comté*), on peut rester sceptique sur l'efficacité d'une défense précise et totale des appellations.
C'est ainsi qu'à Sainte-Maure même, tous les fromages sont heureusement fermiers, mais qu'à quelques kilomètres de là des laiteries peuvent mettre sur le marché, et sous le nom de *Sainte-Maure,* des fromages usiniers qui ne possèdent pas les mêmes mérites gastronomiques.

Appenzell (Suisse). — ***Vache.*** Fromage fabriqué dans le canton d'Appenzell, en Suisse, à partir généralement de lait écrémé (mais quelquefois de lait entier, et il est dit alors « tout gras »). Pesant de 8 à 12 kg, de croûte dorée, de belle pâte, avec de rares yeux gros comme des petits pois et, au cours de sa fabrication qui dure de 7 à 10 mois, plongé quelques jours dans un bain spécial de vin blanc (ou de cidre) épicé, il a un goût un peu âcre et une grande saveur.
On trouve aussi de l'Appenzell en Bavière et en Bade, mais le vrai Appenzell, autrefois fabriqué en alpages et aujourd'hui dans plus de 75 fromageries, est défendu par un Office commercial de contrôle, dont le siège est à Saint-Gall, et porte comme emblème l'ours en marche du blason appenzellois (production : 200 000 meules annuelles).

RECETTE DU CHÄSHAPPE APPENZELLOIS

Emincer 150 g de fromage d'Appenzell maigre et le faire fondre à petit feu dans une tasse de lait, en remuant sans cesse. Laisser refroidir.
Mélanger 2 dl de bière blonde, 4 cuillers à soupe de farine, une pincée de levure et quatre œufs battus. Malaxer et ajouter cette pâte au lait fromagé.
Faire bouillir de l'huile à friture. Y jeter la pâte à travers un entonnoir, de façon à fabriquer une longue saucisse.
Les chäshappes étant bien dorés, les égoutter et les servir chauds, sur du papier absorbant. Les déguster avec une salade.

Appetitost (Danemark). — ***Vache.*** Fabriqué à partir de babeurre acide, il est souvent exporté aux Etats-Unis, où l'on en fabrique d'ailleurs une imitation.

Aragatski (U. R. S. S.). — ***Vache*** et ***brebis.*** Ce fromage « deux laits », produit en petite quantité dans les montagnes du Caucase, est consommé localement.

Aravis (Persillé des) [Savoie]. — ***Chèvre.*** Cette petite Fourme à moisissures vertes (persillée) se prépare dans les fermes aux alentours du col des Aravis (1 498 m).
Le caillé de la veille est mélangé avec du caillé frais et ensemencé de moisissure verte. On l'appelle aussi *Persillé de Thônes, de La Clusaz, du Grand-Bornand,* et il est quelquefois mêlé de lait de vache. Bonne époque : de mai à septembre.

arboulastre. — C'est une des premières pâtisseries au fromage, avec les talmouses*. En voici une des plus anciennes recettes :

« Ayez œufs et herbes et une cloche de gingembre battus, mêlés et broyés; puis ayez de la pâte pétrie ainsi comme pour le fond d'une tarte, et chauffez votre poêle à huile ou autre graisse, puis mettez votre pâte pétrie dedans le fond de la

Ferme au col des Aravis (Haute-Savoie).
Rial-Atlas-Photo.

poêle, puis mettez la farce de votre tarte avec fromage gratuisé (râpé), mêlé parmi. Et pour ce que le dessous, c'est assavoir la pâte qui fait le fond de la tarte, serait cuit avant que le dessus fût guère échauffé, il convient avoir une autre poêle, dont le fond soit échauffé, torché et nettoyé, et soit icelle poêle pleine de charbons ardents, et la mettez par dessus l'autre poêle, près et joignant de la farce pour icelle échauffer et cuire à l'essuyé et aussi à uni comme la pâte. »

Ardéchois. — Nom générique quelquefois donné aux fromages de chèvre du Vivarais.

Ardi-Gasna. — V. *Arneguy.*

argot. — En argot, un fromage peut être : une casquette d'uniforme, un élève de l'école normale, une pièce de 5 F, un juré de cour d'assises. Une casquette de chef de gare est un « fromage blanc », un élève de troisième année est un « fromage mou », un homme sans caractère un « fromage à la pie » (d'après le *Dictionnaire des argots,* de Gaston Esnault, Larousse). Le nom d'une vedette, en gros, sur une affiche est également un fromage. Trouver un fromage, c'est trouver une situation de gros rapport sans effort, une sinécure. (V. *La Fontaine.*) Enfin, faire de quelque chose un fromage est en grossir l'importance.
En opposition, le fromage, le vrai, se dit en argot from, fromji, fromgé, fromton, fromlo, frogom, fromtegom, fromogom, frodogom et frodgom.

Travail artisanal
dans une fromagerie de type traditionnel :
le frottage à sec.
Phot. Pierre Bringé.

ARISTÉE. — Ce fils d'Apollon et de Cyrène tenait des Muses l'art de la divination et celui de la médecine. Mais c'est du centaure Chiron qu'il apprit celui de cailler le lait et de préparer le fromage. Virgile, en ses *Géorgiques,* nous conte comment Aristée transmit ses connaissances fromagères aux hommes.

Armavir (U. R. S. S.). — ***Brebis.*** Préparé dans le Caucase occidental à partir de lait entier de brebis acidifié, il est pressé en formes et affiné au chaud. Peut être comparé au Hand* Cheese.

Arnauten. — V. *Travnik.*

Arnautski. — V. *Travnik.*

Arnéguy (Pays basque). — ***Brebis.*** Fromage à pâte pressée non cuite. De saveur allant croissant avec l'âge, ses bonnes époques sont l'été et l'automne. Mat. grasse, 45 p. 100 minimum. En basque : Ardi-Gasna; on rencontre aussi ce fromage de pays des vallées et montagnes basques sous le nom d'*Esterencuby.* Ses meules pèsent de 4 à 5 kg.

Arôme à la gêne. — Se dit, dans les régions lyonnaise, dauphinoise et vivaroise, des fromages régionaux (Rigottes, Saint-Marcellin, Pélardons) mis à surfermenter dans des petits fûts ou coffres pleins de gêne de marc, autrement dit de marc pressé non distillé. Cette surfermentation peut durer un mois ou plus suivant le goût. On dit aussi *Arôme de Lyon.*

Arras. — V. *Cœurs.*

Arrigny (Champagne). — ***Vache.*** Sorte de carré de l'Est à pâte molle et à croûte fleurie, du nom de ce village. Mais on n'applique plus ce nom depuis que celui de *Carré* de l'Est* l'a remplacé comme générique de l'espèce.

Arthon (Berry). — ***Chèvre.*** Préparé dans la commune de ce nom (arrondissement de Châteauroux), il ressemble aux Levroux et aux Valençays.

artisanat. — Il en est des fromages comme de tous les produits alimentaires : seul l'artisanat donne la qualité digne du gourmet et du gastronome. A ce propos, citons un extrait d'un article de James de Coquet *(le Figaro littéraire)* intitulé « Un chef-d'œuvre en péril : le fromage » :

Les fromages fermentés, tels que le brie, le camembert, le maroilles, le livarot, bref le Gotha du fromage, sont le fruit d'une évolution microbienne rapide exigeant une surveillance attentive et continue. Dans la ferme de papa, ce rôle délicat était dévolu à la fermière. « Retourner les fromages, corriger leur maturité quotidienne, trop lente ou trop précipitée, contrôler le degré d'humidité ou de dessiccation des sujets, guetter les points rouges qui dénoncent certains phénomènes de fermentation, tout cela représentait une activité, une patience et une assiduité que le rythme accéléré de la vie contemporaine a ruinées. On ne trouve plus à remplacer les fermières de jadis qui se consacraient comme des infirmières à sauvegarder la santé fragile de leurs produits... »
Ce travail de haute surveillance n'est pas tellement incompatible avec la vie moderne, à condition de ne pas se promener dans la laiterie en robe à traîne et les cheveux sur les épaules. Rien n'empêche de participer aux jeux de Pierre Bellemare tout en auscultant des camemberts. Je crois que l'artisanat fermier souffre surtout de la concurrence de la fabrique, laquelle opère sur des données industrielles, ce qui lui permet d'assurer à son capital camembert une rotation accélérée. Au lieu de faire mûrir un fromage en trois mois, on le rend adulte en trois semaines. En outre, on lui fait jouer les incorruptibles. Pour cela, on le stabilise, on le stérilise, on le met en état d'hibernation. On fait du camembert longue durée.
Ce qu'il y a de plus grave, c'est que le consommateur, au lieu d'organiser des manifestations de masse, des marches, des grèves, s'accommode de cet état de choses.
Les cantines, les coopératives, les buffets réclament des camemberts en plâtre dont on peut tirer huit triangles impeccables. Quant aux ménagères, elles préfèrent souvent un bloc insipide somptueusement enveloppé de papier multicolore.
Tel un brie « fait à cœur », l'amateur de fromages est lui aussi le produit d'un long et délicat affinage.

Asadero (Mexique). — ***Vache.*** Fabriqué à partir de lait entier, de différentes dimensions et pesant entre 225 g et 5 kg, ce fromage de couleur blanche fond facilement à la chaleur, d'où son nom, *a sadero* signifiant « apte à rôtir ». On l'appelle aussi *Oaxaca*, parce qu'il est originaire de l'Etat du même nom, mais on le prépare aujourd'hui surtout dans l'Etat de Jalisco.

Troupeau de chèvres en Corse.
Phot. Desjobert-Apis.

Asco (Corse). — Ce fromage rond, au lait de brebis pur ou mêlé de lait de chèvre, porte le nom d'un petit village de l'île, très touristique (gorges de l'Asco). Bonne époque : d'avril à novembre.

Asiago (Italie). — ***Vache.*** Originairement de lait de brebis et préparé dans le village d'Asiago (province de Vicenza), on l'appelait *Pecorino di Asiago.* Fabriqué aujourd'hui de lait de vache tant à Vicence (non loin de Vérone) qu'à Carnia, à Venise, à Trente et en Lombardie, c'est un fromage à caillé doux, semi-cuit, à l'arôme piquant. Il peut peser entre 7 et 10 kg. Frais, il peut servir de fromage de table *(Asiago di taglio)*, mais plus souvent on l'utilise râpé. L'Asiago frais est affiné pendant au moins 60 jours, l'Asiago moyen 6 mois, et l'Asiago vieux 1 an au moins. L'Asiago est fabriqué à partir de lait partiellement écrémé.
Sa pâte est granuleuse, de couleur jaune paille, et présente des petits trous régulièrement répartis. Mat. grasse, 30 p. 100. Le Montasio est un Asiago plus fort, moins fin, de la région de Venise. Aux Etats-Unis, on fabrique une imitation d'Asiago.

Attila. — Une légende (mais les légendes sont quelquefois à base de vérité) veut que le « Fléau de Dieu » se soit fait fabriquer des fromages au lait de ses femmes. (V. *fromage de lait de femme.*)

Aubrac. — Haut plateau du Massif central, dont les pâturages sont renommés. On donne quelquefois ce nom au fromage issu du lait de leurs vaches.

Aulnay-de-Saintonge (Saintonge). — ***Chèvre.*** Variété de Jonchée* d'Aunis préparée dans ce petit village situé à 18 km

Marchand de fromages à Vienne (Autriche). Gravure en couleurs. Fin du XIXe siècle.
Bibl. des Arts décoratifs. *Phot. Lauros-Giraudon.*

de Saint-Jean-d'Angély. Généralement non salée.

Aulus (Couserans). — ***Brebis*** ou ***Vache.*** Les curistes d'Aulus-les-Bains consomment généralement sur place, frais, ce petit fromage à pâte mi-dure dont la meilleure époque est l'été et l'automne. C'est une variante du Bethmale*.

Aunis (Saintonge). — ***Chèvre*** ou ***vache.*** Ce petit fromage des fermes de la région de Marans, de forme triangulaire, est de plus en plus rare. Il faut, dit-on, 3 litres de lait lentement caillé pour obtenir un Aunis de 10 cm de côté pesant 300 g.

Auost. — Selon M. Lindon, il s'agirait d'un fromage d'Auvergne (variété de Fourme). Mais on trouve également ce nom dans les Pyrénées, où les bergers du pays d'Argelès produisent, artisanalement, ce petit fromage cylindrique qu'ils dégustent généralement frais. (V. aussi *Oustet.*) D'où vient le nom? Un lecteur du *Monde* suggère qu'il s'agit d'une déformation d'*août.* Fromage d'août? Pourquoi pas! Mais ne serait-ce pas plutôt une faute de transcription du fromage d'Anost*?

Aura (Finlande). — ***Vache.*** Fromage à pâte persillée vendu en petites meules ou en portions sous papier d'étain.

Aurillac. — Chef-lieu du département du Cantal. Possède une Ecole nationale d'industrie laitière. (V. aussi *Duclaux* [*Emile*].)

Aurore (Normandie). — ***Vache.*** Nom de fantaisie attribué à un genre de « Caserette » double crème fabriqué dans le pays de Bray.

AUTRICHE et HONGRIE (fromages d'). — Les principaux fromages sont : Alpkäse, Bergkäse, Brinzen, Bryndza, Butter, Damen, Dry, Duel, Edamer, Edelpilz, Gratz, Gussing, Harracher, Imperial Frischkäse, Jochberg, Kremstaler, Kvargli, Liptauer, Luneberg, Marienhoffer, Mischling, Mondseer Schachtelkäse, Mondseer Schlosskäse, Montavoner, Olmutzer Bierkäse, Olmutzer Quargel, Pannonia, Parenitza, Pinzgauer Bierkäse, Quargel, Rahmkäse, Salami, Schloss, Schwarzenberger, Styrie, Tanzenberger, Vorarlberg. (V. ces mots.)

Autun (Bourgogne). — ***Vache.*** Fromage mi-maigre qui reste modestement en son terroir, soit autour de l'antique Augustodunum et de la plus antique encore Bibracte, capitale des Eduens. Porte également ce nom fantaisiste un fromage de chèvre de l'arrière-côte beaunoise ressemblant aux fromages cylindriques du Charolais. Bon de mai à octobre, il peut, hors saison, être moitié chèvre, moitié vache. Mat. grasse, 35 à 40 p. 100.

AUVERGNE. — Cette merveilleuse province rivalise de qualités fromagères avec la Normandie. Elle aussi nous offre une incomparable trinité avec la Fourme, le Cantal et le Saint-Nectaire, digne de comparaison avec la trilogie normande : Livarot, Pont-l'Evêque et Camembert.

Avesnes. — V. *Boulette.*

Azeitão (Portugal). — ***Brebis.*** Fromage du type Serra*.

Azy. — Terme technique désignant une souche de lait ensemencée, ce liquide générateur de ferments lactiques agissant avec la présure. Généralement fait avec du petit-lait et du vinaigre, l'Azy sert à coaguler le lait dans la fabrication des fromages du type Gruyère.

B

Backsteiner (Allemagne). — ***Vache.*** Ce nom, qui dérive de « brique », désigne par sa forme un fromage fabriqué en petite quantité en Allemagne septentrionale. (V. *Limburger.*)

Bagnes (Suisse). — ***Vache.*** Fromage gras du Valais, à pâte pressée cuite, mi-dure ou dure, et croûte brossée, avec lequel on fait la raclette. En général, il se présente sous forme de meules plates de 35 cm sur 7 et pesant 7 kg environ. Sa forte teneur en matières grasses, son arôme fleuri et crémeux en font, mûri de 3 à 4 mois, l'idéal pour faire ce plat fruste et somptueux qu'est la raclette et que le gourmet préfère de loin aux fondues. Mais les vrais amateurs n'hésitent pas devant une raclette dont le Bagnes a été plus longtemps affiné (jusqu'à 6 mois) et est, de ce fait, devenu fort et fruité.

Bagozzo (Italie). — ***Vache.*** Fromage du type Parmesan, mais de taille plus petite. Dur et d'arôme accentué, le Bagozzo, ou Grana Bagozzo, est aussi connu sous le nom de *Bresciano* parce qu'il est fabriqué autour de la ville de Brescia, en Lombardie.

Baguette de Thiérache (Thiérache). — ***Vache.*** Fromage à pâte molle, à croûte lavée, au lait entier de vache et se présentant sous la forme parallélépipédique. Il rappelle le Maroilles. Bonne période : de septembre à mai. Mat. grasse, 45 p. 100. Il en existe de deux formats, l'un d'un poids de 500 g, l'autre de 250 g, dit « Demi-Baguette ». On dit aussi *Baguette laonnaise.* De fabrication industrielle, sa création est postérieure à la fin de la Seconde Guerre mondiale.

Baker's (Angleterre). — ***Vache.*** Sorte de Cottage Cheese*, mais fabriqué à partir de lait écrémé, le Baker's, qui renferme plus d'humidité et d'acide, est habituellement utilisé pour la cuisine et la pâtisserie (gâteaux au fromage). Il peut également être mangé à la crème.
On prépare également le Baker's à partir de lait en poudre.

BALZAC (le fromage et). — Balzac, qui, dans ses longues promenades à pied en Touraine et jusqu'à Orléans, n'aimait rien tant, arrivé à Olivet, que se régaler de fromages de ce pays avec des noix et du vin frais, semble n'avoir connu, dans sa *Comédie humaine,* que le Gruyère et le Brie.

Honoré de Balzac, grand amateur de café, mais aussi grand amateur d'Olivet. Héliogravure de Nadar, d'après un daguerréotype. Maison de Balzac, Paris. *Phot. Larousse.*

Chez l'avoué Desroches, le dîner consistait en un gros plat de viande, un plat de légumes et une salade. Le dessert se composait d'un morceau de fromage de Gruyère *(le Contrat de mariage).* Les clercs de Derville déjeunent à l'étude d'un morceau de pain, d'une côtelette de porc frais et d'un triangle de fromage de Brie *(le Colonel Chabert).* De même, Lousteau et Rubempré partagent « le plus vulgaire des déjeuners » avec les éditeurs Fendant et Cavalier : des huîtres, des biftecks, des rognons au vin de Champagne et du fromage de Brie *(Illusions perdues).*

Bandal (Inde). — ***Vache.*** C'est un fromage à la crème, doux et onctueux, mais fumé légèrement. Ce goût de fumé s'obtient en brûlant soit du bois, soit de la bouse de vache séchée. Doit se manger frais.

Bandury (Angleterre). — ***Vache.*** Fromage riche, de forme cylindrique, très populaire en Angleterre dans la première partie du siècle dernier.

Banon (Provence). — ***Brebis*** en hiver et ***chèvre*** au printemps. Tire son nom de Banon, petite ville non loin de Forcalquier, en haute Provence. Il se présente dans un emballage de feuilles de châtaignier imbibées d'eau-de-vie et ficelées de raphia.
Le lait des chèvres des Alpilles est riche en senteurs subtiles. Le caillé, égoutté, moulé, est mis à sécher dans des feuilles, puis baigné dans l'eau-de-vie de pays, emballé enfin. Les fromages sont alors déposés dans des jarres de terre, à couvert, où ils mûrissent. C'est le Banon macéré. Bonne époque : de mai à novembre. Mat. grasse, 45 p. 100.
On fait des Banons au lait de vache, bons toute l'année.

Banon au pèbre d'aï (Provence). — De même origine que le précédent, mais roulé, dès l'égouttage, dans des brindilles de sariette ligneuse. Mis à sécher et à affiner sous cet assaisonnement, c'est une seconde forme du Banon.
Bonne époque : de mai à novembre.

Barberey (Champagne). — ***Vache.*** Sorte de Camembert rustique et cendré, également vendu sous le nom de *fromage de Troyes* et préparé non loin de cette ville, à Barberey-Saint-Sulpice, renommée pour ses pâturages. Mat. grasse, 20 à 30 p. 100.
Le 6 février 1814, Napoléon passa par Troyes, où l'armée s'était repliée après les batailles de Brienne et de La Rothière. Il logea d'abord au 11 de la rue du Temple et déjeuna d'une omelette au lard, de jambon fumé et d'une bouteille de vin de Bar; puis l'Empereur alla s'installer, un peu plus tard, dans une maison située au milieu d'un verger appelé Château de Pouilly.
Il y reçut d'une paysanne un fromage de Barberey, chose rare à cette époque d'invasion. Pour remercier du cadeau, Napoléon nomma caporal le fils de cette femme, un certain Joseph Bouchard.
Par la suite, Bouchard fut promu sous-lieutenant de la Garde, et ses camarades ne manquèrent pas de le baptiser « Capitaine Fromage ».

Bassez (Rouergue). — ***Chèvre.*** Petit chèvre classique de la région de Laguiole.

Bath (Angleterre). — ***Vache.*** Fromage préparé autrefois à partir de lait frais additionné de crème. Abandonné aujourd'hui.

Battelmatt (Suisse). — ***Vache.*** Sorte de « Gruyère » fabriqué dans le Tessin, mais de consistance plus tendre et de trous plus petits encore. Son arôme est celui du Tilsit*. Se présente sous la forme d'un cylindre plat de 45 à 60 cm de diamètre, épais de 7 à 10 cm et pesant de 18 à 36 kg. Se fabrique également en Italie.

Banon dans un emballage de feuilles de châtaignier imbibées d'eau-de-vie et ficelées de raphia.
Phot. « La cuisine de A à Z ».

Bauges (Vacherin des) [Savoie]. — ***Vache.*** Variété de Vacherin affiné dans des cercles d'écorce de bouleau et lavé au vin blanc. Ce fromage à pâte molle mesure 25 cm de diamètre sur 6 de hauteur.

Beauceron (Ile-de-France). — ***Chèvre.*** Nom de marque d'un fromage fabriqué aux environs de Dreux. Pâte fine. Poids, 250 g. Meilleure époque : de mai à octobre.

Beaufort (Savoie et un peu Dauphiné). — ***Vache.*** Admirable fromage à pâte pressée cuite et croûte naturelle brossée, dont la saveur profonde est due à un lait exceptionnel, celui des vaches paissant les pâturages du Beaufortin, de la Maurienne et de la Tarentaise.
Les meules de Beaufort pèsent de 20 à 60 kg, ont le « talon » concave et un fromage exempt de trous. Fabriqué à l'alpage à partir du lait écrémé très frais, le Beaufort est affiné à basse température et environ 6 mois.
On distingue deux sortes de Beaufort.
Le Beaufort de montagne, fabriqué dans les chalets d'alpages. La coagulation a lieu immédiatement après la traite, sur un lait entier encore chaud. Affinage en cave froide de 6 mois au moins. Un label le distingue : « Beaufort haute-montagne — 50 p. 100 de matière grasse. »
Le Beaufort d'hiver, ou laitier, fabriqué en fruitière, n'a pas droit au label. De qualité plus régulière, il est évidemment moins somptueux de goût
Bonne époque : de septembre à mai.

RECETTE DU FRIAND SAVOYARD

Faire une béchamel avec 200 g de beurre, 300 g de farine et 1 litre de lait. La saler, la muscader. Lier cette béchamel de 4 jaunes d'œufs et d'un demi-verre de crème, et cuire le tout à feu doux.
Ajouter hors du feu 150 g de Beaufort râpé, 100 g de jambon cuit en petits dés et 50 g de bolets hachés.
Etendre la pâte obtenue à un centimètre d'épaisseur et laisser refroidir.
Détailler alors en rectangles, paner ceux-ci à l'anglaise et les faire frire à pleine friture.
Egoutter et servir chaud.

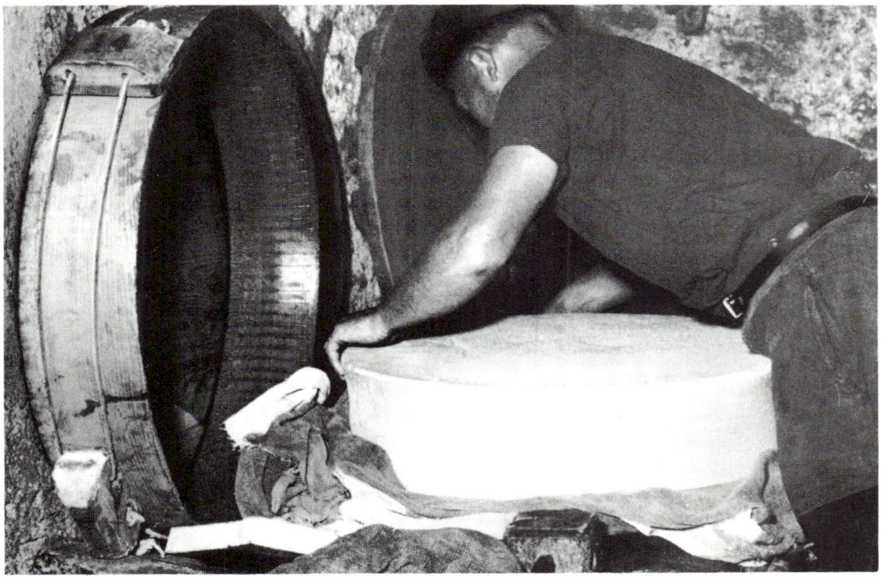

Démoulage d'un Beaufort suivant la méthode artisanale.
Phot. Bringé-ministère de l'Agriculture.

Maisons du village de Beaufort.
Phot. Danèse-Rapho.

Beaumont (Savoie). — ***Vache.*** Genre de Saint-Paulin. Pâte pressée non cuite, au lait pasteurisé. Ce fromage de marque, créé en 1881 par Jérémie Girod dans la commune de Beaumont (Haute-Savoie), est encore de fabrication semi-artisanale. Mat. grasse, 50 p. 100.
Meilleure saison : été et automne.

Beaupré de Roybon (Dauphiné). — ***Vache.*** On l'appelle désormais *Chambaran.* C'est un fromage à pâte molle qui rappelle vaguement le Reblochon et qui est préparé à Roybon, près de Grenoble. Ancienne appellation appliquée par Henri Androuët aux fromages de l'abbaye de Chambaran*.

BEL (fromageries). — Produisent en France « La vache qui rit », « Kiri », « Bonbel », « Baby-Bel », etc. Ont monté des usines en Belgique, au Danemark, en Espagne, en Italie et en monteront bientôt au Japon et en Algérie. Une filiale américaine, l'Albany Cheese, fabrique, dans le Kentucky, du Cheddar.

Belge cuit (Belgique). — ***Vache.*** Définition erronée d'une pâte fabriquée en Belgique selon les méthodes classiques utilisées ailleurs. Le Belge cuit pèse généralement 1,5 kg environ.

BELGIQUE (fromages de). — Voici la liste des fromages belges parmi les plus réputés : Aettekees, Belge cuit, Bierkäse, Boulette de Romedenne, Broodkaas, Bruxelles (Fromage de), Herve, Limburger, Macquée, Orval, Plateau, Plattekees, Remoudou, Royal Brabant. (V. ces mots.)

Belle Etoile (Ile-de-France). — ***Vache.*** Nom de marque d'un fromage frais double crème, présenté en boîte de 250 g par la laiterie de l'Etoile, à la Chapelle-aux-Pots (Oise).

Label du fromage belge.
Phot. Office national du lait, Bruxelles.

Bellelay (Suisse). — ***Vache.*** Fromage à pâte tendre, veiné de bleu, fabriqué à partir de lait entier et qui ressemble quelque peu au Gorgonzola*. On l'appelle aussi *Tête de Moine,* car il fut fabriqué à l'origine, au XVe siècle, par les moines du canton de Berne; la petite histoire rapporte que le prieur devait recevoir de ses fermiers, une fois l'an, le cadeau d'un fromage par tête de moine, à titre de redevance.
Le fromage une fois pressé est enveloppé dans de l'écorce et laissé quelques semaines jusqu'à ce qu'il soit assez ferme pour n'avoir plus besoin de support. Il est alors soumis à maturation dans des caves humides à basse température et affiné 6 mois. Se garde 3 ou 4 ans.
A la vente, le « Tête de Moine » avait 18 cm de diamètre et pesait de 4 à 6 kg. On n'en trouve plus aujourd'hui que d'une à deux livres. Il est de consistance molle, semblable au beurre, et peut se tartiner. On ne le découpe pas, excepté l'entame. La croûte supérieure est conservée comme couvercle, et ensuite on la gratte de la pointe du couteau, en cône, pour en faire des coquilles.

Belo vrhnje (Yougoslavie). — ***Vache.*** Fromage blanc à la crème fraîche, spécialité de Sestine, en Croatie.

Paysage de Lombardie.
Dautreppe-Atlas-Photo.

Bel Paese (Italie). — ***Vache.*** Nom commercial (Bel Paese signifie « beau pays ») d'un fromage connu dans le monde entier; fromage non cuit, à pâte tendre, doux et à maturation rapide.
Fabriqué pour la première fois en 1920 à Melzo, en haute Lombardie, à l'image d'un fromage de type général déjà connu (et dont on peut citer le *Cacioreale* du côté de Pavie, les *Bella Alpina, Bella Milano, Bel Piano Lombardo, Bel Piemonte, Fior d'Alpe, Savoia, Vittoria*), le Bel Paese a conquis le monde. Un fromage semblable se fabrique en d'autres pays d'Europe sous le nom de *Fleur des Alpes* (ou *Schönland*); au Canada c'est le *Butter Cheese.* Aux Etats-Unis, le Bureau of Dairy Industry introduisit, dès 1938, la production d'un fromage à pâte tendre du type « Bel Paese », actuellement d'aussi bonne qualité et fabriqué sur une grande échelle.
Le Bel Paese se présente généralement sous forme de petites meules de 500 g à 2 kg (dans certaines régions d'Italie) emballées dans du papier d'aluminium.

Belval (Picardie). — ***Vache.*** Fromage demi-dur à pâte pressée non cuite et à croûte lavée. On dit aussi *Abbaye de Belval* ou *Trappiste de Belval.*
Bon toute l'année. Mat. grasse, 40 à 42 p. 100.

Bergkäse (Autriche). — ***Vache.*** Fromage de montagne. La meule pèse environ 30 kg. Sa pâte est jaune pâle ou dorée, avec des trous irréguliers.

Bergquara (Suède). — ***Vache.*** Dès le XVIIIe siècle, on fabriquait en Suède ce fromage qui rappelle le Gouda* de Hollande.

Bergues (Flandre). — ***Vache.*** Dans les fermes aux alentours de Bergues, non loin de Dunkerque, on prépare encore ce fromage rond, ces boules de 20 à 25 cm de diamètre rappelant le Hollande et pesant jusqu'à 2 kg. Travaillé au beurre fin, le Bergues classique est préparé avec du lait écrémé dans des caves surélevées, les « Hoofsteads ». C'est un fromage à pâte demi-dure ou molle, crayeux, lavé à la bière chaque jour pendant sa maturation, laquelle dure environ 3 semaines. Il est excellent toute l'année, mais d'odeur épaisse. Mat. grasse, 15 à 20 p. 100.

Berliner Kuhkäse (Allemagne). — ***Vache.*** V. *Alte Kuhkäse.*

Bernade (Italie). — ***Vache*** et ***chèvre.*** Fabriqué à partir de lait entier de vache, ce fromage, appelé aussi *Formagelle Bernade,* est aromatisé avec 10 p. 100 de lait de chèvre et légèrement coloré au safran.

Berre-Tout. — Boulette frite au fromage (recette savoyarde).

Bessay (Bourbonnais). — ***Vache.*** Ancien fromage fermier de format intermédiaire entre le Camembert et le Coulommiers, très rustique, vendu autrefois sur le marché de Moulins. Appelé aussi *Petit Bessay.* On le trouve encore localement. Très savoureux en été, en automne et en hiver.

Bessay-en-Chaume (Bourgogne). — ***Chèvre.*** Localité de la Montagne de Beaune où un chevrier fabrique un petit fromage de chèvre en forme de rondin, un peu granuleux mais de saveur très noisettée. Meilleure époque : de mai à novembre.

Bethmale (comté de Foix). — ***Brebis*** ou ***vache.*** Fromage à pâte demi-dure ou dure suivant l'âge; est bon de novembre à mai. Ce toponyme prend, suivant les localités où il est fabriqué, le nom de *Aulus, Ercé, Oust, Oustet, Saint-Lizier* et probablement d'autres encore.

Béthune (fromage fort de) [Artois]. — ***Vache.*** Fromage à pâte molle, à croûte rougeâtre; c'est en quelque sorte un Maroilles plus salé et fermenté par privation d'oxygène, ce qui lui a valu les appellations de *Vieux Puant, Puant macéré* et *Vieux Gris.* A rapprocher du Vieux Lille puant, et d'ailleurs Béthune n'est pas loin de Lille.
Les senteurs ammoniacales qu'il dégage en font le vrai bourreau de Béthune. Et, puisqu'il faut tout dire, on en trouve toute l'année!

Beugnon (Bourgogne). — ***Vache.*** Lieu de production d'un Saint-Florentin qui fut fameux.

Beurrecks. — Pâtisserie orientale au fromage. On lira avec intérêt ce qu'en disait la revue *le Pot-au-feu* dans son numéro du 1er janvier 1900 :
« Le véritable procédé turc consiste en ceci : envelopper des morceaux de fromage de Kaschcaval, taillés en forme de cigare, dans de minces feuilles de pâte à nouilles à l'huile. »
Et *le Pot-au-feu* ajoute : « Nous substituons l'Emmental au Kaschcaval, pas parce que ce dernier produit est introuvable, mais simplement par mesure d'économie. »

Bgug Panir (Arménie). — ***Brebis.*** A partir de lait de brebis partiellement ou totalement écrémé, ce fromage, appelé aussi *Daralag,* est parfumé de plantes aromatiques.

Bibbelskäse (Alsace). — ***Vache.*** Fromage frais au lait entier, de fabrication fermière ou domestique, salé, aromatisé au raifort et aux fines herbes. Il est consommable toute l'année.

Bierkäse (Belgique). — ***Vache.*** V. *Weisslacker.*

Billinge (Suède). — ***Vache.*** Marque suédoise d'un fromage de 30 cm sur 15, et 10 de hauteur.

Billy (Berry). — ***Chèvre.*** Petit village non loin de Selles-sur-Cher, dont la production fermière donne un fromage frère de

Le château de Billy (Allier).
Phot. Sazo-Rapho.

ce dernier, mais qu'on affine dans des feuilles de platane ou de vigne, en pots de grès.

Binn (Suisse). — ***Vache.*** Fromage à raclette du Valais, sensiblement analogue au Bagnes.

Bitto (Italie). — Originaire du Frioul et préparé actuellement dans toute la Lombardie. Ses roues, qui pèsent de 16 à 34 kg, sont fabriquées soit à partir de lait de vache entier écrémé légèrement ou totalement, soit à partir de lait de vache et de brebis, soit avec du lait de brebis et de chèvre.
A partir de lait entier, on peut le consommer en fromage de table. Autrement, il est râpé pour la cuisine.

Biza (Irak). — ***Brebis.*** Fromage au lait écrémé assaisonné d'oignon et d'ail. On dit aussi *Fajy.*

Blarney (Irlande). — ***Vache.*** Fromage local.

Bleu. — Cette dénomination, sans indication de l'espèce animale, est réservée à un fromage à pâte persillée, fabriqué exclusivement avec du lait de vache. Il doit alors renfermer au minimum 40 p. 100 de matière grasse pour 100 g après complète dessiccation.
La dénomination *Bleu de chèvre* est réservée aux fromages exclusivement préparés avec du lait de chèvre; la dénomination *Bleu de brebis,* aux fromages faits de lait de brebis.

Bleu d'Auvergne (Auvergne). — ***Vache.*** Comme le Roquefort leur ancêtre, tous les Bleus doivent leur nom au persillage de la pâte, d'ailleurs plus souvent verdâtre que bleu, et résultant de la présence du *Penicillium glaucum,* moisissure classique et bénéfique.
Les vaches de la race de Salers, à la robe acajou, prodiguent ce fleuve de lait qui aboutit aux caves d'affinage auvergnates. Un premier affinage de deux mois permet de piquer les fromages avec de longues aiguilles, et cette aération de la pâte provoque la moisissure. Au bout de 2 mois, les Bleus sont enveloppés de papier d'étain, et leur maturation se termine en cave, en un second affinage.
De forme cylindrique, pesant environ 4,5 kg, les Bleus d'Auvergne ont un goût un peu sauvage, piquant, très remarquable.
Certains de ces fromages portent le nom qui les localise plus précisément. Ainsi le

Cave d'affinage de Bleu d'Auvergne. *Phot. Henri Passemard.*

Bleu* de Laqueuille. Ils sont consommables toute l'année.
Légalement, le Bleu doit renfermer au minimum 40 p. 100 de matière grasse pour 100 g de fromage après complète dessiccation; la teneur en matière sèche ne doit pas être inférieure à 50 g pour 100 g de fromage.

RECETTE DU SOUFFLÉ AU BLEU D'AUVERGNE

Faites une béchamel assez épaisse avec 30 g de beurre et 40 g de farine; quand le mélange devient mousseux, versez un quart de litre de lait froid hors du feu et d'un seul coup. Salez, poivrez et ajoutez une pointe de muscade. Retirez du feu.
Pendant ce temps, montez les blancs de 2 œufs en neige ferme. Dans la sauce tiède, ajoutez les jaunes, un à un, puis 100 g de Bleu écrasé à la fourchette. Fouettez vivement et ajoutez les blancs en neige.
Beurrez des ramequins en porcelaine à feu. Remplissez-les, aux trois quarts, du mélange. Mettez-les trois à quatre minutes sur une plaque chauffée pardessous, puis enfournez-les à four moyen (thermostat : 5-6), où vous les laissez vingt minutes sans ouvrir. Servez immédiatement.

Bleu de Bassignac (Limousin). — ***Vache.*** De Bassignac-le-Haut.

Bleu de Bassillac (Périgord). — ***Vache.***

Bleu de Bresse. — V. *Bresse bleu.*

Bleu des Causses (Rouergue). — ***Vache.*** Autrefois, il était de lait de brebis mêlé au lait de vache ou de chèvre. Aujourd'hui uniquement de lait de vache, il est préparé dans les Causses calcaires du côté de Saint-Affrique ou de Millau. Cylindrique et au lait non écrémé, un décret datant d'un quart de siècle le distingue du Roquefort, avec lequel on le confondait quelquefois; il étend son aire de production jusqu'à quelques communes du Gard et de l'Hérault. Il est affiné dans des caves naturelles où soufflent les fleurines*. Bon toute l'année. Appellation d'origine depuis le 8 juin 1979.

Bleu de Cayres (Auvergne). — ***Vache.*** Région du Puy-en-Velay. Du nom de ce petit village, c'est un fromage dont le caillé parsemé de mie de pain est salé et affiné en cave fraîche. Bonne époque : de juin à décembre.

Bleu de Champoléon (Dauphiné). — ***Vache.*** Pratiquement disparu.

Bleu de Corse (Corse). — ***Brebis.*** La plus grosse partie des fromages au lait des brebis corses va se faire naturaliser dans les caves de Roquefort. Le nom de *Bleu de Corse* est réservé pour les « blancs » qui ne partent pas aux caves de Roque-

fort et qui, de ce fait, n'atteignent pas la finesse de pâte, faute d'être exposés aux conditions idéales des caves de Roquefort, où soufflent les fleurines*.
Bonne époque : de juin à novembre.

Bleu de Costaros (Auvergne). — ***Vache.*** Persillé de la région du Puy-en-Velay. Bonne époque : de juin à décembre.

Bleu de Dévoluy (Dauphiné). — ***Vache.***

Bleu fermier (Auvergne). — ***Vache.*** Bleu d'Auvergne fait dans les fermes, mais affiné chez des spécialistes.

Bleu de Gex (pays de Gex). — ***Vache.*** Petite meule d'un fromage à pâte légèrement pressée, veiné de bleu roi et à la croûte d'un jaune rougeâtre, pesant de 6 à 9 kg. Fromage parfumé grâce à un excellent lait provenant de bons pâturages. Bonne époque : de juillet à décembre. Mat. grasse, 45 p. 100.

Bleu du Haut-Jura (Franche-Comté). — ***Vache.*** Terme générique reconnu par la loi sur les appellations d'origine groupant les Bleus de la région de Gex (Ain) et Septmoncel (Jura). Ces fromages à moisissures internes sont très recherchés. Bonne époque : de juin à décembre.

Bleu de Hollande, ou **Bluefort** (Hollande). — ***Vache.*** Récente imitation de nos persillés français.

Bleu de Laqueuille (Auvergne). — ***Vache.*** Issu de l'ancienne Fourme de Rochefort-Montagne qu'un paysan, Antoine Roussel, en 1850, ensemença de la moisissure bleue fleurissant sur ses tourtes de seigle. Le Bleu de Laqueuille était né. Sa dénomination est réservée aujourd'hui à ce fromage de lait de vache à pâte persillée non pressée, non cuite, à croûte sèche, salée chaude, se présentant sous forme de cylindre plat de 20 cm de diamètre et de 8 à 10 cm de haut. Poids moyen : 2,250 kg. Mat. grasse, 45 p. 100.

Bleu de Lavaldens (Dauphiné). — ***Vache.*** Ancêtre du Bleu de Sassenage.

Bleu de Loudes (Auvergne). — ***Vache.*** On trouve dans le Velay, auprès du mont Mézenc, vers Le Puy-en-Velay, de nombreux fromages bleus rustiques à la chair dure et cassante. Le Loudes est semblable au Bleu de Cayres et appartient à la famille des Bleus du Velay. Lait de vache parfois écrémé. Mat. grasse, 25 à 35 p. 100.

Bleu du Pelvoux (Dauphiné). — ***Vache.*** V. *Briançon.*

Bleu du Petit-Bayard (Dauphiné). — ***Vache.*** Fromage industriel de la région du col Bayard.

Bleu de Planèze (Auvergne). — ***Vache.*** Fromage qu'il faut aller chercher dans les fermes où la « grangière » consciencieuse n'écrème pas le lait! Et que l'on pouvait, naguère encore, se procurer le samedi sur le marché de Saint-Flour, dans le pittoresque décor de la place d'Armes. Mais en existe-t-il encore?

Bleu de Pontgibaud (Auvergne). — ***Vache.***

Bleu du Quercy (Quercy). — ***Vache.*** Cousin du Bleu d'Auvergne. Son cylindre est d'un poids qui varie de 2 à 3 kg.

Bleu du Queyras (Dauphiné). — ***Vache.*** V. *Briançon.*

Bleu de Rastadt (Allemagne). — ***Vache.*** V. *Tyrolien.*

Bleu de Sainte-Foy (Savoie). — ***Vache.*** Quelquefois mélangé de **chèvre.** Apparenté aux Bleus* de Loudes et de Tignes. Mat. grasse, 40 à 45 p. 100. Meilleure saison : été et automne.

Bleu de Sassenage (Dauphiné). — ***Vache.*** Diderot déjà, dans son *Encyclopédie,* signale ce persillé cylindrique, à flancs convexes, d'une livre ou de 2 kg, dont la texture rappelle quelque peu le Bleu de Gex.
C'est que, depuis le 28 juin 1338, une charte du baron Albert de Sassenage autorise les habitants de Villard-de-Lans

« Du bestail à quatre pieds, des patturages pour son vivre, de son entretenement, des commoditez qu'on en tire. »
Frontispice du *Théâtre d'agriculture et mesnage des champs,* d'Olivier de Serres. Bibliothèque nationale, Paris.
Phot. Lauros-Giraudon.

La Femme aux chèvres, par Darjou.
Bibliothèque nationale, Paris. *Phot. Lauros-Giraudon.*

à vendre leur fromage en toute liberté. Un texte de 1784 figurant aux archives de la bibliothèque de Grenoble donne sur la fabrication du Bleu à cette époque des renseignements amusants : « Le fromage de Sassenage en Dauphiné jouit d'une trop grande réputation pour que nous omettions le procédé employé dans le canton pour le faire, pour le conserver. On prend du lait de vache, de brebis, on peut avoir du lait de chèvre, le joindre aux deux autres, le fromage en vaudra mieux, il acquerra un goût plus fin. On verse ces trois espèces de lait dans un grand chaudron bien propre, que l'on met sur le feu; on l'y laisse jusqu'à ce que le lait commence à monter, on le retire sur-le-champ, on laisse refroidir. Le lendemain, on l'écrème avec une cuillère, on remet du lait tout chaud que l'on vient de tirer et on y jette de la présure suivant la qualité de lait que l'on a. On remue bien le mélange jusqu'à ce que le lait se caille. Quand il est bien pris, on agite le lait caillé pour en faire sortir tout le petit-lait, que l'on vide dans un autre vaisseau. On prend ensuite des vases de bois de la forme, grandeur, que l'on veut donner au fromage, on y met tout le caillé. Il faut que ces vases soient percés de petits trous, afin que le reste du petit-lait puisse s'égoutter facilement. Le fromage ayant

pris la forme de la solidité, on poudre de sel pilé la partie supérieure; lorsque le sel est fondu, on retourne le fromage, poudre pareillement le dessous, les côtés. Quand les fromages ont bien pris leur sel, on les pose sur des planches très propres, ayant grand soin de les retourner soir et matin, de ne pas les déposer sur la même place, afin que l'humidité qu'ils y déposent ne les fasse pas moisir. On répète cette opération jusqu'à ce que les fromages aient pris une croûte rouge. A cette époque, on les met sur une couche de paille étendue par terre, avec l'attention de les visiter, de les nettoyer, enlever surtout les vers, les insectes qui pourraient les attaquer. On attendra alors que la moisissure vienne à l'intérieur pour donner bonne saveur au fromage. »
Olivier de Serres le citait dans son *Théâtre d'agriculture* (1600).
A la fin du siècle dernier, le curé de Villard-de-Lans faisait, pour l'Assomption, une quête de fromage de Sassenage. Aujourd'hui, le Sassenage, uniquement de lait de vache, est à pâte peu pressée, à veinures internes, à croûte naturelle. Bon en été et en automne; il pèse de 5 à 6 kg. Mat. grasse, 45 p. 100.

Bleu de Septmoncel (Franche-Comté). — ***Vache.*** Voisin du Bleu de Gex et présentant les mêmes qualités. Du reste, ces deux fromages sont souvent appelés *Bleus du Haut-Jura,* et un jugement de juillet 1935 du tribunal de Nantua donne à 77 communes ou parties de communes au-dessus de 800 m d'altitude le droit de le produire.
Bonne saison : été et automne. Mat. grasse, 45 p.100.

Bleu de Thiézac (Auvergne). — ***Vache.*** Dans la vallée de la Cère. A un goût particulier provenant notamment du salage à chaud. Cylindre aplati de 18 à 20 cm de diamètre sur 10 d'épaisseur, il est excellent en été et en automne. Mat. grasse, 45 p. 100.

Bleu de Tignes (Savoie). — ***Chèvre*** et ***vache.*** On l'appelle également *Tignard*.* Ce fromage très rustique, à moisissures internes peu développées, est bon de juillet à décembre. Mat. grasse, de 40 à 45 p. 100.

Bleu de Tulle (Limousin). — ***Brebis.*** Autre nom de la *Tome* de Brach.*

Bleu du Velay (Auvergne). — ***Vache.*** Nom générique des Bleus des hauts plateaux du Velay : Bleu de Cayres, de Costaros, de Loudes, etc. (v. ces mots). Bonne époque : de juin à décembre.

Bloder (Liechtenstein). — ***Vache.*** V. *Toggenburger.*

Blue (Etats-Unis et Canada). — ***Vache.*** Nom donné aux Etats-Unis et au Canada aux fromages bleus, au lait de vache, généralement pasteurisé. On dit aussi *Blue Veined* et *Blue Mold* pour ces cylindres pesant environ 2 kg.
C'est vers 1918 que les tentatives pour fabriquer aux Etats-Unis du faux Roquefort furent couronnées de succès. On utilise là-bas des caves dont les conditions de température et d'humidité sont semblables à celles des caves françaises.
Certains Blues sont fabriqués à partir de lait de chèvre, notamment en Californie.
La très grande faveur du Roquefort français auprès des Américains les incita à « copier » ce fromage. Ils fondèrent même une ville, baptisée Roquefort. Mais aujourd'hui encore, les Etats-Unis importent, en plus de notre Roquefort, des Bleus de Finlande, d'Argentine, de Suède et du Danemark (Danablu).

Blue Cheddar (Angleterre). — ***Vache.*** Cheddar* dont la pâte montre des marbrures internes naturelles en raison d'un long vieillissement dans des caves humides. Très recherché par les amateurs. Bon toute l'année.

Blue Cheshire (Angleterre). — ***Vache.*** Cheshire* à la pâte marbrée légèrement après vieillissement de 18 à 24 mois en caves naturelles très humides. Excellent toute l'année.

Blue Dorset (Angleterre). — ***Vache.*** Fromage fabriqué artisanalement dans le Dorset, du côté de Sherborne, et présentant une veine bleue au milieu de sa pâte blanche. On dit — ou plutôt on disait, car il a presque totalement disparu — *Blue Vinny* ou *Blue Vinid.*

Boerenkaas (Hollande). — Du néerlandais *boer* (fermier) et *kaas* (fromage), soit fromage fermier. Nom généralement appliqué au Gouda*, préparé avec du lait non pasteurisé. (Appelé aussi *Présent.*)

B. O. F. — Sigle du commerce des « beurre, œufs, fromages ». Des importants mandataires des Halles au simple crémier, les périodes de restrictions, de marché noir ont été quelquefois chanceuses pour eux, et ces initiales ont pris un sens péjoratif.

Bola (Portugal). — ***Vache.*** Fromage sphérique de 1 à 2 kg et rappelant, tant par la forme et la matière que par le goût, l'Edam hollandais.

Bonbel. — Fromage de fabrication industrielle. La marque recouvre une sorte de Saint-Paulin. Le Baby-Bel est un petit Edam français à pâte tendre. (V. *Bel.*)

Bondard. — Ce mot dialectal n'a en fait que sa consonance pour règle. On peut donc l'écrire aussi *Bondart.* (V. *Bonde.*)

Bondaroy au foin (Orléanais). — ***Vache.*** Fromage à pâte molle à croûte naturelle semée de foin. Bonne époque : de juillet à novembre. Mat. grasse, 40 à 45 p. 100.

Bonde (Normandie). — ***Vache.*** On appelle ces fromages aussi *Bondard, Bondart* et *Bondon* (et tout cela probablement à cause de leur forme cylindrique rappelant la bonde d'un tonneau ou d'une barrique de cidre).
Ils sont originaires de la région de Neufchâtel-en-Bray, au lait de vache enrichi, à pâte molle et croûte fleurie, de consistance granuleuse qui n'atteint une certaine onctuosité qu'après un affinage de durée variable suivant la dimension des fromages. Les petits « Bondons » passent en 2 semaines, les gros Bondards en 2 mois. Les très gros Bondards sont réservés à la consommation familiale lors des fêtes de fin d'année après un affinage de 5 à 6 mois. Ils sont devenus gris, et la pâte brunâtre est piquante. Bonne époque : de juin à décembre, puis à nouveau en mars-avril. Mat. grasse, 60 p. 100.

« Je me dis maintenant que, mon Dieu! on ne meurt pas d'un certain état de pauvreté. J'ai vécu ainsi pendant des années (de 20 à 28 ans) : un bondon de quatre sous, du pain, un verre de café pour mon déjeuner comme pour mon dîner et je n'en suis pas mort. » Paul Léautaud, *Journal littéraire* du 27 avril 1946.

Bondin. — V. *Bonde.*

Bondost (Suède). — ***Vache.*** Fromage fermier de forme cylindrique pesant de 1 à 1,3 kg.
On en prépare maintenant aussi aux Etats-Unis, dans le Wisconsin, à base de lait de vache pasteurisé.

Bossons macérés (Provence). — ***Chèvre.*** Les chèvres des Alpilles donnent un lait parfumé. Les petits fromages obtenus sont quelquefois mis à macérer dans des pots, avec de l'huile d'olive, de l'eau-de-vie de marc et des aromates.
Mais pourquoi Bossons? Selon certains, cette préparation aurait pour origine le hameau des Bossons, satellite de Chamonix. Cela n'en fait cependant pas un fromage savoyard. C'est d'ailleurs parfaitement abominable et bon seulement pour les snobs.

Affinage du Boerenkaas. Phot. Office néerlandais des produits laitiers.

Bougon (Poitou). — ***Chèvre.*** Fromage industriel de la laiterie coopérative de Bougon, appelé aussi *La Mothe-Bougon.*

Il peut être de formats divers. Bonne époque : de 'mai à novembre. Mat. grasse, 46 p. 100.

Boule de Lille (Flandre). — ***Vache.*** Sorte de fromage de Hollande à chair teintée de vermillon, appelé aussi *Oude Kaas.* C'est la *Mimolette* française.

Boule des Moines (Bourgogne). — ***Vache.*** Fromage aromatisé, fabriqué avec la pâte des fromages classiques de l'abbaye de la Pierre-qui-Vire. Bon toute l'année.

Boulette d'Avesnes (Flandre). — ***Vache.*** Fait de petit-lait fermier ou, industriellement, de fromages de Maroilles blancs. Affiné durant au moins trois mois, la croûte lavée à la bière. Sa pâte est additionnée de fines herbes et d'épices.
La Boulette · d'Avesnes est, dans les fermes, mise à sécher et à dorer au soleil, sur des planches clouées en haut des fenêtres.
Fromage à pâte molle valable toute l'année, mais particulièrement de septembre à juin. Mat. grasse, 50 p. 100.

Boulette de Cambrai (Cambrésis). — ***Vache.*** Même type que la Boulette d'Avesnes, mais la pâte n'est pas affinée. Simplement relevée de poivre, estragon et persil. Mat. grasse, 45 p. 100. (V. *Caffuts.*)

Boulette de Charleroi, de Namur, de Huy (Belgique). — ***Vache.*** Même type que les précédents, comprenant plusieurs variétés, toutes très odorantes.

Boulette de la Pierre-qui-Vire (Bourgogne). — ***Vache.*** Pâte fraîche égouttée, aromatisée aux fines herbes, sans croûte ni affinage. Bonne saison : été et automne. Mat. grasse, 45 p. 100.
Fabrication artisanale des religieux de l'abbaye.

Boulette de Romedenne (Belgique). — ***Vache.*** C'est un village près de Dinant. Ce fromage est comparable à la Boulette de Charleroi, gras et fort. On en fait notamment une tarte, la flamiche, en garnissant une tourtière foncée de pâte à pain très mince d'un mélange de 1 500 g de beurre, 500 g de boulette, 10 œufs, du poivre et du sel. Il existe à Dinant un concours annuel des mangeurs de flamiche, et la Boulette de Romedenne est très prisée.

Bouquet de Thiérache (Hainaut français). — ***Vache.*** Marque de fromage local.

Boulettes d'Avesnes (fromages pointus).
Phot. Asa Press.

Bourg'Ain (Bresse). — ***Vache.*** Fromage de marque. Il existe un établissement d'aviculture portant semblablement la marque « Coq'Ain ».

bourgne. — Haut vase fermé confectionné l'hiver, aux veillées, avec des rouleaux de paille cousus entre eux à l'aide de lanières faites d'écorces de ronces, en Vendée et en Poitou, et dans lequel on met à s'affiner les fromages de chèvre (en y ajoutant une « ration » de Cognac).

Boursault. — ***Vache.*** C'est au Perreux qu'un M. Boursault a entrepris, modestement, de fabriquer ces fromages triple crème frais à arrière-goût de Brie. La marque a été reprise par Boursin.

Rayonnages de Camemberts et de Boursaults. *Phot. Sopexa.*

Boursin. — ***Vache.*** C'est à Bonneville-sur-Iton que le Boursin a commencé son extension. Ce triple crème a, lui, une arrière-saveur de Camembert adouci. Boursault ou Boursin, ces fromages « naturels » sont possibles et peuvent être agréables. Nous serons plus réservé en ce qui concerne leurs multiples dérivés parfumés d'herbes, épices et autres accroche-plats.

Bouton-de-Culotte (Bourgogne). — ***Chèvre.*** Son nom lui vient de sa forme en tronc de cône, mais surtout de sa taille (une bouchée d'honnête gourmand). Ce fromage de lait de chèvre, à pâte molle mais consommé très sec, à croûte grise, préparé dans le Mâconnais, est remarquable de novembre à juin, surtout s'il est fermier.

Box (Allemagne). — ***Vache.*** Il existe sous deux formes.
1. Le Box ferme, au lait entier, quelque peu semblable au Brick Cheese américain. De saveur douce et piquante à la fois, il est connu notamment à Hohenburg, Mondsee, Xeinhenstephan.
Chaque fromage coloré au safran, frotté de sel à sa surface après maturation, pèse entre 45 g et 1,8 kg.
2. Le Box tendre, à partir du lait de vache partiellement écrémé, est natif du petit village de Hohenheim (en Wurtemberg) et, pour cette raison, appelé quelquefois *Hohenheimer.* Il est salé après l'affinage, qui dure environ 3 mois. Vendu en boîte, d'où aussi son appellation de *Schachtelkäse,* il ressemble pour la forme au Pont-l'Evêque, mais plus vaguement pour la pâte, fade et sans finesse.

Bra (Italie). — ***Vache.*** Fabriqué par les bergers piémontais. Fromage à pâte dure et pressée, fait à partir de lait partiellement écrémé et à saveur forte.
C'est un fromage presque blanc, à la texture compacte et à la saveur forte et salée. Il tire son nom d'un village (Bra), mais a été fabriqué la première fois par des nomades. Il pèse environ 5,5 kg.

Brach (Lorraine). — ***Vache.*** Fromage frais caillé artisanal et local.

Brach (Limousin). — ***Brebis.*** Tome bleue dite « Bleu de Brach » ou encore « Caillada de Vouillos ». (V. *Tome de Brach.*)

Brački sir (Yougoslavie). — ***Brebis.*** Petits fromages de lait de brebis, très durs, de l'île de Brac.

Brand (Allemagne). — ***Vache.*** Ce fromage est fabriqué à partir d'un caillé de lait acide surchauffé, puis salé. Après fermentation d'une journée, on y mélange du beurre; puis, pressé, séché, il est mis à mûrir dans des petits barils. Au cours de cette maturation, il est constamment humidifié à la bière. Poids, environ 150 g.

Brandza (Roumanie). — ***Brebis.*** Fromage doux mis en cuves en septembre, en couches alternées de gros sel et baignant dans du lait. Il fermente durant l'hiver et est consommé au printemps, notamment

Bouton-de-Culotte (grandeur nature). *Phot. Lauros.*

dans la dernière semaine du carnaval, dite aussi « semaine du fromage ».

Brandza de Burdouf (Roumanie). — ***Brebis.*** Fromage du même type, mais fort, conservé dans des outres ou des vessies et devenant extrêmement piquant.

Brandza de Cochuletz (Roumanie). — ***Vache.*** Fait de Fromage blanc vieilli additionné de sel et pétri, quelquefois additionné d'aromates ou enfermé dans de l'écorce de sapin pour le parfumer.

brassoir. — Instrument également appelé *tranche-caillé* et qui sert à fractionner le coagulum des fromages à pâte pressée non cuite et cuite avant la mise en moule. Certains brassoirs ne font pas l'opération du tranchage, mais la complètent.

Bresciano (Italie). — ***Vache.*** Sorte de Grana* de la région de Brescia.

Bressan (Bresse). — Mélange de lait de chèvre et de vache. Ce nom générique de la Bresse louhannaise désigne généralement un fromage à pâte molle de forme tronconique, qui sèche rapidement et devient très dur au point qu'il faut le casser pour le détailler. On l'a appelé quelquefois *Thoissey,* mais une marque produit aussi, sous ce nom, un fromage frais. Bonne époque : de mai à novembre. Mat. grasse, 40 à 45 p. 100.

Bresse bleu (Bresse). — ***Vache.*** Il existe plusieurs fromages persillés à pâte pressée répondant à l'appellation *Bleu de Bresse.* Le Bresse bleu est fabriqué à partir de lait pasteurisé à la coopérative de Servas (Ain). A la fois doux et de saveur piquante, onctueux, très persillé, il rappelle quelque peu le Gorgonzola. Se vend toute l'année en petits cylindres enveloppés de papier d'étain, sous trois formats différents (mini, moyen, maxi). Bon toute l'année. Mat. grasse, 50 p. 100.

RECETTE DE LA SAUCE AU BRESSE BLEU (pour poissons froids).

Travailler un petit Bresse bleu avec un demi-litre de crème.
Passer au tamis fin. Y ajouter une pointe de cayenne, mélanger et mettre au frais.

Briançon. — Lieu de fabrication d'un petit fromage bleu des Hautes-Alpes et dont le nom était soit *Bleu du Queyras,* soit *Bleu du Pelvoux.* Il a disparu avec son créateur, M. Gravier, de Briançon.

Brick (Etats-Unis). — ***Vache.*** C'est un des rares fromages originaires des U. S. A. et qui tient probablement son nom de ce que sa pâte est passée entre des sortes de briques. De « chair » élastique, il est utilisé pour les sandwiches. Sa saveur rappelle celle du Cheddar en plus fade, mais sa pâte est percée de trous irréguliers.
Le Brick Cheese mesure 25 cm de long sur 12,5 de large, avec une épaisseur de 7 cm. Chaque fromage pèse environ 2,250 kg. Il est fabriqué principalement dans le Wisconsin.

Brickbat (Angleterre). — ***Vache.*** Fabriqué à partir du lait frais auquel on a ajouté un peu de crème. Sa renommée remonte au XVIIIe siècle, dans le Wiltshire.
Peut se conserver une année.

Bricquebec (Normandie). — ***Vache.*** Ce fromage demi-dur, à pâte pressée non cuite et à croûte lavée, est très gras. En forme de cylindre de 20 cm de diamètre sur 5 de hauteur, il a été mis au point par les moines de l'abbaye de Bricquebec, d'où son autre nom de *Trappe de Bricquebec.* Bon toute l'année. Mat. grasse, 40 p. 100.

Brie (Ile-de-France). — ***Vache.*** On sait (v. *Talleyrand*) que le Brie fut proclamé roi des fromages lors du congrès de Vienne. Mais quel Brie? Il venait de Villeroy, fabriqué par un certain Baulny, et correspondait à ce que nous appelons aujourd'hui *Brie de Meaux.*
En fait, toute la région située entre Seine

Fabrication du Bresse bleu à la fromagerie de Servas.
Phot. de la fromagerie.

et Marne produit avec des variantes ce fromage tour à tour champenois ou d'Ile-de-France. Ce sont tous des fromages à pâte molle, non cuite, pressée, d'affinage rapide qu'effectue une flore de moisissures superficielles diverses (dont le pénicillium).

On compte de 13 à 20 l de lait pour faire un fromage de Brie selon la dimension de celui-ci (les grandes tailles allant jusqu'à 54 cm, les moyens à 42 cm et les petits ne dépassant pas 33 cm). Il ne peut être fabriqué qu'au lait entier ou présenter une teneur en matières grasses de 45 p. 100 à l'extrait sec au minimum.

Un bon Brie doit avoir une croûte partiellement recouverte de moisissures blanches formées par le *Penicillium candidum* et pigmentée de ferments caséiques rougeâtres.

On distingue les Bries fermiers et laitiers, ces derniers plus homogènes mais moins bons que les bons fermiers. Du reste, les fermiers qui font encore eux-mêmes leurs fromages aujourd'hui se servent pour leur fabrication de ferments sélectionnés par le laboratoire de La Ferté-sous-Jouarre.

C'est dans ce laboratoire que l'on est parvenu à isoler notamment le micro-organisme spécial qui est l'agent de la dernière phase de maturation du Brie et qui donne à sa croûte la coloration rougeâtre. C'est le « rouge » des fromagers. Car un bon Brie doit avoir la croûte rougeâtre avec quelques traces blanches, être moelleux et ne pas couler; sa pâte doit avoir une belle et appétissante couleur jaune pâle. Elle a un goût de noisette et une finesse qui a fait qualifier le fromage de Brie de « pâtisserie » fromagère. En 1661, déjà, Saint-Amant* l'appelait *cotignac de Bacchus* et, chantant ses qualités, le comparait à l'or :

Il est aussi jaune que lui;
Toutefois, ce n'est pas d'ennui,
Car, aussitôt qu'un doigt le presse,
Il rit et se crève de graisse...
Holà! gourmands, attendez-moi!
Pensez-vous qu'un manger de roi
Se doive traiter de la sorte?

(V. aussi *Sue* [*Eugène*].)

Le Bricquebec, fabriqué par les moines de l'abbaye. *Phot. Valco.*

GALETTES BRIARDES

Délayer 500 g de farine avec 100 g de beurre, 150 g de fromage de Brie coulant, bien nettoyé, deux jaunes d'œufs, du sel et des traces de poivre et de muscade. Laisser reposer. Abaisser à huit millimètres d'épaisseur. Découper en ronds avec un verre à bordeaux. Passer sur la surface un pinceau trempé dans du lait. Rayer à la fourchette. Cuire à four modéré.

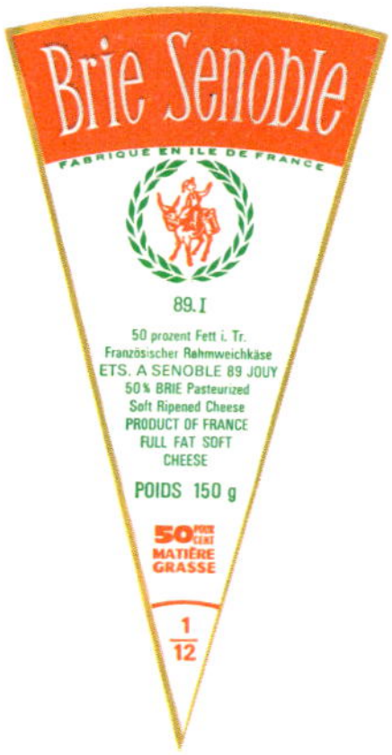

Brie d'amateur. — Terme désignant généralement un fromage un peu passé, grisonnant et fort. C'était autrefois le genre de fromage que l'on conservait à la ferme pour les besoins de la consommation des ouvriers agricoles.

Brie de Coulommiers (Ile-de-France). — ***Vache.*** De taille plus petite que le Meaux (24 à 26 cm de diamètre), il est plus onctueux et plus doux et se consomme souvent frais. On dit que c'est avec ce fromage que Marie Leczinska confectionna les premières bouchées à la reine, mais je n'ai trouvé nulle part une telle recette. Bonne époque : d'octobre à mai. Mat. grasse, 45 p. 100.

Brie de Macquelines (Ile-de-France). — ***Vache.*** Bonne époque : d'octobre à mai. (V. *Macquelines.*)

Brie de Meaux (Ile-de-France). — ***Vache.*** Le plus connu de tous. On l'a appelé aussi *Brie du Valois.* Bonne époque : de novembre à juin. Mat. grasse, 45 p. 100.

V. illustration page suivante.

Brie de Melun (Ile-de-France). — ***Vache.*** Plus haut et moins large, d'arôme plus prononcé, il procède d'une fermentation plus lente qui le rend un peu plus salé. Peut être servi frais ou affiné. On trouve actuellement plus de Brie de Melun fermier que de Brie de Meaux. Bonne époque : de novembre à juin. Mat. grasse, 40 à 45 p. 100.

Il existe un Brie de Melun, dit « bleu » ou « frais », dont la pâte fraîche salée est parfois poudrée de charbon de bois.

Brie de Montereau (Ile-de-France). — ***Vache.*** Très semblable au Brie de Melun, mais de dimension plus réduite et de fabrication artisanale exclusivement.

Brie de Meaux.
Phot. Libor-Galliphot.

Bonne époque : d'octobre à juin. Appelé aussi *Ville-Saint-Jacques.* Mat. grasse, 40 à 45 p. 100.

Brie de Nangis (Ile-de-France). — ***Vache.*** A tendance à disparaître, s'il n'est déjà disparu! il avait la réputation d'être le meilleur des fromages de Brie.

Brie de Provins (Ile-de-France). — ***Vache.*** Plus petit en diamètre et hauteur que celui de Meaux.

RECETTE DE LA CROÛTE AU BRIE

Malaxer 125 g de Brie (sans croûte) avec 100 g de beurre. Saler et poivrer.
Mettre de cette pâte entre deux tranches de pain de mie. Beurrer les surfaces extérieures. Disposer les croûtes dans un plat allant au feu et faire dorer 5 minutes à four très chaud. Servir.

Le nom n'étant pas déposé, on fabrique du Brie en Suisse et ailleurs. Mais comment pourrait-il être bon? Puisqu'un Meldois (habitant de Meaux), M. Denis Lefèvre, assure dans son livre *Suprématie du fromage de Brie* que les vaches briardes descendent en ligne directe d'Io, fille d'Inachos, aimée de Zeus!

BRIFFAULT (Eugène). — Auteur d'un *Paris à table.* On y trouve cette formule : « Le fromage est le supplément d'un bon repas et le complément d'un mauvais. »

Brillat-Savarin (Normandie). — ***Vache.*** Fromage à pâte molle, triple crème (75 p. 100), fabriqué à Forges-les-Eaux. Tient son nom d'Henri Androuët et descend de l'Excelsior*.

BRILLAT-SAVARIN (Anthelme). — Le fameux gastronome français (1755-1826) mérite de figurer ici, ne serait-ce que pour l'aphorisme XIV de sa *Physiologie du goût,* devenu immortel :

« Un dessert sans fromage est une belle à qui il manque un œil. »

Remarquons au passage qu'on le cite généralement mal. On écrit « un repas ». Le « Professeur », lui, savait — ce que nos contemporains ignorent — que le fromage fait partie des desserts et qu'il doit venir, mais oui! après les entremets. Dans cette même *Physiologie du goût,* Brillat-Savarin donne la recette de la fondue, originaire de Suisse. Recette qu'il tient, dit-il, de M. Trollet, bailli de Moudon (canton de Berne). Mais c'est une recette d'œufs brouillés au fromage de Gruyère qui, pour n'avoir rien de commun avec la vraie fondue, est excellente. Et d'ailleurs, Brillat-Savarin, en exil aux Etats-Unis, la fit apprécier de ses hôtes américains. Gaston Derys avait ajouté à l'aphorisme de Brillat, en disant, lui :

« Un dessert sans fromage est une belle à qui il manque le cœur. »

Brin d'amour (Corse). — ***Chèvre.*** Originaire de la région du Niolo. Ferme ou demi-sec, il est mûri sur un lit d'herbes aromatiques du maquis. Forme carrée; poids, 600 g environ. On l'appelle aussi *Fleur du Maquis.* Bonne saison : été. Mat. grasse, 45 p. 100.

Brinzen (Hongrie). — ***Brebis.*** V. *Bryndza.*

brioche de Gannat. — Pâtisserie au fromage, spécialité de Gannat, en Bourbonnais.

On incorpore à 250 g de pâte à brioche 150 g de Gruyère râpé et quelques dés du même fromage. On forme une couronne. Dorer celle-ci à l'œuf et cuire au four comme une brioche ordinaire.

Brioler (Allemagne). — ***Vache.*** Sorte de Limburger (Limbourg) qui tire son nom de *Brioler,* localité de Prusse-Orientale. De forme carrée, de 7 à 10 cm de côté pour 5 à 7 d'épaisseur, il pèse environ 1 kg.

Brique du Forez (Lyonnais). — ***Chèvre.*** Son nom vient de sa forme, une petite brique, que les bergers du Forez font avec du lait de chèvre, mais en y mélangeant un peu de lait de vache selon des proportions tenues secrètes et variables. Ce fromage à pâte molle est bon de mai à octobre. On l'appelle aussi *Cabrion**. Mat. grasse, 40 à 45 p. 100.

Brie à différents stades de maturation.
Phot. Libor-Galliphot.

Anthelme Brillat-Savarin.
Gravure d'Allais, d'après Lambert.
Bibliothèque nationale, Paris.
Phot. Bibl. nat.

Brique du Livradois (Auvergne). — ***Chèvre.*** Même genre que la Brique du Forez. (V. *Cabrion.*)

Brisegoût (Savoie). — ***Vache.*** C'est un fromage de ménage fabriqué avec du lait écrémé, la recuite. Sa consistance est rapidement dure, il clive en le coupant et atteint une saveur si piquante qu'il « brise le goût », d'où son nom. On dit aussi *Brisco* et, à l'italienne, *Brisego.*

Brizou de Saint-Anthème. — V. *Saint-Anthème.*

Broccio (Corse). — ***Chèvre*** ou ***brebis.*** On écrit aussi *Brucciu* (prononciation *ou*), et les deux mots viennent d'une déformation du mot *brousse,* qui, en provençal, désigne lui-même un fromage.
Généralement de lait de chèvre et plus souvent de brebis, le Broccio est fabriqué à partir du lait cru et de crème cuite. Frais et demi-sec, il s'utilise comme un fromage ordinaire, mais il entre aussi, tant sec que frais, dans la préparation de nombreux plats et pâtisseries locaux.
Bonne époque : d'avril à novembre. Mat. grasse, 45 p. 100.

RECETTE DES « IMBRUCCIATE » (GÂTEAUX AU BROCCIO)

Mélanger 500 g de farine tamisée avec 3 œufs, une pincée de sel, un petit paquet de levure, 2 cuillers à soupe d'huile d'olive, un grand bol d'eau, afin d'obtenir une pâte bien lisse.
Couvrir d'un linge et garder 3 heures à température douce.
Couper en dés du Broccio frais. Enrober ceux-ci dans la pâte de façon que le fromage soit bien au centre et les beignets bien ronds. Jeter dans la friture fumante. Laisser dorer. Egoutter et poudrer de sucre. Servir.

RECETTE DES « POMODORI IMBRUCCIATI » (TOMATES AU BROCCIO)

Couper les tomates en deux horizontalement. Enlever les graines et mucilages. Faire une farce composée de riz cuit à l'eau salée et d'une crème épaisse composée de Broccio frais et d'œuf battu, avec sel et poivre. Garnir les demi-tomates de cette farce. Les poser sur un plat huilé et les passer au four.

Emile Bergerat devenait lyrique en parlant de ce mets national corse :

« Les bergers le fabriquent de la plus pure crème de lait de leurs chèvres, dans des corbeilles de jonc. Il est de la couleur de la neige et parfumé de tous les arômes du maquis... » Sa saveur est virgilienne. Daphnis assurément n'en offrait point d'autre à Chloé, dit un autre amateur, qui nous rappelle que Madame Mère regrettait, à Malmaison, le Broccio de son île, malgré celui qui était préparé sur place avec le lait de chèvres venues de Corse.
« Nos bergères, écrit un Corse, le préparent en plein air, en mêlant, dans une « pignata » ou « caldaretta », du lait nouvellement trait et du petit lait.
« Un galet rond, choisi dans le torrent, est placé au fond de la caldaretta.
« Le mélange est remué avec soin lorsqu'il est sur le feu.
« L'écume est soigneusement enlevée, au fur et à mesure qu'elle se produit.
« Le Bruccio est enlevé, à son tour, dès qu'il prend sa consistance de fromage blanc, et versé dans la « caciagia » (petit panier d'osier), où on le laisse égoutter et refroidir.
« Comme toutes choses « délicates », le Bruccio doit faire l'objet de soins attentifs, qu'exigent à la fois sa nature de « pâte molle » et son format.
« Sur le plateau, où il ne doit pas être accompagné de ses vénérables confrères, sa présentation et sa coupe doivent être nettes.
« Contrairement à la plupart des fromages blancs, dont le panache est dû à la fibre microbienne sélectionnée qui naît sur leur surface, le Bruccio doit être servi très frais et, autant que possible, recouvert de sa « caciagia » jusqu'à la dernière minute.
« Son propre panache est, en effet, non seulement sa blancheur immaculée, mais aussi l'empreinte totale de cette « caciagia » impeccablement tressée. »

Broccio (Italie). — V. *Ricotta* et *Ziger.*

Brocotte. — Autre nom du *Ricotta**.

Broca (Lorraine). — Lait caillé non égoutté, mêlé de lait et de pain tranché,

dont les habitants de la région de Metz sont friands, au petit déjeuner et au casse-croûte.

Broodkaas (Belgique et Pays-Bas). — Fromage de fabrication usinière. Se rapprochant du type Gouda, il a la forme d'un pain parallélépipédique, et son poids varie de 2 à 4 kg.

Brous. — Il s'agit, dit Jacques Médecin dans son livre sur la cuisine niçoise, d'un mélange détonant de lait caillé (de vache, de chèvre ou de brebis indifféremment, et souvent mélangés) disposé, dans une terrine fermée par un couvercle, en couches alternées avec quelques gousses d'ail hachées, du poivre et de l'eau-de-vie de pays. *Lou brous,* comme on dit là-bas, est encore produit dans la haute vallée de la Tinée et se consomme, lorsque les asticots commencent à l'animer, sur une tranche de pain grillé chaude.

Broodkaas et, ci-dessous, fromage de Bruxelles. *Phot. Office national du lait, Bruxelles.*

Brousse du Rove (Provence). — ***Brebis.*** Le mot, selon le *Petit Robert,* désignait déjà en 1579 un fromage provençal *(broce).* Il n'aurait donc pas la même origine que le mot *broussaille.* Le Rove est un tunnel (long de 7 266 m), par lequel le canal de Marseille au Rhône passe de la mer à l'étang de Berre. En fait, il ne faut pas voir dans l'étymologie du mot *brousse* autre chose que le verbe du dialecte provençal *brousser,* c'est-à-dire « remuer, battre », ce fromage étant vivement battu avant d'être moulé en terrine.
Tout autour, les collines calcaires, couvertes partout de broussailles, ne permettent que l'élevage des brebis, dont le lait donne une Brousse parfumée. Bonne époque : de février à mai. Mat. grasse, 45 p. 100.
A dire vrai, il s'y mêle quelquefois du lait de chèvre.
Dans son livre sur la cuisine provençale, Maguelonne Toussaint donne ces détails :

« La brousse une fois caillée est d'abord mise à égoutter sur une mousseline posée sur un plat spécial, sorte d'assiette creuse en terre vernissée, percée de trous et pourvue de pieds, que l'on pose sur une assiette où se recueille le petit-lait. Puis on la transvase dans des moules en fer blanc, étroits et hauts, percés de trous plus fins que précédemment. Souvent la fermière les garnit de mousseline pour que le fromage ne se « perde » pas. On les vend ainsi sur les marchés, et la cliente apporte son plat sur lequel on démoule la brousse. Ce fromage blanc peut être dégusté poudré de sucre et arrosé d'eau de fleurs d'oranger. Il a la réputation de faire dormir les enfants et de les rendre sages... comme des agneaux.
« On peut aussi l'assaisonner d'une vinaigrette relevée de fines herbes, d'ail et d'oignon, pour le repas de midi, le dîner comme nous disons. »

On dit aussi *Broussin.*

Brousse de la Vésubie (comté de Nice). — ***Brebis*** et ***chèvre.*** Autour du cours de cet affluent du Var descendant du Mercantour. Bonne époque : de février à mai. Se consomme fraîche ou macérée en terrine. Mat. grasse, 45 p. 100.

Brûleur de Loup. — Fromage industriel au lait de vache pasteurisé, généralement plié dans des feuilles de châtaigniers. Pèse 500 g. Passe très rapidement.

Bruxelles (Fromage de) [Belgique]. — ***Vache.*** Le plus typiquement régional des

La Laitière d'Ivry.
Lithographie par Victor Adam, 1831.
Bibliothèque nationale, Paris.
Phot. Lauros-Giraudon.

fromages belges avec une technique de fabrication unique comprenant deux phases distinctes. Le caillé (après emprésurage à 20-22 °C) est moulu, salé à 10 p. 100 et rassemblé en pains de 950 g environ dits « pollens ». Après séchage de 3 à 4 semaines, la deuxième phase commence, celle de la maturation. Les pollens sont entreposés 2 mois dans des caves de maturation sur des treillages à coulisses pourvus de stores. Chaque semaine, ils sont plongés dans un bain d'eau tiède légèrement salée, et retournés. Suivent un dégraissage, un lavage à la brosse, après quoi chaque pollen est coupé en six portions emballées sous pellicule cellulosique.
Chaque fromage ainsi obtenu pèse environ 160 g, sous forme d'un petit carré.
On l'appelle aussi *Aettekees* ou *Ettekees.*

Bryndza (Hongrie). — ***Brebis.*** Cylindres pesant 5, 10, 20 ou 30 kg, de saveur piquante, préparés en été. On dit aussi *Brinzen.*
A rapprocher des Brandza roumains et du Brynza d'U. R. S. S.

Brynza (U. R. S. S.). — ***Vache*** et ***brebis.*** Fromage blanc sec saumuré du Caucase et de Transcaucasie.

Bûche forézienne (Auvergne). — ***Vache.*** Fourme industrielle à moisissures internes. Bon toute l'année.

Bûche du Vercors (Dauphiné). — ***Vache*** et ***chèvre.*** Appellation de marque. Forme cylindrique.

Bûchette d'Anjou (Anjou). — ***Chèvre.*** Fromage industriel rappelant le Sainte-Maure. Bon toute l'année.

Burgos (Espagne). — ***Brebis.*** Fromage frais à pâte molle de cette province. Se consomme frais ou après macération.

Buriello (Italie). — ***Buffle.*** Il existe encore en petite quantité. C'est un fromage à pâte filée garni en son centre d'une boulette de beurre de bufflonne. Parfois présenté dans des jarres de grès, il a ses fervents. (On dit aussi *Borelli* et *Burrino.*)

Burmeister (Etats-Unis). — ***Vache.*** Nom commercial d'un fromage du type Brick fabriqué dans l'Etat du Wisconsin.

Burriello (Italie). — On dit aussi *Burro, Burrino, Butirro...* Fromage de beurre de sérum. (V. *Manteca.*)

Butter (Autriche). — ***Vache.*** Fromage doux, gras et non salé, qui rappelle un peu le beurre, d'où son nom. Il pèse environ 2 kg.

Buttermilk (Angleterre). — ***Vache.*** Fabriqué avec du babeurre, il est de grain plus fin que le *Cottage Cheese**.

C

Cabécou (Quercy, Rouergue, Périgord et même Béarn). — ***Chèvre.*** Ce mot, variante de *Chabichou* et *Chabissou,* dit bien ce qu'il veut dire. Ce petit fromage rond en forme de galette, classique, est excellent d'avril à novembre : Cabécous de Cahors, de Gourdon, d'Entraygues, de Gramat, etc., plus ou moins durs. Ils sont toujours bons. Quelquefois aussi ils sont de lait de brebis.

Cabicou (Poitou). — ***Chèvre.*** Déformation de *Chabichou.* Pur chèvre rond de la laiterie coopérative de La Mothe-Saint-Héray. Mat. grasse, 50 p. 100.

Cabrales (Espagne). — ***Chèvre.*** Dit aussi « Picon », ce fromage artisanal des bergers des Asturies est affiné dans des cavernes naturelles, humides et fraîches, ce qui développe une moisissure vaguement comparable à celle du Roquefort. Sa forme est cylindrique (22 cm sur 12) et il est question de commercialiser sa production. (V. *Queso de Cabrales.*)

Cabreiro (Portugal). — Du côté de Castelo Branco, on consomme, soit frais, soit après quelques mois d'affinage dans la saumure, ce fromage plat au lait de chèvre ou de brebis, ou des deux mélangés.

Cabrion (Lyonnais et Auvergne). — ***Chèvre*** des Cévennes et du Forez. (V. *Brique du Livradois* et *Brique du Forez.*)

Cabriou (Auvergne). — ***Chèvre.*** Même chose que les Cabrions, Chevrotons, etc. M. Lallemand a relevé, dans une ancienne nomenclature : « ... les autres, appelés *Chabrilloux* parce qu'ils sont faits communément de lait de chèvre, sont cylindriques et fort petits. » « Chabrillou », selon l'auteur de *la Vraie Cuisine de l'Auvergne et du Limousin,* serait devenu « Cabriou ».

Cachat d'Entrechaux (comtat Venaissin). — ***Chèvre*** et peut-être aussi ***brebis.*** Entrechaux est un petit village des pentes du Ventoux. Les chèvres s'y nourrissent des herbes parfumées de la garrigue, et leur lait donne ces petits fromages cylindriques qui vieillissent et se corsent.
On le consomme de toutes les manières : frais, aromatisé sec ou bien conservé en pots après avoir été malaxé pour devenir, avec d'autres ingrédients, le « fromage fort du mont Ventoux », que Léon Daudet appelait un *fromage frénétique.* On dit aussi *Cachait.*
Meilleure saison : été. Mat. grasse, 45 p. 100.

Cachat de Malaucène (Vaucluse). — ***Chèvre*** et ***brebis.*** Malaucène est un autre petit village de cette région du Ventoux. Les deux « Cachats » se ressemblent fort, étant issus de bêtes élevées sur la même pente et sous le même climat.

Cachcaval (Roumanie). — ***Brebis.*** Le Cachcaval « Dobrogea », de couleur blanc jaunâtre, est en cylindres de 6 à 10 kg. Mat. grasse, 45 p. 100.

Cache (Roumanie). — ***Brebis.*** Fromage blanc vieux d'une dizaine de jours, à la saveur piquante. Mais n'est-ce pas une forme de *Kascher* et un produit autorisé dans l'alimentation rituelle des juifs?

Caciocavallo (Italie). — ***Vache.*** Ce fromage à pâte filée (caillé « plastique »), fait à partir de lait entier de vache, à pâte

jaune paille unie et compacte, se présente sous une forme originale : un « 8 » dont la boucle du haut serait le quart de l'autre. Poids : de 2 à 3 kg.
A l'origine, le Caciocavallo (on dit qu'autrefois il fut de lait de jument, aliment des nomades) fut un fromage de l'Italie méridionale. On trouve sa trace dans des documents du Moyen Age (1335), mais on le prépare aujourd'hui en Sicile et même, en été, en Italie du Nord.
S'ils ne furent pas de lait de jument, les premiers Caciocavallo, reliés par paires et suspendus à des bâtons pour la maturation, semblaient, par leur forme, être pendus de part et d'autre d'une selle, d'où leur nom de *cacio a cavallo* (« fromages sur le dos d'un cheval »). Certains sont un mélange de lait de vache et de brebis. L'affinage est de 2 à 4 mois, mais lorsque le fromage atteint l'année, il est utilisé râpé. (V. *Provolone.*)

Caciocavallo Siciliano (Italie). — ***Vache.*** Même genre et fabriqué en Sicile (quelquefois, mais rarement, avec aussi du lait de chèvre). Sous forme d'un bloc oblong, il pèse entre 7,9 et 11,8 kg. A la différence du Caciocavallo originel, le caillé, ici, n'est pas mis à raffermir à l'eau froide, mais pressé dans des moules et salé au sel sec. Affinage, 3 mois. On en fabrique de petites quantités aux Etats-Unis.

Cacio Fiore (Italie). — ***Brebis.*** Le lait est caillé avec de l'extrait de présure végétale et coloré au safran, d'où le nom. Il se fait durant les mois froids de l'hiver et se consomme 10 jours après. Poids : 900 g à 1,9 kg. On l'appelle aussi *Caciotta.*

Cacio Fiore Aquilano (Italie). — ***Brebis.*** Même type de fromage, fabriqué en janvier-février. Tous ces fromages sont doux et de saveur exquise. Dans l'Italie du Nord, on les appelle aussi *Fromagella.*

cadeau. — La mode revient, paraît-il (et nous nous en réjouissons), d'offrir en cadeau du fromage. Pourquoi pas? Des maisons comme Fauchon, des fromagers comme Androuët ou Cantin peuvent livrer de beaux assortiments parfaitement présentés. On peut les joindre à un service à fromage, une planche à fromage, un couteau à découper, etc.
Charles d'Orléans, dit-on, adressa en 1407 pour « estrennes » des fromages aux dames de son cœur.

O mon doux cœur je vous envoie,
Amoureusement choisi par moi,
Ce Brie de Meaux délicieux
Il vous dira que, malheureux
Par votre absence, je languis
A point d'en perdre l'appétit
Et c'est pourquoi je vous l'envoie.
Quel sacrifice c'est pour moi!

Mais ce pourrait bien n'être là qu'un pastiche! François Villon, par testament, lègue une « talmouse* » à son ami Jehan Régnier. (V. aussi *Etats-Unis.*)

Caerphilly (Angleterre). — ***Vache.*** Le Caerphilly est né dans un petit village près de Cardiff, en pays de Galles, et les mineurs gallois s'en régalent. Fromage à pâte pressée, non cuite, un peu plus granuleuse que celle du Chester, plat, de forme circulaire, de 22 cm de diamètre sur 6 à 8 d'épaisseur. Poids : 3,6 kg. Il est aujourd'hui sorti de Glamorgan et fabriqué dans l'ouest-sud-ouest de l'Angleterre.
Le lait entier est ensemencé d'une culture et soumis à une légère maturation; l'affinage est complet après deux mois de soins assidus, raclages et lavages. De pâte blanchâtre, de saveur douce et légèrement granuleux, le Caerphilly doit être consommé rapidement (un mois ou deux au maximum, dans des conditions de fraîcheur et d'humidité convenables).

Caffuts. — On appelle ainsi, à Cambrai, les fromages abîmés, mal vendables ou dépréciés. On les pile, on y ajoute des herbes et on en fait des sortes de Boulettes, mais n'ayant pas droit à ce nom.

Cafione. — Fromage de chèvre cafioné. Se dit en général du Chabichou, parce qu'il était autrefois mis dans des corbeilles dites « coffins », « coffineaux », « couffins », etc.

caget (ou **cajet**). — Petite natte en paille, en jonc ou en minces baguettes de bois, sur laquelle on dispose des fromages (Camembert, etc.) pour égouttage et affinage.

Caghiatu (Corse).
Quand arrivate a lu stazzu
Duva avete poi da stani...

Mais traduisons du corse en français cette « nana » (berceuse) qui dit :
Quand vous arriverez à la bergerie
Où sera votre nouveau foyer,
Votre belle-mère s'avancera sur la porte
Et vous prendra les mains
Et il vous sera offert un bol de lait caillé...

C'est en effet une coutume patriarcale autant que poétique qui veut que la jeune épousée reçoive des mains de sa belle-mère un bol de Caghiatu... Le lait caillé!

Cahors (Quercy). — ***Chèvre.*** Fromage local aussi fruste et sain et bon que le vin de Cahors d'autrefois. Clément Marot dut s'en régaler en priant le Seigneur :
De petit dîner et mal cuit,
De mal souper et male nuit,
Et de boire du vin tourné,
Libera nos Domine...

Cailladas. — Le nom vient évidemment de « caillé ». La Caillada de Vouillos, ou Caillade, ou Caillados, serait un des noms de la Fourme de Brach*. Mais pourquoi?

Caillados ou **Caillade.** — Autre nom des Caillebottes*.

caillage. — Première opération de la fabrication des fromages. Synonyme de *coagulation.* Généralement obtenu avec de la présure.

Caillage du fromage de Cantal. *Phot. Fotogram.*

Fabrication du fromage de Camembert : le caillé est versé dans les moules. Gravure d'après Navellier. Extrait des *Merveilles de l'industrie,* de Louis Figuier. Collection particulière. *Phot. Lauros-Giraudon.*

caillé. — Partie du lait obtenue par coagulation naturelle (acidification lactique naturelle) ou artificielle (présure) et que l'on utilise pour la préparation des fromages. On donne aussi ce nom au fromage frais.

Caillebotte (de *cailler* et de *botter,* mettre sur des bottes de joncs [claies]). — Masse de lait caillé. A donné son nom au local où l'on fait cailler le lait comme à l'usine où l'on prépare la caséine : caillebotterie. Par extension, la Caillebotte est devenue un fromage frais de vache en Aunis et Saintonge, de chèvre en Saintonge et Poitou (exemple : Caillebotte de Parthenay). Ailleurs, on dit *Jonchée**.

Voici, d'après Henri Gelin, les deux recettes pour faire les Caillebottes poitevines :

PROCÉDÉ À FROID (12 à 15 heures)

Faire macérer dans très peu d'eau une pincée de chardonnette* pendant cinq ou six heures. Verser le jus dans un litre de lait pur, fraîchement tiré. Laisser reposer jusqu'à ce que le lait soit pris (coagulé). Diviser en morceaux carrés, avec une lame de couteau, et placer sur feu doux, jusqu'à ébullition. La cuisson est à point lorsque les morceaux se séparent d'eux-mêmes et nagent dans le petit-lait. Après refroidissement, on enlève le petit-lait, qu'on remplace par du lait frais. On coiffe de crème et l'on sucre à volonté.

PROCÉDÉ À CHAUD (beaucoup plus rapide que le précédent)

Envelopper une pincée de chardonnette dans un nouet fait d'un morceau de mousseline ou de calicot neuf et dégommé. Plonger dans un litre de lait pur; chauffer le tout, mais avoir soin de s'arrêter un peu avant l'ébullition. Retirer du feu, soulever le nouet et le presser pour égoutter dans le lait le jus de chardonnette. Laisser reposer une demi-heure. Le lait étant alors pris, découper le caillé en morceaux. Remettre sur le feu, faire bouillir quatre ou cinq minutes. La suite comme dans le premier procédé.
On peut, dans l'une et l'autre méthode, sucrer légèrement le lait avant de le faire prendre.

caillette. — Partie intermédiaire de l'estomac des ruminants entre la panse et le feuillet. Sa surface interne, irrégulièrement plissée, est continuellement humectée par les sucs gastriques. On utilise des caillettes de veau de lait, de chevreau ou d'agneau pour la préparation des présures.

Cailloux du Rhône (Lyonnais). — ***Vache.*** Nom de marque d'une variété de Rigottes de fabrication industrielle.

Cajassous (Périgord et Languedoc). — ***Chèvre.*** Fromage fermier dont le nom est probablement dérivé de *Cabécou,* à moins, suggère Pierre Androuët, qu'il ne vienne de *cage à sous,* enfermé qu'il est quelquefois dans un garde-manger en fine toile métallique. Consommé sur place, on l'appelle aussi *Cujassous.*

Calcagno (Italie). — ***Brebis.*** Fromage sicilien à pâte dure, destiné à être râpé.

Travail du caillé.
Phot. Office néerlandais des produits laitiers.

Calendrier des fromages.
Il est basé sur une donnée fondamentale : le cycle de la reproduction des espèces. C'est absolu pour les brebis, qui commencent à agneler en décembre; relatif pour les chèvres, qui chevrotent à fin mars; sans valeur pour le bétail bovin, qui n'a aucun rythme de reproduction, les vaches vêlant en toute saison.

Les fromages de brebis commencent donc en hiver, après le sevrage des agneaux, et sont généralement fabriqués durant 180 à 200 jours. Les fromages de chèvre commencent généralement vers Pâques, après la mise au pré ou le sacrifice des chevreaux (les sujets de bonnes races sélectionnées et parfaitement entretenues et soignées donnent alors du lait durant 9 mois pleins, soit de 270 à 280 jours). Les vaches laitières n'étant pas soumises à un rythme invariable de reproduction, ce sont leurs éleveurs qui s'organisent pour obtenir un vêlage compatible avec le sevrage des veaux au printemps, afin que les mères puissent paître librement en herbages et dans les meilleures conditions de nutrition.

En principe et avant tout, c'est la nature des aliments du bétail qui régit la qualité des produits laitiers transformés.

En début de saison, ce sont évidemment les pousses des graminées et autres plantes herbacées que les vaches broutent qui communiquent le caractère particulier léger et doucement aromatique des fromages de primeur. Ensuite, et suivant les phases de leur croissance, les végétaux sont plus ou moins riches en

Bergers avec leurs troupeaux. Virgile, *les Bucoliques*. Strasbourg, 1502. Gravure sur bois. Bibliothèque nationale, Paris. *Phot. Bibl. nat.*

oligo-éléments divers, et leur influence dans le lait se traduit par des subtilités de saveur qui se précisent avec l'affinage. On peut ainsi affirmer que le lait des vaches est spécialement bon, mais faible en matière grasse durant la germination et la pousse, un peu plus riche et aromatique durant la floraison de la prairie, exceptionnel au moment du regain de fin d'été ou du début d'automne, suivant les latitudes ou l'altitude des pâturages.
Alors savoir lire un calendrier des fromages est très simple lorsque l'on connaît la période de fabrication et la durée moyenne de leur préparation et de leur affinage.

Voici d'abord quelques durées d'évolution des principaux fromages :
Pâtes fraîches : aucun délai, la fraîcheur étant le gage de leur qualité. Ces produits étant obtenus, d'autre part, le plus souvent, avec du lait pasteurisé sont égaux à eux-mêmes à longueur d'année.
Pâtes molles à croûte fleurie : Camembert, Brie, etc., de 3 à 4 semaines.
Pâtes molles à croûte lavée : Pont-l'Evêque, Livarot, Maroilles, etc., de 6 semaines à 4 mois.
Pâtes molles de chèvre : Selles-sur-Cher, Sainte-Maure, etc., entre 3 et 5 semaines.
Pâtes molles à moisissures internes : Bleus divers : de 3 à 4 mois; petits Bleus, tel le Bresse bleu : de 1 à 2 mois.
Pâtes pressées non cuites à caillé divisé et égouttage accéléré : Saint-Paulin, Saint-Nectaire, Tome de Savoie : de 2 à 3 mois (à noter que dans le cas de fromages de très grand format, comme le Cantal, ou de fromages très fortement pressés du type néerlandais, comme l'étuvé, la durée de vieillissement peut atteindre 6 mois et plus, 12 et même 18 mois dans les cas exceptionnels).
Pâtes dures ou sèches : Gruyère, Comté, etc. Le minimum raisonnable pour les produits de fruitières artisanales est de 6 mois, mais les industriels abaissent cette durée à 2 et 3 mois, et bien entendu le résultat n'est pas aussi bon sur le plan de la qualité. Il en est de même pour les pâtes plastiques filées, base de nombreux fromages italiens du type *Cacio.*

Le travail de déduction pour chacune de ces familles consiste à repérer la période de production et à y ajouter la durée moyenne de préparation et d'affinage. Mais ce n'est pas si simple, et il y a des exceptions, notamment pour les fromages marinés, malaxés, cendrés, confits, etc.
Pierre Androuët propose (la lecture des calendriers fromagers étant toujours un peu confuse, souvent erronée, différente par suite d'idées reçues inexactes ou mal interprétées) de ranger simplement les fromages en trois catégories :
1° Ceux qui sont comestibles toute l'année ou presque;
2° Ceux dont la saison idéale couvre la période du 15 avril au 15 novembre;
3° Ceux qui sont particulièrement remarquables entre le 15 novembre et le 15 avril.
C'est ce que nous avons réalisé ci-dessous et pour la première fois.

1. Toute l'année.

Ädelost	Suède
Aettekees	Belgique
Allgäuer	Allemagne
Banon frais	Provence
Bel Paese	Italie
Belval (Abbaye de)	Picardie
Bergues	Flandre
Bibbelskäse	Alsace
Bleu d'Auvergne,	France
de Bresse,	France
des Causses,	France
de Laqueuille,	France
du Quercy,	France
de Savoie, etc.	France
Blue Cheddar	Grande-Bretagne
Blue Cheshire	Grande-Bretagne
Blue Dorset	Grande-Bretagne
Boerenkaas	Pays-Bas
Boule de Lille	Flandre
Boule des Moines	Bourgogne
Boulette d'Avesnes	Flandre
Boulette de Cambrai	Flandre
Boulette de Charleroi	Belgique
Boulette de Romedenne	Belgique
Bra	Italie
Bresse bleu	Bresse
Bricquebec (Abbaye de)	Normandie
Brie laitier	Ile-de-France
Brie de Melun frais	Ile-de-France
Brillat-Savarin	Normandie
Brioler	Allemagne
Broccio sec	Corse
Brocq	Lorraine
Broodkaas	Belgique, Pays-Bas
Bruxelles vieux	Belgique
Bûche du Vercors	Dauphiné
Bûchette d'Anjou	Anjou
Burriello	Italie
Caciocavallo	Italie
Caerphilly	Grande-Bretagne
Cailloux du Rhône	Lyonnais
Camembert pasteurisé	France
Campénéac (Abbaye de)	Bretagne
Cancoillotte	Franche-Comté
Cantal laitier	Auvergne
Caprice des Dieux	Champagne
Carré de l'Est	Lorraine
Caserette	Normandie
Cassette de Namur	Belgique

Cervelle de Canut	Lyonnais
Chabi laitier (Chabichou)	Charentes-Poitou
Chambaran	Dauphiné
Chambourcy	France
Champoléon	Dauphiné
Chateaubriand	Normandie
Cheddar	Grande-Bretagne
Cheshire	Grande-Bretagne
Claqueret	Lyonnais
Cœurs à la crème	France
Commitie	Pays-Bas
Comté laitier	Franche-Comté
Cotherstone	Grande-Bretagne
Cottenham	Grande-Bretagne
Coulommiers pasteurisé	France
Crème de Gruyère (et autres Crèmes ou Process)	France
Crémet d'Anjou	Anjou
Crémet nantais	Bretagne
Crescenza	Italie
Curé ou Nantais	Bretagne
Danablu	Danemark
Danbo	Danemark
Demi-Sel	France
Derby	Grande-Bretagne
Double-Crème frais	France
Double Gloucester	Grande-Bretagne
Ducs	Bourgogne
Dunlop	Grande-Bretagne
Echourgnac (Abbaye d')	Aquitaine
Edam,	France, Belg., P.-B.
Edam demi-étuvé	France, Belg., P.-B.
et Edam étuvé	France, Belg., P.-B.
Edelpilz	Allemagne
Elbo	Danemark
Emmental	France, Suisse, Finlande
Entrammes (Abbaye d')	Maine
Excelsior	Normandie
Explorateur	Ile-de-France
Feta	Grèce
Fin de Siècle	Normandie
Fiore Sardo	Italie
Flotost	Norvège
Fondu au marc	France
Fontainebleau	Ile-de-France
Fontal	France, Italie
Foudjou	Vivarais
Fourme d'Ambert	Auvergne
Fourme bleue laitière ou Fourme du Cantal	Auvergne
Fremgeye	Lorraine
Friesekaas	Pays-Bas
Fromage cuit	Lorraine
Fromage fort	Lorraine, Bourgogne, Lyonnais, Dauphiné
Fromage à tartiner	France, Suisse
Gammelost vieux	Norvège
Gardian	Provence
Gérardmer blanc	Lorraine
Géromé pasteurisé et Géromé anisé pasteurisé	Lorraine
Gjetost	Norvège
Gloucester	Grande-Bretagne
Gorgonzola pasteurisé	Italie

Gouda, Gouda demi-étuvé, Gouda étuvé	Pays-Bas, Belgique, France
Goudschekaas	Pays-Bas
Gourmandise	France
Gournay	Normandie
Gouzon	Marche
Grana divers	Italie
Grand Vatel	Ile-de-France
Gudbrandsdalsost	Norvège
Gueyin	Lorraine
Gussing	Autriche
Halsinge	Suède
Handkäse	Allemagne
Handkäse	Autriche
Havarti	Danemark

Fromages en cours d'affinage.
Phot. Asa Press-J. Haillot.

Herrgordsost	Suède
Hohenheimer divers	Allemagne
Hopfen	Allemagne
Igny (Abbaye d')	Champagne
Ilha	Portugal
Incanestrato	Italie
Italico	Italie
Jarlsberg	Norvège
Jonchées diverses	France
Jumeaux	Poitou
Kaskaval	Roumanie
Kefalotyi	Grèce
Kernhem	Pays-Bas
Kjarsgaard	Danemark
Kloster	Allemagne
Knaost	Norvège
Koscher	Israel et tous pays à colonie juive
Kryddost	Suède
Kuhbacher	Allemagne
Kummel Kaas	Pays-Bas
Lancashire	Grande-Bretagne
Laval (Abbaye de)	Maine
Lecco	Italie
Leder	Allemagne
Leicester	Grande-Bretagne
Leiden	Pays-Bas

La Trayeuse de vaches. Gravure de Gravelot. Musée Carnavalet. *Phot. Lauros-Giraudon.*

Leidsekaas	Pays-Bas
Leidse Nagelkaas	Pays-Bas
Liederkranz	Etats-Unis
Limbourg	Belgique, Pays-Bas
Limburger	Allemagne
Liptauer	Hongrie
Lodigiano	Italie
Lombardo	Italie
Lorraine	Lorraine
Losange de Thiérache	Hainaut
Lucullus	Ile-de-France
Luneberger	Autriche
Macquée	Belgique
Magnum	Normandie
Mahón	Espagne
Mainzer	Allemagne
Mamirolle	Franche-Comté
Manchego	Espagne
Manteche	Italie
Maredsous (Abbaye de)	Belgique
Maribo	Danemark
Marmora	Danemark
Mascarpone	Italie
Mattons	Lorraine
Metton	Franche-Comté
Mimolette Mimolette Mimolette	Belgique, France, Pays-Bas
Molbo	Danemark
Montasio	Italie
Montavoner	Aùtriche
Mont-des-Cats (Abbaye du)	Flandre
Montségur	comté de Foix
Mostoffait	Lorraine
Mozzarella	Italie
Munster pasteurisé, Munster au cumin	Alsace
Murol	Auvergne
Mycella	Danemark
Mysost	Scandinavie et Etats-Unis
Nantais ou Curé	Bretagne
Neufchâtel	Normandie
Nieheimer	Allemagne
Nokkelost	Norvège
Norbo	Norvège
Olmutzer Bierkäse, Olmutzer Quargel	Autriche
Orval (Abbaye d')	Belgique
Parfait	Normandie
Parmesan	Italie
Parmiggiano	Italie
Passl'An	Quercy
Pecorino divers	Italie
Pelvoux	Dauphiné
Perilla	Espagne
Pétafine	Dauphiné
Pigouille	Vendée
Pinzgäuer Bierkäse	Autriche et Allemagne
Pirotski	Yougoslavie
Plattekees	Belgique
Port-Salut	France
Pottekees	Belgique
Prairie	Bourgogne
Présent	France
Pressato	Italie
Prestost	Suède
Provatura	Italie
Providence	Normandie
Provole	Italie
Provolone	Italie
Pultost	Norvège

Quargel	Allemagne, Autriche
Queyras	Dauphiné
Radener	Allemagne
Radolfzeller	Allemagne
Ragusano	Italie
Rahm	Allemagne, Autriche
Ramequin	Bugey
Ramost	Norvège
Rayon	Suisse
Reblochon laitier, Reblochonnet	Savoie
Recuite	Franche-Comté
Reggiano	Italie
Ricotta	Italie
Robbiola	Italie
Romadour	Allemagne, Suisse
Romans	Dauphiné
Rouy	Bourgogne
Saanen	Suisse
Sage	U. S. A.
Saingorlon	France
Sainte-Maure laitier	Touraine
Saint-Gildas	Bretagne
Saint-Loup	Touraine et Poitou
Saint-Nectaire laitier	Auvergne
Saint-Paulin	France
Saint-Saviol	Poitou
Saint-Varent	Poitou
Saint-Winocq	Flandre
Salami	Italie et Autriche
Saloio	Portugal
San Simón	Espagne
Sapsago	Suisse
Sarrassou	Vivarais
Sarrazin	Suisse
Savaron	Auvergne
Sbrinz	Suisse
Scamorze	Italie
Schabzieger	Allemagne
Schamser	Suisse
Schlesischer	Pologne
Schmierkäse	Allemagne
Schwarzenberger	Autriche, Hongrie, Tchécoslovaquie
Scourmont (Abbaye de)	Belgique
Sérac	Franche-Comté, pays de l'Ain
Silba	Yougoslavie
Slipcote	Grande-Bretagne
Sovietski	U. R. S. S.
Spitzkäse	Allemagne
Stepnoï	U. R. S. S.
Stracchino di Crescenza	Italie
Stracchino di Gorgonzola	Italie
Stracchino di Milano	Italie
Suisse (Petit-)	France, Belgique, Suisse
Suprême	Normandie
Svecia	Suède
Taffelost	Scandinavie
Taleggio	Italie
Tamić (Abbaye de)	Savoie
Tanzenberger	Autriche
Tarare	Lyonnais
Terzolo	Italie
Thionville	Lorraine
Tholy	Lorraine
Tilsit	Suisse, Allemagne
Tome de Romans, de Saint-Marcellin, de Savoie, vaudoise et vaudoise au cumin, etc.	France
Touloumisio	Grèce
Trang'Nat	Lorraine
Trappiste	France, Belgique
Trappisten	Autriche
Trecce	Italie
Triple-Crème	France, Belgique, Suisse
Trønder	Norvège
Tvorog	U. R. S. S.
Tybo	Danemark
Tykmaelk	Danemark
Tyrolien	Allemagne
Urt	Pays basque
Vacchino romano	Italie
Valençay laitier	Berry
Veneto	Italie
Verneuil	Touraine
Weisslacker Bier-käse	Allemagne
Wensleydale	Grande-Bretagne
Westphalie	Allemagne
Wilstermarsch	Allemagne
Wiltshire	Grande-Bretagne
Woriener	Allemagne

2. Du 15 avril au 15 novembre.

Abondance (Tome d')	Savoie
Altier	Auvergne
Amou	Gascogne
Anivier	Suisse
Anso	Espagne
Arnéguy	Pays basque
Asco	Corse
Bagnes	Suisse
Banon (chèvre)	Provence
Beauceron	Ile-de-France
Beaumont	Savoie
Bergues	Flandre
Bleu de Corse, de Costaros, de Gex, du Haut-Jura, de Lavaldens, de Loudes, du Quercy, de Sassenage, de Septmoncel, de Thiézac, de Tignes, etc.	France
Bondaroy au foin	Orléanais
Bonde	Normandie
Bossons macérés	Provence
Bougon	Poitou
Boulette de la Pierre-qui-Vire	Bourgogne
Brandza	Roumanie

Double page suivante :
« Marchands de fromage ».
Fresque du château d'Issogne (val d'Aoste).
Anonyme. Fin du XVe siècle.
Phot. Surintendance du Val d'Aoste.

Bressan	Bresse
Brin d'Amour	Corse
Brique du Forez	Lyonnais
Broccio	Corse
Brynza	U. R. S. S.
Cabécou	Quercy
Cabrales	Espagne
Cabrion	Lyonnais
Cachat d'Entrechaux	Provence
Cachat de Malaucène	Vaucluse
Cajassous	Périgord
Camembert fermier	Normandie
Cantal de Salers	
(vieux)	Auvergne
Carré de Bonneville	Normandie
Carré de Bray	Normandie
Castillon	comté de Foix
Cebrero	Espagne
Cendré d'Argonne,	
de Beauce,	
de la Brie,	
de Champagne	France
Cendré d'Olivet,	
des Riceys,	
de Rocroi,	
de Vendôme, etc.	France
Chabichou fermier	Poitou
Chantemerle-les-Blés	Dauphiné
Chaource	Champagne
Charolles	Bourgogne
Châteauroux	Berry
Chaumont	Champagne
Chaunay	Poitou
Chavignol	Berry
Chef-Boutonne	Poitou
Chevret	Bugey
Chèvretons d'Ambert	Auvergne
Chevrotin des Aravis,	
du Bourbonnais,	
de Cosne, etc.	France
Chevru	Ile-de-France
Cierp de Luchon	Languedoc
Cîteaux	Bourgogne
Civray	Poitou
Colombière	Savoie
Cœur d'Arras	Artois
Cœur de Bray	Normandie
Comté	Franche-Comté
Conches	Valais
Cosne-d'Allier	Bourbonnais
Couhé-Vérac	Poitou
Coulommiers fermier	Ile-de-France
Creusois	Marche
Crézancy	Berry
Crottin de Chavignol	
Cubjac	Périgord
Dauphin	Flandre
Dornecy	Nivernais
Ercé	Ariégeois
Ervy-le-Châtel	Champagne
Esbareich	Béarn
Evora	Portugal
Feta (chèvre)	Grèce
Fontina	Italie
Formagelle	Italie
Fourme	
de Montbrison,	Auvergne
du Mézenc,	Velay
de Pierre-sur-Haute,	Auvergne
de Rochefort,	Auvergne
de Saint-Antheme,	Auvergne
de Salers-Cantal, etc.	Auvergne

Fromage fort	
du Beaujolais,	
de Béthune,	
de Bourgogne,	
du Dauphiné,	
Lyonnais,	
du mont Ventoux	France
Fromage en pot	France
Gaiskäsli	Suisse
	et Allemagne
Gammelost (chèvre)	Norvège
Gauville	Normandie
Gazimelle de Burzet	Vivarais
Gien	Orléanais
Gjetost (chèvre)	Norvège
Gomost	Norvège
Grataron d'Arèche	
et de Hauteluce	Savoie
Guerbigny	Picardie
Guéret	Marche
Hecho	Espagne
Heiltz-le-Maurupt	Champagne
Herve	Belgique
Hvid Gjetost	Norvège
Idiazbal	Espagne
Illiez	Suisse
Kasach	U. R. S. S.
La Bouille	Normandie
Laguiole	Rouergue
La Mothe-Saint-Héray	Poitou
Laruns	Béarn
Les Aydes	Orléanais
Les Riceys	Champagne
Levroux	Berry
Livarot	Normandie
Livernon	Quercy
Livron	Dauphiné
Loches	Touraine
Lormes	Morvan
Loudes	Auvergne
Lusignan	Poitou
Mahón	Espagne
Maroilles	Thiérache
Mignot	Normandie
Moncenisio	Italie
Mondseer	
schachtelkäse et	
Mondseer schlosskäse	Autriche
Montbrison (Fourme)	Forez
Mont-Cenis	Savoie
Mont d'Or	Lyonnais
Montmarault	Bourbonnais
Montoire	Orléanais
Montrachet	Bourgogne
Morbier	Franche-Comté
Mothais	Poitou
Munster fermier	Alsace
Niolo	Corse
Nostrale	Italie
Noyers-le-Val	Lorraine
Oloron-Sainte-Marie	Béarn
Orsières	Suisse
Ossetin	U. R. S. S.
Oustet	comté de Foix
Pago vieux	Yougoslavie
Pannes cendré	Orléanais
Parthenay	Poitou
Patay	Orléanais
Pavé d'Auge,	
Pavé du Blésois,	
de Moyaux	France
Pélardon divers	France

Persillé des Aravis, du Grand-Bornand, de La Clusaz, du Mont-Cenis, de Savoie, de Thônes	Savoie
Petit Bessay	Bourbonnais
Petit Tholy	Lorraine
Picadou	Quercy
Picodon	Dauphiné
Picodon de Saint-Agrève	Vivarais
Picodon de Valréas	comtat Venaissin
Pierre-qui-Vire	Bourgogne
Pierre-sur-Haute	Auvergne
Planinski Sir	Yougoslavie
Plateau	Belgique
Poivre d'Ane	Provence
Pouligny-Saint-Pierre	Berry
Pourly	Bourgogne
Poustagnac	Guyenne
Rabacal	Portugal
Reblochon	Savoie
Remoudou	Belgique
Renne	Suède, Norvège, Laponie
Riesengebirge	Tchécoslovaquie
Rigotte de Condrieu	Lyonnais
Rigotte de Pélussin	Forez
Robbiolini	Italie
Rocamadour	Quercy
Rochefort-Montagne	Auvergne
Rogeret	Vivarais
Roquefort	Rouergue
Saint-Amand-Montrond	Berry
Saint-Anthème	Auvergne
Saint-Claude	Jura
Saint-Cyr	Poitou
Sainte-Marie	Nivernais
Sainte-Maure	Touraine
Saint-Maixent	Poitou
Saint-Marcellin	Dauphiné
Saint-Nectaire	Auvergne
Saint-Saviol	Poitou
Salers-Haute-Montagne	Auvergne
Santranges	Berry
Sartenais	Corse
Sassenage	Dauphiné
Sauzé-Vaussais	Poitou
Selles-sur-Cher	Sologne
Skyros	Grèce
Sorbais	Picardie
Tardets	Pays basque
Touchinski	U. R. S. S.
Toucy	Nivernais
Tournon-Saint-Martin	Berry
Tournon-Saint-Pierre	Touraine
Tracy	Nivernais
Trôo	Orléanais
Troyen cendré	Champagne
Vachard	Auvergne
Valençay	Berry
Varennes	Nivernais
Venaco	Corse
Vézelay	Bourgogne
Villebarou	Blésois
Ville-Saint-Jacques	Ile-de-France
Villiers-sur-Loir	Orléanais
Void	Lorraine
Voves	Ile-de-France
Walliser	Suisse
Xaintray	Poitou

3. Du 15 novembre au 15 avril.

Abondance	Savoie
Aisy cendré	Bourgogne
Alemtejo	Portugal
Appenzeller	Suisse
Arômes à la gêne	Lyonnais
Asiago	Italie
Azeitão	Portugal
Baguette de Thiérache	Thiérache
Banon (brebis)	Provence
Beaufort vieux	Savoie
Bellelay (Abbaye de)	Suisse
Bethmale	comté de Foix
Bouton-de-Culotte	Bourgogne
Brie de Coulommiers,	Ile-de-France
de Meaux, de Melun	Ile-de-France
et de Montereau	Ile-de-France
Brisegoût	Savoie
Brousse du Rove et de Vésubie	Provence
Cabreiro	Portugal
Cacio Fiore	Italie
Caillada de Vouillos	Limousin
Caillebotte	Aunis
Canestrato	Italie
Castello de Vide	Portugal
Chäschöl	Suisse
Chécy	Orléanais
Cincho (brebis)	Espagne
Cotronese	Italie
Coulommiers	Ile-de-France
Dreux	Ile-de-France
Emmental vieux	Suisse

Jeune Laitière. Gravure, d'après Bouchardon. Bibliothèque nationale, Paris.

Phot. Lauros-Giraudon.

Fiore Sardo dolce	Italie
Foggiano	Italie
Fribourg	Suisse
Frinault bleu et cendré	Orléanais
Gaperon	Auvergne
Géromé et Géromé anisé	Lorraine
Gournay	Normandie
Gruyère	Suisse
Incanestrato	Italie
Jonchées diverses	France
Jura	Suisse
Kaschkaval	Roumanie
Katschkawalj	Bulgarie
Langres	Champagne
Larron d'Ors	Belgique
Ligueil	Touraine
Majocchino	Italie
Monostorer	Roumanie
Monsieur Fromage	Normandie
Moyaux	Normandie
Mrsav	Yougoslavie
Oléron	Aunis
Olivet bleu et Olivet cendré	Orléanais
Oschtjepek	Slovaquie
Ovčji Sir	Yougoslavie
Pago	Yougoslavie
Parenica	Tchécoslovaquie
Parenitza	Hongrie
Pecorino divers	Italie
Peneteleu	Roumanie
Petit Lisieux	Normandie
Piora	Suisse
Pithiviers au foin	Orléanais
Pont-l'Evêque	Normandie
Prattigau	Suisse
Quartirolo	Italie
Raviggiolo	Italie
Recollet	Lorraine
Rocroi	Champagne
Rollot	Picardie
Ruffec	Berry
Saint-Benoît	Orléanais
Saint-Florentin	Bourgogne
Saint-Rémy	Franche-Comté et Vosges
Serpa	Portugal
Serra	Portugal
Serra da Estrella	Portugal
Sir iz Mješine	Yougoslavie
Soumaintrain	Bourgogne
Stilton vieux	Grande-Bretagne
Teleme	Bulgarie
Tête-de-Moine	Suisse
Toggenburger	Liechtenstein
Tomar	Portugal
Tomes diverses	France
Travnik	Yougoslavie et Albanie
Trébèche ou Trois-Cornes	Poitou et Aunis
Trouville	Normandie
Tvdr sir	Yougoslavie
Vacherins savoyards	Savoie
Val Berghe	comté de Nice
Val de Blore	comté de Nice
Vendôme bleu et Vendôme cendré	Orléanais
Villalón	Espagne
Vlašić	Yougoslavie

calories (valeur calorique de quelques fromages). — Voici quelques chiffres pour les principaux fromages, par 100 g :

Bondon	258
Brie	330
Camembert	300
Cantal	600
Chester	400
Coulommiers	300
Emmental	400
Fromage blanc	182
Fromage blanc maigre	100
Caillé	190
Fromage de chèvre	475
Gervais	400
Petit-Suisse	355
Gorgonzola	360
Fromage de Hollande	375
Kéfir	59
Livarot	300
Maroilles	325
Munster	310
Pont-l'Evêque	300
Port-Salut	360
Roquefort	360
Yaourt	60

Camargue (Provence). — ***Brebis.*** Au printemps, la Camargue est envahie par d'immenses troupeaux de moutons transhumant vers les basses Alpes. On fait, du lait des brebis, de frais fromages accommodés de thym et de laurier. On les appelle aussi *Gardian* et *Tome d'Arles,* où d'ailleurs l'on peut rencontrer, près des arènes, des marchands ambulants de ce fromage très agréable frais et qui, en durcissant, acquiert un arôme profond (d'avril à juin).

Cambrai. — V. *Boulette de Cambrai.*

Cambridge (Angleterre). — ***Vache.*** Connu aussi sous le nom de *fromage d'York,* à pâte tendre, rapidement coagulé (une heure) et prêt à la consommation après un repos de 30 heures.

Camembert (Normandie). — ***Vache.*** On l'a vu au mot *appellation,* ce fromage n'était pas protégé, et l'on en fabrique non seulement dans toute la France, mais dans le monde entier. Pourtant, originairement, il porte le nom du village de Camembert (près de Vimoutiers, dans l'Orne) et est né de mère fort connue : Marie Harel*.

Le véritable Camembert est un cylindre de 10 cm de diamètre sur 3 à 4 cm d'épaisseur, d'un poids net de 280 g environ, à moisissures superficielles, et vendu en boîte de copeaux de bois. Sa production, en Normandie, est artisanale ou industrielle. Complètement industrielle ailleurs (Champagne et Touraine notamment).

Un savant français, dont il vaut mieux taire le nom, avait déclaré naguère, au Canada, dans une conférence : « Donnez-moi du lait et je ferai des Camemberts normands chez vous! » Cette sotte prétention eût réjoui Léautaud. L'expérience a prouvé, s'il en était besoin, l'inanité de ces bavardages savants mais infantiles. Non seulement le véritable Camembert est inimitable, mais, lorsqu'il est fermier, un palais exercé peut en découvrir l'origine : Manche, Bessin, pays d'Auge, ce dernier réputé le plus fin.

Fromage à pâte molle, il faut 2 litres de lait de vache entier pour faire un Camembert. Le caillé égoutté, salé (7 g par fromage), le fromage est vaporisé de *Penicillium album,* puis mis en hâloir 6 à 8 jours. L'affinage en caves dure de 1 mois à 6 semaines.

La production annuelle dépasse les 100 000 t. Bonne période : d'octobre à juin.

C'est en reniflant un Camembert à point que Léon-Paul Fargue s'écria : « Les pieds de Dieu! »

Les hâloirs des Camemberts des établissements Claudel.
Phot. Claudel.

Camemberts à différents stades de maturation.
Phot. « La cuisine de A à Z ».

Par décret du 31 août 1983 (*J.O.* du 2/9), le Camembert de Normandie a obtenu l'appellation d'origine. Enfin! Le lait « cru » doit provenir des départements de Haute- et Basse-Normandie. Il doit être fabriqué, fleuri, affiné et conditionné à l'intérieur de la zone de production. Sa durée d'affinage étant de 16 jours minimum.
Les Camemberts pasteurisés, même produits en Normandie, n'ont pas droit à cette étiquette « Camembert de Normandie ». Mat. grasse, 45 à 50 p. 100.

Camosun (Etats-Unis). — ***Vache.*** Fromage semi-tendre à texture ouverte, mis au point en 1932 dans un collège d'Etat de Washington comme moyen d'utiliser l'excédent de lait.
Le Camosun, de 15 cm de diamètre sur 18 de hauteur, est passé à la saumure pendant 30 heures, puis paraffiné et affiné de 1 à 3 mois en local humide. Il ressemblerait au Gouda.

Campénéac (ou **Abbaye de Campénéac**) (Bretagne). — ***Vache.*** Fromage à pâte pressée, non cuite, genre Port-Salut, de renommée locale, préparé par les trappistines de cette abbaye. Mat. grasse, 40 à 42 p. 100.

Campos (Espagne). — ***Brebis.*** V. *Villalón.*

canapés au fromage. — Canapés et toasts sont des tranches de pain de mie découpées selon des formes diverses (carrés, rectangles, ronds, ovales) et recouvertes d'une garniture simple ou composée. Les fromages peuvent fournir un important appoint à leur confection. Voici quelques recettes proposées par le cuisinier-pâtissier Jean Delaveyne.

CANAPÉS DE ROQUEFORT AUX NOIX

Travailler sur planche ou en terrine du fromage de Roquefort afin de rendre la pâte malléable.
Mélanger le Roquefort avec deux fois environ son volume de beurre frais en pommade (voire ramolli).
Bien mélanger l'ensemble et le relever d'une pointe de cayenne.
Tartiner largement des canapés ronds. Parsemer sur toute la surface des cerneaux de noix hachés fins.
A l'aide d'une poche à douille ou d'un cornet de papier sulfurisé, faire un cordon et une croix au beurre.
Déposer au centre un cerneau.

CANAPÉS À L'ÉDAM FRANÇAIS

Préparer un beurre à la moutarde, composé comme suit :
Travailler en terrine du beurre en pommade, ajouter une quantité suffisante de moutarde blanche pour bien relever, et saler légèrement selon le goût (1 cuillerée de moutarde pour 125 g de beurre).
Tartiner les canapés avec ce beurre moutardé.
A part, couper des tranches fines d'Edam, de 2 mm environ d'épaisseur. Les décroûter complètement et tailler ces tranches en petites allumettes (julienne).
Parsemer la surface des canapés et

Canapés au Roquefort et aux noix.
Phot. Lauros.

déposer au centre une pincée de persil haché.

CANAPÉS DE GRUYÈRE AU SALAMI

Préparer un beurre en pommade et légèrement salé.
Tartiner des canapés avec ce beurre.
Répandre sur toute la surface du Gruyère râpé et disposer en forme décorative un quartier de tranche de salami. Faire un décor au beurre au centre et terminer par une lamelle de cornichon.

CANAPÉS DE GRUYÈRE AU CITRON

Tartiner des canapés avec un beurre en pommade salé.
Poudrer largement la surface de Gruyère râpé.
Prendre un citron à peau fine et le laver.
Couper en entier des tranches extrêmement fines et décorer les canapés avec une tranche pour chacun.
Déposer au centre de la tranche de citron une pincée de persil haché.

CANAPÉS AU BEAUFORT

Préparer un beurre maître d'hôtel en incorporant à 100 g de beurre en pommade une petite cuillerée de persil haché, le jus d'un quartier de citron, sel et poivre.
Tartiner des canapés avec ce beurre composé. Disposer au centre un médaillon de Beaufort. Tailler à l'emporte-pièce. Terminer par un décor de beurre.

CANAPÉS AU BLEU D'AUVERGNE AUX CONCOMBRES

Travailler pour le rendre malléable du Bleu d'Auvergne et le mélanger avec une partie double de beurre.
Bien malaxer l'ensemble pour obtenir une composition lisse et relever légèrement au cayenne.
Tartiner largement les canapés.
A part, éplucher et couper en tranches fines des concombres sans graines. Les mettre à dégorger quelques instants au sel. Les laver et bien éponger.
Disposer sur chaque canapé plusieurs tranches croisées entre elles.
Tracer un cordon de beurre en travers. Agrémenter le décor avec quelques rondelles de radis roses.

CANAPÉS DE PÂTE DE BRIE AUX AMANDES

Choisir du Brie de Meaux ou de Melun bien crémeux et le décroûter complètement. Le travailler en parties égales avec du beurre en pommade. Relever légèrement l'assaisonnement. Tartiner des canapés de forme ronde avec le composé et parsemer sur la surface des amandes effilées légèrement grillées. Laisser tomber très légèrement quelques grains de sel fin.

CANAPÉS DE FROMAGE DE CHÈVRE

Préparer un beurre composé en ajoutant à 100 g de beurre en pommade 1 cuillerée de purée de tomates ou, ce qui est préférable, 2 cuillerées environ de tomates fraîches réduites en fondue.
Râper environ 50 g de fromage de chèvre à pâte sèche. Saler et poivrer. Vérifier l'assaisonnement, qui doit être légèrement relevé.
Avec ce coulis, tartiner largement des canapés et décorer ceux-ci avec des rondelles de tomates pelées et épépinées et des olives vertes dénoyautées. Ajouter une pincée de persil sur chaque canapé.

CANAPÉS DE CAMEMBERT AU CÉLERI

Décroûter complètement une pâte de Camembert bien fait et le mélanger avec son poids égal de beurre frais ramolli.

Poivrer légèrement. Tartiner des canapés avec ce composé.
A part, prendre des branches de céleri débarrassées de leurs fibres et ciselées par le travers très finement.
Parsemer toute la surface des canapés de céleri. Faire un décor au beurre, à l'aide d'une poche ou cornet de papier sulfurisé.

CANAPÉS AU REBLOCHON

Préparer un beurre ravigote avec environ 100 g de persil, cerfeuil, ciboulette, estragon, le tout haché très fin, et joindre une petite échalote finement hachée. Mélanger cet ensemble à 150 g de beurre ramolli et saler.
Tartiner des canapés avec ce beurre composé et disposer sur chacun des lamelles de Reblochon parfaitement décroûté. Répandre sur le fromage quelques zestes de citron pelurés fin.

CANAPÉS DE FROMAGE FRAIS AUX CERISES

Choisir un fromage frais et crémeux. Travailler la pâte en y ajoutant au besoin très peu de crème fraîche. Saler et poivrer légèrement. Tartiner largement. Dénoyauter des cerises genre montmorency. Les glacer au beurre en y ajoutant une pincée de sucre en poudre et saler ensuite.
Les rouler dans l'ustensile pour qu'elles caramélisent légèrement. Après refroidissement, garnir la surface des canapés et servir tel.

CANAPÉS DE TOME À LA ROSETTE

Travailler ensemble 100 g de beurre ramolli, 100 g de Tome de Savoie râpée, une cuillerée de crème fraîche. Saler et relever d'une pointe de cayenne.
Tartiner largement les canapés et déposer au centre une tranche de rosette de Lyon. Couvrir celle-ci d'une tranche de Tome d'un diamètre plus étroit, pour créer l'effet décoratif.

CANAPÉS D'EMMENTAL FRANÇAIS

Préparer un beurre ramolli et salé, très légèrement moutardé, et masquer les canapés.
A part, trancher des lamelles de fromage, les déposer en soucoupe et les arroser avec quelques filets de vinaigre en les laissant macérer quelques instants.
Couvrir les canapés de lamelles sans trop les égoutter et laisser tomber quelques zestes de citron prélevés au couteau spécial, ainsi qu'une petite quantité de persil haché.

CANAPÉS DE FROMAGE DE BREBIS AU JAMBON FUMÉ

Choisir du fromage de Camargue, ou encore du brebis de Corse ou des Pyrénées.
Les pâtes sèches seront plus commodément employées râpées et mélangées avec le double du poids de beurre. Vérifier l'assaisonnement et saler légèrement au besoin. Tartiner les canapés.
A part, passer vivement au beurre des tranches frites de bacon. Les tailler en lanières et en couvrir des canapés.
Faire un décor au beurre en diagonale et déposer une câpre au centre.

CANAPÉS DE PORT-SALUT AUX BETTERAVES

Préparer un beurre ramolli, salé et légèrement relevé d'une pointe de cayenne. Masquer les canapés.
Couper en lanières fines le fromage et en quantité égale de la betterave rouge. Recouvrir les canapés avec ces éléments. Verser quelques gouttes de jus de citron et parsemer assez largement du persil haché.

TOASTS AU CAMEMBERT OU AU FROMAGE DE BRIE

Sur des tranches de pain de mie légèrement grillées, étendre une couche de beurre de noix, une couche de fromage et poudrer de noix grillées et hachées finement. Beurre de noix : pour 500 g de beurre fin, 250 g de noix émondées; bien piler pour en faire une pâte homogène, assaisonner de sel et cayenne et passer au tamis.

Canapés à l'Edam français. *Phot. Lauros.*

Cancoillotte (Franche-Comté). — ***Vache.*** Avec du lait de vache écrémé et caillé naturellement, on prépare le metton, sorte de fromage maigre chauffé et cuit, qu'il faut alors « mûrir ». Jadis, cela se faisait sous l'édredon de l'aïeule impotente (voir la chanson ci-dessous). Ensuite, la Cancoillotte devint une préparation culinaire. On y ajoute en effet du vin blanc, des aromates et même, en Haute-Saône, en cours de cuisson, des œufs. Les Francs-Comtois sont très fiers de leur Cancoillotte. L'un d'eux en a fait une chanson-marche que voici :

la Cancoillotte

Vous avez entendu chanter
D' chaque pays les spécialités
De toutes sortes,
Mais on a un peu délaissé,
Dans celles de la Franche-Comté,
La Cancoillotte.

Pour réparer cette omission
Je vous chante cette chanson
Qui n'est pas sotte,
Puisqu'elle remet au premier plan
L' meilleur de tous les aliments,
La Cancoillotte.

La bonne Cancoillotte, dit-on,
Ne se fait que d'une seule façon
Et qu'il importe
De bien connaître si vous voulez
Pouvoir vous-même en fabriquer,
D' la Cancoillotte.

Vous laissez cailler votre lait,
Puis vous le faites bouillir après
Dans une cocotte.
Vous pressurez dans un torchon
Et vous obtenez le metton
De Cancoillotte.

Pour que l' metton soit bien pourri,
Sous l'édredon au pied de votre lit,
Près d' la bouillotte,
Vous l'installez là quelques temps,
Fondez et vous avez seul'ment
D' la Cancoillotte.

Certaines gens pas bien malins
Et qui n'ont pas le goût très fin
Disent qu'elle cocotte.
Mais c'est c' qui en fait la saveur,
C'est c' qui fait qu' y a tant d'amateurs
De Cancoillotte.

Elle fait la pige au Camembert.
L' fromage blanc, l' Roquefort, le Gruyère
C'est d' la gnognotte.
L' fromage de chèvre n'existe pas
Et le Brie lui-même ne vaut pas
La Cancoillotte.

Je crois qu'envers la Franche-Comté
Pour une fois je viens d' me montrer
Bon patriote.
Puisque j' vous chante cette chanson
Uniquement pour le renom
D' sa Cancoillotte.

On dit aussi *Fromagère.* Durant la période des restrictions, de 1940 à 1945, les Francs-Comtois reçurent une carte de rationnement spéciale pour la Cancoillotte.

Canestrato (Italie). — ***Vache.*** Fromage sicilien à gratiner. Il tire son nom du *panier de jonc* (« canestre ») où il est affiné.

canne. — Récipient en cuivre, étamé à l'intérieur, qui servait au transport du lait en Normandie.

Canned Cheese (Etats-Unis). — ***Vache.*** En réalité, c'est plutôt le nom d'un emballage dans lequel on enferme une sorte de Cheddar yankee. C'est entre 1933 et 1940 que le Bureau de l'industrie laitière des Etats-Unis créa des boîtes spéciales d'affinement, aérées grâce à la présence d'une soupape et permettant ainsi le dégagement des gaz tout en empêchant l'entrée de l'air et le développement des moisissures. Depuis, on a mis au point des méthodes pour mettre ce fromage en boîte, sous vide.

Cantal (Auvergne). — ***Vache.*** Jadis, on disait *Fourme de Salers,* car il avait la forme des tambours accompagnant la bourrée et provenait du lait des vaches de l'Aubrac et de Salers*, particulièrement riche et parfumé. Aujourd'hui, par décision de la cour de Riom du 21 octobre 1957, le Cantal doit provenir d'une aire délimitée comprenant, outre ce

Au cœur du Cantal : Saint-Flour.
Phot. J. Bottin.

département, 27 communes du Puy-de-Dôme, 8 de l'Aveyron, 8 de la Corrèze et une de la Haute-Loire.

C'est probablement le plus ancien des fromages français produit depuis 2 000 ans, et dont Pline l'Ancien parle dans son livre XI, avant Grégoire de Tours *(Histoire des Francs)* et Diderot *(Encyclopédie)*.

Fromage non cuit, à pâte demi-dure, à croûte séchée, deux fois pressé avec broyage du caillé entre les deux pressages; les gros cylindres du Cantal pèsent entre 25 et 50 kg. Ils doivent contenir au minimum 45 p. 100 de matières grasses et 45 p. 100 de matière sèche.

Il existe des Cantals fermiers (3 mois d'affinage) et laitiers (jeunes). Les premiers se bonifient avec l'âge, et les amateurs les choisissent avec une croûte épaisse, pleine de bosses et de cratères, s'enfonçant en taches ambrées dans la chair du fromage.

Les fermiers étaient (le sont-ils encore?) moulés dans des feuilles de hêtre maintenues par des cercles appelés *factures.*

On distingue notamment : le Cantal de haute montagne, fabriqué dans les burons (chalets de montagne des bergers); le Cantal de Laguiole (petite ville de l'Aveyron), venant des pâturages de l'Aubrac.

Le *Cantalon,* fromage plus petit et généralement fait avec le reste du lait, pèse de 4 à 6 kg et est réservé à la consommation locale.

Tous ces fromages sont très digestibles et recommandés par la Faculté aux estomacs délicats.

« Le Cantal est ce qu'il est, un gros paysan. Le parer est une erreur de goût, car il est toute simplicité », écrivait Mme Suzanne Robaglia, et un poète chantait sa « robe boutonnée d'or ».

Il existe de nombreuses recettes à base de Cantal frais : l'Aligot, le Gâtis, la Patranque, la Truffade, etc.

RECETTE DE LA PATRANQUE

Tremper du pain blanc rassis dans du lait. L'essorer. Mettre en poêle avec du beurre chaud. Ajouter de la tome fraîche. Remuer jusqu'à ce que le mélange soit filant. Laisser refroidir puis réchauffer avant de servir.

Caprice des Dieux. — ***Vache.*** Fromage d'usine à pâte double crème et croûte fleurie, fabriqué par Bongrain, dans le Bassigny (Haute-Marne). Consommable toute l'année. Mat. grasse, 60 p. 100.

Caprino (Italie). — ***Chèvre.*** Fromage cylindrique qui se vend frais ou fait. Il prend alors une saveur piquante.

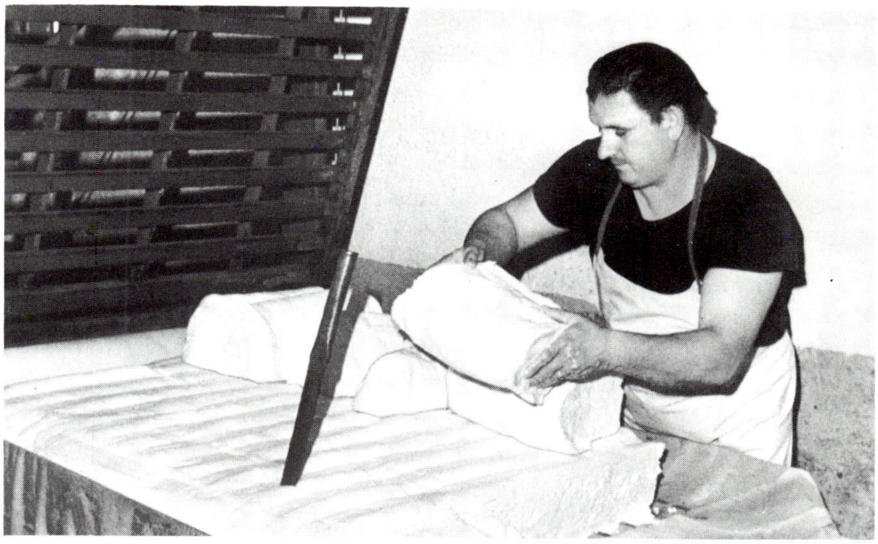

En haut : fabrication du Cantal (découpage).
Ci-dessus : après démoulage, vieillissement du Cantal en cave.
Photos Duris-Fotogram.

Caprino Romano (Italie). — ***Chèvre.*** V. *Romano.*

Caraway (Etats-Unis). — ***Vache.*** C'est un des « Spiced Cheeses » américains. Le Caraway est épicé de graines de carvi ou d'anis.

CARENTAN (Normandie). — Trouve-t-on encore de ces Camemberts fermiers extraordinaires nés des pâturages entre Douve et Taute? Non, probablement. Carentan, en tout cas, reste le plus grand marché des beurres normands et produit sous son nom poireaux et carottes.

Carré de Bonneville-la-Louvet (Normandie). — ***Vache.*** Autrefois, désignait un gros pavé d'Auge fabriqué auprès de Pont-l'Evêque, selon les méthodes les plus anciennes. On employait de 5 à

6 litres de lait contre 3 pour un Pont-l'Evêque normal. Il arrivait à devenir onctueux, mais piquant à la limite de l'amertume, au terme de ses 4 mois d'affinage. La croûte se colorait de gris-brun.

Carré de Bray (Normandie). — ***Vache.*** Sa forme a donné son nom à cette variété de Neufchâtel fermier, riche et savoureux. Meilleure saison : printemps et été. Mat. grasse, 45 p. 100.

Carré de l'Est. — ***Vache.*** Là encore, il s'agit d'un fromage (industriel) dont la forme a fourni le nom. De pâte molle généralement trop salée ou fade, il ne peut prétendre à rivaliser avec le Camembert ou le Brie.
On distingue les croûtes fleuries (moisissures superficielles) et les croûtes lavées.

Carré de l'Est.
Orel-Atlas-Photo.

Il est meilleur de septembre à mai. Mat. grasse, 45 à 50 p. 100.
Ses dimensions sont de 90 à 95 mm de côté, mais il existe un format inférieur dit « Petit Carré » pour l'exportation.
Le nom du département (Marne, Haute-Marne, Meuse, Vosges, etc.) de l'usine doit figurer sur l'emballage de papier et sur la boîte.

Carré de Saint-Cyr. — ***Chèvre.*** Fromage carré cité comme vendéen par M. Lindon. Il est infiniment peu probable que ce fromage, que l'on attribue à une localité de la Vendée, en provienne réellement. En effet, il n'existe qu'un seul Saint-Cyr-en-Talmondais en Vendée, et c'est un pays marécageux impropre à la subsistance des chèvres. En revanche, on connaît une laiterie à Saint-Cyr*, près de La Tricherie, banlieue de Poitiers, où l'on fabrique des fromages de chèvre, à l'échelon industriel, commercialisés sur tout le territoire. Il en est fabriqué de deux sortes : façon Sainte-Maure et façon Valençay, soit respectivement des cylindres allongés et des pyramides tronquées, et elles sont sans grand intérêt.

carvi. Ombellifère bisannuelle dont la racine odorante et sucrée a été rendue comestible par la culture. Ses graines elles aussi sont aromatiques. Si son nom vient du persan *karavyja,* il n'est pas originaire d'Orient, mais se trouve à l'état spontané dans toute l'Europe centrale et septentrionale. On l'appelle aussi *cumin des prés* ou *cumin noir de Hollande.*
C'est ainsi que beaucoup de fromages de Scandinavie, de Hollande, d'Allemagne sont aromatisés au carvi.

CASANOVA (Jacques), dit de Seingalt (1725-1798). — Le célèbre Vénitien raconte dans ses *Mémoires* qu'il avait entrepris la rédaction d'un dictionnaire des fromages, puis abandonné celle-ci, ayant reconnu l'entreprise « au-dessus de ses forces, de même que

J.-J. Rousseau trouva au-dessus des siennes celle de la botanique ».
C'est pourquoi cet ouvrage est dédié à sa savoureuse mémoire.

caséine. — Substance protéique constituant la majeure partie des matières azotées du lait des mammifères (du latin *caseus*, « fromage »).

caserel. — Récipient en terre en bois ou en osier qui est percé de trous et sert à égoutter le fromage. On dit aussi *caseret, caserette, cageret* et *cagerette*.

Caserette (Normandie). — ***Vache.*** Fromage frais sortant de la caserette, récipient en jonc où l'on égoutte le caillé.

Casigiolo (Italie). — ***Vache.*** Fromage caillé et plastifié comme le Caciocavallo et fabriqué en Sardaigne. On l'appelle également *Panedda* et *Pera di Vacca*.

Cassette (Belgique). — ***Vache.*** Dit aussi *Boulette,* ce fromage à pâte douce légèrement salée et poivrée est pétri à la main en forme de boulette. Il est vendu dans la région de Namur en petits paniers d'osier, d'où son nom de *Cassette.*

Castel (Normandie). — ***Vache.*** Nom de fantaisie attribué autrefois à un fromage frais industriel, très gras et sans grand goût.

Castelmagno (Italie). — ***Vache.*** Variété de Gorgonzola, c'est-à-dire fromage gras à pâte crue, aux moisissures bleues.

Castelo Branco (Portugal). — ***Brebis.*** Cette ville donne quelquefois son nom à un fromage voisin du Cabrales*.

Castelo de Vide (Portugal). — ***Brebis*** et ***chèvre.*** Fromage local de la famille des *Serra* (mot signifiant « montagne »). Fabriqué artisanalement par les bergers à partir soit de lait de brebis, soit d'un mélange chèvre et brebis.

Castillon (comté de Foix). — ***Vache.*** Fromage fermier autour de Castillon-en-Couserans, du lait des troupeaux du haut Couserans et non commercialisé.

cathare (les fromages à l'époque). — D'une bien intéressante étude de M. Jean Duvernoy sur la nourriture en Languedoc à l'époque cathare, nous avons retenu ceci :

« Le lait servait à faire des fromages, principalement de brebis. Les bergers qui gardaient les troupeaux dans les pâturages de montagne en été avaient pour chef un cabanier qui présidait à la fabrication. On venait de Montaillou (Ariège) acheter des fromages à Luzenac et à Sorgeat. Ceux d'Ascou étaient excellents, et on estimait que les meilleurs étaient ceux des montagnes d'Orlu et de Mérens. Il existait des fromages pour faire des rôties. Enfin, l'on cuisait (sans doute au four) une préparation de fromage et de farine, la caseata, considérée comme une friandise qui, à Pamiers au début du XIVe siècle, valait quatre deniers. »

Cebrero (Espagne). — ***Vache.*** Fromage de forme cylindrique à croûte jaune clair, à pâte demi-molle, avec quelques veines bleues. Piquant et fruste, il est préparé artisanalement dans les montagnes de Cebrero.

cendre (Fromage dans la) [Lorraine]. — ***Vache.*** Petit fromage que, dans la Meuse, on affine dans la cendre de bois.

Cendré (Orléanais). — ***Vache.*** Fromage rond et plat, maigre, conservé dans la cendre de sarments de vigne. On fait aussi, dans les fermes, un Cendré de la Brie, quelque peu comparable.

Cendré d'Aisy. — V. *Aisy.*

Cendré d'Argonne (Champagne). — ***Vache.*** Fromage rustique au lait partiellement écrémé. Se consomme notamment durant les moissons. Mat. grasse, 30 à 35 p. 100.

Cendré de Châlons-sur-Marne (Champagne). — ***Vache.*** Affiné durant deux

Jacques Casanova, dit de Seingalt. Gravé par Pragae, d'après Berka. *Phot. X.*

mois en pots de grès, dans la cendre de peuplier ou de hêtre.

Cendré de Champagne (Champagne). — ***Vache.*** Fromage rond à pâte molle de la Marne, originaire des Riceys, dans l'Aube. Mat. grasse, 20 à 30 p. 100.

Cendré de Rocroi (Champagne). — ***Vache.*** Fromage de ferme au lait de vache partiellement écrémé, destiné à la consommation domestique. Cendré dans des coffres de bois, il attend généralement les moissons et les battages, lorsque de nombreux ouvriers agricoles sont au travail. (V. *Rocroi.*)

Céracée. — Autre nom de la *Ricotta**.

Cervelle de Canut (Lyonnais). — C'est en effet à Lyon que l'on appelle ainsi, en langue populaire, du Fromage blanc assaisonné de fines herbes. (V. aussi *Claqueret.*)

Chabi. — Abréviation pour *Chabichou.*

Chabichou (Poitou). — ***Chèvre.*** Né, dit-on, et probablement à tort, à Poitiers dans le faubourg de Montbernage. Son nom vient du latin *capra* (chèvre), tout comme *Cabécou* (on disait aussi, autrefois, en Béarn, *Chivichou*). Mais on dit aussi *Chabi,* et le mot pourrait être une déformation de l'arabe *chebli* qui signifie « chèvre ». Après tout, les Sarrasins sont venus jusqu'à Poitiers!
Le Chabichou, au lait de chèvre caillé par la présure, égoutté dans une mousseline, en pot de grès ou de bois perforé, est, une fois démoulé, salé en surface et mis à sécher sur claie. On l'appelait aussi, autrefois, *fromage cafioné,* parce qu'on le conservait, l'hiver, dans des corbeilles appelées en patois *coffins* ou *coffineaux.*
De deux formes possibles, cylindrique ou tronconique, ces fromages, longtemps exclusivement et heureusement fermiers, sont aujourd'hui quelquefois laitiers. Ils se consomment frais ou, au contraire, « mûrs », c'est-à-dire avancés et très odorants. Tout le Poitou en produit, loin de l'aire « natale », et qui, sans être de vrais Chabichous, portent quelquefois le nom de *Chabichou de Chaunay, de Civray, de Couhé, de Vienne,* etc. On en prépare aussi avec du lait de brebis au temps où elles allaitent leurs petits. Ce lait est dit « lait d'agneau ».
Quelquefois, après avoir été salé, le fromage est affiné, de 2 à 4 semaines, sur

Chabichous.
Phot. Chenot-Sopexa.

des feuilles de châtaignier ou de platane. Bonne période : de mai à novembre.
Emile Bergerat a chanté le chabichou dans ses *Ballades et sonnets* :

Le chabichou qu'on blague en vain
C'est l'éperon du cheval-vin;
Qui le méconnaît ne sait boire,
Ponchon dirait : c'est une poire,
Et qui l'aime, l'aime en chauvin.

Bien fait il passe le divin,
Mais combien rare! Deux sur vingt!...
Il n'est qu'un Martin à la Foire!
— « Le Chabichou! »

En fait, c'est un très ancien fromage local qui naquit quelque part sur le plateau non loin de l'emplacement de la bataille

de Vouillé qui vit la défaite d'Alaric devant Clovis, en tout cas dans le périmètre formé par les communes de Vouillé, Jaunay-Clan et Neuvillë-du-Poitou, qui fut de tout temps le centre des marchés de ce célèbre fromage.
Le Chabichou fermier est bon jusqu'en automne. Le Chabichou laitier ne peut se manger que du printemps à l'été. Mat. grasse, 45 p. 100.

Chabricon (Limousin). — ***Chèvre.*** Nom local.

Chabris (Berry). — ***Chèvre.*** Fromage rond et plat, et qui porte le nom d'un bourg des rives du Cher, non loin d'Issoudun. Préparé comme un Camembert et affiné comme lui, sa pâte molle de pur lait de chèvre a un goût tres particulier. Mat. grasse, 45 p. 100.

Chaingy (Orléanais). — ***Chèvre.*** Totalement disparu. C'était un fromage fermier consommé frais, bleu ou cendré.

Chambarand. — Abbaye située à Roybon (Dauphiné) et qui a donné son nom à un fromage autrefois appelé *Beaupré* de Roybon.*

Chambérat (Bourbonnais). — ***Vache.*** Fromage rond et plat de 20 cm de diamètre sur 5 cm et pesant 1 kg. On le vend encore à la foire de Chambérat le dimanche qui suit le 15 août, comme également, reste d'une vieille tradition, les chevaux.
Sa renommée ne dépasse pas Montluçon, et c'est dommage. Mat. grasse, 40 à 45 p. 100.

Chambourcy (Ile-de-France). — ***Vache.*** Fromage frais industriel à saveur relativement mince.

Champenois. — V. *Riceys (Les).*

Champoléon (Dauphiné). — ***Vache.*** Petit fromage fondu du genre Cancoillotte, aromatisé aux herbes et au vin blanc. Il porte le nom de Champoléon-les-Borels, commune des Hautes-Alpes.

Chancelier. — Nom relevé souvent dans des livres, mais qui reste mythique. A moins, propose Pierre Androuët, qu'il ne s'agisse d'une petite marque oubliée et jamais parvenue dans la région parisienne.

chansons. — Le fromage n'a guère inspiré les paroliers de chansons. En dehors d'un hymne à la gloire de la Cancoillotte*, il ne faut pas manquer de citer la rengaine enfantine :

Ah! madame, voilà du bon fromage!
Voilà du bon fromage au lait.
Il est du pays de celui qui l'a fait.
Celui qui l'a fait, il est de son village.
Ah! madame, voilà du bon fromage!...

Et celle-ci, qui l'est moins (enfantine!) :

Cunégonde, veux-tu du fromage?
Oui, môman, avec du sucr' dessus.
Mais ma fille ce n'est pas l'usage...
Alors môman tu peux t' le foutr' au ...

Mais voici pourtant une chanson du poète-aubergiste normand Paul Harel :

Chanson.

I

Quel désir, en moi réveillé,
Me fait rêver pots et terrines?
Un goût suret de lait caillé
Me gratte le fond des narines;
Ma luette en a le frisson,
Ma langue en goûte le ramage
Et je sens naître une chanson
Sur le fromage.

II

Poètes bretons et normands,
Pléiade aimable et charitable
D'esprits fins et de fins gourmands,
Restez, restez encore à table,
Après les tripes d'Echauffour,

Troupeau chantant en chœur avec son berger. Manuscrit de Cambrai, 1542. Lettres ornées K, C. Bibliothèque municipale, Cambrai. *Phot. Giraudon.*

Dont l'hôtelier vous fit hommage,
Le fromage vient à son tour :
Place au fromage!

III

Peintres et sculpteurs d'avenir
Poètes d'un grand caractère,
Recueillez-vous, voici venir
Tous les fromages de la terre.
Amis, le rôti n'est pas loin,
Mais il serait vraiment dommage
De n'avoir plus un petit coin
Pour le fromage.

IV

Sur table ils sont tous apportés,
Les élégants et les difformes!
Que de nationalités!
Que de nuances! Que de formes!
Jeanneton de loin a souri,
Elle a même fait une image
En voyant la dent du jury
Sur le fromage.

V

Hollande, Chester, parmesan,
Pont-l'évêque, rollot, gruyère,
Neufchâtel, mont-d'or... goûtez-en.
Aimez-vous l'herbe ou la bruyère?
En fait de couleur et de goût
Un chacun juge à son image,
La friandise touche à tout,
Même au fromage.

VI

D'ici j'aperçois un fin bec,
Le plus fin de la compagnie;
L'élu, mâchant dru, buvant sec,
Goûte une douce symphonie.
Il fait fi des fruits du dessert,
Mais le malin se dédommage
En savourant le camembert
Le bon fromage!

VII

Essence de nos gazons verts,
Crème des fleurs que Dieu nous donne,
Des fromages de l'univers,
C'est à toi qu'on doit la couronne.
Si l'heureux Monselet chez nous
Héritait de quelque fermage,
Il te mangerait à genoux,
Divin fromage!

VIII

Fromage gras, cidre écumant
Ne viennent point de la Garonne,
On les fait au pays normand
Et chez les Bretons en automne.
Mangeons, Normands; Bretons, buvons;
Fêtons ces frères du même âge!
Gloire au sol à qui nous devons
Cidre et fromage!

Chantelle (Etats-Unis). — ***Vache.*** Nom commercial d'un fromage semi-tendre à partir de lait entier et frais de vache, fabriqué et affiné en Illinois.
On pourrait le comparer au Bel Paese, car les préparations se ressemblent, mais le Chantelle est revêtu de cire rouge lorsque sa maturation superficielle est à un stade moins avancé de développement que le Bel Paese. Rond et plat, d'environ 20 cm de diamètre, il pèse un peu plus de 2 kg.

Chanteloup. — ***Chèvre.*** Village voisin d'Amboise, en Touraine, et renommé pour ses élevages caprins. On y trouve des chèvres fermiers de ce nom, excellents.

Chantemerle-les-Blés. — Village dauphinois où l'on fabrique un excellent Picodon*, bon de mai à novembre.

Chaource (Champagne). — ***Vache.*** Portant le nom d'un village de l'Aube, à

30 km de Troyes. C'est un fromage à pâte molle et croûte fleurie devenu plus laitier que fermier, mais la qualité est restée satisfaisante. Sa chair blanche est de consistance un peu granuleuse bien que très riche (50 p. 100 de matière grasse). Il est fabriqué toute l'année, que les vaches stabulent ou qu'elles paissent dans les riches pâturages de la région. Néanmoins, les meilleurs sont ceux qui résultent du lait produit en mai. Saveur très noisettée bien qu'un peu acide.

chardonnette. — C'est la fleur de l'artichaut sauvage. On la cultive en Poitou notamment, et elle sert à cailler le lait.

CHARLEMAGNE. — Nous avons trouvé dans une vieille revue du siècle dernier cette anecdote sur l'empereur à la barbe fleurie, lequel d'ailleurs, selon les historiens, était imberbe. L'histoire est peut-être aussi fausse que la barbe, mais il n'importe!

« Charlemagne, pendant une de ses excursions, descendit à l'improviste, et sans être attendu, chez un évêque. C'était un vendredi. Le prélat manquait de poisson. Il n'osait, d'ailleurs, à cause de l'abstinence du jour, faire servir de la viande au prince, et il lui présenta ce qu'il avait chez lui : de la graisse et du fromage. Mais, prenant les tailles du persillé pour de la pourriture, l'empereur s'appliquait d'abord à les enlever avec la pointe de son couteau. L'évêque, qui était debout auprès de la table, ainsi que la suite du prince, lui représenta respectueusement que ce qu'il jetait était le meilleur du fromage. Charlemagne goûta donc au persillé, donna raison à son hôte, et le chargea même de lui envoyer tous les ans à Aix-la-Chapelle deux caisses de fromage pareil.

— Il est en mon pouvoir, répondit celui-ci, d'envoyer des fromages; mais je ne puis rien s'il s'agit d'en envoyer de persillés. C'est en les ouvrant seulement qu'on peut assurer si le marchand n'a pas trompé.

— Eh bien, dit l'empereur, avant de les faire partir, coupez-les par le milieu. Vous verrez bien s'ils sont tels que je le désire... »

Charolles (Bourgogne). — ***Chèvre*** ou ***chèvre et vache.*** Car on ajoute, suivant la saison, du lait de vache à ce petit chèvre cylindrique d'un poids de 150 g, préparé dans les monts du Charolais et succulent d'avril à décembre. Il est couramment utilisé pour la fabrication du « fromage fort » de Bourgogne.

Chaschol (Suisse). — ***Vache.*** Préparé à partir de lait de vache écrémé, de 50 cm de diamètre sur 6 à 10 d'épaisseur, il peut peser de 10 à 20 kg. Ce fromage du canton des Grisons est dit aussi *Chaschosis.*

Chasteau (Aquitaine). — ***Vache.*** Petit fromage de consommation locale entre Libourne et Bordeaux.

Chateaubriand (Normandie). — ***Vache.*** Appellation de fantaisie appliquée à un triple-crème du pays de Bray connu sous le nom de marque de « Magnum »; 75 p. 100 de matière grasse. Très semblable au Brillat-Savarin*.

Châteauroux (Berry). — ***Chèvre.*** Dans les environs de cette ville, on fabrique un fromage de forme semblable à celle du Valençay.

Chaucetier. — V. *Coulandon.*

Chaumes (Pyrénées). — ***Vache.*** Fromage pasteurisé industriel. Mat. grasse 50 p. 100. Disque plat à bords arrondis (24 cm sur 4,5 d'épaisseur). Poids 2 kg. Toute l'année.

Chaumont (Champagne). — ***Vache.*** Nom de fantaisie d'un fromage de la vallée de la Suize ressemblant, forme et saveur, au Langres*, mais en plus petit. Bonne époque : de juin à octobre. Mat. grasse, 45 p. 100.

Chaunay (Poitou). — ***Chèvre.*** Dit aussi *Chabichou de Chaunay.* Fromage industriel. Bonne époque : de mai à octobre.

Chauny (Ile-de-France). — ***Vache.*** Fromages disparus, mais qui eurent grande renommée. Platine, le culinographe du début du XVIe siècle, les proclamait les meilleurs de tous dans son ouvrage célèbre *De honesta voluptate et valetudine.*

Chavignol (Berry). — Petite ville du Cher où sont nés les fameux *Crottins**. Outre

Chaource. *Phot. Lauros.*

Chavignol, Bué, Crézancy, Verdigny et Amigny ont droit de baptiser ainsi ces petits fromages ronds et durs dont la forme inspira le nom. Ils pèsent 50 g. Bons en été et en automne. Mat. grasse, 45 p. 100.

Chécy (Orléanais). — ***Vache.*** Les premiers de ces petits Olivets bleus ou cendrés furent fabriqués en 1848 à partir de lait entier. Bonne époque : de septembre à mai.

Cheddar (Angleterre). — ***Vache.*** Il tire son nom de la petite ville de Cheddar, dans le Somersetshire, où il fut fabriqué la première fois sans doute à la fin du XVIe siècle.
En l'an 1600, William Camden écrivait :
« A l'ouest de Wells, tout juste au-dessous des collines de Mendip, se trouve Cheddar, renommée pour les fromages — excellents et prodigieux que l'on y fait — dont certains nécessitent une force peu commune pour être placés sur la table, et dont le goût est délicat. »

Cheddar est devenu non seulement le nom du fromage, mais aussi celui du processus de fabrication. Le Cheddar est un fromage à pâte dure dont la couleur oscille du blanc au jaune, fabriqué à partir de lait doux entier, cru ou pasteurisé. A partir du lait cru, il est généralement fermier. L'affinage dure au moins 60 jours et jusqu'à 6 mois, quelquefois 1 an. Il se présente généralement sous forme de bloc de 36 cm de diamètre pour 30 d'épaisseur et pesant entre 27 et 35 kg. Dans les magasins, les pains de Cheddar les plus répandus sont de 450 g. En 1840, les fermiers du Somersetshire offrirent à la reine Victoria, en cadeau de mariage, un Cheddar gigantesque fait du lait de 750 vaches et pesant 500 kg.
Des femmes de colons fabriquèrent les premiers Cheddars aux Etats-Unis. En 1851, Jesse Williams en monta une usine, dans le comté d'Oneida (Etat de New York). Actuellement, on fabrique aux Etats-Unis plus de 410 millions de kilos de Cheddar ou de fromages du même type, et, paradoxalement, ils fournissent une bonne partie de la consommation anglaise. Mais, suivant leur fabrication, ces imitations varient de goût comme de texture et même de poids. Elles prennent aussi des noms divers : *Daisies Longhorns, Flats, Twins* ou *Young Americas.*
On en fabrique aussi au Canada à partir de lait non pasteurisé, sous le nom de *Store, Bulk* ou *Canadian Cheese,* et jusqu'en Nouvelle-Zélande. On a même essayé en France, mais sans grand résultat. En vérité, ce qui fait la saveur typique de ce fromage anglais, une saveur délicate de noisette, est encore un mystère malgré les études de Van Slyke (1891) et de Hastings et Hart (1910).
Le Cheddar canadien, américain, français, roumain, est souvent coloré de rouge, comme le Cheshire, avec lequel il ne présente aucune différence visuelle. Le véritable Cheddar, lui, est blanc-jaune, extérieurement et intérieurement. (V. aussi *Blue Cheddar.*)

cheese. — Fromage, en anglais.

Chef-Boutonne (Poitou). — ***Chèvre.*** Fromage rond ou carré préparé dans la région de cette petite ville, près de Niort.

Cheshire (Angleterre). — ***Vache.*** On dit quelquefois en France *Chester,* du nom de la capitale de ce comté, dans le Nord-Ouest britannique.
C'est un des meilleurs et des plus anciens fromages anglais, connu dès le règne d'Elisabeth Ire, et l'on raconte qu'il fut, à l'origine, moulé à l'image de la forme du célèbre *Cheshire cat,* le chat souriant d'*Alice au pays des merveilles.*
Il existe trois principales sortes de fromage de Cheshire :
1° un fromage à maturation rapide, de

Surveillance du Cheddar américain dans une cave du Wisconsin.
Phot. U. S. I. S.

début de printemps (jusqu'à mai), et dont la vente ne dépasse pas le comté;
2° un fromage à maturation moyenne, fabriqué de mai à juin et en automne, type le plus commun;
3° un fromage à maturation tardive. fabriqué en été, affiné plus complètement et vendu sur de plus lointains marchés.
Mais la différence de fabrication n'est qu'un détail. En bref, le Chester (nom sous lequel nous le connaissons en France) est fait du mélange des traites du soir et du matin, auquel on ajoute un colorant et que l'on fait coaguler au moyen d'une culture lactique et de présure à 30 °C. Au bout d'une heure, le caillé est brassé, broyé ou découpé, puis égoutté d'une partie de son sérum durant l'heure suivante. A nouveau brassé et chauffé (à 31 °C), ce caillé est alors égoutté, pressé, découpé en gros cubes, égoutté à nouveau quelques heures. Découpé enfin en petits cubes, il est broyé, salé, mis en moules pour une dernière élimination du sérum et étuvé toute la nuit. Le fromage est, le lendemain, mis à presser graduellement durant 4 jours, puis affiné à 18 °C, entre 3 semaines et 10 mois selon la catégorie (v. plus haut).
Le Chester se présente sous la forme d'un fromage ferme, de forme cylindrique, d'un diamètre de 35,5 cm. Son poids varie de 22 à 32 kg. Le colorant employé est en général l'annatto, substance tirée d'un fruit sud-américain.
Il existe aussi un Chester bleu, dit *Blue* Cheshire* ou *Cheshire*-Stilton,* ou encore « Vieux Bleu », assez rare. Tous ces fromages sont parfumés et gras, d'une saveur due aux riches dépôts de sel des pâturages du Cheshire, lesquels confèrent un haut degré de salinité au lait de la région.
Le Chester (Cheshire) est la base du célèbre *Welsh Rarebit* (dit aussi *Welsh Rabbit,* « lapin gallois »).

RECETTE DU WELSH RAREBIT

Mettre en casserole avec un peu de bière anglaise (pale ale) 250 g de Cheshire râpé ou détaillé en petits morceaux. Ajouter un peu de moutarde anglaise. Cuire ce mélange en remuant jusqu'à ce que le fromage soit liquéfié. Ajouter un trait de Worcestershire Sauce.
Faire griller à la graisse de rognon de veau des toasts de pain de mie. Verser le fromage fondu sur les toasts et passer ceux-ci vivement au four tres chaud, pour glacer.

RECETTE DES SABLÉS DE CHESTER

Mélanger 200 g de farine, autant de beurre, autant de Chester râpé et de l'eau. Etaler la pâte obtenue au rouleau. Y faire une abaisse d'un demi-centimètre d'épaisseur et y découper des ronds de 4 cm de diamètre. Les cuire sur une plaque, à four moyen.
Faire une crème avec 4 jaunes d'œufs, un verre de crème fraîche, sel, poivre et un soupçon de cayenne. Faire épaissir sur le feu, sans laisser bouillir.
Laisser tiédir et ajouter 50 g de beurre et 150 g de Chester râpé. Travailler longuement la crème.
Entre deux sablés au Chester, mettre une cuiller à soupe de cette crème et aplatir, en sandwich.

Cheshire-Stilton (Angleterre). — ***Vache.*** C'est un nom donné improprement au Chester bleu cité plus haut. Il a la dimension et la forme, ainsi que la méthode de fabrication, du Cheshire rouge, mais une moisissure comparable à celle du Stilton* s'y développe durant l'affinage, propagée par une addition de caillé ancien au caillé frais. Il vaut mieux dire *Blue Cheshire, Blue Dorset.* Les Anglais en raffolent. Son prix est d'ailleurs élevé, car la moisissure du Cheshire est un phénomène très rare. Une seule fromagerie le fabrique, la maison Hutchinson, à Whitchurch, dans le Shropshire.
Ajoutons que la qualité de ces fromages est surveillée par la C. C. C. *(Cheshire Cheese Confederation),* fondée en 1923, laquelle donne son label à une partie des 50 000 t annuelles de la production.

Chester. — Appellation impropre du Cheshire*.

chèvre (fromages de). — Un peu partout en France, des fromages de chèvre portent un nom indiquant parfaitement cette origine. On l'a vu avec les Cabécous, les Cabrions, les Chabichous (autrefois Chivichous), les Cajassous, Chabricons... Il faut parler aussi des *Chevrotons* du Beaujolais, des *Chevrotins* (ronds à pâte molle du côté de Megève, ou pyramidaux, frais ou secs, dans la région de Moulins), des *Chevretons* d'Ambert (quelquefois mêlés de lait de vache) et de Mâcon (en forme de tronc de cône), des *Chevrichons* des Deux-Sèvres, des *Chevrichons* du Poitou, etc. Nous devons en oublier. Chaque village qui a ses chèvres a son fromage particulier, préparé souvent de façon empirique autant qu'ancestrale. Et toujours, sur place, admirablement plaisants.
Pierre Androuët donne ainsi son avis à leur propos :
« Pour moi, les grands fromages de chèvre sont ceux que l'on sort des pots au fond desquels ils ont été soigneusement

Morceau de Cheshire anglais, dit Chester.
Phot. Lauros.

Phot. « Toute la cuisine de A à Z ».

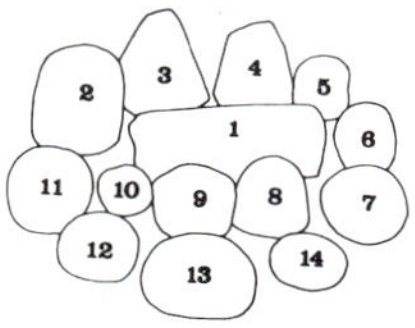

Chèvres : 1. Sainte-Maure fermier (Indre-et-Loire) ; 2. Persillé des Aravis (Haute-Savoie) ; 3. Pouligny-Saint-Pierre (Indre) ; 4. Valençay (Indre) ; 5. Cabécou (Aveyron) ; 6. Chabichou fermier (Vienne) ; 7. Poivre d'âne (Isère) ; 8. Crottin sancerrois ; 9. Bouquet d'Auvergne ; 10. Rocamadour (Lot) ; 11. Selles-sur-Cher (Loir-et-Cher) ; 12. Romans ; 13. Bon Fermier (Deux-Sèvres) ; 14. Saint-Marcellin chèvre (Isère).

rangés, pliés dans des feuilles de platane ou de châtaignier pour la consommation familiale des fêtes de fin d'année. Ils ont subi, sous l'effet des humectations au vin blanc qui furent renouvelées durant trois ou quatre mois, une transformation totale et ils montrent à l'instant de leur maturité des vertus olfactives et sapides absolument extraordinaires. Ils portent toute la richesse concentrée du suc de la terre par la sève de la vigne, par la qualité du lait des animaux qui y paissent et la patience de l'homme qui agit. »

chèvre (législation des fromages de). — Les prescriptions du décret du 20 octobre 1936 relatives à ces fromages sont provisoirement retenues dans le décret du 26 octobre 1953.

La dénomination *fromage de chèvre* est réservée aux fromages de formes et de poids variables préparés exclusivement avec du lait de chèvre.

Le fromage ne devra jamais contenir moins de 45 g de matière grasse pour

100 g de fromage après complète dessiccation.

Lorsque le lait employé est un mélange de lait de chèvre et de lait de vache contenant au minimum 25 p. 100 de lait de chèvre, la dénomination qui doit être employée pour définir ce fromage est *fromage mi-chèvre*. De plus, cette dénomination ne pourra être accompagnée d'aucun signe laissant croire qu'il a été fabriqué avec du lait de chèvre pur, et le fromage sera revêtu d'une bande de couleur jaune d'au moins 15 mm de largeur, sur laquelle sera indiquée en caractères très apparents la proportion du lait de vache mis en œuvre dans la fabrication.

Lorsque la proportion du lait de chèvre mis en œuvre sera inférieure à 25 p. 100, la dénomination du fromage ne pourra pas contenir le mot *chèvre* ni être accompagnée d'un signe laissant croire qu'il a été fabriqué avec du lait de chèvre.

Remarque : il est bien évident que, lorsque le fromage est fabriqué exclusivement au lait de chèvre, le produit peut porter une étiquette « pur chèvre ».

chèvrerie. — Lieu où on loge les chèvres et, par extension, où l'on fabrique des fromages de leur lait.

Chevret (Bugey). — ***Chèvre.*** Petit fromage de chèvre appelé aussi *Tome de Belley* et qui aurait dû séduire le « professeur » Anthelme Brillat-Savarin, l'auteur de la *Physiologie du goût,* né, comme l'on sait, à Belley au 62 de la Grande-Rue.

Chevreton d'Ambert (Auvergne). — ***Chèvre.*** On désigne parfois ainsi les Briques* du Forez. Ils sont souvent mi-chèvre.

Chevrette des Bauges (Savoie). — ***Chèvre.*** Fabriqué en montagne durant la transhumance, à la manière d'une Tome à pâte pressée non cuite et croûte lavée. Mat. grasse, 45 p. 100.

Chevrine de Lenta (Savoie). — ***Chèvre.*** Consommation locale et rustique d'un fromage fabriqué par les bergers en estive sur les pentes de l'Iseran. Cylindre plat excellent l'été. Mat. grasse, 45 p. 100.

Chevrotin des Aravis (Savoie). — ***Chèvre.*** Petit Reblochon épais au lait de chèvre ou quelquefois au lait de chèvre et vache. Mat. grasse, 45 p. 100.

Chevrotin du Bourbonnais (Bourbonnais). — ***Chèvre.*** Terme générique pour les fromages de Moulins, Souvigny, Cosne-d'Allier, etc. Bons en été et à l'automne. Mat. grasse, 45 p. 100.

Chevroton (Bourgogne). — ***Chèvre.*** En Saône-et-Loire, on prépare ces fromages, dont la pâte est affinée facultativement dans un bain de marc de raisin. On les enveloppe ensuite dans des feuilles de platane.

Chevru (Ile-de-France). — ***Vache.*** Fromage à croûte fleurie du genre Coulommiers, mais un peu plus gras (45 à 50 p. 100 de mat. grasse).

Chhana (Inde). — ***Vache.*** A partir de lait de vache on fabrique, en Asie, ce fromage de lait acide.

Chiavari (Italie). — ***Vache.*** Fromage de lait acide à partir de lait entier de vache et fabriqué dans la région de Chiavari (province de Gênes).

Chieuvre. — Prononciation patoisante des fromages de chèvre en Indre-et-Loire.

Chouzé (Touraine). — ***Chèvre.*** Fromage laitier de la forme du Sainte-Maure, comme ceux de la laiterie de Saint-Louans, toute proche. On peut le distinguer des fromages fermiers à ce que la croûte, ensemencée à la fabrication de *Penicillium candidum,* est très épaisse et de couleur blanche. Ils sont néanmoins d'une qualité acceptable. Ils seraient, dit-on, désormais plus de vache que de chèvre, tout comme ceux de Varennes-sur-

Fromage de chèvre enveloppé de feuilles de fougère. *Phot. Lauros.*

Élevage de chèvres chez les populations druzes du Liban. *Phot. Christian Monty.*

Loire, devenu centre principal de leur fabrication.

Christalinna (Suisse). — ***Vache.*** Fromage à pâte dure, dans le canton des Grisons.

Christian-IX (Danemark). — ***Vache.*** Variante du Kuminost*, de forme cylindrique et plat, pesant environ 15 kg. Le Christian-IX contient des épices (notamment de l'aneth). Sa surface est revêtue d'une cire jaune ou de paraffine.
Ce fromage de marque, imité du fromage hollandais de Frise, ne figure pas parmi les fromages danois exportés.

Chubut (Argentine). — ***Vache.*** Fromage blanc des bergers nord-argentins. Consommation locale.

CHURCHILL. — « Un peuple qui a créé plus de 400 fromages ne saurait disparaître... » Il semble bien que cette phrase soit de Churchill, encore qu'on l'ait attribuée à maint autre (v. *Cocteau*). D'ailleurs, comme beaucoup de ce genre, elle ne veut pas dire grand-chose!

Cierp (Languedoc). — ***Vache.*** Village près de Luchon et qui a donné son nom à un des fromages vendus généralement sous la dénomination de *Pyrénées.* Autrefois, tous ces fromages étaient de brebis, consommés localement. Très vieux, ils sont souvent secs et forts. Le Cierp de Luchon, au lait de vache, est une pâte pressée non cuite à petits trous.

Cincho (Espagne). — ***Brebis.*** Sur les provinces de León, Zamora, Valladolid et Palencia, la « Tierra de Campos » produit un fromage à pâte molle, le Villalón*. En modifiant sa fabrication (notamment égouttage et salage au sel fin), on obtient une pâte dure et grasse. Ce cylindre allongé, d'environ 500 g, est le Cincho.

Cîteaux (Bourgogne). — ***Vache.*** Fromage de lait de vache pressé à croûte lavée, né à l'abbaye de Cîteaux, non loin du pays des grands vins; il y continue une trop discrète carrière.

Civray (Poitou). — ***Chèvre.*** Civray, chef-lieu de canton de la Vienne, a donné son nom à une sorte de Chabichou fermier, de forme généralement tronconique.

Claquebitou (Bourgogne). — ***Chèvre.*** Pâte fraîche aromatisée aux fines herbes et à l'ail, de consommation fermière domestique dans la Montagne de Beaune.

Claqueret (Lyonnais). — ***Vache.*** Fromage frais servi, selon l'habitude locale, avec oignons et ciboulette hachés. C'est le nom propre de la Cervelle* de Canut.

---

classification des fromages. — On peut les grouper en cinq catégories : pâtes fraîches, pâtes molles, pâtes pressées non cuites, pâtes pressées cuites, fromages fondus.

1. *Les fromages à pâte fraîche.*

Fromages blancs, Petits-Suisses, Double-Crème, Demi-Sel, etc.
Comme leur nom l'indique, ces fromages ne subissent aucun affinage, puisqu'ils sont consommés quelques heures après leur fabrication; mais ils sont néanmoins sous l'influence des ferments lactiques.
Leur égouttage étant lent, ils contiennent encore une grande quantité de sérum : légalement, ils peuvent comporter jusqu'à 70 p. 100 d'humidité.
Sous un faible volume, ils présentent presque toutes les qualités du lait.

2. *Les fromages à pâte molle.*

Cette catégorie comprend une telle variété de fromages qu'elle mérite d'être subdivisée.
Disons que les pâtes molles comprennent tous les fromages fermentés qui ne sont ni pressés ni cuits.
Ils doivent leur nom au fait qu'ils sont relativement souples. Plus égouttés que les pâtes fraîches, leur taux d'humidité oscille autour de 50 p. 100.
Selon le mode d'ensemencement, de salage et d'affinage, on distingue :
a) les fromages à croûte fleurie :
Camemberts, Bries, Carrés de l'Est, etc.
Cette catégorie doit son nom aux moisissures blanches qui « fleurissent » sur la croûte.
En vieillissant, la « fleur blanche » (qui doit être exempte de bleu ou de noir) fait progressivement place à une teinte « pain doré ». Lorsqu'elle brunit, le fromage est trop fait, il coule et il pique.
A la coupe, un bon fromage doit présenter une pâte jaune d'or, bien homogène sans trop de petits trous, et ne doit pas couler sous la croûte;
b) les fromages à croûte lavée :
Munster, Pont-l'Evêque, Livarot, etc.
Si leurs croûtes sont toujours lavées, leur préparation et leur affinage sont souvent très différents.

Même au plus haut de leur goût, ces fromages ne doivent pourtant pas piquer, ni être amers;

c) les fromages à pâtes persillées :
Bleus divers, Roquefort, etc.

Une pâte persillée bien affinée doit être d'aspect graisseux en surface, avec à l'intérieur des veinures bleues réparties autant que possible dans toute la masse du fromage.

Le Roquefort à croûte moisie et grattée doit avoir une pâte blanche veinée de bleu également réparti;

d) les fromages à croûte spontanée :
Tous les fromages de chèvre au lait cru.
Tous les fromages de brebis au lait cru.

3. *Les fromages à pâte pressée non cuite et à caillé divisé ou pâte demi-dure.*

Saint-Paulin, Cantal, Hollande, Cheshire, Cheddar, etc.

Alors que l'égouttage des pâtes fraîches et des pâtes molles s'opère naturellement, cette variété doit son nom au fait que l'expulsion de l'excédent de sérum du caillé se fait d'abord par une division assez poussée du caillé, puis par pression mécanique (poids ou presse).

Pour faciliter l'opération, le caillé a généralement été « découpé » en grains fins, puis chauffé légèrement pendant un certain temps. En effet, on devrait dire *à pâte pressée non cuite, à caillé divisé et à égouttage accéléré.* Ce résumé des opérations définit exactement les pâtes pressées non cuites qui sont : 1° coagulées, 2° décaillées en brassant avec un appareil réduisant le coagulum en fines parcelles, 3° égouttées dans la cuve par soutirage du sérum, 4° moulées, 5° mises sous presse après avoir été enveloppées de toiles, 6° démoulées, 7° salées puis enfin mises à ressuyer au hâloir avant de subir deux mois d'affinage dans des caves de maturation assez chaudes.

Cependant, le taux d'humidité de ces fromages ne diffère pas sensiblement de celui des pâtes molles, sauf pour le Cantal, qui ne doit pas contenir plus de 42 p. 100 d'eau.

Après leur sortie de presse, certains de ces fromages sont mis dans de l'eau salée, où ils restent quelques heures ou quelques jours, selon le cas.

Ensuite, ils sont retournés et lavés à l'eau salée chaque jour, jusqu'à ce que la

FROMAGES FRAIS	à coagulation lente à coagulation rapide	non salés : Petits-Suisses, Fontainebleau, Neufchâtel frais salés : Demi-Sel, Gournay frais fromage à la pie

			à moisissures		à croûte		
			externes	internes	séchée	lavée	cendrée
FROMAGES AFFINÉS	à égouttage spontané	à coagulation lente	Brie Neufchâtel Gournay Saint-Marcellin				
		à coagulation rapide	Camembert Coulommiers		Chèvre	Langres Bourguignon Epoisses	Vendôme Olivet
	à égouttage accéléré par	découpage	Carré de l'Est Maroilles Pont-l'Evêque (fermier)	Roquefort Gorgonzola Bleus		Munster Pont-l'Evêque (laitier) Maroilles Livarot Gérômé	
		découpage brassage		Fourme d'Ambert		Bel Paese Tilsit	
		découpage brassage pression	Tome de Savoie Saint-Nectaire			Port-Salut Saint-Paulin Hollande Reblochon	
		découpage brassage pression broyage				Cheddar Chester Cantal Laguiole	
		découpage brassage cuisson pression			Sbrinz Parmesan Asiago Montasio	Emmental Gruyère Comté	

croûte soit bien formée. Certains, à la sortie de la cave d'affinage, sont plongés dans un bain de paraffine teintée en rouge.
Ces fromages présentent sur les pâtes molles l'avantage de se conserver plus longtemps.

4. *Les fromages à pâte cuite et pressée.*

Gruyère, Emmental, Comté, Beaufort, etc.
Ces fromages diffèrent de la catégorie précédente, notamment sur deux points :
1° Après découpage, le grain est réchauffé dans le sérum; toutefois, cette cuisson se fait à température modérée (entre 50 et 57 °C);
2° L'affinage est plus ou moins long, il n'est jamais inférieur à 60 jours, doit être au moins de 90 jours et peut atteindre 7, 8 mois et même plus.

5. *Les fromages fondus.*

Ces produits doivent renfermer au moins 40 p. 100 de matière grasse et au maximum 50 p. 100 d'humidité. Ils sont fabriqués principalement avec des fromages à pâte dure, quelquefois impropres à la vente, mais pas forcément à la consommation.
Le professeur Keilling a de son côté établi le tableau plus spécifique que le lecteur trouvera à la page 69

clayette. — Disque d'osier à claire-voie pour l'égouttage de certains fromages.

Tissage d'une claie à fromage de Brie, chez un « caserolier » de l'Aisne.
Phot. Musée des Arts et traditions populaires.

Clovis (Ile-de-France). — ***Vache.*** On s'en doute, ce fromage se vend à Soissons et a la forme d'un haricot. Ce sont à peu près là ses seuls mérites.

Coalhada (Brésil). — ***Vache.*** Fromage frais et crémeux que les Brésiliennes gourmandes inondent de sucre.

COCTEAU (Jean). — Nous avons lu quelque part que l'auteur des *Mariés de la tour Eiffel* aurait dit :
« Un peuple qui produit 180 variétés de fromages ne peut pas être sur son déclin. »

J'ai entendu à peu près la même phrase attribuée à Churchill. De toute façon, il suffisait de s'inspirer d'un certain « Sonnet des fromages de France », paru en 1914 dans *Glanes et javelles*, par Emile Bergerat :

Un peuple ne meurt pas qui fait de tels fromages
Que Virgile, s'il les eût connus, eût bénis.
Gallophobes, passez et mâchez vos dénis.
L'homme juste leur rend hommages sur hommages...

Cœurs. — Fromages divers dont la forme impose le nom. En Normandie à Neufchâtel; au pays de Bray, le *Cœur de Bray* est à croûte fleurie; en Ile-de-France, le *Cœur à la crème* est souvent accompagné de Chantilly; il existe mêmement un *Cœur à la crème de Chambéry*. Le *Cœur d'Arras* est, lui, fort et de parfum puissant, inspiré du Maroilles.
On vient de créer un Cœur d'Auvergne industriel, en pâte de Saint-Nectaire.

Colby (Angleterre). — ***Vache.*** Peut être préparé soit avec du lait cru, soit avec du lait pasteurisé, comme le Cheddar, auquel il ressemble quelque peu. Mais, contrairement à celui-ci, dans le Colby le caillé n'est pas tassé et moulu, mais additionné d'eau froide. L'affinage est également moins long (60 jours à partir du lait cru).
On fabrique également du Colby aux Etats-Unis.

Cold Pack (Etats-Unis). — ***Vache.*** *Cold Pack* signifie « emballé à froid ». A l'inverse des Cheddars et analogues, il semblerait que l'origine de ce fromage fût américaine, mais on le fabrique aussi en Angleterre.
C'est un fromage que l'on prépare en général à partir de Cheddar soigneusement affiné.
Il peut l'être à partir d'autres fromages quelquefois fumés.

Le résultat est une pâte trop souvent caoutchoutée, soit en saucissons de matière plastique, soit en pots de carton, de porcelaine, de verre, de bois à couvercles étanches (il est dit alors « fromage en pot »).
Une loi fédérale, aux Etats-Unis, limite l'adjonction de beurre fondu au fromage Cold Pack.
Ce fromage industriel s'exportera peut-être un jour en France avec succès. Sa présentation amusante pourrait nous séduire.

Cold Pack Cheese Food (Etats-Unis). — ***Vache.*** Aliment préparé à base de fromage emballé à froid (Cold Pack) et auquel on a mélangé tout ou partie de divers ingrédients : crème, lait, lait écrémé, sérum, vinaigre, acide lactique, acide citrique, acide acétique, acide phosphorique, sucre, dextrose, sucre de grains, sirop de grains, maltose, sirop de malt, sel, épices, colorants, fruits, légumes, jus ou extraits de viandes...

COLETTE. — Le grand et gourmand écrivain français que fut Colette (1873-1954) ne pouvait pas ne pas exalter les fromages. Elle disait :

« Paris a tous les fromages, doux, âpres, apéritifs, riches de ferments, affinés en caves de France ou nés au loin, aucun ne chôme d'acheteur. C'est les femmes, c'est l'amateur éclairé qui est rare. Friandes de fromages, les femmes s'en privent depuis que la terrible névrose de la maigreur les gouverne. Une femme savait mieux choisir les fromages qu'un homme. Tâter la croûte, mesurer l'élasticité de la pâte, deviner un fromage est un peu affaire de radiesthésie. Etudier la manière dont un Camembert, un Reblochon, un Maroilles font craquer leur croûte, dont le centre fait le coussin de la cuvette. Juger qu'un Munster distille une pâte trop liquide qui promet l'âcreté prématurée, le mordant plutôt que le suave, autant de soins qui se perdent. J'ai honte chez X..., où j'interroge l'avers, puis l'envers des fromages, quand je vois le défilé des clientes : « Vous avez un bon Camembert bien coulant? » — « Je voudrais un Pont-l'Evêque tout ce qu'il y a de meilleur. » Pas un regard d'intérêt aux fromages reliés de cuir d'or et mystérieux sous un lichen épais. Pas un geste d'enquête personnel. Elles paient et s'en vont. A moins qu'elles ne musent, indécises, pour avoir l'air connaisseuses... Si j'avais un fils à marier, je lui dirais : « Méfie-toi de la jeune fille qui n'aime ni le vin, ni la truffe, ni le fromage, ni la musique. »

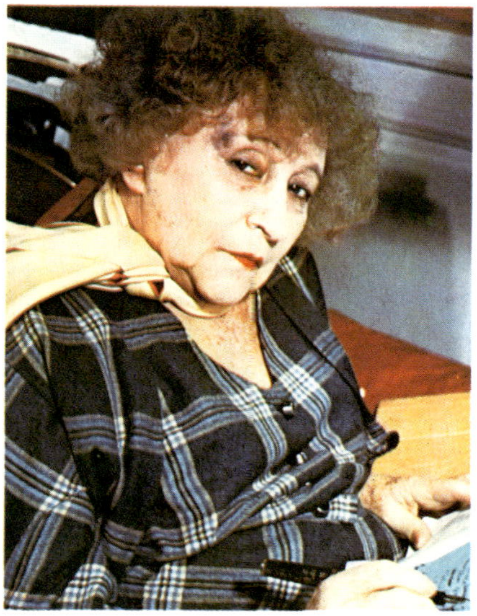
Colette. *Phot. Savitry-Rapho.*

Colombière (Savoie). — ***Vache.*** Très voisin du Reblochon, dont il ne diffère que par la taille et le poids, plus importants (800 g). Du nom d'un massif voisin des Aravis. Bonne saison : été et automne. Mat. grasse, 50 p. 100.

Colonel. — Nom familier du Livarot, à cause des 5 joncs (galons) l'entourant.

Colwick (Angleterre). — ***Vache.*** V. *Slipcote.*

Commitie (Hollande). — ***Vache.*** A partir de lait partiellement écrémé, de la même façon et de la même forme que l'Edam, mais pesant le double (4 kg environ), ce fromage est fabriqué dans la Hollande du Nord et la Frise. On l'appelle encore *Friesekaas* et, francisé, *Commission.*

comptine. — Je n'en ai trouvé qu'une où intervient le fromage. Elle vient, paraît-il, de la région de Namur :

Marie-Gertrude s'en allait au marché;
Elle rencontra sur son chemin
Une boule de fromage.
Elle la croqua trois fois :
Une, deux, trois!

Comté (Franche-Comté). — ***Vache.*** On dit aussi *Gruyère de Comté,* bien que le Gruyère semble ne pouvoir venir que de la vallée de Gruyères, en Suisse. Mais cette appellation est légale depuis la convention de Stresa*, et un jugement du tribunal de Dijon, en date du 22 juillet 1952, a définitivement fixé le statut du Gruyère de Comté.

Ces fromages à pâtes sèches cuites et pressées sont connus depuis les

Fabrication du Comté, dans le Jura. *Phot. Hétier.*

Ci-dessous : mise sous presse d'une pièce de Comté. *Phot. Hétier.*

En bas : cave de fromage de Comté dans la région de Besançon. *Chapuis-Atlas-Photo.*

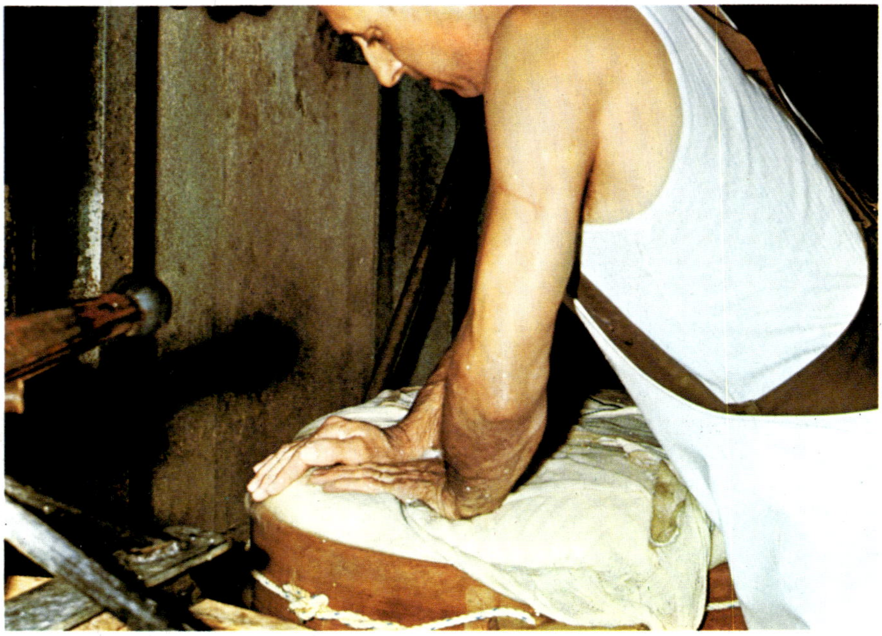

Romains, et l'activité fromagère de la Franche-Comté est importante depuis le XIIIe siècle. Des documents trouvés dans le cartulaire de Hugues de Chalon citent les « fruitières » du Jura et du Doubs. Certains de ces fromages, destinés au paiement des impôts, étaient collectés par des officiers ou agents « gruyers », d'où, dit-on, l'origine du nom. Mais la ville de Gruyères, bien plus tôt, a pu donner son nom aux percepteurs de Charlemagne!

L'appellation d'origine du Comté le situe, donc, dans le Jura autour de Poligny et de Dole, dans une partie du Doubs et une autre de la région montagneuse de l'Ain. Le lait provient de la race dite « montbéliarde », se rattachant à la tachetée pie rouge de l'Est. Certaines laitières donnent 4 000 litres de lait par an, le record se situant au-dessus de 8 000 litres.

Après caillage (obtenu par addition de présure au lait amené à une température d'environ 32 °C), le fromager « fait son grain », c'est-à-dire qu'il découpe la masse de fromage aussi régulièrement que possible en grains de la grosseur d'un grain de blé. Ces grains de caillé sont ensuite égouttés pendant un certain temps et à une certaine température, et, lorsqu'ils sont suffisamment « ressuyés », les fromagers retirent de la cuve de fabrication la masse de grains, en la pêchant dans une toile, l'enserrent dans un cercle de bois et la portent sous presse; elle restera sous presse pendant plus de 20 heures avec de nombreuses opérations de retournage, emmaillotage et augmentation de pression pour en éliminer le maximum de sérum et obtenir une fermentation lactique qui en assurera la conservation. Le lendemain, le fromage est descendu en cave, où le travail d'affinage se divise en trois périodes; 2 mois en cave tempérée (de 12 à 15 °C), puis 2 mois en cave chaude (18 °C) et stockage en cave de 10 à 12 °C pour terminer l'affinage.

Le délai de fabrication est de 4 mois au minimum, plus ceux de stockage. La production tourne autour de 30 000 kg par an. Il est à remarquer que les fruitières coopératives modernes s'opposent aux méthodes anciennes d'exploitation. On pouvait jusqu'ici parler non pas du Comté, mais des Comtés, et il y avait de véritables « crus » reflétant l'herbe riche et parfumée nourrissant tel ou tel troupeau. Certes, la charte adoptée en février 1970 par les organisations professionnelles agricoles de Franche-Comté excepte encore, de ce nivellement sinon par le bas, du moins par le très moyen, quelques localités qui pourront témoigner de la qualité particulière de leurs fromages. Mais pour combien de temps? Quant aux autres, leur lait sera versé dans le bac commun pour produire un Comté « de qualité homogène et constante ». Espérons, disait le journal *le Monde* à ce sujet, que cela n'aboutira pas à un produit insipide!
Le vrai Comté, qui doit avoir « l'œil rare, petit et humide », se présente sous forme de cylindres enflés, à croûte épaisse jaune paille. Ces roues de 70 cm de diamètre pèsent de 38 à 40 kg. Il est au mieux de sa forme d'avril à décembre.

Concharbin. — Petit village de l'Isère, non loin d'Arandon, où l'Elevage de la Perrière, tout en gardant les traditions de pâture et de formage des grand-mères, traite le lait d'une centaine de chèvres.

Conches (Suisse). — ***Vache.*** Fromage valaisan utilisé, comme le Bagnes, pour la raclette.

confréries fromagères

EN FRANCE

Confrérie du Tastefromage.

La confrérie, ci-devant « Brillat-Savarin », du Tastefromage a été fondée en 1954 par Jean Richard, directeur du Comité national de propagande des produits laitiers, pour prolonger de façon aimable et folklorique l'action de la propagande officielle.
Alliant son activité à celle des confréries vineuses, elle célébra maintes « épousailles » des vins et fromages de France à l'occasion de manifestations populaires ou sélects dans un grand nombre de villes européennes, américaines, et jusqu'en Afrique et en Asie.
Les années se sont écoulées, les hommes ont changé et, depuis, la Confrérie rajeunie a modifié son titre qui est devenu : « Confrérie des chevaliers du Tastefromage ».
Elle continue son activité, mais réduite, sous la direction d'un nouveau « Grand Conseil ».

Intronisation d'un chevalier du Tastefromage, à la foire de Montargis. *Phot. Lauros.*

Guilde des maîtres fromagers et compagnons de saint Uguzon.

Pour donner consistance à une idée déjà ancienne, Pierre Androuët, accompagné de quelques amis professionnels de qualité, a fondé de son côté une association qui poursuit un double objectif par l'entremise d'une guilde et d'une confrérie :
1° la Guilde des maîtres fromagers, groupant, sous une même association, les maîtres fromagers de la production, de l'affinage et de la distribution, afin qu'ils échangent valablement leurs idées, éventuellement des renseignements pratiques relatifs à leur activité professionnelle dans le dessein de sauver de la disparition des spécialités qui ne trouvent pas un écoulement suffisant;
2° la Confrérie des compagnons de saint Uguzon, purement publique, en vue de vulgariser la consommation des fromages méconnus ou peu courants en d'agréables agapes, arrosées de vins régionaux, où les amateurs de tous les pays pourront comparer leurs préférences.

Pourquoi le patron de cette confrérie est-il saint Uguzon, pauvre pâtre lombard, qui fut martyrisé au Moyen Age pour son excès de générosité?
Tout simplement parce que les fromages, autrefois vendus en place de Grève, étaient écoulés par les regrattiers, considérés comme sans profession régulière et n'ayant pas de confrérie protectrice.
Saint Uguzon fait toujours l'objet d'un culte fervent dans la montagne de Lombardie, juste à la frontière italo-suisse, le 12 juillet de chaque année.

EN BELGIQUE

Confrérie du Remoudou.

Le « Remoudou » est une appellation exacte. C'est celle du célèbre fromage de Herve, dont l'origine remonte à l'époque de Charles Quint.
Désireux de s'insurger contre une certaine décadence de la faveur du public à l'égard des produits laitiers du plateau, l'Accueil touristique de Battice a eu l'idée de constituer une seigneurie du même nom que le fromage réputé, dont l'habit est la reproduction exacte des costumes portés par les seigneurs de l'époque.
Le but principal de la « Seigneurie du Remoudou » est de présenter et de revaloriser sur le marché, à différentes occasions, tous les produits laitiers du plateau de Herve et des régions des trois frontières. Son premier souci est la mise en valeur économique du pays de Herve par la présence de la Seigneurie à des manifestations nationales et internationales.
Le groupement, qui a son siège à Battice, rassemble des personnalités et des commerçants de toute la région.
Son emblème porte l'écusson de Battice, formé lui-même des patrons de chacune des localités de Chaineux, Charneux, Herve et Thimister, périphériques de Battice et antérieures à son érection en paroisse.

Lors des séances capitulaires, la « Seigneurie du Remoudou » intronise des personnalités et les élève respectivement à la dignité de « honorable ami du Remoudou », « fin tasteur du Remou-

En haut : membres de la confrérie du Remoudou.
Phot. F. T. P. L.

Ci-dessus : Seigneur du Remoudou.
Phot. Jean Magis.

dou » et « seigneur du Remoudou », titre pour lequel est remise la médaille enrubannée.
Les tests prévus pour l'acceptation portent sur le mérite de reconnaître, entre divers fromages, le Remoudou; il faut ensuite faire promesse de chanter la gloire des fromages du pays de Herve et de la région des Trois-Frontières.

Un rituel très complet précède l'imposition du sceptre par le Grand Maître, et un diplôme avec cachet de cire et épitoge stipule le grade du nouvel intronisé.

conservation ménagère. — Pour bien conserver chez soi les fromages, il faut les envelopper de papier d'aluminium et les tenir en bas du réfrigérateur (partie la moins froide, 4 à 6 °C). Les fromages à pâte molle gagneront néanmoins à être sortis du réfrigérateur une bonne demi-heure avant le repas.
Mais si l'on a acheté un fromage du type Camembert ou Livarot non encore fait à cœur, il faut le laisser dans sa boîte quelques jours, dans une pièce aérée à une température de 13 à 16 °C.
Les Bleus gagneront à être tenus légèrement humides.
Une grand-mère conseillait de garder le Gruyère dans une boîte hermétique en compagnie d'un morceau de sucre, lequel doit lui conserver sa souplesse.

consommation. — Selon une statistique, le Français mange annuellement 9,2 kg de fromage. Il est suivi par le Norvégien (9 kg), le Danois (8,6 kg), le Suisse (8 kg), le Hollandais (7,8 kg), l'Italien (7,5 kg), l'Allemand et le Belge.

Cooked (Etats-Unis). — ***Vache.*** Fromage cuit préparé en chauffant le caillé. Sa fabrication varie avec les régions et il a, selon les localités, un nom différent : *Cup Cheese, Pennsylvania Pot Cheese, German Cheese,* etc. On trouve également ce fromage dans de nombreux pays étrangers. En Allemagne du Nord, il est appelé *Topfen,* et *Fresa* en Sardaigne, mais ce dernier est *pecorino,* c'est-à-dire au lait de brebis.
Lorsque ces fromages sont convenablement fabriqués, leur saveur est agréable. On y ajoute quelquefois des éléments aromatisants : beurre ou crème, sel, graines d'anis, de cumin ou d'aneth, œufs, piments, voire des olives.

Coon (Angleterre). — ***Vache.*** Genre de Cheddar affiné selon une méthode brevetée, à base de chaleur et d'humidité. De teinte foncée surtout en surface, de texture courte, d'arôme caractéristique et accentué, le Coon est recherché des connaisseurs et de ceux qui aiment le Cheddar fort.

Cornhusker (Etats-Unis). — ***Vache.*** C'est en 1940 que la station expérimentale agronomique du Nebraska prépara pour la première fois ce fromage qui ressemble à un Cheddar de consistance plus tendre, avec plus d'humidité et de préparation rapide (2 heures en tout).

corniottes de Louhans. — Doucerie bressane :

Prendre deux œufs, les délayer avec un peu de lait ou de crème et du fromage blanc comme pour une bouillie.
Ajouter de la farine de façon à obtenir la consistance d'une pâte à choux. Mettre sur une plaque, au four par petits tas et cuire 30 minutes.

Cosne-d'Allier. — Localité du Bourbonnais où l'on fabrique une variété de Chevrotin, de pur lait de chèvre ou de mélange, selon la saison.

côtelette. — Portion (à propos du fromage de Brie) :

« Et entre la soupe, le bœuf, la côtelette de Brie et le mendiant, il ne s'est pas écoulé vingt-cinq minutes. » (Albert Simonin, *Du mouron pour les petits oiseaux.*)

Cotherstone (Angleterre). — ***Vache.*** Connu sous le nom de *Stilton du Yorkshire,* ce fromage à veines bleues est fabriqué dans la vallée du Tees. Mais en petite quantité, ce qui fait qu'il est mal connu hors de ce comté de l'Angleterre septentrionale.

Cotronese (Italie). — ***Brebis.*** Comme son cousin le Moliterno, ce fromage est originaire de Calabre. On le trouve quelquefois assaisonné de poivre.

Cottage (Angleterre). — ***Vache.*** C'est le Cœur à la crème des Anglais, encore qu'il n'ait pas cette forme. Préparé au lait écrémé, il est meilleur sucré et couronné de crème fraîche. Après quelques jours, il prend le nom de *Clabber.*

Cottage Cheese (Etats-Unis). — ***Vache.*** Pâte tendre non affinée, fabriquée soit à partir de lait écrémé, soit de lait écrémé concentré reconstitué, soit de lait écrémé en poudre. On en fabrique beaucoup aux Etats-Unis. On l'appelle quelquefois *Pot Cheese, Dutch Cheese* (fromage hollandais) et *Schmierkäse* (fromage à tartiner en allemand). Selon que le grain est épais et floconneux ou au contraire très fin, on l'appelle aussi *Popcorn Cheese* ou *Country Style* et *Farm Style Cheese.* S'il renferme enfin plus de 4 p. 100 de matière grasse, il est dit *Creamed Cottage Cheese.*

Cottenham (Angleterre). — ***Vache.*** Préparé dans cette ville du Cambridgeshire il rappelle le Stilton, en plus riche et plus onctueux. Sa forme est plus large et plate. Sa saveur est intéressante.

Couhé-Vérac (Poitou). — ***Chèvre.*** Fromage fermier des environs de Couhé-Vérac. Il est, selon le cas, en forme de disque plat ou de carré mince, habillé de feuilles de platane et d'un poids de 200 à 250 g, assez rustique et relevé. Mat. grasse, 45 p. 100.

Coulandon (Bourbonnais). — ***Vache.*** Au lait partiellement écrémé et de la forme d'un petit Coulommiers, ce fromage se consomme juste égoutté dans les familles paysannes. On dit aussi *Chaucetier.*

Coulommiers (Ile-de-France). — ***Vache.*** V. *Brie de Coulommiers.* Répétons ici que ce frère du Brie est d'un diamètre plus petit, n'excédant pas 13 cm pour un poids de 500 g. Autrefois uniquement fermier, il commence à être fabriqué industriellement. Cela se remarque : consommé frais, tout de suite après le salage, le Coulommiers n'a plus, même fait à cœur, que très rarement cette saveur fine d'amande douce qui faisait sa gloire. Ses fabrications industrielles sont situées en Champagne et en Lorraine. On peut, en Ile-de-France, surprendre « au nid » de bons Coulommiers fermiers. Meilleure saison : d'octobre à mai. Mat. grasse, 45 à 50 p. 100.
Une foire nationale aux fromages et vins de France se tient chaque année à Coulommiers (Seine-et-Marne).

Coulommiers.
Phot. Lauros

Coupe de fromage. *Phot. Sopexa.*

coupe. — La coupe des fromages, tant chez soi qu'au restaurant, est importante. Non seulement sur le plan de l'esthétique, de la conservation, mais aussi du goût. De même qu'un ananas coupé en tranches est moins savoureux que coupé en hauteur, dans le fil de la chair, de même certains fromages gagnent à être coupés d'une façon précise, pour répartir également croûte et pâte.
Les croquis de la page suivante indiqueront au lecteur la manière la plus courante de couper les fromages.
Les fromages ronds à pâte molle (Camembert, Brie, etc.) se coupent comme un gâteau.

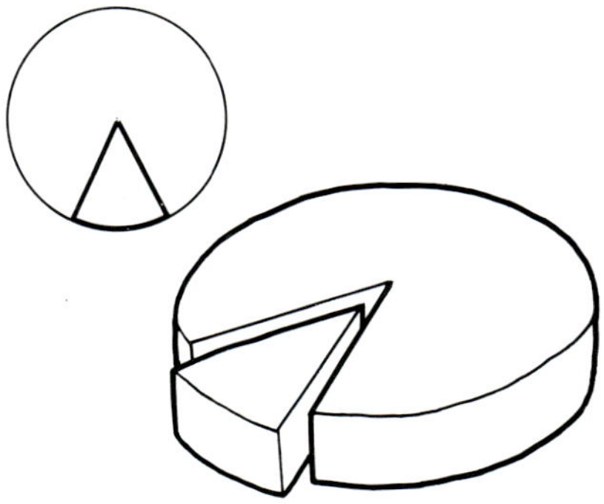

Les fromages carrés à pâte molle (type Pont-l'Evêque) se coupent en languettes et en commençant par le centre de façon à rapprocher les deux moitiés l'une contre l'autre, ce qui empêche la pâte de couler.

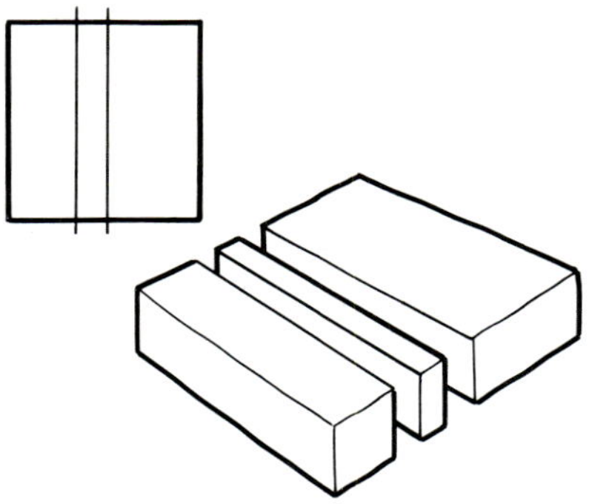

Les fromages hauts (comme la Fourme d'Ambert) se coupent transversalement, en rondelles.

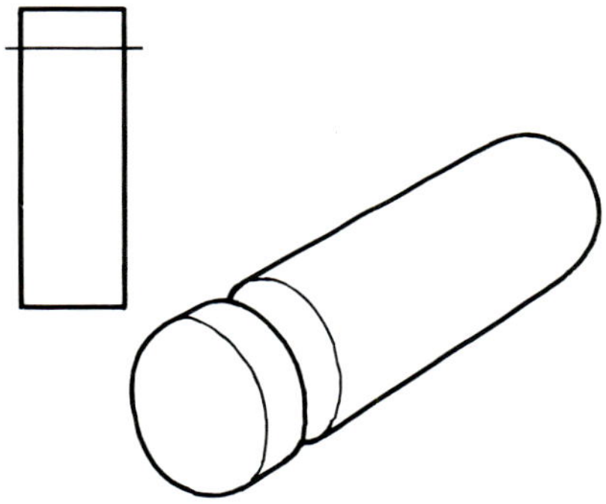

Les petits fromageons de chèvre se coupent en deux, mais les pyramidaux (type Valençay) en quartiers, à partir du centre.

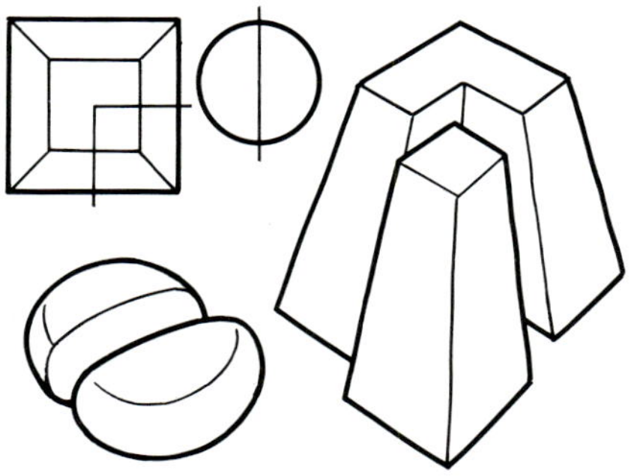

Les fromages en meules (Comté, Gruyère) se coupent en portions triangulaires, puis celles-ci par le travers en partant du centre.

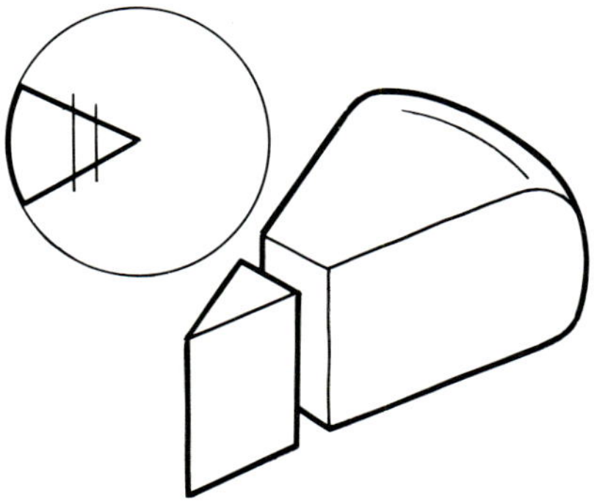

Courpiac (Aquitaine). — ***Chèvre.*** Fromage local du pays girondin, à 12 km de Saint-Emilion, cité par M. J. E. Progneaux dans son ouvrage sur la cuisine bordelaise. Produit en certaine quantité avant la dernière guerre, il tend à disparaître.

Cream (Angleterre). — ***Vache.*** Fromage frais du Devonshire et de la Cornouailles, il peut être simple (25 p. 100 de matière grasse) ou double (50 p. 100).
Shakespeare, déjà, s'en régalait; le plus connu des Cream Cheeses de son temps était le Slipcote, ou Slipp-Coat.
A Londres, actuellement, ils sont vendus sous un nom de marque : *Stivel, Victoria, Horner, Cottslowe, Farm Vale*, etc.

Cream Cheese (Etats-Unis). — ***Vache.*** Fromage à pâte tendre, de saveur douce, non affiné et fabriqué à partir de crème ou d'un mélange de crème et de lait. Très populaire aux Etats-Unis, il sert à tartiner les sandwiches. Il varie selon ses origines, mais le plus renommé vient du Wisconsin.

Crème de ... — En France, la dénomination *Crème de ...* ou *Crème de ... pour tartine* est légalement réservée à un fromage fondu dans lequel le fromage cité doit constituer la matière première principale. Il doit au surplus présenter au moins 45 p. 100 de matière grasse. Ce sont des fromages de marque. Les plus connus sont la Crème de Gruyère*, la Crème de Chester, la Crème des Vosges, etc.

crémerie. — Ce fut d'abord le lieu où l'on faisait « crémer » le lait. Par extension, commerce des produits laitiers. Boutique de commerçants en beurre, œufs, fromages, au détail. Autrefois, à Paris, certaines crémeries servaient aussi des repas à la fourchette : « Nous dînions tous trois à la crémerie » (A. France). De là est venue l'expression argotique « changer de crémerie » (d'établissement où l'on a ses habitudes). Il existait jusqu'à la Seconde Guerre mondiale, rue de Rome, à Paris, une de ces « crémeries chaudes ».

Crémet (Anjou). — ***Vache*** et ***chèvre.*** Certains prétendent en effet que les traditionnels Crémets angevins furent primitivement de lait de chèvre. Ils sont en tout cas aujourd'hui de lait de vache non écrémé. Ils ont la forme du récipient dans lequel on les livre, et on peut les manger au sel et à la ciboulette ou au sucre. Mais la manière d'Angers est la meilleure.

« La Marchande de crème », XVIIIe siècle.
Bibliothèque nationale, Paris.
Phot. Lauros-Giraudon.

RECETTE DES CRÉMETS D'ANGERS

Fouetter vivement 125 g de crème fraîche. Battre en neige un blanc d'œuf. Mélanger doucement sans cesser de fouetter et mettre en moules. Recouvrir d'une mousseline et laisser égoutter au frais. Pour servir, verser les Crémets dans un compotier et recouvrir de crème fraîche non fouettée et de sucre vanillé.

Ailleurs, les Crémets sont faits exclusivement de crème fraîche épaisse, battue au fouet avec de la présure.

Crémet nantais (Bretagne). — ***Vache.*** Semblable au Crémet angevin, il est souvent aujourd'hui fabriqué industriellement.

crémier. — Commerçant qui vend des produits laitiers (lait, beurre, crème, fromages).

Creole (Etats-Unis). — ***Vache.*** Fromage du type Cottage Cheese, à pâte molle, riche, non affiné, obtenu en mélangeant

Croque-monsieur au fromage.
Phot. Léo Aarons.

une quantité à peu près égale de caillé et de crème fraîche. Fabriqué en Louisiane, il approvisionne les marchés de La Nouvelle-Orléans.

Crescenza (Italie). — ***Vache.*** Fabriqué d'avril à septembre en Lombardie, à partir de lait entier, ce fromage à pâte tendre, non cuit, a une saveur douce du type Bel Paese. On le connaît aussi sous les noms de *Carsenza, Stracchino Crescenza* et *Crescenza Lombardi.*

Creusain. — V. *Creusois.*

Creusois (Marche). — ***Vache.*** Fromage artisanal et local à pâte molle, au lait totalement écrémé, en forme de boule aplatie aux pôles et pesant de 500 à 700 g. Conservé l'hiver, on peut le râper dans la soupe. Quelquefois, il comporte 20 p. 100 de lait de chèvre. On dit aussi *Creusain.* Mat. grasse, 45 p. 100. (V. encore *Guéret.*)

Crévoux (Dauphiné). — ***Vache.*** Fromage fermier dont le ramassage automobile des laits a provoqué la disparition au début de ce siècle.

Crézancy (Berry). — ***Chèvre.*** Fromage de fabrication locale, comparable aux Crottins de Chavignol voisins, mais plus gras.

cris de Paris.

Fromage (1) *à la livre,*
Fromage de Brie,
Tant plus haut je crie
Et moins j'en délivre!

Puis après, sans vilenie
Parmi Paris on voit
Pour bon fourmage de Brye
Tout chascun cela congnoits!

Angelots de Brie
Des grands et des petits
M'achetez vous prie :
Ils sont d'appétit!

Fromage d'Auvergne!
Griffons de montagne
Sont ceux qui les font
Et l'argent en ont!

Je crie « fromage à la cresme »
Pour manger avec fraisettes
Et d'autres fromages en caresme
Qui se fait en charlonnette! (2)

Les marchandes des rues chantaient aussi le fourmage fort de Milan, le fourmage de cresme aux racines de persil, etc.

Croix-d'Or (Franche-Comté). — ***Chèvre.*** Petit chèvre classique fabriqué dans le Doubs et ne quittant pas sa terre natale.

croque-monsieur. — Sorte de sandwich chaud taillé dans du pain de mie rassis et généralement garni d'une tranche de Comté et d'une tranche de jambon maigre, ou encore d'une tranche de jambon entre deux tranches de fromage, le tout doré au beurre à la poêle ou passé au four.
Comme il s'agit d'une dénomination fantaisiste, certains proposent aussi des *croque-madame,* du même genre, avec des fromages doux, tels que Bel Paese, Reblochon, etc.

RECETTE DU CROQUE-MONSIEUR CURNONSKY

Tartiner deux tranches de pain de mie d'un mélange de beurre et de Roquefort. Les serrer sur une tranche de jambon de Paris. Faire dorer à la poêle.

Crottin de Chavignol (Berry). — ***Chèvre.*** Ce petit fromage rond du Sancerrois,

---

(1) On disait alors « fourmage », de *formage* (qui a donné le mot *fourme*), du grec *formos* (corbeille) et du latin *forma,* évoquant les petits paniers d'osier où s'égouttaient les fromages.

(2) Le fromage de carême, dit « à la charlonnette » ou « à la chardonnette », était caillé avec des œufs de brochet.

pesant 70 g, est la gloire de Chavignol et des villages des alentours : Bué, Verdigny, Sury-en-Vaux, etc., tous pays de vignoble et produisant, outre les vins d'appellation contrôlée Sancerre, ce Crottin qu'en vertu d'une juste réglementation. ils ont le droit de dire « de Chavignol ». Il faut avoir connu la treille du « Pé » Maréchal, en ce petit village accueillant et savoureux, pour les comprendre. Et les approuver! Malheureusement, la célébrité acquise par les fameux Crottins l'a été aux dépens de la qualité. Ils ne sont plus tous parfaits, souvent « remaniés » et trop salés (comme, du reste, 90 p. 100 des fromages de chèvre). L'appellation de « Crottin » remonte à trois générations. M. Dubois, fromager à Chavignol, assure qu'elle vient de son grand-père. Mais alors les chèvres allaient « moder », c'est-à-dire brouter à leur guise dans la campagne, alors qu'aujourd'hui elles sont parquées pour produire en plus grande quantité un lait moins savoureux. Meilleure saison : de mai à octobre. (V. aussi *Chavignol*.)

croûte. — Surface des fromages. On distingue plusieurs sortes de croûtes et on classe les fromages en croûte naturelle, croûte lavée, croûte cendrée, croûte fleurie, croûte moisie, croûte paraffinée...
Ces croûtes peuvent avoir des défauts, tant aux yeux des spécialistes qu'aux yeux des gourmets connaisseurs. La revue *la Technique laitière*, sous la plume de M. G. Arman, nous permet d'en dresser le rapide tableau suivant.

1. *Fromages à pâte fraîche :* absence de croûte, mais défauts superficiels (moisissures étrangères, oïdiums, levures, etc.), signe révélateur d'une fraîcheur douteuse.

2. *Fromages à pâte molle moisie :* « peau de crapaud », due à un développement exagéré d'*Oïdium lactis,* soit à cause d'un salage exagéré, soit à cause d'une température trop élevée. La croûte devient alors plissée, grasse, rougissant facilement. Ce n'est pas forcément une tare, et, dans certains cas, cela donne au fromage un cachet d'origine. Mais c'est aussi quelquefois une grave défectuosité.
Croûte boursouflée : provient des fromages mal égouttés. Ce défaut indique une fromagerie mal installée.
Croûte noircie : défaut majeur soit d'origine chimique, soit d'origine bactérienne. Arrive souvent chez les Camemberts pasteurisés.

3. *Fromages à pâte molle lavée.*
Croûte coulante : apparaissant sur des fromages mal égouttés à cœur dur.
Croûte trop gluante : manque d'égouttage et cave trop froide et humide.
Croûte crevassée : elle cède, cette croûte, sous la poussée de la pâte. Cela provient d'un degré hygrométrique trop faible ou de courants d'air.
Vers dans la croûte : mauvaise désinfection des caves de maturation.
Croûte noire : présence de fer à la surface, provenant quelquefois de moules désétamés.

4. *Fromages à pâte pressée.*
Croûte plissée : il s'agit, notamment dans les Saint-Paulin, d'un manque de salage.

Croûte naturelle de fromage d'Edam.
Phot. Office néerlandais des produits laitiers.

Croûte crevassée : provient d'un pressage insuffisant ou de fromages laissés non retournés sur des planches humides. La collerette crevassée est un défaut fréquent des Edams lorsque ceux-ci sont démoulés trop tardivement. Le Cantal, lui aussi, se crevasse fréquemment si le lait utilisé est un peu acide, la Tome trop refroidie et le sel irrégulièrement dissous.
Croûte chancrée : grave défaut mal expliqué et dont les origines sont controversées. Les fromages se couvrent en cave de moisissures, en touffes rugueuses, qui deviennent excroissances blanches, puis jaunes avec le temps. Si l'on ne traite pas le fromage immédiatement, le « chancre » poursuit son chemin. C'est la « morgue » pour les Gruyères. Le Hollande et le Cantal sont également sujets au chancre. On tente d'y remédier par le paraffinage.
Croûte mitée : les mites (cirons, acarides) se nourrissent du mycélium des moisissures, puis attaquent le fromage. Elles sont un fléau pour le fromager dès qu'elles apparaissent sur des fromages âgés d'un mois, à croûte sèche, moisie et mal soignée. Il faut laver les fromages à la saumure et désinfecter la cave par fumigation de soufre.

5. *Fromages à pâte persillée.*
Mal égouttés, il arrive que leur surface s'augmente de graisse, de caséine décomposée. Cela provient généralement d'un manque d'aération.

croûtes au fromage. — On appelle ainsi dans plusieurs régions, notamment en Savoie et en Suisse, une tranche de pain garnie de fromage fondu. Voici quelques recettes à base de Gruyère suisse. Le Comté, le Beaufort et quelques autres fromages peuvent convenir. Généralement, on utilise du pain de mie, mais le pain complet n'est pas à prohiber, donnant aux croûtes une saveur intéressante.

CROÛTES BERNOISES

Dorer rapidement au beurre des tranches de pain humectées de vin blanc. Les retourner et recouvrir la face dorée avec les tranches de gruyère. Poudrer de paprika et terminer la cuisson à couvert, c'est-à-dire jusqu'à ce que le fromage fonde.

CROÛTES BÂLOISES

Couper aussi finement que possible quatre gros oignons. Les recouvrir d'eau bouillante et attendre quelques instants avant de les égoutter. D'autre part, placer sur une plaque à gâteau beurrée les tran-

Curnonsky, prince des gastronomes.
Phot. Agence intercontinentale.

ches de pain légèrement rôties au préalable. Mettre les oignons à la poêle et leur faire prendre couleur. Les étendre ensuite sur le pain et les recouvrir avec les tranches de fromage. Avant de glisser la plaque dans le four très chaud, ajouter une noisette de beurre et un peu de paprika. Cuire 10 minutes environ.

CROÛTES AU FROMAGE AU FOUR

Tremper rapidement les tranches de pain dans le lait, puis laisser égoutter. Disposer sur le pain des tranches de fromage de 3 mm d'épaisseur (comme des tuiles sur un toit) et placer les croûtes sur une plaque à gâteau beurrée. Passer au four.
Variante. — Avant la cuisson, aromatiser de cumin ou bien ajouter des rondelles de tomates, ou bien encore séparer les tranches de fromage par de minces feuilles de jambon. Enfin, avant de servir, poudrer de paprika.

Crowdie (Angleterre). — ***Vache.*** Sorte de Caillebotte* des fermiers écossais.

Cuajada (Venezuela). — ***Vache.*** Fromage doux et crémeux que l'on enveloppe généralement dans des feuilles de bananier, ce qui lui donne une saveur bien particulière. Dans les Andes, on emploie fréquemment le Cuajada pour la cuisine.

Cuartirolo (Argentine). — ***Vache.*** Consommé surtout jeune. Imite le Quartirolo italien.

Cubjac (Périgord). — ***Chèvre.*** Petit fromageon de fabrication locale. En hiver et au printemps, on y ajoute du lait de vache. De la dimension d'un Rocamadour, il pèse environ 40 g.

cuisine au fromage. — Dès le Moyen Age, le fromage entre dans la composition des plats et pénètre dans les cuisines après avoir triomphé en pâtisserie : tartes et flans. Villon lègue par testament des talmouses*. Nous donnons dans ce dictionnaire quelques recettes classiques soit à leur nom, soit à la suite du fromage avec lequel elles sont préparées. Mais il est évident que l'éventail des recettes contenant du fromage est considérable et pourrait faire un ouvrage à lui seul.

cuisse. — Portion (à propos du fromage de Brie).
« Tu te régales d'un maigre aux pommes, d'une salade bien vinaigrée, d'une cuisse de Brie et d'un litron de rouge. Je n'ai pas besoin de voir tes papiers. Tu es maçon, zingueur ou croquemort... » (Léo Larguier, *les Héros à table.*)

Cujassous. — V. *Cajassous.*

Cumin. — Ombellifère originaire de l'Asie centrale et du Turkestan, dont les graines, utilisées depuis longtemps en cuisine, le sont aussi dans les fromages, notamment en Hollande.
En France, les usiniers fabriquent un Munster au cumin, et souvent on sert, avec le Munster courant, des graines de cette plante. Mais un gourmet alsacien voit rouge — et fort justement — devant ce sacrilège : un bon Munster se sert avec des pommes de terre chaudes cuites à l'anglaise.

Curé (Bretagne). — ***Vache.*** Bretagne parce que dit « nantais », mais on pourrait aussi écrire qu'il est de Vendée, puisqu'il fut inventé voici bientôt un siècle par un curé vendéen.
Ce saint homme, donc, créa ce petit fromage, au lait de vache, pesant environ 200 g et qui devint bientôt le Véritable Nantais, et fort apprécié. Il faut ajouter qu'il était artisanal. Aujourd'hui, cette pâte molle est industrialisée, mais reste encore le premier des fromages bretons. Rond en ses débuts, il est moulé aujourd'hui le plus souvent en carré.

Curet. — Nom de fantaisie d'un fromage de chèvre cité par M. Lindon, dans son ouvrage, comme étant originaire du Berry ou de l'Orléanais, et qui a totalement disparu, à supposer qu'il ait jamais existé!

CURNONSKY (Maurice Edmond Saillant, dit) [1872-1956]. — Le prince des gastronomes a écrit :
« Les fromages de France, entre tous, sont si nombreux et si divers, et présentent une telle variété de saveur qu'ils ont de quoi plaire à tous les palais, même au palais des rois. Ils sont comme l'apothéose d'un bon repas, comme le bouquet du feu d'artifice. »

cyrniki. — Plat russe de croquettes de fromage blanc.

RECETTE DES CYRNIKI

Passer au tamis fin 500 g de fromage blanc bien égoutté. Y ajouter 4 œufs, un peu de sucre, une pincée de sel, 2 cuillers de crème fraîche et 150 g de farine. Mélanger le tout.
Rouler cette pâte sur une planche farinée. En façonner des croquettes circulaires de l'épaisseur d'un doigt.
Faire dorer en poêle, dans 100 g de beurre chaud, des deux côtés. Servir avec de la crème fraîche et du sucre cristallisé.

D

Dacca (Inde). — ***Vache.*** Fromage de petit format, à pâte légèrement pressée, enfumé généralement à la bouse de vache (sacrée?) avant d'être affiné un ou deux mois. Cela lui donne un goût qui ne saurait plaire à tout le monde!

Daisies (Etats-Unis). — ***Vache.*** V. *Cheddar.*

DALI (Salvador). — Peintre célèbre plus encore par ses boutades que par ses œuvres. Ce roi des excentriques, lors de son premier voyage à New York, avant la guerre, interrogé par les journalistes, aurait déclaré : « New York, c'est un Roquefort gothique. »
Personne n'ayant compris (puisqu'il n'y avait rien à comprendre), le Roquefort devint un fromage célèbre aux Etats-Unis.
Lors du même voyage, arrivant à San Francisco, Dali déclara, péremptoire : « San Francisco me fait penser à un Camembert roman. »

Damen (Hongrie). — ***Vache.*** Fromage à pâte molle, non affiné. Il est quelquefois appelé *Gloire des Montagnes.*

Danablu (Danemark). — ***Vache.*** Ce fromage, du type Bleu ainsi que son nom l'indique, a été créé pour rivaliser avec notre Roquefort dans ses exportations

Danablu sous ses différentes formes.
Phot. Comité d'expansion des fromages danois.

Danbo. *Phot. Comité d'expansion des fromages danois.*

aux Etats-Unis. Il est peut-être plus gras en sa pâte blanche veinée de vert, mais surtout il est fort et plus piquant, ce qui n'est pas une qualité.
D'affinage rapide, il est cylindrique (20 cm de diamètre) et pèse généralement 2,5 kg. (V. *Marmora*.)

Danbo (Danemark). — ***Vache.*** Fromage carré, à pâte pressée non cuite, pesant environ 7 kg.

Danish Export (Danemark). — ***Vache.*** Quelques laiteries danoises fabriquent ce fromage étroit, plat et cylindrique pour fournir un débouché au lait écrémé et au babeurre. En effet, on y mélange jusqu'à 15 p. 100 de babeurre à du lait écrémé avant coagulation rapide à 36,5 °C.
Après une saumure de 24 heures, le Danish Export est salé puis affiné durant une période de maturation de 5 semaines.

danois (fromages). — Les principaux fromages sont, au Danemark : Appetitost, Christian-IX, Danablu, Danbo, Danish Export, Elbo, Esrom, Fynbo, Gislev, Havarti, Kjarsgaard, Kuminost, Maribo, Marmora, Molbo, Mycella, Runesten, Samsoë, Tybo, Tykmaelk. (V. ces mots.)

danse du fromage. — Cette danse avec figures se pratiquait un peu partout, généralement à la Fête-Dieu. — A Vic-sous-Thil, en Côte-d'Or, elle avait lieu le jour de l'Ascension. On offrait alors un saladier de fromage blanc baigné de crème à la meilleure danseuse. Quelquefois son cavalier devait lui en barbouiller le visage.

Dauphin (Flandre). — ***Vache.*** Croûte molle lavée. Préparé à partir du Maroilles blanc, ce fromage en forme de cœur, d'écu ou d'un croissant rappelant vaguement la forme d'un cétacé est aromatisé d'un mélange de persil, estragon, poivre et girofle. Son affinage dure 4 mois environ.
Une légende rapportée par M. Lindon veut que ce nom de *Dauphin* lui ait été donné à la suite d'un voyage de Louis XIV et de son fils dans les Flandres, après la signature du traité de Nimègue; mais, en fait, c'est bien avant cette date que, dans l'« acte du roi » déterminant les droits du Dauphin (un denier perçu, à Cambrai, pour chaque chariot venu du Hainaut), les charretiers de Maroilles furent exemptés de cette dîme. Et c'est sans doute en manière de remerciement qu'ils donnèrent au fromage le nom de *Dauphin*.
Excellent de septembre à mai, le Dauphin n'est plus guère aujourd'hui préparé que dans les fermes. Il n'en est que meilleur, mais évidemment plus rare. Mat. grasse, 50 p. 100 minimum.

Daventry (Angleterre). — ***Vache.*** Fromage plat rappelant le Stilton et comme lui de pâte blanche veinée de vert-bleu.

Decize (Nivernais). — ***Vache.*** Fromage blanc frais local du nom de ce chef-lieu de canton de la Nièvre, dont la métallurgie et la céramique sont des spécialités plus connues.
Le principal fabricant (marque « Le Fameux ») a été assassiné à la Libération. Ce fromage a complètement disparu de nos jours.

Delft (Hollande). — ***Vache.*** Fromage local fabriqué dit-on au pays de Vermeer avec du lait partiellement écrémé et épicé.

Délicet. — ***Vache.*** Pâte molle, à croûte fleurie, en forme de losange, commerciale et faite de lait pasteurisé, ce fromage s'efforce d'imiter le Brie.

délicieuses au fromage. — Mélange de Gruyère râpé, de blancs d'œufs montés en neige ferme et de poivre. On en façonne de petites boulettes qui, chapelurées, sont ensuite dorées en friture.

Délicieuses au fromage.
Phot. « Toute la cuisine de A à Z ».

Demi-Baguette. — V. *Baguette de Thiérache* ou *Baguette laonnaise.*

Demi-Camembert. — Camembert partagé en deux dans son diamètre et vendu en boîte dite « demi-lune ».

Demi-Coulommiers. — Coulommiers partagé en deux et vendu en demi-boîte.

Demi-Etuvé (Hollande). — ***Vache.*** Spécification d'un Edam* ou d'un Gouda* demi-vieux et dont la consistance est dure.

Demi-Sel. — ***Vache.*** Cette dénomination est réservée par décret à un « fromage frais fabriqué avec du lait de vache emprésuré, à pâte homogène, ferme, salée à environ 2 p. 100, renfermant moins de 45 g de matière grasse pour 100 g de fromage après dessiccation complète et dont le poids de matière sèche ne doit pas être inférieur à 30 p. 100 de son poids » (26 oct. 1953).
Gervais semble être actuellement la principale marque de Demi-Sel (il est né en 1872) dans le pays de Bray. Ces fromages carrés, enveloppés de papier d'argent, pèsent en général 60 g On en fait des plus petits pour les collectivités.

démonstration (fromagerie de). — Une fromagerie de démonstration a été ouverte au public le 24 juin 1969, à Gruyères (Suisse). Le 17 août 1970, soit un peu plus d'un an après, elle avait reçu 150 000 visiteurs.

Derby (Angleterre). — ***Vache.*** Fabriqué dans le Derbyshire à partir de lait entier, il ressemble, en plus floconneux, au Cheddar. Sa production industrielle débuta en 1870 par deux fromageries qui uniformisèrent ce vieux fromage fermier local. Les actuels Derby (ou Derbyshire) de 38 cm de diamètre sur 12 d'épaisseur pèsent environ 14 kg. Leur affinage dure de 1 à 4 mois, la saveur et la qualité s'améliorant avec l'âge.
Le Gloucester, le Leicester, le Warwickshire et le Wiltshire sont d'autres fromages anglais ressemblant au Derby et, comme lui, de pâte dure à caillé doux, moins ferme et solide que celle du Cheddar.
Quelquefois, la pâte du Derby est rayée d'une coloration verte provenant de jus de feuilles de sauge écrasées. C'est le *Derby à la sauge,* spécialité de Christmas.

Machine automatique à mouler les Demi-Sel.
Phot. Ch. Gervais.

Dessertnyï-belyï (Russie). — ***Vache.*** Fromage à pâte molle au goût de lait caillé, à l'arrière-goût de champignon, vendu après une très courte maturation.

Devonshire Cream (Angleterre). — ***Vache.*** Fromage fait de la crème du lait. On laisse celle-ci monter à la surface, puis on chauffe au point d'ébullition, sans brasser. Après une courte période

Double page suivante : transhumance dans le Briançonnais. *Phot. R. Perrin-Atlas.*

de repos, la crème devient ferme. On place celle-ci dans des petits moules que l'on fait égoutter sur paillassons. Le Devonshire Cream Cheese est vendu dès qu'il est devenu assez dur pour garder sa forme.

diablotins. — Mélanger un roux blanc (sorte de béchamel) avec des jaunes d'œufs et du Camembert pilé. Faire refroidir la pâte. La découper en petits losanges, paner ceux-ci et les frire à la poêle.

diététique. — Diététiquement, le fromage est un aliment protéinique complet, capable de remplacer la viande dans les régimes strictement végétariens. Riche en protéines, matières grasses, vitamines A, B_1, B_{12}, C et sels minéraux, il est très digestible et, à part quelques espèces très grasses ou très fermentées, il convient à tous les tempéraments.
La valeur nutritive des fromages dépend essentiellement des conditions dans lesquelles ils sont fabriqués, selon que le fromage, après caillage du lait, est égoutté spontanément ou de façon accélérée par brassage ou encore par pressage plus ou moins prolongé. Dans les Gruyères, le caillé est, de plus, chauffé avant pressage.
Voici un tableau comparatif de la valeur alimentaire des différents types de fromages (pour 100 g), établi par A. F. Creff et L. Bérard *(Sport et alimentation).*

rés » et leur taux lipidique moyen. Ils doivent pour cela être consommés « faits à cœur ». Les troubles entraînés (beaucoup moins fréquemment qu'on ne pense) par leur consommation seraient d'ordre anaphylactique. C'est néanmoins pour éviter de tels incidents et à cause de leur teneur en calcium relativement faible que nous ne les faisons figurer que deux ou trois fois par semaine dans notre ration type » (Creff et Bérard).

La fondue, qui associe une accumulation d'interdits (vin blanc chaud, fromage gras chauffé et kirsch), devrait-elle bénéficier de l'excellent préjugé dont elle est l'objet ?

Carton classe les fromages forts (Cantal, Romadour, Crème de Gruyère, Livarot) parmi les aliments à grand feu dont il convient de s'abstenir; les Fromages blancs (Petit-Suisse, Cœur à la crème) et fermentés (Brie, Roquefort, Melun, Pont-l'Evêque et Port-Salut) parmi les aliments à feu modéré qu'il convient de surveiller; enfin, les fromages légers (Tome de Savoie, Saint-Nectaire, Parmesan, Hollande sec, Gruyère ordinaire, Bondon de Neufchâtel, Coulommiers et Camembert) parmi les aliments à feu doux, bien tolérés. Mais cela paraît quelque peu farfelu, et un Parmesan de trois ans d'âge est-il vraiment « à feu modéré » ?

D'une façon générale, les fromages blancs ne sont pas recommandés aux grands constipés. Les fromages fermentés sont de digestion plus facile, mais sont susceptibles de donner des fermentations et putréfactions chez les entéro-coliques.

	eau	protides	lipides	calories
Fromages frais	60 à 75	10	10 à 20	100 à 200
Fromages à pâte molle				
Egouttage spontané	50 à 60	18	16 à 22	200 à 300
Egouttage accéléré	40 à 50	26	20 à 23	300 à 340
Fromages à pâte dure				
Pressés non cuits	35 à 45	27	20 à 26	300 à 350
Pressés et cuits	35	29	26 à 30	350 à 400
Fromages à moisissures internes	40	24	25	320
Fromages fondus	45 à 55	18	22	280
Fromages de chèvre	40 à 60	33	16 à 27	280 à 380

Les fromages ne contiennent pratiquement pas de glucides, le lactose étant transformé en acide lactique lors de la fermentation.
« Les fromages figurent parmi les aliments qui peuvent être consommés à peu près à tous les âges et dans tous les états physiologiques » (Randoin et Causeret).
« Les fromages à pâte dure, qui ont la réputation d'être les plus faciles à digérer, sont en fait les plus riches en lipides. Les fromages à pâte molle sont de digestion facile, leurs protides étant « prédigé-

A condition d'en user très modérément, la plupart des dyspeptiques peuvent manger des fromages cuits; les gens en bonne santé et bien des petits malades tolèrent le Brie et le Camembert pas trop faits (Dr Pierre Oudinot).

Dil (Turquie). — ***Brebis.*** Fromage frais de préparation locale et ne se conservant pas.

Diablotins au Roquefort : une variation de la recette.
Phot. « Toute la cuisine de A à Z ».

Domiati (Egypte). — ***Vache.*** C'est le plus populaire des fromages d'Egypte (mais fabriqué aussi dans quelques pays voisins de langue arabe). Ce fromage à pâte tendre, blanc, se caractérise par le fait que le lait est salé au début du processus de fabrication, avant l'adjonction de présure.
De saveur à la fois douce et salée lorsqu'il est frais et franchement acide une fois affiné, il peut se conserver fort longtemps. Il devient alors de couleur foncée et de saveur forte, et perd de son volume habituel; soit de 20 cm au carré, soit cylindrique de 6 à 12 cm de diamètre.
Le Domiati est quelquefois fait de lait entier de bufflonne. Pour les marchés locaux, ce fromage épicé est affiné de 4 à 8 mois dans une solution de saumure, dans des poteries. Pour l'expédition, il est enfermé, avec sa saumure, dans des récipients en étain.

Domrémy (Lorraine). — ***Vache.*** On vend quelquefois sous ce nom un Carré de l'Est. Peut-être pour honorer la Pucelle.

Dornecy (Nivernais). — ***Chèvre.*** De forme tronconique et pesant environ 200 g en fin d'égouttage et non séché. Quelquefois mi-chèvre. Bon en été et en automne. Mat. grasse, 45 p. 100.

Dorobouski (Russie). — ***Vache.*** Fromage à pâte molle, piquant, vendu en cubes de 5 à 700 g.

Dorset (Angleterre). — ***Vache.*** Fabriqué depuis 200 ans dans le Dorsetshire à partir de lait partiellement écrémé. Les veines bleues de sa pâte dure le font comparer quelquefois au Stilton ou au Wensleydale. Appelé aussi *Blue* Dorset, Blue Vinny* ou *Blue Veiny.*

Dotter (Allemagne). — ***Vache.*** Existe-t-il encore, ce fromage préparé à Nuremberg en mélangeant au départ jaunes d'œufs et lait écrémé?

Double-Cœur (Normandie). — ***Vache.*** Nom quelquefois donné à un Neufchâtel moulé dans cette forme. Poids, 200 g.

Double-Crème. — ***Vache.*** Nom donné dans toute la France à des fromages frais. La législation de l'industrie laitière implique pour un tel fromage une teneur

Affiche, 1902.
Bibliothèque nationale, Paris.
Phot. Lauros-Giraudon.

« Qui veut de bon lai ».
Gravure sur bois coloriée, XVe siècle.
Fac-similé. Bibliothèque nationale, Paris.
Phot. Lauros-Giraudon.

de 60 p. 100 de matière grasse à l'extrait sec, minimum. C'est un fromage à coagulation lente, environ 24 heures, égoutté dans des toiles légèrement pressées, trituré, moulé et salé ou bien salé avant la trituration. Il était de règle de le mouler en forme de Camembert.

Drabant (Suède). — ***Vache.*** Nom commercial d'un fromage suédois, carré, de pâte dure à petits trous comparables à ceux du Comté.

Dreizeitige (Allemagne). — ***Vache.*** V. *Wilstermarsch.*

Dreux (Ile-de-France). — ***Vache.*** Fromage rond et plat (20 cm de diamètre) à croûte fleurie, gris-brun et enveloppé autrefois dans des feuilles de châtaignier. D'où aussi son nom de *Fromage à la Feuille* et *Feuille de Dreux.* Fabriqué aujourd'hui en petites laiteries. Les fromages ordinaires sont, après affinage de 30 à 45 jours, enveloppés dans du vulgaire papier sulfurisé. Bon d'octobre à juin. Mat. grasse, 28 à 35 p. 100.

Dry (Allemagne et Autriche). — ***Vache.*** Dit aussi *Dry Cheese* (fromage sec) et connu aussi sous les noms de *Sperrkäse* et *Trokenkäse,* il est fabriqué dans les petites laiteries des Alpes bavaroises et du Tyrol, en hiver, pour la consommation familiale.

DUCLAUX (Emile) [1840-1904]. — Ce disciple de Pasteur, possédant une propriété près d'Aurillac, travailla à la modernisation des techniques fermières régionales et améliora ainsi la production et la qualité du Cantal.

Ducs. — ***Vache.*** Nom de marque d'une spécialité fabriquée en Bourgogne par une firme de La Chapelle-Vieille-Forêt (Yonne). Pâte riche, élastique, molle, fleurie, procédant de lait de vache pasteurisé. Mat. grasse, 50 p. 100.

Duel (Autriche). — ***Vache.*** Pâte molle affinée, de 5 cm au carré et 2,5 cm d'épaisseur.

DUMAS (Alexandre). — Alexandre Dumas père, dans son *Grand Dictionnaire de cuisine,* ne se révèle pas un enthousiaste du fromage. Il dit notamment :

« Le fromage, pour être mangé, ne doit être ni trop nouveau, ni trop vieux; trop nouveau, il est lourd, pèse sur l'estomac et cause souvent des vents et des diarrhées; trop vieux, il échauffe par sa grande âcreté, produit un mauvais suc, a une odeur désagréable et rend le ventre paresseux, parce que la fermentation considérable qu'il a soufferte l'a privé des humidités qu'il contenait et a fait perdre à ses principes tout leur premier arrangement. »

Dunlop (Ecosse). — ***Vache.*** Inventée en 1688 par une fermière de la petite ville de Dunlop, dans l'Ayrshire, et nommée, croit-on, Barbara Gilmuir, cette pâte pressée fut considérée comme le fromage national d'Ecosse. Mais son humidité particulière l'empêchant de voyager, il a été détrôné par le Cheddar, auquel il ressemble quelque peu. Affinage de 6 semaines à 4 mois.
De croûte fine, de pâte blanche et grasse, de saveur doucereuse, il se sert notamment sur toast.

E

Echourgnac (Périgord). — ***Vache.*** Il est fabriqué par les trappistines de l'abbaye d'Echourgnac, à Montpon-sur-l'Isle (Dordogne). C'est un fromage de pâte pressée non cuite, à croûte lavée, pesant environ 250 g et qui se rapproche du Trappiste d'Entrammes*. Mat. grasse, 45 p. 100.

éclisse. — Ceinture d'osier ou de métal que l'on met autour des fromages tels que le Brie pour faciliter leur retournement.

Edam (Hollande). — ***Vache.*** Fabriqué pour la première fois dans la localité d'Edam, en Hollande du Nord, il est devenu le « drapeau » de la production fromagère hollandaise. On l'appelle aussi *Manbollen, Katzenkopf* et *Tête de Maure,* toutes ces dénominations ayant rapport avec sa forme de boule ou de tête ronde.
Comme le Gouda, son cousin, c'est un fromage à pâte pressée, semi-tendre ou dur, de caillé doux, fait initialement à partir de lait entier et aujourd'hui avec un lait réduit en matière grasse. Pour l'exportation, cette teneur en matière grasse est indiquée sur l'étiquette.
Ces mêmes fromages sont, pour l'exportation, colorés en rouge, frottés d'huile de lin et enveloppés d'un emballage transparent. Ils peuvent peser entre 800 g et 6,5 kg selon qu'ils sont Edam bébé, Edam ordinaire, Double et Triple Edam. Poids moyen : 1,2 à 1,5 kg. Mat. grasse, 40 p. 100.
L'Edam a une saveur agréable et douce, franche, parfois salée, et une consistance assez ferme et granuleuse, exempte de trous. En France, il est vendu, hélas !, sous le nom de *Mimolette,* en trois versions : jeune, demi-vieux et vieux. C'est alors qu'on l'appelle *Demi-Etuvé,* ou bien encore *Etuvé.*
On fabrique de l'Edam ailleurs qu'en Hollande, notamment en Amérique, où il a souvent la forme de pains de 300 à 450 g et provient de laits pasteurisés. Et en France aussi... A Curaçao, on sert le Keshy* Yena, à base d'Edam.

Edamer (Autriche). — ***Vache.*** Faux Edam fabriqué dans ce pays.

Edammer Kaas (Hollande). — ***Vache.*** Appellation néerlandaise de l'Edam.

Edelpilz (Allemagne et Autriche). — ***Vache.*** Fromage doux à pâte jaune pâle crémeuse, légèrement striée de bleu, des Alpes bavaroises. Il contient 55 p. 100 de matière grasse et se vend soit en pains de 2 à 4 kg, soit encore par portions de 100 g.

Echourgnac : blocs de caillé retirés du bac d'extraction pour être mis en moule sous presse.
Phot. de la Société agricole de la Double.

De gauche à droite et de haut en bas : **clayette à sécher les planchettes à fromage, en bois de hêtre polychrome, provenant d'Echwersheim, près de Strasbourg. Vers 1786. Hotte de porteur de fromage avec laquelle les marcaires portaient en fin de semaine les fromages dans la vallée, pendant la transhumance. Moule à fromage, XVIIIᵉ siècle. Région d'Orbey (Haut-Rhin). Égouttoir à fromage blanc, XIXᵉ siècle. Musée alsacien, Strasbourg.**
Phot. Jacqueline Guillot.

Edirne (Turquie). — ***Brebis.*** Fromage frais de brebis, légèrement salé, préparé dans cette ville du nord-ouest de la Turquie.

Egg (Finlande). — ***Vache.*** Fabriqué pour la première fois dans la province de Nyland avec du lait frais et des œufs. D'où son nom.

égouttage. — L'égouttage du caillé est une opération délicate. Si l'égouttage est insuffisamment poussé, il reste dans le fromage une proportion trop importante d'eau et il a tendance à couler avant maturation. Si l'égouttage a été poussé trop loin, l'humidité de la pâte est insuffisante, les ferments végètent et travaillent moins bien; la pâte ne peut pas devenir onctueuse, elle reste dure, cassante et le fromage est raté.
Il est donc très important de savoir contrôler si l'égouttage est correctement fait en examinant l'aspect du sérum écoulé, qui doit être clair, limpide, d'un beau jaune tirant sur le vert. Egalement de savoir activer l'égouttage et le travail des ferments lactiques en élevant à point la température de la salle de fabrication et en réglant exactement l'hygrométrie ambiante.
C'est là tout un art qui ne s'acquiert que par une longue et minutieuse pratique.

Elbinger (Allemagne). — ***Vache.*** V. *Werder.*

Elbo (Danemark). — ***Vache.*** De la famille du Samsoë, ce fromage à croûte foncée a la forme d'une galantine. Comme le Samsoë, sa croûte est teintée de rouge et sa pâte est dorée et trouée, mais les trous sont plus petits. Et comme ce fromage, il pèse 6 kg.

emballages. — Aux emballages traditionnels des fromages divers, il faut ajouter (victoire du progrès!) ces matériaux nouveaux qui ont nom : Parakote, Pliofilm, Cryovac, Cellophane et polyéthylène.
Leur emploi, assure une spécialiste, a permis la production massive de fromages sans croûte. Mais ne pourrait-on dire, en paraphrasant Brillat-Savarin, qu'un fromage sans croûte est un fromage à qui il manque... l'âme?

émiettage. — Broyage à la main ou mécanique du caillé de certains fromages (Cantal, Fourme d'Ambert, Cheshire, etc.).

Emiliano (Italie). — ***Vache.*** Nom générique du Grana originaire d'Emilie. Fromage très dur du type Parmesan, cylindrique, de 30 à 40 cm de diamètre et de 15 à 20 cm d'épaisseur. Il pèse de 20 à 30 kg.
De saveur variable, de texture granulaire, quelquefois avec des trous inégalement répartis, sa surface est de couleur foncée et huilée. L'affinage varie d'un à deux ans (pour les fromages de printemps).

Emmental (Suisse). — ***Vache.*** Pâte cuite. Originaire de la vallée de l'Emme, dans l'Oberland bernois. Il y a longtemps qu'on ne le fabrique plus artisanalement, dans les alpages. Les laiteries des vallées nous proposent aujourd'hui un excellent fromage, régulier dans sa pâte ferme, ivoire ou jaune pâle, à gros trous, comme dans sa croûte frottée, brossée, solide et sèche, jaune doré ou brun clair. Ses meules peuvent peser jusqu'à 130 kg. Sa teneur en matière grasse est voisine de 48 p. 100 à l'extrait sec. Les yeux ne doi-

vent pas dépasser la dimension d'une noix. Les meules, légèrement convexes, ne doivent pas être exagérément bombées.
Préparé à partir de lait entier de vache et avec présure de veau, l'Emmental (dont la qualité est surveillée par une brigade d'inspecteurs fédéraux) porte sur sa croûte, en rouge, le mot *Switzerland,* qui en garantit l'origine. La première fromagerie de plaine, à Hofwil, date de 1805. La grosseur des trous n'a pas d'influence sur la qualité de la pâte.
De nombreux laitiers suisses venus en France travailler en fromagerie se sont établis et ont entrepris depuis plus d'un demi-siècle des fabrications d'Emmental. En Bavière, les Allemands ont de belles réussites, dont l'Allgäu. La « meule » d'Emmental se présente sous la forme d'un disque de 80 cm à 1 m de diamètre pour un poids moyen de 80 à 100 kg. Mat. grasse, 45 p. 100.
Certains l'écrivent avec un *h* (Emmenthal), mais l'Union suisse du commerce du fromage, à Berne, est formelle : il n'en faut pas.

Cave d'Emmental.
Phot. Yan.

Emmental (Franche-Comté et Savoie). — ***Vache.*** En fait, on en fabrique aussi en Bourgogne et, depuis un certain nombre d'années, en Charente et en Bretagne... C'est le plus monumental des « Gruyères » français. Meules pouvant peser jusqu'à 100 kg (plus de 1 000 litres de lait). Bien que bon toute l'année, sous sa croûte dure et sèche jaune d'or, l'Emmental est à l'apogée de sa saveur subtile en décembre et janvier. Mat. grasse, 45 p. 100.

emprésurage. — Action d'emprésurer le lait afin de le cailler. Les fromagers ont chacun leur « secret », du moins le disent-ils. En vérité, il faut tenir compte de différents facteurs, dont la qualité du lait (suivant la zone de ramassage), les mélanges de lait, l'origine de la présure, même le temps qu'il fait et qui peut influer sur les températures de travail.
Il est indispensable de réaliser un emprésurage homogène, c'est-à-dire de mélanger aussi parfaitement que possible le lait et la présure, sinon cette dernière agit plus fortement sur certains points de la masse du lait que sur d'autres et les fromages obtenus sont extrêmement durs en certains endroits : on dit qu'ils sont « brûlés ».

Engadine (Suisse). — ***Vache.*** Fabriqué au lait entier dans le canton des Grisons.

English Dairy (Angleterre). — Marque de fabrique d'un fromage ressemblant au Cheddar, mais cuit plus longtemps. C'est un fromage très dur, à râper. On en fait aussi aux Etats-Unis. Utilisé en cuisine.

L'emballage dans une cave de Roquefort.
Phot. Feher-Rapho.

ensemencement. — Réincorporation de moisissures, levures ou ferments dans un lait pasteurisé pour le rendre apte à produire un fromage équilibré.

Entrammes (Maine). — ***Vache.*** Dit aussi *Abbaye d'Entrammes.* Fromage à pâte pressée et à croûte lavée. Le nom de *Trappe d'Entrammes* recouvre des fromages fabriqués par les religieux (poids : 400 g). Le nom de *Port-du-Salut* (marque d'origine) a été vendu à la S. A. F. R. (Société anonyme des fermiers réunis) et recouvre à présent les Saint-Paulin industriels au lait pasteurisé. Le véritable Entrammes ne l'est pas. Mat. grasse, 40 à 42 p. 100.

Entraygues-sur-Truyère (Rouergue). — ***Chèvre*** et ***brebis.*** Du village du même nom, non loin d'Espalion, ce « Cabicou » est au lait de brebis au printemps, de chèvre en été, de vache et mélange en automne. Poids : 40 g.

Entrechaux (Vaucluse). — V. *Cachat d'Entrechaux.*

éperon à boire. — On a écrit souvent que les fromages sont « éperons à boire ». Pour la même raison, Grimod de La Reynière les appelait le « biscuit de l'ivrogne », et Saint-Amant le « cotignac de Bacchus ».

Eperon à boire, certes! Le fromage, plus il est « corsé », plus il exige de pain et porte à boire largement le vin qui l'accompagne. Il ne faut pas en conclure, comme bien des gens, que le fromage est le meilleur « catalyseur » du vin. Au contraire, trop souvent, la dégustation des fromages laisse au vin la partie trop belle et exalte celui-ci bien plus qu'il ne le mérite quelquefois.

Un très bon fromage acidulé donnerait du génie au reginglard le plus médiocre.

Eperon à boire, le fromage? Sans doute! Mais tout comme le bon cavalier ne doit pas se servir des éperons, le gastronome ne doit pas compter sur le fromage pour goûter et apprécier un grand vin.

Époisses. *Phot. Debaussart.*

Epoisses (Bourgogne). — ***Vache.*** Fromage fait du lait entier de la fameuse pie rouge de l'Est et désormais de la brune des Alpes, à croûte lavée molle, préparé d'abord dans les fermes aux alentours de ce petit bourg de Côte-d'Or. Le caillé, moulé et salé, est affiné sur de la paille de seigle. La pâte demeure molle; la croûte, d'un beau rouge orangé, est lavée au vin blanc additionné de marc jeune du pays. Ce travail était réservé, autrefois, aux enfants de l'Assistance publique. La présure est quelquefois aromatisée de poivre noir, de girofle, de fenouil.

Sous forme d'un petit cylindre de 10 cm de diamètre, et de 3 à 4 cm de haut, de nos jours pesant de 250 à 330 g, l'Epoisses se consomme frais en été, affiné en hiver. Il est alors en grande forme de novembre à mai. Mat. grasse, 45 p. 100.

Brillat-Savarin l'appelait, fort justement, le « roi des fromages », et, bien avant lui, dans une *Description du duché de Bourgogne* datant de 1775, Courtépée assurait que « les fromages d'Epoisses l'emportent sur ceux de Brie ». On l'expédiait, au début du XIXᵉ siècle, jusqu'à Paris, et, à la Belle Epoque, un curé d'Epoisses, Charles Patriat, mit en vers le fromage fermier de ses ouailles :

Achète qui voudra le Camembert trop doux,
Le Roquefort massif à l'arôme sauvage,
Le Brie et le Gruyère interlopes, le sage
Choisira son fromage, ô Bourguignon, chez nous.

Gourmet, qui que tu sois, si d'abord tu te froisses,
D'entendre formuler ce principe certain,
C'est que tu connais mal, ou j'y perds mon latin,
Ce mets des connaisseurs : le fromage d'Epoisses.

Mais tout de même, M. le curé, traiter le Brie de fromage interlope, ce n'est pas gentil, même si c'est en vers de mirliton!

Nous préférons l'hommage que rend à

votre Epoisses, dans *les Aristocrates,* Michel de Saint-Pierre :

« Paul servait les fromages sur un plateau de faïence. Le Turc poussa un véritable hurlement de triomphe gastronomique en découvrant parmi les « classiques » une espèce aimée, plus molle, onctueuse et pestilentielle que toutes les autres : le fromage d'Epoisses. Voilà le meilleur, le vrai, le seul, l'unique. Ah! je vous promets que je l'attendais, celui-là, pourquoi n'en a-t-on pas encore vu? Je vous assure, il y a bien des fromages en Turquie, mais ils ne coulent pas, ils ne fondent pas, ils ne puent pas, ils n'ont pas d'âme. »

On appelle *Confit,* dans le pays, un Epoisses mis à mariner dans un bain de vin blanc et de marc bourguignon et ayant atteint un degré d'affinage l'amollissant totalement.

épreuve du fromage. — Parmi les épreuves judiciaires du Moyen Age (période mérovingienne) l'une des plus curieuses fut celle du pain et du fromage. Un homme était-il soupçonné de vol, on l'amenait à l'église et on lui présentait ces aliments, pendant que le prêtre faisait une invocation. En cas de culpabilité, le pain et le fromage ne passaient pas et leur rejet équivalait à un aveu.

Ercé (Ariégeois). — ***Vache.*** Consommé sur place et peu commercialisé, ce fromage est analogue au Bethmale*.

Eremite (Canada). — ***Vache.*** Bleu qui prétend abusivement remplacer le Roquefort et porte aussi pour cela le nom de *Bluefort.*

Erevanski (U. R. S. S.). — ***Vache*** et ***brebis.*** Fromage saumuré du Caucase et de Transcaucasie. Fait peut-être double emploi avec l'Eriwani*, venu lui aussi d'Erivan, capitale de l'Arménie.

Erivani (U. R. S. S.). — ***Brebis.*** Fromage caucasien connu sous d'autres noms locaux : *Karab, Tali, Kurini, Elisavetpolen, Kasach.*

Ervy (Champagne). — ***Vache.*** Gros fromage à pâte molle et à croûte fleurie, de forme ronde, dont la hauteur est un peu inférieure à la moitié du diamètre. Né à Ervy-le-Châtel, à une trentaine de kilomètres de Troyes, il ne se fabrique plus guère. Mat. grasse, 45 à 50 p. 100.

Esbareich (Béarn). — ***Brebis.*** Pâte pressée non cuite, excellente d'avril à octobre, après trois mois d'affinage. Poids : 4 à 5 kg. Mat. grasse, 45 p. 100.

Fromages d'Espagne.
Phot. E. de la Vega.

ESPAGNE (fromages d'). — Principaux fromages espagnols : Ansó, Burgos, Cabrales, Campos, Cebrero, Cincho, Hecho, Idiazabal, Mahón, Manchego, Pata de Mulo, Perilla, Queso (divers), San Simón, Ulloa, Villalón. (V. ces mots.)

Esrom (Danemark). — ***Vache.*** Dénomination d'un fromage à pâte jaune, souple et grasse, de saveur douce et parfumée. Ses pains pèsent quelquefois jusqu'à 1,2 kg. Sa mince croûte est enveloppée de papier d'aluminium. Il a été un moment supprimé de la gamme des fromages danois pour l'exportation.

Essex (Angleterre). — ***Vache.*** Est-ce vrai qu'un proverbe anglais dit que les chiens aboient après l'Essex sans le pouvoir mordre tant il est dur?

estive. — Période correspondant à la transhumance des troupeaux en montagne et au cours de laquelle ils broutent les fleurs dont le goût se retrouve dans les fromages nés pendant cette période.

Estonski (U. R. S. S.). — ***Vache.*** Pâte dure assez récente, à maturation accélérée (1 mois). Anciennement *Kybartaï Suris.*

ETATS-UNIS (fromages des). — L'Américain moyen consomme en moyenne 4,5 kg de fromage par an. Les Etats-Unis sont ainsi devenus le plus gros producteur de ce produit, là-bas presque uniquement industriel. Et certes, de l'aveu même d'un gastronome yankee, Dale Brown, la quantité compte plus que la qualité.

Il raconte qu'en 1801, Thomas Jefferson, lors de son entrée en fonction comme président de la République, se vit offrir

Ci-dessus et ci-dessous : **fabrique de fromages à Shetoyan (Wisconsin, États-Unis).**
Phot. United Press.

par un groupe d'admirateurs de Cheshire (ville du Massachusetts baptisée du nom d'un fromage anglais, tout comme on édifia plus tard, aux Etats-Unis, une ville nommée Roquefort, pour produire sans vergogne un faux Roquefort) un fromage de 700 kg. Le traîneau qui l'apportait mit trois semaines pour arriver à Washington. Cela créa un précédent. Le président Jackson reçut à son tour un fromage de 600 kg. Exposé d'abord dans le vestibule de la Maison-Blanche jusqu'à mûrissement, il fut servi le jour de la naissance de George Washington, le président tenant table ouverte. Le fromage dura deux heures, et, note un contemporain, à 800 m alentour l'air était empuanti.

Mais aujourd'hui, répétons-le, la plus grande partie du fromage consommé aux Etats-Unis est du fromage industriel et, plus souvent encore, fondu, c'est-à-dire un mélange de fromages naturels à divers stades de leur mûrissement, moulus et fondus ensemble. Cela donne un produit insipide, à l'image de trop de nos nouveaux fromages français.

Les deux fromages de ce type les plus courus sont le Liederkranz* et le Brick*.

Un des plus anciens fromages naturels fabriqué aux Etats-Unis est le Cheddar, mais un Cheddar plus doux que le britannique.

Naturellement, chaque branche d'émigration a essayé de retrouver là-bas un fromage comparable à ceux d'Europe. Les Italo-Américains se régalent de Mozzarella, de Ricotta, de Bel Paese fabriqués sur place. De même, un Parmesan fort acceptable est produit par la colonie italienne de Fond du Lac (Wisconsin). On fait un Warsawski à l'image de la Pologne, un Kasseri à celle de la Grèce, un Roquefort et des Camemberts imitant les français, d'autres imitations des fromages allemands : le Liederkranz, inventé par un fromager de Monroe (New York), cherchait à imiter le Schlosskäse allemand. Il le dépassa. C'est un fromage du type Limburger très honorable. Enfin, il faut citer des Edams, des Gruyères, etc. On fabrique également nombre de Fromages blancs.

Vivienne Marquis et Patricia Haskell ont publié un *Cheese Book.* On y apprend que le Munster américain est un des meilleurs fromages à cuire et que la Fondutta du Wisconsin s'en rapproche beaucoup. C'est dire qu'il ressemble fort peu au vrai Munster!

Voici une liste des principaux fromages des Etats-Unis et du Canada :

Blue, Brick, Burmeister, Camosun, Canned Cheese, Caraway, Cold Pack, Cold Pack Cheese Food, Cooked, Cornhusker, Cottage Cheese, Cream Cheese, Creole, Eremite, Farm, Filled, Flats, Geheimrath, Granular, Grated, Hand Cheese, Herkimer, Ile d'Orléans, Jack, Liederkranz, Longhorns, Markisch Hand, Modena, Monte, Monterey, Mozzarella, Mysost, Oka, Old Heidelberg, Pineaple, Poona, Sage, Spreads, Stirred Curd, Store, Sweet Curd, Tillamook, Twins, Warsawski, Washed Curd, Young America. (V. ces mots; v. aussi *marché américain.*)

Étiquettes de fromages étrangers : Camembert russe et « Minas » brésilien. *Phot. A. P. N. et Lauros.*

étrangers (fromages). — Nous avons cité aux mots *Allemagne, américains, Angleterre (et Irlande), Autriche (et Hongrie), Belgique, danois, Espagne, Etats-Unis (et Canada), Europe centrale, orientale et Balkans, Grèce, helvétiques, hollandais, Italie, Portugal, Scandinavie* et *U. R. S. S.* les fromages de ces divers pays. En voici quelques autres, de pays divers, figurant dans cet ouvrage :

Bandal (Inde), Biza (Irak), Bloder (Liechtenstein), Chhana (Inde), Dacca (Inde), Dil (Turquie), Domiati (Egypte), Edirne (Turquie), Fajy (Irak), Gravyer (Turquie), Jbane (Maroc), Kareish (Egypte), Karut (Inde), Kascher (Israël), Kaser (Turquie), Kelle (Turquie), Krutt (Asie centrale), Labneh (Syrie), Lapland (Laponie), Lor (Turquie), Lour (Irak), Maczola (Australie), Meira (Irak), Mich (Egypte), Mihalic (Turquie), Peynir (Turquie), Roos (Irak), Salamvra (Turquie), Skyr (Islande), Surati (Inde), Tibet (Tibet), Toggenburger (Liechtenstein), Touareg (Afrique), Tulum (Turquie), Withania (Inde), Zomma (Turquie). [V. ces mots.]

Ettekees (Belgique). — V *Bruxelles (Fromage de).*

Etuvé. — Ce mot désigne n'importe quelle variété de fromage, néerlandais, belge ou français, mais de style Hollande et durci par vieillissement.

Europe centrale, orientale et des Balkans (fromages d'). — Principaux fromages : Abertam, Belo Vrhnje, Bgug Panir, Bracki Sir, Brandza, Brandza de Burdouf, Brandza de Cochuletz, Cache, Javorski Sir, Josephine, Kajmak, Kaskaval, Katschkawalj, Koppen, Lipski, Maia, Manur, Monostorer, Mrsav, Oschtjepek, Ourda, Ovcji Sir, Pago, Parenica, Paski Sir, Peneteleu, Pirotski Katschkawalj, Planinski Sir, Quacheq, Riesengebirge, Schlesischer Sauermilchkäse, Silba, Silesien, Siraz, Sirene, Sir iz Mjesine, Sir Mastny, Sir Posny, Teleme, Tord, Travnik, Twdr Sir, Vlašić, Zlatiborski Sir. (V. ces mots.)

Evora (Portugal). — ***Brebis*** et ***chèvre.*** Préparation locale d'un fromage de la famille du Serra*.

Excelsior (Normandie). — ***Vache.*** Fromage double crème à pâte fine et délicate. La plus ancienne spécialité à pâte enrichie de crème. Fabrication de petite laiterie à Rouvray-Catillon. Il fut inventé en 1890. Mat. grasse, 72 p. 100.

Explorateur (Ile-de-France). — ***Vache.*** Fromage triple crème à pâte molle et croûte fleurie de 8 cm de diamètre sur 5 à 6 cm de hauteur. Poids, 280 g environ. Mat. grasse, 75 p. 100. Sa fabrication de petite laiterie se fait à La Trétoire, dans le département de Seine-et-Marne.

extrait sec. — Proportion de matières solides entrant dans la composition des fromages et qui subsistent après totale dessiccation.

F

Assiette pour l'égouttage du fromage; région de La Ferté-Bernard (Sarthe). Collection particulière. *Phot. Lauros.*

Faiscre Grotha (Irlande). — ***Vache.*** Caillé pressé, mangé frais, autrefois, dans les campagnes de la verte Erin.

faisselle. — Récipient à parois perforées dans lequel on fait égoutter les fromages.

Fajy (Irak). — ***Brebis.*** V. *Biza.*

Farm (Etats-Unis). — ***Vache.*** On dit aussi *Farm Cheese, Farmer Cheese,* et cela indique qu'il s'agit d'une fabrication au début artisanale, donc variant de village à village, de ferme à ferme. On l'appelle encore *Pressed Cheese.* Fait de lait entier ou plus souvent partiellement écrémé, ce fromage pressé, dur, doit avoir une saveur franche et douce et se couper en tranches sans s'émietter.

fermentation. — Processus d'évolution qui, de la fabrication à la consommation, concourt à l'affinage de tout fromage.
Il existe plusieurs genres de fermentation : la fermentation lactique (pour les fromages frais); la fermentation caséique (pour les fromages à pâte molle); la fermentation propionique (pour les fromages à pâte dure).
Un fromage fermenté a subi l'action de ferments alcalinisants, qui, partiellement ou totalement, solubilisent la caséine des pâtes molles.
Les ferments sont des micro-organismes alcalinisants.
Les ferments lactiques neutralisent l'acide lactique des fromages frais; les ferments caséiques solubilisent les pâtes molles; les ferments propioniques dégradent les matières grasses des pâtes dures par dégagement de gaz carbonique, provoquant la formation de trous (ouvertures ou yeux).

Ferté-Bernard (La) [Perche]. — ***Vache.*** Fabrication locale au lait de chèvre aujourd'hui disparue ou presque, comme l'affirme J. Lindon à propos d'un fromage qu'il appelle *Ferté.* Sans doute, ces fromageons prenaient-ils leur nom de La Ferté-Bernard, chef-lieu de canton de la Sarthe, sur l'Huisne, célèbre par son église gothique Notre-Dame-des-Marais. Mais on y prépare encore, sous ce nom de *Ferté-Bernard,* quelques fromages fermiers à pâte grasse, au lait de vache cru et non écrémé.

Feta (Grèce). — ***Brebis*** et ***chèvre.*** Les bergers des montagnes aux alentours d'Athènes préparent, généralement au lait de brebis mais quelquefois de chèvre, ce fromage blanc à pâte molle. On l'appelle aussi *fromage épicé.*
Le lait frais, caillé à 35 °C puis brisé, est mis soit dans des moules de bois sans fond, soit, à plus petite échelle, dans des sacs de toile. Après 24 heures, le fromage est découpé en tranches; celles-ci sont copieusement poudrées de sel bien sec, puis mises dans des barils de bois revêtus de paraffine ou des boîtes plus petites de fer-blanc. Le Feta se consomme de 4 ou 5 jours à 1 mois.
Mais, comme le progrès pénètre partout et jusqu'en Grèce, on prépare aujourd'hui le Feta industriellement, à base de lait pasteurisé. (C'est un nom générique courant de nombreux fromages « Turos » et « Tyros », d'où au singulier les noms de *Touloumotyri* ou de *Telemes* qu'ils prennent également.)

Feuille (Chèvre à la) [Poitou]. — ***Chèvre.*** Rond comme un petit Camembert qui pèserait de 200 à 300 g, il tire son nom et son originalité de sa maturation dans des feuilles de châtaignier. M. Barrault, à Verruyes (15 km au sud de Parthenay), en fabriquait encore un excellent en 1970. (V. aussi *Couhé-Vérac.*)

Feuille de Dreux (Ile-de-France). — ***Vache.*** V. *Dreux.*

feurcholle. — *Faisselle,* en patois du Morvan.

« — *Je peux bien vous le dire à vous, Mme Ledru. J'en mets un [un linge sous les fromages]. Ça s'égoutte mieux. Mais vous savez, au marché, c'est pas présentable, un fromage dans un linge. Les dames au nez fin croient toujours qu'on s'est servi d'un pan de chemise. Puis elles tiennent à voir les tétines. Alors quand le fromage est bien égoutté, j'ôte le linge et je remets le fromage dans la feurcholle, pour qu'il fasse des tétines.* » (Jules Renard, *les Cloportes,* chap. XL.)

Filled (Etats-Unis). — ***Vache.*** Ce Filled Cheese, qu'il soit fabriqué à partir de lait entier ou écrémé, est, au surplus, complété d'une matière grasse étrangère ajoutée par brassage vigoureux avant la présure.

Fin de Siècle (Normandie). — ***Vache.*** Nom de fantaisie donné par Henri Androuët à un fromage triple crème du pays de Bray fabriqué aux environs de Forges-les-Eaux. Mat. grasse, 72 p. 100.

Fiore Sardo (Italie). — ***Brebis.*** Préparé autrefois par les bergers de Sardaigne avec de la présure d'agneau ou de chevreau, ce Fiore, cette fleur des montagnes, était un élément du folklore gourmand. Les « civilisés » sont venus. Il existe des « Sardo » de toutes sortes et d'autres noms, et du Fiore moins rustique.

Ce fromage à pâte dure, de saveur piquante, a la forme d'un petit tonneau aplati de 1,5 à 4 kg et se déguste à table lorsqu'il n'est pas affiné, ou râpé après une maturation de 6 mois. Mat. grasse, 45 p. 100.

flamiche. — On dit aussi *flamique,* et cette sorte de tarte, du Hainaut à la Picardie, peut être aux poireaux, aux oignons, au caillé, au potiron. Cependant, et c'est ce qui nous intéresse ici, une des plus robustes flamiques du Hainaut est au fromage de Maroilles.

Flats (Etats-Unis). — ***Vache.*** V. *Cheddar.*

flaunes. — On dit aussi *flauzonnes* et *flônes* pour cette sorte de pâtisserie au fromage que l'on trouve tant dans la région de Florac que dans celle de Lodève.

Il faut travailler en pâte 1 kg de farine avec 12 œufs et un petit fromage de brebis frais, un peu de sel et un décilitre

Brebis, en Grèce.
Phot. Sitensky-Atlas.

de fleur d'oranger. Disposer des cuillers de pâte, sur une plaque graissée, de la grosseur du chou à la crème, et cuire au four.

Fleur de Decauville (Ile-de-France). — ***Vache.*** Sorte de Coulommiers à pâte dure, molle, ni cuite ni pressée. Disparu en même temps que son producteur, M. Decauville.

Fleur de Gentiane (Savoie). — ***Vache.*** Marque de fabrique d'une Tome de Savoie.

Fleur de Poitou (Poitou). — ***Chèvre.*** Marque de Chabichou fabriqué industriellement.

La fondue. *Phot. Léo Aarons.*

Fleur du Maquis. — V. *Brin d'Amour.*

fleurines. — Courants d'air chargés d'humidité et de spores de la flore fongique circulant par les orifices naturels des caves rocheuses de la montagne du Cambalou. Ce sont les fleurines qui stimulent le développement du *Penicillium roqueforti,* bénédiction pour les fromages de Roquefort.
Chaptal, professeur à Montpellier, écrivait déjà : « On aperçoit, dans tous ces cadres, des fentes de rocher par où s'introduit un courant d'air frais dirigé du sud au nord; très peu de caves reçoivent le courant de l'est; celui du sud est préférable.

« On a observé que plus l'air extérieur est chaud, plus le courant est froid et fort. Le degré de température varie dans les caves relativement à leur exposition et à la chaleur atmosphérique. Le vent qui vient du sud favorise la fraîcheur des caves. »
Mais aujourd'hui, par des procédés artificiels, on maintient une température égale, aux alentours de 7 °C.

Fleury-Orléans. — La ville d'Orléans bâtie sur un banc calcaire, possédait de nombreuses caves d'affinage, aujourd'hui désaffectées. Ce genre d'Olivet a disparu.

Flötost (Norvège). — ***Vache.*** *Flö,* en norvégien, signifie « crème ». Le Flötost est un fromage de sérum bouilli, ressemblant au Mysost*, mais avec plus de matière grasse (au moins 20 p. 100 dans l'extrait sec).

Flower (Angleterre). — ***Vache.*** Ce Flower Cheese, à pâte tendre affinée, est préparé à partir de lait entier de vache. On lui ajoute des pétales de fleurs, de roses ou de soucis, par exemple, ce qui justifie sa dénomination.

Foggiano (Italie). — ***Brebis.*** Fabriqué à Apulia, ce fromage ressemble au Cotronese*.

foncet. — Plateau circulaire en bois sur lequel on dispose le cercle dans lequel sera mis le caillé de Gruyère avant d'être pressé.

Fondine. — Nom de marque d'un fromage fondu récemment créé par les établissements Bel et dont la pâte spécialement douce vise à plaire aux enfants.

fondue. — Ce plat national suisse communautaire et indigeste a ses « fans ». Le docteur A. Gottschalk, érudit et gastronome helvète, auteur de l'*Histoire de l'alimentation et de la gastronomie,* a donné un jour sa recette de la « véritable fondue au fromage » :
« Pour faire la fondue, on prend un poêlon en terre dit « caquelon »; s'il est neuf, la tradition exige qu'on en frotte le fond avec une gousse d'ail; cela fait, on y met le fromage (150 à 200 g par personne), coupé en lames; on mouille, à hauteur, avec du vin blanc sec et un peu acidulé et on tourne le tout sur le feu, jusqu'à ce que le fromage soit fondu, ce qui demande environ 20 mn; on donne un

tour de moulin à poivre et on apporte sur la table. Pendant cette préparation, les convives ont coupé en cubes de grosseur moyenne quelques tranches de pain de ménage et les ont disposées devant eux; la fondue est déposée sur un réchaud allumé et, à ce moment seulement, on lui incorpore un bon petit verre d'excellent kirsch.
Chacun trempe à son tour dans le poêlon un morceau de pain fixé sur sa fourchette, le tourne rapidement et le porte, avec moins de hâte, à ses lèvres, pour ne pas se brûler; comme au Moyen Age, en effet, tous mangent à la même écuelle, et la fondue doit se manger rapidement, avant qu'elle n'épaississe; aussi ne faut-il pas chercher à repêcher un morceau de pain qu'on aurait maladroitement laissé échapper et qu'on retrouvera à la fin. La tradition veut également qu'on ne boive pas en mangeant la fondue, sous prétexte que cela la rendrait plus indigeste, mais on peut se rattraper après. » Cette tradition semble cependant être controversée.

Mais le choix du fromage est important. La fondue peut être uniquement de Gruyère. Elle peut, selon les conseils d'un autre Suisse gourmand, M. Roland Staub, être composée d'un tiers de Gruyère et de deux tiers d'Emmental. En Suisse, on vous proposera aussi la fondue moitié moitié avec du Vacherin de Fribourg. Sans compter les variantes romandes, valaisannes, appenzelloises, neuchâteloises, glaronnaises, etc., ainsi que les fondues de fantaisie.

En voici quelques-unes :

FONDUE RICHE

Vous la préparez selon la recette habituelle, mais en comptant 100 g de Gruyère et un demi-décilitre de vin par personne, et en remplaçant le kirsch par du marc. Proposez à vos convives d'alterner les morceaux de pain avec :
— des pousses de maïs au vinaigre;
— des olives noires ou farcies;
— des champignons étuvés;
— des aubergines détaillées en dés et rapidement étuvées;
— des rouleaux de lard cru, grillé, sans oublier de petits dés de pain rôtis.

FONDUE SOUBISE

Préparez votre fondue selon la recette habituelle. Assaisonnez-la de muscade et de poivre de Cayenne et incorporez-lui des oignons hachés et étuvés. Vous pouvez encore, au dernier moment, jeter dans votre fondue quelques rouelles d'oignon frites.

FONDUE FORMIDABLE

Elle a été créée par Vico Torriani pour une émission de la télévision suisse. En voici la recette :
Préparez la fondue selon le mode habituel, mais en remplaçant le kirsch par de la williamine (eau-de-vie de poires). Epluchez de belles poires, débitez-les en dés que vous piquerez avec votre fourchette en même temps que le pain. Le parfum et la saveur de la poire se marient au fromage de façon exquise. Faites un essai!

FONDUE À LA PAYSANNE

Ajoutez à une fondue vaudoise une poignée d'estragon finement haché et, par personne, 50 g de dés de lard rôtis.

FONDUE À LA MODE DU PATRON

Ajoutez à votre fondue persil, estragon et aneth hachés, et, par personne, 50 g de dés de jambon grillés.

FONDUE À LA FERMIÈRE

Autre fantaisie : servez votre fondue avec du pain paysan, des rondelles de saucisson, des cornichons et des petits oignons au vinaigre. Cela ne manque pas de charme!

FONDUE AUX « HAMBURGER »

Préparez votre fondue selon la recette habituelle, mais en comptant 100 g de fromage par personne et servez, en lieu et place de pain, des boulettes de viande préparées à la façon de petits « Hamburger ».
Prenez pour quatre personnes 3 petits pains trempés dans de l'eau, un oignon, 150 g de viande de porc hachée et autant de bœuf, 100 g de chair à saucisse de veau et un œuf. Assaisonnez de deux cuillerées de persil ainsi que d'un peu de poivre et de marjolaine et pétrissez bien le tout. Faites de petites boulettes, panez-les avant de les faire dorer à la poêle.

FONDUE DU MIDI

Préparez une fondue neuchâteloise en forçant la proportion de Gruyère.
Ajoutez-y une gousse d'ail hachée, des olives farcies coupées en rouelles et quelques anchois écrasés.

FONDUE AUX CHANTERELLES

Lavez et étuvez des chanterelles — 50 g par personne — et égouttez-les. Remettez-les dans la poêle, avec beurre et oignon haché, et incorporez-les à votre fondue.

FONDUE À LA PIÉMONTAISE

Faites une fondue neuchâteloise en remplaçant le kirsch par du marc.
Ajoutez, au moment de servir, une truffe blanche hachée ou coupée en lamelles.

Autour d'une fondue. *Phot. Bruno Barbey-Magnum.*

FONDUE À LA PÉRIGOURDINE

Même recette que pour la fondue à la piémontaise, mais la truffe blanche est remplacée par une truffe noire.

Ce ne sont pas ces recettes qui me réconcilieront avec ce plat, pour moi sans intérêt.

En France, Céline Vence a répertorié une fondue savoyarde (au Beaufort), une fondue lorraine, une fondue du Doubs, une fondue jurassienne, sans compter la fondue de Belley « chantée » par Brillat-Savarin, mais qui n'est qu'un plat d'œufs au fromage dont il tenait la recette du bailli de Moudon, mais on utilise plus souvent le Comté. (Il existe à Moudon

[Suisse] une Ecole cantonale de fromagerie.)

fondus (fromages). — Ce sont les produits de la fonte du fromage quelquefois additionnés d'autres produits laitiers : lait en poudre, beurre, crème, caséine, lactosérum, et avec ou sans adjonction d'aromates (article 14 du décret du 26 oct. 1953).

La dénomination « fromage fondu » est réservée à un fromage fondu dont la teneur en matière sèche est au moins égale à 50 p. 100 et dont la teneur en matière grasse est au moins de 40 g pour 100 g du produit après complète dessiccation.

La dénomination « fromage pour tartine » ou « fromage à tartiner » est réservée à un fromage fondu présentant la teneur en matière grasse ci-dessus indiquée, mais dont la teneur en matière sèche est comprise entre 44 et 50 p. 100 seulement (autrement dit, ne doit pas être inférieure à 44 p. 100). Dans les dénominations ci-dessus indiquées, le mot *fromage* peut être remplacé par la dénomination du fromage utilisé à la condition que celui-ci, additionné, le cas échéant, de 25 p. 100 au maximum de fromage d'espèce similaire, constitue la seule matière première mise en œuvre.

La dénomination *crème de ...* ou *crème de ... pour tartiner* est réservée à un fromage fondu dans lequel le fromage désigné dans la dénomination constitue la seule matière première mise en œuvre, renfermant respectivement au minimum 50 g ou 44 g de matière sèche pour 100 g de produit et présentant au minimum 45 g de matière grasse pour 100 g de produit après totale dessiccation; l'adjonction de beurre ou de crème reste toutefois autorisée.

Sous réserve des dispositions de l'article 818 du décret, il est interdit de détenir en vue de la vente, de mettre en vente ou de vendre des fromages fondus qui présenteraient les caractéristiques extérieures de fromages obtenus directement par empresurage du lait, du lait écrémé, de la crème ou de leur mélange, à moins que ces fromages ne portent, imprimée sur la croûte, la mention *pâte fondue* en caractères très apparents, répétés, le cas échéant, afin que chaque morceau débité comporte cette indication ou une fraction suffisante de celle-ci.

Fondu au marc de raisin. — On dit aussi, improprement, *Tome au marc de raisin*, car, bien que fabriqué plus particulièrement au pays de la Tome de Savoie, il s'agit d'un fromage fondu, de composition imprécise, enrobé de marc de raisin. Ce fromage sans grand intérêt semble amuser les étrangers et abuser les Français. Sa croûte factice est composée de pépins de raisins torréfiés fixés au moyen d'une colle plastique.

Fontainebleau (Ile-de-France). — ***Vache.*** Fromage frais printanier et estival que l'on trouve, aussi bien toute l'année, dans une version « triple crème » (75 p. 100 de matière grasse). Il est présenté dans des boîtes en carton paraffiné. Ce sont en quelque sorte des Crémets*, mais depuis quelques années on a modifié la fabrication en incorporant à cette sorte de crème fouettée, solidifiée, une certaine quantité de caillé mi-lactique, mi-présure, coagulé très lentement (pendant 24 heures) puis égoutté 30 heures et lissé au tamis (ou industriellement au lisse-caillé) avant d'être incorporé à la crème à raison de 250 g de caillé par kilo de crème.

Fontal (France, Italie). — ***Vache.*** L'appellation *Fontina** ayant été réservée logiquement au fromage du Val d'Aoste, on a récemment baptisé *Fontal* son frère et voisin fabriqué hors de la zone délimitée reconnue pour ce fromage, tant en France qu'en Italie.

C'est un fromage cuit, de lait entier, à la croûte mince et compacte, à la pâte tendre et douce de couleur jaune paille. Ses meules de 40 cm sur 9 cm pèsent de 6 à 20 kg. Mat. grasse, 45 p. 100.

Nous avons lu, sur une étiquette : « Fontal-Bresse fabriqué en Bourgogne. »

Fontina (Italie). — ***Vache.*** Pâte cuite de lait entier, mi-tendre ou dure suivant l'âge, à l'agréable saveur de noisette. Rond et plat, ce fromage pèse entre 15 et 20 kg, en général. Mat. grasse, 45 à 50 p. 100.

La Fontina est fabriquée un peu comme le Gruyère; on peut y ajouter un colorant, et le lait est coagulé soit avec de la présure en pâte, soit avec de l'extrait de présure. L'affinage dure 2 mois. Elle peut présenter quelques petits trous ronds, et sa surface peut être huilée. Partiellement affinée, elle est utilisée à table (fondues). Dure, elle sert, râpée, de condiment.

Il y a de la Fontina dans toute l'Italie, mais seule celle du Val d'Aoste est renommée pour son authenticité et son

Page de droite : la fabrication du fromage. Miniature du *Tacinuum sanitatis,* 1474. Bibliothèque nationale, Paris. *Phot. Bibl. nat.*

Recocta.

Plat à fromage pour égoutter le caillé. Manufacture de Chantilly, première moitié du XVIIIe siècle. Musée des Arts décoratifs, Paris. *Phot. Lauros-Giraudon.*

parfum. On en fabrique en Suisse, aux Etats-Unis, où existe une variété plus petite dite « Midget Fontina », ainsi qu'en Suède.

Fontine (Franche-Comté). — ***Vache.*** Sorte de Fontina. Cette appellation a heureusement été interdite en vertu de la convention de Stresa, et seul le nom de *Fontal* peut recouvrir ce produit.

Formagelle (Italie). — ***Brebis*** et ***chèvre.*** Petit fromage à pâte molle préparé au printemps et en automne avec le lait des chèvres et des brebis des montagnes d'Italie du Nord. Salé ou non, on le consomme généralement frais.

Formaggi di pasta filata (Italie). — Groupe de fromages, en général italiens et balkaniques, fabriqués en coagulant le lait avec de la présure, en chauffant et en faisant fermenter le caillé, en le chauffant encore jusqu'à ce qu'il devienne plastique, en l'étirant enfin en gros filaments et en le malaxant alors qu'il est chaud et plastique.
Cette manipulation très particulière donne un fromage exempt de trous et de poches d'air et se conservant bien sous les climats chauds. Parmi ces fromages à caillé plastique, on peut citer, en Italie, le Caciocavallo, le Moliterno, le Mozzarella, le Provatura, le Provolone et le Scamorze. (V. ces mots.) Dans les Balkans, le Kaskaval et le Katschkawalj; l'Oschtjepek et le Parenica en Yougoslavie.

Formaggini (Italie). — Terme générique de différents petits fromages italiens.

Formaggini di Lecco (Italie). — ***Vache.*** Petit fromage cylindrique fabriqué à Lecco, en Lombardie, à partir de lait de vache quelquefois mêlé de lait de chèvre. Se consomme frais et doux ou après affinement. En fin d'affinement, il devient très épicé. C'est parce que l'on ajoute au caillé sel, poivre, sucre, cannelle et éventuellement huile et vinaigre. Cylindrique de 3 cm sur 5, le Formaggini di Lecco pèse environ 55 g.

Formaggini di Montpellier (Italie). — ***Vache.*** Malgré son nom, c'est un autre petit fromage italien à pâte molle. Le lait est caillé avec de la présure en pâte contenant du vin blanc, des fleurs de chardons et des éléments aromatiques. Mais pourquoi ce nom? Peut-être par analogie — vague — avec le beurre de Montpellier, lui aussi mêlé d'herbes fines?

formaggio. — Fromage, en italien.

formaggio di capra (Italie). — ***Chèvre.*** Nom générique des fromages de chèvre de la péninsule.

formaggio di pecora (Italie). — ***Brebis.*** Nom générique des fromages de brebis.

forme. — Du latin *forma.* On sait que le mot a donné *formage,* puis *fromage.* Le mot *fourme* vient également de *forme.* La forme de nos différents fromages a inspiré cette page à M. Francis Amunategui, écrivain, gastronome et auteur, notamment, de *Gastronomiquement vôtre :*
« Le génie de la province s'exprime donc totalement dans un fromage qui ne pourrait pas être autrement qu'il est conçu, vendu et mangé en tel point précis du territoire. Pourquoi le Camembert est-il rond, la Fourme cylindrique, le Pont-l'Evêque carré, la Boule de Lille sphérique, le Dauphin incurvé, l'Avesnes conique? Cette géométrie dans l'espace correspond exactement à un état d'âme, à une vision des choses qu'on pourrait vraisemblablement expliquer — mais je ne m'en charge pas — par le caractère des habitants de telle ou telle région. Il y a l'œil du peintre, mais il y a aussi l'œil du fromage (sans compter celui du Gruyère). Vlaminck ne peignait pas une ferme perdue dans le soir d'hiver normand comme Cézanne, et Carzou se plaît aux paysages verticaux.
De même un fromager, ou plutôt le fromager ancestral qui le premier, à l'aube des temps, mit le premier Pont-l'Evêque dans sa forme (n'oublions pas que le mot initial est « formage ») — quelle minute impressionnante! — n'hésita pas à interpréter son idée, sa conception du fromage sous l'aspect d'un carré, tout

comme Utrillo, pour figurer une femme, la prenait de préférence avec une croupe assez rebondie, alors que Van Dongen la choisit mince, souple, aux yeux immenses.
Mais (et ceci est à l'avantage du fromager) le peintre fixe sur la toile son idéal particulier, alors que le fromager enferme dans sa forme l'idéal d'une communauté, d'une collectivité. Il se fait le héraut d'une pensée générale, qui n'est pas seulement celle du moment, perméable à la mode, mais celle de toujours, invariable. Et la preuve est que si ce premier fromager s'était trompé en faisant pour la première fois un Pont-l'Evêque carré, d'autres, après lui, auraient fait un Pont-l'Evêque rond et cylindrique. Et précisément nous comprenons maintenant qu'un Pont-l'Evêque rond et cylindrique eût été voué à l'échec, car les Normands qui vivent spécialement sur les rives de la Touques eussent été dans l'impossibilité absolue de retrouver dans un bloc brun ou rouge, rond, cylindrique ou pyramidal, l'âme de leur terre. Avec le bidon de lait fourni par une vache placide, le fromager est obligé de travailler dans l'éternel. Les femmes d'Utrillo peuvent se démoder, mais jamais les formes de fromages. »

Foudjou (Vivarais). — C est aussi le Miramande*. A Privas (Ardèche), où on l'appelle ainsi, on le prépare avec des Tomes de chèvre bien écoulées, pétries avec du fromage fort, du sel, de l'eau-de-vie et de l'ail. Il se mange avec des pommes de terre.
Ailleurs, la ménagère alterne, dans le pot, des couches de Tome fraîche et de fromage sec, et arrose le tout d'eau-de-vie et d'huile d'olive, puis épice fortement. Le Foudjou est à point lorsqu'il se recouvre d'une couche rougeâtre.

Fougeru (Ile-de-France). — ***Vache.*** Nom commercial d'un récent fromage du genre Coulommiers, mais d'un format supérieur, recouvert de rameaux de fougère et fabriqué par M. Rouzaire à Tournan-en-Brie.

Le Fougeru, recouvert de feuilles de fougère.
Phot. Sté Rouzaire.

FOURCROY (Antoine François, comte de). — Ce chimiste célèbre (1755-1809), qui souffrait de dyspepsie, prétendait que la découverte du fromage lui évitait une indigestion par repas. Il eût voulu que l'on élevât une statue à Aristée*.

Fourme. — Nom générique de nombreux fromages montagnards du centre de la France. Ce mot vient de *forme,* de *fourmage,* ou *formage,* qui a donné le mot *fromage.* Charles Forot, gourmet vivarois, l'a chantée dans *A la dixième Muse :*

En noyant ta gourme
Aux vins de coteaux
Honore la fourme
De ces hauts plateaux :

Généreux fromage
Taillable aux cinq cas,
Il requiert l'hommage
Des plus délicats.

Fourme d'Ambert (Auvergne). — ***Vache.*** Ce fromage persillé, à moisissures bleues naturelles, est, de l'avis des gastronomes, le meilleur de France, et bien supérieur au Roquefort même, dans sa « rigueur » rustique.
Préparé au lait entier, ce « Bleu » est né de l'affinage autrefois pratiqué dans les anfractuosités de rochers. La Fourme d'Ambert se présente en haut cylindre (20 cm sur 13 de diamètre), à la croûte séchée recouverte de moisissures blanches et rouges. Elle doit se couper horizontalement. On en fabrique environ mille tonnes annuelles dans les « jasseries » (habitation-laiterie), les « estives », les fermes et à présent quelques laiteries industrielles. Sa maturation est de 4 à 5 mois.
Définies par décret du 9 mars 1948, les Fourmes d'Ambert et du Forez doivent porter un label de contrôle.
Les amateurs l'enveloppent quelquefois de papier d'argent et la creusent à la cuiller (certains en y ajoutant de l'eau-de-vie ou du porto). Mais cela est bien inutile, son goût très personnel, légèrement teinté d'amertume, est à lui seul un poème fromager.
Meilleure époque : de septembre à mai. Mat. grasse, 45 p. 100.

Fourme du Forez (Auvergne). — ***Vache.*** Nom générique de Fourmes dont celle d'Ambert reste la plus renommée. Parmi celles-ci, on peut citer la Fourme de Pierre-sur-Haute, la Fourme de Montbrison, etc. Bonne époque : de mai à décembre.

Fourme de Laguiole (Rouergue). — ***Vache.*** Autre nom du Laguiole*.

Fourme d'Ambert.
Phot. D. Chenot.

Fourme du Mézenc (Velay). — ***Vache.*** Bleu rustique fabriqué en montagne ou sur les hauts plateaux du Puy-en-Velay. Dit aussi *Bleu du Velay.*

Fourme de Rochefort (Auvergne). — ***Vache.*** Petit cantalon des pâturages de Rochefort-Montagne, à pâte fine et onctueuse. Les meules pèsent de 6 à 12 kg. Bonne période : été et automne.

Fourme de Salers. — Autre nom du Cantal*.

Foutina (ou **Foutine**). — Autre nom de la Fontina, en Franche-Comté.

Fremgeye (Lorraine). — ***Vache.*** Fromage malaxé. (V. *Fromgi.*)

Fresa (Italie). — ***Vache.*** Fromage à pâte molle, de saveur douce et sucrée, fabriqué en Sardaigne. (V. *Cooked.*)

Fribourg (Suisse). — ***Vache.*** Berceau du Gruyère. Fromage à pâte cuite fabriqué en Suisse dans les Préalpes de Fribourg, au village de Gruyères. Les Suisses ont dénommé *Gruyère* les produits voisins du Jura vaudois et neuchâtelois, d'une texture analogue. Le Fribourg, affiné au moins 6 mois, est en meules de 36 à 40 kg.
On en fabrique aussi dans la vallée du Pô. Il ressemble au Sbrinz* et au Spalen*.

Friesekaas (Hollande). — ***Vache.*** Fromage originaire de la Frise hollandaise, de forme cylindrique, à talon non convexe, à croûte jaune, aromat sé au cumin. Poids : 6 à 10 kg.

Friesian Clove (Hollande). — ***Vache.*** Fromage de lait partiellement écrémé, rond et plat et pesant entre 9 et 18 kg. On ajoute des clous de girofle au caillé avant de le mettre en cercle, ce qui lui donne son parfum épicé. (V. *Nagelkaas.*)

Frinault (Orléanais). — ***Vache.*** Fromage à pâte molle, grasse, rond de 9 à 10 cm de diamètre sur 2 de hauteur et pesant 130 g. Il porte le nom de son créateur. On écrit quelquefois, à tort, *Frinot.*
Meilleure époque : d'octobre à juin. Mat. grasse, 50 p. 100.

Frinault cendré (Orléanais). — ***Vache.*** Même fromage, roulé, une fois affiné, dans de la cendre naturelle.

Frison (Hollande). — ***Vache.*** C'est en quelque sorte un Gouda, mais dont le caillé une fois broyé est additionné de sel de cuisine et d'un mélange de cumin et de clous de girofle.
Cylindrique, de 5 à 10 kg, il faut de 2 mois à 1 an pour qu'il arrive à maturité.

fromage (service du). — Tous les manuels de savoir-vivre nous renseignent

La marchande de fromage à la crème.
Diverses Petites Figures des cris de Paris,
par N. Guérard le Fils.
Musée Carnavalet, Paris.
Phot. Lauros-Giraudon.

peu ou prou sur la façon de servir les fromages. Celle aussi de les déguster, le petit doigt en l'air.

La baronne d'Orval, dans un ouvrage de 1902 intitulé *Usages mondains,* n'y manque point. Entre les conseils aux jeunes mariés et la « chevalerie du gentleman » *(sic),* on peut lire :

« Le fromage ouvre le dessert... Pour le dessert, on a des couverts spéciaux, couteaux d'argent ou de vermeil, etc.; comme on ne doit jamais porter le couteau à sa bouche, il ne faut donc pas manger le fromage avec son couteau. On coupe, de la main droite, des petits morceaux de fromage que l'on pousse avec le couteau sur un morceau de pain tenu de la main gauche pour être ainsi porté à la bouche. »

La bonne baronne donne des conseils aux dames pour tenir leur éventail sur les genoux, sous la serviette. Elle ajoute qu'aux déjeuners il faut servir du fromage : « Il est presque obligatoire. »

Un quart de siècle plus tard, dans un nouveau *Savoir-vivre,* l'écrivain Eugène Marsan évoquait la place du fromage avant ou après l'entremets : « Je distingue deux cas :

« 1° Tu as un petit dîner. Ta glace ou ton soufflé, ou ton entremets, par ce temps de vie ruineuse, est le plus clair de ton dessert. Aucun doute : le fromage précédera;

« 2° Tu as, malgré tout, un grand dîner. Si tu ne mets pas ton fromage entre la glace et tous ces fruits, et des petits fours, la saveur sucrée de ladite glace annihile toutes les autres saveurs douces. L'objection est que le vin rouge du fromage succède mal au vin doux de la glace. Mais pourquoi? Si le vin de la glace est plutôt chaud que doux, comme il est préférable, si c'est un beau porto; enfin tu manges assez de ce Pont-l'Evêque pour en avoir le palais bien imprégné, avant que de goûter au chambertin qui l'accompagne. »

Marsan conclut : « Pas de beau dîner sans fromage. Il n'est pas moins nécessaire que la soupe. »

Et il termine par ces remarques et anecdotes : « Rip et Montagné vous mettent l'eau à la bouche lorsqu'ils parlent d'un Roquefort pris en pleine vigne, le matin, avec des raisins glacés. Le Gruyère et le Cachecaval (1) sont aussi très bons avec des raisins, ou bien du café au lait et du jambon... Préfère un bon Bleu tout simple à un Roquefort qui est par hasard médiocre, et n'oublie pas que les fromages ont leur saison... Une femme qui n'aime ni ne tolère autour d'elle le fromage, comme il faut s'en défier! Elle a chance de n'avoir ni cœur ni tripes. »

Venons-en aux choses sérieuses.

Vous pourrez de temps en temps (au risque de choquer vos invités) servir le fromage à sa vraie place, c'est-à-dire après les entremets sucrés et avant les desserts (fruits et pâtisseries). Vous pouvez également, par originalité et pour les connaisseurs, le faire servir après le dessert, au fumoir, avec du vieux porto. Mais le plus souvent vous le servirez à la moderne, entre le dernier plat (salade s'il y a lieu) et les mets sucrés.

S'il y a plusieurs fromages au service, il vous faut un plateau. Il en existe en faïence, en porcelaine, en céramique, en matière plastique (affreux) et en bois, dont la mode s'affirme. En tout cas, qu'il soit simple (en bel olivier épais, par exemple).

Quatre ou cinq variétés suffisent, selon les saisons : une pâte molle, une pâte cuite, un Chèvre, un Bleu. Plus un fromage rare, amusant, insolite, par originalité. Les fromages en boîte doivent être retirés de leur prison et même du papier qui les enveloppe. Légèrement grattés (sans que cela soit perceptible). Il est même plus élégant de les entamer avant de les présenter aux invités; une pellicule boisée en retient la pâte coulante.

Surtout, ne prenez pas ces invités pour des ignares en couronnant vos fromages de petites étiquettes indiquant leur nom.

Ayez plusieurs couteaux de service pour ne pas mettre l'invité dans l'obligation de couper du Gruyère, par exemple, avec le couteau ayant servi pour le Roquefort ou le Brie. (V. *coupe.*)

Surtout, ne grattez pas complètement votre Camembert pour le rouler dans la chapelure, ce snobisme de fausse gastronomie est ridicule.

Servez, à part, de l'excellent beurre (celui d'Echiré, dans les Deux-Sèvres, est le meilleur de France, et non pasteurisé, condition *sine qua non* du vrai beurre). Car il ne faut pas croire les puristes de la table assurant que le fromage doit se manger sans beurre. Il se mange *comme on l'aime!*

On peut également proposer différents pains, y compris les gressins italiens, les pains allemands au cumin, les biscuits à fromage anglais, le pain de seigle et, surtout, le simple vrai pain paysan français, au levain et au feu de bois.

Un plaisir supplémentaire : une corbeille de noix.

Un raffinement : des branches de céleri ou de fenouil et des raisins secs pour les amateurs (il y en a).

(1) Caciocavallo.

Mais, à ces amateurs, ne servez *jamais* du cumin ou du carvi avec le Munster : ils vous maudiraient.

Ne vous laissez pas prendre non plus aux fromages de chèvre baignant dans de l'huile aromatisée d'herbes de Provence : ils sont indignes d'un gourmet.

Les fromages frais, fromages blancs et autres, seront servis dans des coupes de cristal, tout comme la crème fraîche. A part, des herbes coupées finement.

Fromage des Alpes (ou **Alpenkäse**) [Suisse]. — Nom générique de différents fromages (lait de vache ou de vache et chèvre) des alpages helvétiques. On y ajoute généralement le nom du canton ou de la vallée.

Le Bagnes, le Conches, le Piora*, les fromages d'Uri ou de Saint-Gall sont des fromages des Alpes.

Fromage de bique. — On appelle ainsi, un peu partout, des fromages de chèvre. Mais il semble que ce soit surtout dans la Sarthe et le Loir-et-Cher, où ils sont séchés sur claies, salés et poivrés et de temps en temps arrosés d'une petite « goutte ».

Fromage blanc. — Dit aussi, fréquemment, *fromage « à la pie* »*. Mis en œuvre avec du lait de vache de telle teneur en matière grasse que l'on dispose. Dans les commerces, il est généralement au titre de 45 p. 100 de matière grasse, ce qui équivaut à l'emploi de lait entier moyen. On procède à une coagulation très lente (24 h) à 15 °C de température avec une proportion de présure variant avec le degré de concentration, l'acidité du lait et la température de la salle de laiterie.

Ce Fromage blanc sert de base à tous les fromages frais en « caillebotte » ou sur « jonchées » que l'on fabrique traditionnellement dans les pays de l'Ouest atlantique, à moins qu'ils ne soient au lait de chèvre ou de brebis.

Autrefois, le véritable fromage « à la pie », réservé à la consommation domestique, était obtenu avec du lait partiellement écrémé.

On peut le consommer sucré ou salé et assaisonné avec des épices ou des herbes aromatiques.

Fromage blanc à la saumure (Bulgarie). — ***Chèvre.*** C'est, d'après Christian Plume, l'un des deux grands fromages bulgares. De forme parallélépipédique et reposant sur son bout carré, il pèse 650 g.

Sa maturation dure 45 jours, la pâte reste pâle, de saveur piquante et salée.

Fromage blanc (variations sur le). — Le Fromage blanc est un aliment remarquablement riche en protéines. Il a aussi, dit Lelord Kordel, l'avantage de n'alourdir ni votre budget ni votre silhouette. Et l'auteur de *Notre Bel Appétit* donne de nombreuses recettes :

FROMAGE BLANC À LA SERBE

Incorporez à un demi-litre de Fromage blanc battu bien lisse avec un peu de crème aigre : 2 cuillers de lanières de piment vert, 2 cuillers de civette hachée, 2 cuillers à café de graines de céleri, une cuiller à café de sel de céleri, une cuiller de condiments doux coupés menu et 2 cuillers de piments rouges en morceaux. Mettre à glacer plusieurs heures. Servir en salade ou en guise de crème à sandwich.

FROMAGE BLANC À LA PORTUGAISE

Battre un demi-litre de Fromage blanc jusqu'à ce qu'il soit bien lisse, en y incorporant un peu de crème fraîche. Y mêler 6 filets d'anchois hachés fin, une cuiller de graines de cumin écrasées, une cuiller de câpres hachées, une cuiller de civette hachée, une cuiller à café de moutarde en poudre. Bien mélanger. Poudrer de 2 cuillers à café de poivre rouge et mettre au réfrigérateur.

CRÊPES AU FROMAGE BLANC

Mélanger 125 g de farine non blutée avec une demi-cuiller à café de levure, une demi-cuiller à café de sel, une cuiller à café de zeste de citron, un soupçon de noix de muscade avec un quart de litre de Fromage blanc liquide (délayé au lait si besoin). Ajouter une cuiller et demie de miel. Cuire dans une poêle chaude graissée, en crêpes, et servir avec une cuiller à café de crème aigre épaisse et un peu de sirop sur chaque crêpe.

Et Lelord Kordel propose encore ces variantes :

A chaque tasse de Fromage blanc, mélangez deux cuillerées à soupe de graines de cumin écrasées; salez.

Hachez de la civette, des poireaux, des oignons et un peu d'ail. Ils donneront à votre fromage nature ce goût délicieux qui fera le succès d'une parfaite salade ou d'une excellente crème à sandwich.

Avec du fenouil haché ou des graines de fenouil écrasées, le Fromage blanc accompagnera très bien n'importe quel plat de poisson.

Pour une entrée, à l'occasion d'un déjeuner ou d'un souper léger, essayez d'ajouter à une tasse de Fromage blanc du poulet ou toute autre pièce de volaille, coupée en morceaux, plus une demi-cuillerée à café de jus de citron.

Un peu de miel incorporé au Fromage

blanc, en même temps que du beurre d'arachide, du beurre de graine de sésame ou de la farine de tournesol, font pour garnir des sandwichs quelque chose de bien supérieur à toutes ces gelées sucrées que l'on trouve trop fréquemment, hélas! dans les gamelles de nos écoliers ou de nos ouvriers.

Pour assaisonner une salade verte ou de tomates, à la place de l'huile utilisez le Fromage blanc, bien battu au fouet. Il conviendra aussi fort bien pour mettre sur des fruits frais ou cuits.

La marchande de fromage à la crème.
Par L. Borgex. Bibliothèque nationale, Paris.
Phot. Lauros-Giraudon.

Mélangez une cuillerée à soupe de crème aigre épaisse à une tasse de Fromage blanc. Ajoutez environ un huitième de cuillerée à café de miel et un soupçon de cannelle. C'est un dessert recherché dans les pays d'Europe centrale.

Fromage de boîte. — V. *Mont d'Or.*

Fromage de caisse. — C'est le fromage gras de l'Avesnois (v. *Boulette*), empilé semaine après semaine dans une caisse de bois tapissée de feuilles de noyer, et qui se laisse en cave fraîche. On obtient une pâte marbrée allant du blanc au jaune avec des irisations bleuâtres, des veines colorées comme dans les pâtes persillées, des zones plus ou moins grasses ou friables. On y retrouve, selon la profondeur où l'on puise la provision du jour, des saveurs violentes comme celles du Vieux Lille, ou seulement fortes comme celles d'un Munster, d'un Maroilles, ou même comparables à un bon Camembert.

Fromage à la crème. — Fromage blanc nappé de crème fraîche. On s'en régale partout, mais on peut citer le Fromage à la crème de Poligny, le Fromage à la crème de la Nièvre, les Fromages à la crème de Saint-Gervais, de Blois, etc.

Fromage cuit (Lorraine). — ***Vache.*** Selon Auriscote de Lazarque, en voici la recette :

Mettre un Fromage blanc en casserole, sur le feu. Après quelques minutes de cuisson, le retirer à l'écumoire et égoutter le petit-lait. Mettre le reste dans un linge. Serrer pour exprimer tout liquide et lier ce linge. Suspendre et mettre à sécher quelques jours.

Le fromage bien sec, l'émietter en pot de grès, le presser fortement, le laisser à couvert et au chaud.
On obtient ainsi une masse onctueuse. Remettre en casserole en ajoutant un peu de beurre et quelques cuillers de lait, deux jaunes d'œuf, sel et poivre. Remuer sur le feu et, lorsque le tout est bien homogène, verser dans un pot.

Fromage dur. — *« Autour du grand feu, au-dessus duquel bout la soupe aux choux, de grands pots sont rangés, des pots au ventre arrondi où se font les fromages durs, une spécialité du Nivernais. Ils sont recouverts avec des tuiles Montchanin hexagones, ornées d'un losange en relief. Les chenets en fer, énormes, sont dépareillés. Deux chats dorment au pied de l'un d'eux, avec un petit chien aux yeux vairons. »* (Jules Renard, *Journal.*)

fromage fermier. — Fromage fait à la ferme, quelquefois empiriquement. Il en existe de moins en moins.
Sans doute, autrefois, de ces fromages fermiers, il y en avait d'épouvantables. Mais aussi d'admirables. La transformation industrielle, en nous amenant les fromages laitiers, a nivelé tout cela. Plus de très mauvais fromages, certes, mais plus jamais non plus, ou si rarement, de ces merveilles fromagères qui réjouissaient l'honnête gourmet.

Fromage au foin. — Nom générique des fromages affinés dans le foin.

Fromage fort. — Cette appellation générique désigne une famille de fromages généralement préparés à l'échelon domestique au moyen de fromages de desserte, auxquels on ajoute, après trituration, des épices, du vin blanc, du moût, de l'huile de décoctions d'herbes ou des herbes aromatiques naturelles, que l'on enferme dans des pots de grès ou de porcelaine, que l'on fait vieillir assez pour que des fermentations alcooliques se développent et transforment totalement la saveur du ou des fromages mis en œuvre. De tels fromages sont généralement préparés dans les pays de chèvres ou de mi-chèvres et sont servis au moment des fêtes de fin d'année. Lyonnais, Mâconnais, Beaujolais, Dauphiné, massif du Ventoux sont les principaux lieux où cette préparation continue de se pratiquer couramment, sous des noms différents : en Dauphiné, c'est la Pétafine; dans le Ventoux, c'est le Cachat. La saveur violemment sapide de ces préparations est assez redoutable.

Fromage fort de la Croix-Rousse. — « Je manquerais à tous mes devoirs sacrés de Lyonnais, dit Mathieu Varille dans sa *Cuisine lyonnaise,* si je ne rappelais ici la formule du Fromage fort de la Croix-Rousse telle que nous l'a léguée Nizier du Puitspelu... »
Donnons-la à notre tour en hommage à Lyon, la ville la plus gourmande et la plus sympathique de France.

« On achète une livre ou deux de Fromage bleu bien fait; on enlève la croûte et on le met dans un pot de terre. Le Fromage bleu est alors arrosé de vin blanc sec et bien pitrogné avec une cuillère de bois. Lorsque la pâte est à point, on râpe du fromage de chèvre bien sec et on l'ajoute au levain jusqu'à ce que le pot soit à peu près plein. On continue de mouiller avec le vin blanc...
« Le Fromage fort est fait! On le recroît, à mesure que le pot se vide, toujours avec du fromage de chèvre râpé et du vin blanc sec. De temps en temps, lorsqu'on s'aperçoit qu'il devient moins gras, on verse dessus un bol de beurre frais qu'on a liquéfié au four. Il ne faut pas que le beurre soit trop chaud. Première remarque importante : ne jamais mouiller le fromage avec du bouillon, ce qui lui donne un goût d'aigre. Deuxième remarque importante : brasser tous les jours le fromage avec une cuillère de bois. Un grand pot ainsi préparé et entretenu convenablement dure depuis l'automne jusqu'à l'été. »

Fromage fort de Lens (Flandre). — ***Vache.*** Fromage fermier à croûte dorée, de consommation locale.

fromage frais. — On appelle ainsi des fromages à égouttage lent, n'ayant subi que la fermentation lactique, obtenus à partir de laits sélectionnés, standardisés, ou de crèmes.
Les laits et crèmes destinés à leur fabrication doivent être pasteurisés. Cette obligation ne souffre qu'une exception (définie par arrêté ministériel), lorsqu'il s'agit de producteurs agricoles ne traitant que les laits de leurs propres exploitations et sous réserve que les conditions d'hygiène, strictement réglementées, soient respectées.
Outre la matière grasse facilement assimilable, on trouve dans les fromages

frais : des protéines (en particulier des acides aminés de haute valeur nutritive), des vitamines (vitamines liposolubles A, E, F et vitamines hydrosolubles B_1 et B_2 favorisant l'assimilation) et des sels minéraux (calcium, phosphore, sans oublier les ferments lactiques).
Répétons à propos de leur teneur en matière grasse que la mention *x p. 100* de matière grasse signifie que 100 g de la seule matière sèche contenue dans le produit renferment *x* g de matière grasse.
Voici les principaux types de fromages frais :

- Le *carré Demi-Sel,* dit « fromage blanc », fabriqué avec du lait de vache emprésuré, à pâte homogène, ferme, salée (2 p. 100 environ). Il contient au moins 40 p. 100 de matière grasse pour 100 g de fromage après complète dessiccation. Le poids de matière sèche ne doit pas être inférieur à 30 g. Un Demi-Sel pèse environ 110 g.

- Le *Suisse* est un fromage frais enveloppé, à pâte homogène non salée, de forme cylindrique, fabriqué avec du lait de vache emprésuré et additionné de la quantité de crème nécessaire pour qu'il renferme au moins 60 p. 100 de matière grasse après complète dessiccation. Le poids de matière sèche minimal est de 30 g pour 100 g de fromage. La crème ajoutée au lait caillé doit être pasteurisée. Le « caillé » renfermera au moins 40 p. 100 de matière grasse. Un Suisse pèse environ 60 g. Ce fromage est plus communément proposé à la consommation sous forme de *Semi-Suisse,* ou *Petit-Suisse,* dont le poids est de 30 g.

- Le *Double-Crème* est un fromage frais devant contenir un minimum de 60 p. 100 de matière grasse.

- Le *Triple-Crème* doit contenir un minimum de 75 p. 100 de matière grasse.

- Les *fromages frais divers* et leur *étiquetage :* ces fromages connaissent actuellement un développement considérable.

Certains fromages frais, dont la forme imite celle des Suisses ou Petits-Suisses sans avoir leur teneur en matière grasse (par exemple 40 ou 30 p. 100 seulement), seront étiquetés de façon différente. Ils portent obligatoirement une bande bleu foncé avec mention du taux de matière grasse.
Les fromages frais maigres (0 p. 100 de matière grasse) portent une bande de couleur bleu foncé sur laquelle sont imprimés (en caractères blancs) la mention « 0 p. 100 de matière grasse », l'indication « plus de 82 p. 100 d'eau » et le qualificatif « maigre ».
Les fromages frais non définis contenant moins de 18 p. 100 de matière sèche doivent obligatoirement porter sur la bande bleue la mention « contient plus de 82 p. 100 d'eau ». Le lieu de fabrication indiqué est celui de la laiterie qui a procédé à la fabrication de la pâte. S'il s'agit, par exemple, d'un mélange de pâte a 40 p. 100 de matière grasse et de crème fabriquée dans une autre laiterie, l'étiquette peut porter mention de deux établissements.

Fromage gras. — Lait de vache, plus ou moins écrémé, caillé, égoutté, pressé, émietté, salé, poivré, additionné d'estra-

Choix de fromages frais.
Phot. Sopexa.

Double page suivante : Camemberts normands d'hier et d'aujourd'hui. Collection Jakowski et bibliothèque Forney.
Phot. Lauros.

Camembert fabriqué en Normandie
45% MAT. GR.
POIDS NET APPROX. 270 g.
P. Lavalou
SURCHOIX
Sérans
Ecouché (Orne)
VÉRITABLE CAMEMBERT NORMANDIE
FROMAGERIE DU SPORTSMAN
45 POUR CENT MATIÈRE GRASSE
PARIS 1904
DÉPOSÉE
FABRIQUÉ EN NORMANDIE
14 A.H
CAMEMBERT FABRIQUÉ EN NORMANDIE
DUC NORMAND
LANQUETOT
45 POUR CENT MATIÈRE GRASSE
LABEL
ORBEC-EN-AUGE
CALVADOS
CAMEMBERT FABRIQUÉ EN NORMANDIE
LA PETITE NORMANDE
Saffrey Frères
ST-LOUP-DE-FRIBOIS par CREVECOEUR EN AUGE (Calvados)
45 POUR CENT DE MATIÈRE GRASSE
CAMEMBERT DE LA VIVANDIÈRE
18 MÉDAILLES ET DIPLÔMES
MARQUE DÉPOSÉE
Camembert fabriqué dans le Pays d'Auge
"LE SUPÉRIEUR"
58 Médailles Or et Argent 3 Diplômes d'Honneur
45 POUR CENT MATIÈRE GRASSE
HENRI LEPETIT
PAYS D'AUGE
ST-MACLOU PAR MESNIL-MAUGER (CALVADOS) - NORMANDIE
CAMEMBERT FABRIQUÉ EN NORMANDIE
LE NORMANDIE
45% MATIÈRES GRASSES
LAITERIE COOPÉRATIVE DE LA VALLÉE DE LA SAANE
ROYVILLE PAR BACQUEVILLE
CAMEMBERT FABRIQUÉ EN NORMANDIE
SYNDICAT DES FABRICANTS DU VÉRITABLE CAMEMBERT DE NORMANDIE
45% DE MATIÈRE GRASSE
LAITERIE du MOULIN de VER à CÉRENCES (MANCHE)
"LE TRAIT D'UNION"
CAMEMBERT FABRIQUÉ EN NORMANDIE
ÉTABLISSEMENTS PAILLAUD
TORIGNI S/ VIRE (MANCHE)
DU VÉRITABLE CAMEMBERT DE NORMANDIE
CAMEMBERT
LE GRIFFON
MARQUE DÉPOSÉE
CAMEMBERT FABRIQUÉ EN NORMANDIE
LE PIERROT
SOCIÉTÉ LAITIÈRE DES FERMIERS NORMANDS
45% MATIÈRE GRASSE
AUNAY S/ODON (CALVADOS)
Camembert fabriqué en Normandie
Abbaye de St Pierre S/Dives (Calvados)
LEPETIT
45% MATIÈRE GRASSE EXTRA-GRAS
ST MACLOU PAR MESNIL-MAUGER (CALVADOS) NORMANDIE

Camembert fabriqué dans le Pays d'Auge
45% de matière grasse extra gras
"LE SUPÉRIEUR"
58 MÉDAILLES OR & ARGENT 3 DIPLÔMES D'HONNEUR
A. LEPETIT & SES FILS
1er CRU de LAIT de la VALLÉE d'AUGE
LABEL ROUGE
LEPETIT
St MACLOU par MESNIL-MAUGER NORMANDIE
(CALVADOS)
SYNDICAT DU VÉRITABLE CAMEMBERT DE NORMANDIE
ORIGINE GARANTIE
QUALITÉ CONTRÔLÉE
NORMANDIE

CAMEMBERT EXTRA
LE PETIT CAPORAL
DOUBLE CRÈME
MARQUE DÉPOSÉE

FROMAGE FABRIQUÉ EN NORMANDIE
"LE LAIZON"
14-AH
45 POUR CENT MATIÈRE GRASSE

Camembert fabriqué en Normandie
LE CHANTECLER
MODÈLE DÉPOSÉ
INDUSTRIE LAITIÈRE DE NORMANDIE ET DU COTENTIN
BRICQUEBEC (MANCHE)
SYNDICAT DES FABRICANTS DU VÉRITABLE CAMEMBERT DE NORMANDIE
45% DE MATIÈRE GRASSE

CAMEMBERT DE NORMANDIE
GASTON FROMAGE
MESNIL BACLEY (CALVADOS)

CAMEMBERT FABRIQUÉ EN NORMANDIE
SPÉCIAL LE MOINE AFFINÉ
LABEL
45% MATIÈRES GRASSES
SOCIÉTÉ LAITIÈRE DES FERMIERS NORMANDS
AUNAY S/ODON (CALVADOS)
SYNDICAT DU VÉRITABLE CAMEMBERT DE NORMANDIE
ORIGINE GARANTIE
QUALITÉ CONTRÔLÉE
NORMANDIE

VÉRITABLE CAMEMBERT FABRIQUÉ EN NORMANDIE
MARQUE DÉPOSÉE
SYNDICAT DES FABRICANTS DU VÉRITABLE CAMEMBERT DE NORMANDIE
45%
FROMAGERIE D'YVERSAY PAR BOISSY-MAUGIS (ORNE)

CAMEMBERT DES ALLIÉS
MAUXION WALLEMACQ

Camembert fabriqué dans le Pays d'Auge
45% de matière grasse extra gras
LE SUPÉRIEUR
58 MÉDAILLES OR & ARGENT HORS CONCOURS
A.L. & SES FILS
MAISON FONDÉE EN 1878
LEPETIT
St MACLOU par MESNIL-MAUGER NORMANDIE
(CALVADOS)
PAYS D'AUGE

CAMEMBERT
LE VOYAGEUR
45% DE MG
FABRIQUÉ EN MAYENNE
A. BESNIER & Cie À LAVAL

CAMEMBERT FABRIQUÉ EN NORMANDIE
45% DE MATIÈRE GRASSE
MARQUE DÉPOSÉE
VALLÉE D'AUGE
PARIS 1879
PARIS 1878
PARIS 1881
PARIS 1877
NEUFCHATEL 1890
PARIS 1878
MÉDAILLE D'OR BORDEAUX 1893
DÉSIRÉ BISSON
Ets GEORGES BISSON Sucrs
LIVAROT (Calvados)

Véritable Camembert fabriqué en Normandie
EXTRA FIN
MARQUE DÉPOSÉE
Vallée
45 POUR CENT MATIÈRE GRASSE
BERJOU (Orne)

Le fromagé : pâtisserie du Poitou faite de fromage de chèvre frais, de crème fraîche, de fleur d'oranger et d'angélique confite. *Phot. « Toute la cuisine de A à Z ».*

gon et qu'on « laisse se faire » en faible épaisseur à température douce, que l'on prépare dans l'Avesnois.
On le mange après quelques jours avec du beurre et des éclats d'échalote trempés dans du sel, ou bien en hiver, comme de la Cancoillotte, rôti sur des tartines bien beurrées. (V. aussi *Sospel.*)

Fromage de lait de femme. — Paul Bert en fit servir à quelques familiers de sa table, hommes politiques et savants. Chacun se régala d'un peu de ce petit fromage rond, blanc comme neige et, paraît-il, délicieux.
Spuller, à l'annonce de cette merveille faite de lait de femme, parla d'anthropophagie. Un autre invité le rassura : « Au pire, vous rêverez cette nuit que vous étiez encore en nourrice! » (V. aussi *Attila.*)

Fromage maigre. — Fromage de lait de vache écrémé complètement.

Fromage de Monsieur (Normandie). — ***Vache.*** V. *Monsieur Fromage.*

Fromage à la pie. — ***Vache.*** Fromage frais, au lait partiellement ou totalement écrémé, se consommant aussitôt après le démoulage. (V. aussi *pie.*)
Il serait originaire, assure-t-on, de la Champagne, mais on le trouve partout en France de nos jours.

Fromage en pot (Lorraine). — ***Vache.*** Fromage malaxé avec des ingrédients divers et mis en pot.
En Belgique, il prend la dénomination de *Pottekees.*
Mat. grasse, 45 p. 100.

Fromage sec (Nivernais). — ***Vache.*** Se prépare en faisant sécher des fromages blancs égouttés, passés au poivre, sur des claies de paille.

Fromage à la truffe. — Fulbert-Dumonteil cite un de ses vieux amis, édenté mais gourmand et qui, ne pouvant plus croquer de truffes, avait inventé un fromage crémeux et léger exhalant les douces senteurs de ses favorites. La présence de la truffe coagule le lait, et le fromage en était parfumé. Mais le vieil homme refusa de donner sa recette.

fromagée. — Un vieux noël mayennais dit :

... Eussent faict leur hommaige
De cueur bien affecté,
De beurre et de fourmaige...

Dans la naïve énumération des productions locales que les Rois mages apportaient à l'enfançon devait figurer la fromagée.
C'est, comme son nom l'indique, un plat dont le fromage reste l'élément essentiel, avec de nombreuses variantes. Sous sa forme la plus simple, c'est un fromage assaisonné de sel et poivre. Mais elle peut être de fromage de chèvre, émietté dans un pot de grès avec sel, poivre, échalote et un bon verre d'eau-de-vie, le tout laissé à mariner. Ou encore, chaude. Elle se fait, dans le Maine, à la poêle, où l'on émiette dans du lait de vache du Fromage de bique auquel on ajoute des oignons à frire coupés en rondelles, et l'on cuit à feu doux.

Fromageons ou **Fromageous.** — On appelle ainsi, un peu partout, mais surtout dans le Midi, des fromages de chèvre du genre Cabécou. Dans le Gaillacois il existe un Fromageon de lait de vache légèrement salé.

fromager. — Fabricant de fromages.
Récipient percé de trous dans lequel on met le caillé pour l'égoutter.
En Auvergne, petite table à pétrir le caillé.
Arbre exotique, le ceiba, ou ériodendron. Ce nom lui fut donné au XVIe siècle par des colons français fixés aux Antilles (mais il en existe plusieurs espèces, en Amérique et en Afrique).
Le nom *fromager* devient verbe lorsqu'il s'agit d'ajouter une certaine quantité de fromage râpé à un mets, une sauce, une farce.

fromagers (maîtres). — Si l'on peut sourire de l'appellation lorsqu'elle n'est qu'occasion de parade ou d'enseigne prétentieuse (et plus encore lorsqu'elle devient par archaïsme *maistre froumagier*), il faut bien reconnaître que, parmi les détaillants de la crémerie, bien peu savent choisir, affiner, élever, vendre leurs fromages et n'être pas que de simples intermédiaires en produits passe-partout.
On aura toujours intérêt à se fournir chez un maître fromager, dont on saura les mérites et les connaissances. Une liste serait trop longue (encore qu'ils ne courent point les rues) et inutile. Notons pourtant à Paris, avec Androuët, Rayot, Tachon, Barthélemy, Marie-Anne Cantin et Henry Voy (la Ferme Saint-Hubert).
En province, voici une liste (non limitative) de crémeries s'attachant à proposer au client des fromages fermiers de qualité : la Ferme savoyarde à Cannes, la Crémerie landaise à Dax, la Laiterie des Halles à Chambéry, Meunier à Vichy, Garot à Limoges, la Poulette à Nice, Barbat au Mont-Dore, Tissandie à Clermont-Ferrand, Au Petit-Suisse à Dijon, Xavier à Toulouse.

Fromagère. — Autre nom de la Cancoillotte*.

Fromaget. — Gâteau au fromage poitevin.

Fromgi (Lorraine). — ***Vache.*** Fromage maigre de consommation locale. On dit aussi *Fremgeye.* On peut se demander si le mot d'argot *Fromgi* (=fromage) ne vient pas de là.
Selon Auricoste de Lazarque (Austin de Croze), le Fremgeye est un Fromage blanc égoutté, mis en pot avec sel et poivre. On le conserve ainsi plusieurs mois et on en fait des tartines poudrées d'échalotes ou d'oignons hachés finement.

Frougnée (Vendée). — ***Vache.*** V. *Trébèche.*

Frühstück (Allemagne). — ***Vache.*** A partir de lait de vache entier et partiellement écrémé, ce fromage cylindrique d'un diamètre de 6 à 7 cm se consomme peu affiné en général. Du type Limburger*, il est enveloppé de feuilles d'étain ou de papier parcheminé. Son nom semble indiquer qu'il se consomme au petit déjeuner, dont il est la traduction. Du reste, il appartient à un type dit aussi « Breakfast », « Appetite » et « Delicate Cheese ». On le trouve également en Belgique.

fruitière. — Coopérative formée pour l'exploitation du lait et sa transformation en fromage. Terme employé en Suisse, dans le Jura et en Savoie (où l'on dit aussi « vacheresse »).
Selon certains, la première fruitière jurassienne date d'avant l'an 1300. Un Suisse, employé comme vacher en Franche-Comté, observa la fabrication du fromage et l'organisation de cette fabrication et, de retour au pays, s'en inspira. La première association fruitière suisse, en Gruyère, ne daterait que de 1820.
Le mot *fruitière* dérive du latin *fructus,* proprement : revenu, production, fruit; on trouve trace du mot *fruitière,* orthographié *fructière,* et du mode de fonctionnement de cette forme d'association dans des documents de 1264 et 1267 relatifs à l'histoire des communes de Levier et de Deservillers. Une franchise de 1373 octroie aux habitants de Mignovillard, Froidefontaine, Essavilly, etc., « qu'ils soient francs et quittes envers nos gruyères et pardessus de toutes servitudes, exemptions, tant de fromageries, etc., en quoi ils pourraient être tenus à cause de la « foresterie ». Ce mot *fruitière* désigne encore fréquemment les fromageries de la région, et il évoque parfaitement l'idée de la participation de chacun des membres au résultat de la communauté économique fondée sur la mise en valeur du lait par les fabrications fromagères. Activité d'ailleurs souvent parallèle à l'exploitation forestière, jadis soumise à la juridiction féodale des officiers « gruyers », terme dérivé de *gruerie,* désignation des forêts à l'époque où elles relevaient de l'autorité de ce corps.
Cela est vrai, mais n'empêche pas le « vrai » Gruyère d'être bien supérieur au Gruyère de Comté.

FULBERT-DUMONTEIL. — Journaliste et écrivain du siècle dernier. Dans son livre *la France gourmande,* Fulbert-Dumonteil cite, parmi les fromages rares, ceux de yak au Tibet, ceux de zébu à Ceylan, ceux de chamelle en Kabylie.
C'est aussi Fulbert-Dumonteil qui rapporte cette coutume suisse datant de 1666 (d'après Mérendon) et qui consistait à offrir aux mariés un énorme Gruyère commandé pour la circonstance. Ils y gravaient leurs initiales et le conservaient pieusement. Mérendon affirmait avoir vu ainsi un fromage de cent ans sur la croûte duquel les naissances, baptêmes, morts de la famille étaient inscrits au couteau.

Furmagliu in cerbella (Corse). — ***Brebis*** ou ***chèvre.*** C'est un fromage frais dans la région du Niolo. Fromage en corbeille, comme son nom l'indique, et que l'on démoule une fois égoutté. (V. *Niolo.*)

Fynbo (Danemark). — ***Vache.*** De la famille des Samsoë, mais plus petit, ce fromage rond à croûte dorée est fabriqué dans le district de Fyn, d'où son nom. Imitation du Gouda hollandais.

Spécimen de Fynbo.
Phot. Comité d'expansion des fromages danois.

G

Vente de vieux fromage.
Manuscrit du *Tacinuum sanitatis*, 1474.
Bibliothèque nationale, Paris.
Phot. Bibl. nat.

Gaiskäsli (Allemagne et Suisse). — ***Chèvre.*** Fromage cylindrique à pâte molle d'une épaisseur de 3 à 5 cm sur 7 de diamètre et pesant 200 g environ. Affinage de 3 semaines.

Galantine. — Nom de fantaisie de l'Edam français.

Galette de La Chaise-Dieu (Auvergne). — ***Chèvre.*** Fromage du genre Pélardon, très mince, originaire de ce centre des hauts plateaux. Bonne saison : de mai à octobre. Mat. grasse, 45 p. 100.

Gammelost (Norvège). — ***Vache*** ou ***chèvre.*** A partir de lait écrémé acide, on fabrique ce fromage à pâte semi-tendre à moisissure bleue et affinée (les moisissures de l'affinage sont des espèces de mucor, rhizopus et pénicillium) de saveur forte et aromatique. La croûte brune devient de plus en plus sombre avec l'âge. L'intérieur est brun jaunâtre teinté de bleu-vert.
En général, le Gammelost, rond et plat, a 15 cm de diamètre sur autant d'épaisseur et pèse entre 3 et 4 kg. Certains vont jusqu'à 11 kg. D'autres sont parallélépipédiques rectangulaires.
Préparés au sud dans les comtés de Hardanger et de Sogne Jämtland selon des méthodes différentes, ici au lait de vache, là au lait de chèvre, tous peuvent, partiellement affinés, être mis dans des caisses avec de la paille traitée avec un extrait de genévrier chauffé. L'affinage dure de 1 à 6 mois. Si *gammel* signifie « vieux » en norvégien, le Gammelost peut néanmoins être dégusté sitôt après l'affinage.

Gannat (brioche de). — Gâteau au fromage du Bourbonnais. (V. *brioche.*)

Gaperon (Auvergne). — ***Vache.*** On dit aussi *Gapron,* et il doit son nom au patois qui traite de « gape » le babeurre. C'est un fromage de pâte demi-dure en forme de cône arrondi aromatisé à l'ail.
Il fut (il est encore) le type du fromage ménager des fermes auvergnates. Issu d'un caillé mi-écrémé, très égoutté dans de vieux draps de chanvre, vestiges des grand-mères fileuses, ramolli par arrosage de babeurre, salé, poivré, pétri de gousses d'ail, on en faisait de grosses poires qui se balançaient aux poutres de la salle commune, sur une tresse de paille de seigle, pour le séchage. On dit qu'autrefois les accordailles se traitaient d'après la jauge de la fortune de la mariée par le père du soupirant, par un simple coup d'œil sur le nombre de Gaperons à sécher. Bonne saison, d'octobre à mars.

Gardian (Provence). — ***Brebis.*** V. *Camargue.* « Lou Gardian » est la marque de fabrique d'une Tome de brebis de Camargue.

gâtis. — Cette brioche chaude est une spécialité de Saint-Affrique. Créée par Mme Léonie Cazes vers 1900, à base de pâte à pain, elle fut améliorée par le pâtissier Guiral.
Voici sa recette :

GÂTIS SAINT-AFFRICAIN

Diviser en 20 portions 500 g de pâte à brioche et les mouler en petites brioches. Dans chacune de ces brioches, enfoncer, au centre, un poids égal d'un mélange de deux tiers de Laguiole et d'un tiers de Roquefort. Chapeauter d'une tranche de Laguiole de 4 cm sur 4. Laisser monter dans un endroit tiède après avoir recouvert d'un linge. Au moment de cuire les gâtis, les dorer à l'œuf et les passer 20 mn au four.

Gautrias (Maine). — ***Vache.*** Ce genre de Port-Salut, comme lui cylindrique, pèse entre 2,5 et 3 kg. Fabriqué dans la Mayenne.

Gauville (Normandie). — ***Vache.*** Fromage fort de la région de L'Aigle ressemblant quelque peu au Livarot, mais presque disparu. On en trouve encore dans certaines fermes, où on le consomme sur place de juin à décembre.

Gazimelle de Burzet (Vivarais). — ***Chèvre.*** Sorte de Pélardon, du nom du petit village de Burzet (21 km au nord-ouest de Vals-les-Bains). De mai à octobre.

Geheimrath (Hollande). — ***Vache.*** Fabriqué en petite quantité, ce fromage jaune foncé ressemble à un petit Gouda. Il est d'ailleurs préparé selon une méthode semblable. (V. *Gouda.*)

Getmysost (Norvège). — ***Chèvre.*** V. *Gjetost.*

Gérardmer (Lorraine). — ***Vache.*** Gros fromage rond et épais (5 à 6 kg) à pâte molle, à croûte lavée, qui s'apparente au Munster, mais qui se consomme très souvent « frais de sel » avant même que ne lui soient donnés les premiers traitements de cave. On le désigne sous le nom générique de *Gros Lorraine.* Mat. grasse, 45 à 50 p. 100. (V. aussi *Géromé.*)

Germagny (Bourgogne). — ***Chèvre.*** Du nom de ce petit village, de courte production et de consommation locale, de mai à octobre.

Géromé (Lorraine). — ***Vache.*** Chacun sait que l'on doit prononcer « Gérarmé » le nom de la station vosgienne. C'est d'une déformation de ce mot bien prononcé qu'est né le Géromé (qu'il ne faut pas confondre avec le Gérardmer, plus haut cité).
Le Géromé est un fromage à pâte lavée, de montagne, large « comme une assiette » et de la hauteur d'un doigt. Il s'apparente légitimement au Munster, lui aussi, par sa croûte de couleur rouge sombre, sa pâte compacte et onctueuse et surtout son odeur forte.
La fabrication de ce Géromé est assurée avec des laits entiers (provenant de vaches pie rouge de l'Est ou montbéliardes) mis en présure, à coagulation assez lente, à caillé grossièrement divisé, salé, non pressé, non cuit.
Les plus gros de ces fromages sont vendus frais sous le nom générique de *Lorraine* (v. *Gérardmer*); les autres, de dimensions plus réduites, 18 à 20 cm de diamètre sur 4 cm d'épaisseur, d'un poids moyen de 700 g à 1 kg, sont mis en cave en vue d'un affinage aussi poussé que possible. En 3 ou 4 mois, ils acquièrent une onctuosité de pâte remarquable et développent tous les arômes de la flore vosgienne avec un niveau de sapidité élevé. On ajoute souvent dans le caillé une certaine quantité de « carvi de Hollande » pour communiquer à l'ensemble un agréable goût d'anis. Ils sont emballés dans des boîtes de sapin à fond épais, le prix étant établi selon le poids brut.

Le lac de Gérardmer (Vosges).
Phot. A. Petit-Atlas.

De vieille date, le nom du Géromé apparaît dans le détail des dîmes servies aux empereurs d'Allemagne, aux ducs de Lorraine et aux dames chanoinesses de Remiremont. Bonne saison de dégustation : de novembre à mai.

Géromé anisé (Lorraine). — ***Vache.*** Aromatisé à l'anis.

Géromé de bruyères (Lorraine). — ***Vache.*** Toponyme d'origine d'une variété de Géromé.

Géromé au cumin (Lorraine). — ***Vache.*** Aromatisé au carvi (cumin des prés). Se prépare quelquefois sur le versant alsacien des Vosges, qui est le terroir du Munster, et ne peut y porter ce nom de Géromé.

Usine Gervais-Danone au Plessis-Robinson : fabrication des Yoghourts. En haut et à l'arrière, tanks de stockage du lait (8 000 litres), et, au premier plan, cuves d'ensemencement du lait. Au rez-de-chaussée, conditionnement. *Phot. Paul Genest-Danone.*

Gervais (France). — ***Vache.*** Cette marque fabrique et vend sous ce nom des fromages frais : Suisses, Demi-Sel, Carrés (de 40 à 60 p. 100 de matière grasse par rapport à l'extrait sec), ainsi qu'un fromage de régime « maigre ».
Ses services de publicité assurent qu'il s'en vend 500 millions d'unités par an.

GERVAIS (Charles) [1830-1892]. — Commis du mandataire qui recevait au siècle dernier, aux Halles de Paris, l'expédition quotidienne des fromages de la fermière de Villers-sur-Auchy, nommés *Petits-Suisses,* il s'intéressa tant à ceux-ci qu'il s'associa avec l'expéditrice et déposa la marque. Ainsi fut créée, à Ferrières, jouxtant la gare de Gournay-en-Bray, la première usine Gervais.

Gevrey (Bourgogne). — ***Chèvre.*** Fromage fermier aux sources du chambertin, le vin préféré de Napoléon.

Gex. — V. *Bleu de Gex.*

GIDE (André) [1869-1951]. — L'auteur des *Faux-Monnayeurs* assure, dans son *Journal,* qu'il eût volontiers écrit un « essai sur la gourmandise ». En tout cas, dans ses *Nourritures terrestres* (livre V), on peut lire ce joli texte sur la laiterie de sa propriété normande de La Roque :

« *La troisième porte est celle de la laiterie : Repos! Silence; égouttement sans fin des claies où les fromages se rétrécissent; tassement des mottes dans les manchons de métal; par les jours de grande chaleur de juillet, l'odeur du lait caillé paraissait plus fraîche et plus fade... non, pas fade : mais d'une âcreté si discrète et si délavée qu'on ne la sentait qu'au fond des narines et déjà plutôt goût que parfum.*
Baratte qu'on entretient de la plus grande propreté. Petits pains de beurre sur des feuilles de choux. Mains rouges de la fermière. Fenêtres toujours ouvertes, mais tendues de toiles de métal pour empêcher les chats et les mouches d'entrer.
Les jattes sont alignées, pleines de lait toujours plus jaune jusqu'à ce que toute la crème en soit montée. La crème affleure lentement; elle se boursoufle et se ride et le petit-lait s'en dépouille. Quand il s'en est complètement appauvri on enlève... (Mais, Nathanaël, je ne peux te raconter tout cela. J'ai un ami qui fait de l'agriculture et qui pourtant en parle merveilleusement; il m'explique l'utilité de chaque chose et m'enseigne comme quoi même le petit-lait n'est pas perdu.)
[*En Normandie on le donne aux porcs, mais il paraît qu'il y a mieux à en faire que ça.*] »

Gien (Orléanais). — ***Chèvre*** ou ***chèvre et vache.*** Fromage fermier pesant environ 200 g et ressemblant à une Fourme (de forme tronconique assez basse et plus large que haute). Très rarement pur lait de chèvre, quelquefois uniquement de vache, selon la saison, son affinage de quelques semaines peut se faire sous la cendre de bois, les feuilles de châtaignier ou à croûte nue. Mat. grasse, de 40 à 50 p. 100.

Gislev (Danemark). — ***Vache.*** Fromage à pâte dure.

Gjetost (Norvège). — ***Vache.*** De *gjei,* qui veut dire « chèvre » en norvégien, ce n'en est pas moins un fromage en majorité au lait de vache (le lait de chèvre devant intervenir, légalement, pour au moins 10 p. 100).
Fabriqué au sérum de lait écrémé ou au sérum longuement bouilli, le Gjetost est brun caramel foncé et pèse de 200 g à 4 kg. On le dit aussi *Blandet Gjetost* (mélangé). Car il existe de rares Gjetost de pur lait de chèvre, qu'on appelle *Ekte Gjetost* (authentique Gjetost) ou *Geitmysost,* ou encore *Hvid* Gjetost.*

André Gide à sa table de travail. *Phot. Laure Albin-Guillot.*

Glärnerkäse (Suisse). — Autre nom du Sapsago*.

Gloucester (Angleterre). — ***Vache.*** Pâte pressée, fabriquée de lait entier dans le comté dont il porte le nom. Issu à l'origine des laiteries rurales et maintenant d'usines, le Gloucester est de texture lisse, serrée et cireuse; de saveur douce et d'une couleur jaune clair, tandis que se développe une légère moisissure bleue sur ses faces latérales si les affineurs ne le grattent pas assez souvent.
Le Gloucester, qui ressemble un peu au Derby*, pèse environ 6 kg, avec un diamètre de 40 cm et une épaisseur de 5 à 7 cm. Il lui faut 6 mois d'affinage.

Gloucester double (Angleterre). — ***Vache.*** De même diamètre mais d'une hauteur de 10 à 12 cm et pouvant peser jusqu'à 11 kg. Le Gloucester double peut être, au bout de 1 mois d'affinage, raclé et enduit d'une mixture délayée dans de la petite bière, à consistance de cire, et qui lui donne une teinte brune ou rouge. Saveur moelleuse et assez vive. Le Norfolk lui ressemble.

Glumse (Allemagne de l'Est). — ***Vache.*** Fabriqué en Prusse-Orientale, de lait de vache écrémé coagulé par acidification naturelle et chauffé. On ajoute du lait ou de la crème au caillé avant de consommer ce fromage, qui ressemble un peu au Cottage* américain.

Glux (Nivernais). — ***Chèvre.*** Fromage local disparu en même temps que le fabricant.

Golo (Corse). — ***Brebis.***

Gomost (Norvège). — ***Vache.*** Fromage frais comparable à nos Fromages blancs de France, préparé à partir de lait entier. Il présente une consistance semblable à celle du beurre et, quelquefois, est fait de lait de chèvre.

Gorgonzola (Italie). — ***Vache.*** Il a pris le nom d'une petite ville de la plaine du Pô, à 20 km de Milan, et son vrai nom est *Stracchino di Gorgonzola.* Autrefois, Gorgonzola était une étape importante de la transhumance des troupeaux, qui y faisaient halte, en automne, en descendant des Alpes vers la plaine. Le lait des vaches, fatiguées par le voyage, donna dès l'an 879 l'idée de préparer sur place un fromage mou qui prit le nom de *Stracchino* (de *stracco,* qui veut dire « fatigué » en lombard).
Longtemps préparé en septembre et octobre, le Stracchino di Gorgonzola fut affiné quasi artisanalement, se marbrant de veines bleues intérieurement, grâce au *Penicillium glaucum.* Sa surface était protégée par un enduit rougeâtre présentant l'aspect de l'argile et préparé à partir de baryte ou de brique pulvérisée, de lard ou de suif et d'une matière colorante qui, dans certains cas, pouvait être le safran.
Aujourd'hui, on fabrique bien peu de Gorgonzola à Gorgonzola. Il vient toute l'année de la Lombardie, et l'on a aussi construit des caves de maturation dans les Alpes, spécialement près de Lecco. Et ses emballages sont des feuilles d'étain.
Fromage gras à pâte crue, de lait entier, frais, généralement de deux traites, on le prépare en mettant le caillé dans des cercles extensibles en bois de 20 à 30 cm de diamètre et d'autant de profondeur, revêtus d'une toile et placés sur paille de seigle et lattes d'égouttage. Dans ces cercles, le caillé chaud du matin est placé, découpé en tranches ou portions, au fond et à la périphérie, puis au sommet. Le caillé froid de la veille au soir est placé au centre. Cette répartition du caillé est considérée comme primordiale pour le processus de fabrication. On rabat les bords de la toile sur le caillé chaud et on retourne le fromage, le repressant et le retournant toutes les 2 heures environ, puis moins fréquemment, toute la journée. La toile enlevée, les Gorgonzolas sont replacés dans les cercles, retournés 2 fois par jour durant plusieurs jours, salés avec du sel sec, fortement puis plus légèrement à mesure, à raison d'une dizaine de fois par semaine dans une salle à 10 °C.
Vient ensuite le séchage, le premier affinage en local frais et humide (30 jours

Gorgonzola. *Phot. Rap.*

Gouda : le Waag, ou Poids public, dit aussi hôtel des Balances. De mai à octobre, le touriste peut y déguster le fromage auquel la ville, depuis le XVIIe siècle, doit beaucoup de sa célébrité. *Phot. Office néerlandais des produits laitiers.*

environ), puis un second affinage de 2 mois en local encore plus frais (9 ou 10 °C) et d'une humidité de 85 à 90 p. 100. A ce stade, on « perce » le fromage, et la maturation finale dure encore quelques semaines ou quelques mois, parfois 1 an en toût.
Les Gorgonzolas d'origine sont cylindriques et plats, de 21 à 27 cm de diamètre pour 16 à 20 cm d'épaisseur. Ils pèsent entre 6 à 8 kg. Bonne époque : de novembre à février. Mat. grasse, 48 p. 100.
Il y a un siècle environ commença le tour du monde du Gorgonzola. Il est maintenant fabriqué en de nombreux pays, dont les Etats-Unis (Wisconsin et Michigan).

Gorgonzola blanc (Italie). — ***Vache.*** Rare et fabriqué localement dans quelques villages d'Italie, ce Gorgonzola non persillé est, paraît-il, fort apprécié. (V. *Pannarone.*)

Gornyï (U. R. S. S.). — ***Vache.*** Pâte dure et granuleuse en meule de 15 kg environ, au goût piquant et utilisée généralement en cuisine.

Gornyï Altaï (U. R. S. S.). — ***Vache.*** De cette région de l'Altaï, massif montagneux de l'Asie centrale soviétique. Meule au cône légèrement tronqué pesant de 10 à 15 kg, fabriquée selon les principes de cheddarisation du caillé; 3 mois de maturation.

Gouda (Hollande). — ***Vache.*** C'est une sorte d'Edam*, du moins dans l'esprit du consommateur français. Disons une sorte de fromage du sud de la Hollande et qui a pris le nom d'une ville hollandaise, petit port de Rotterdam où il est commercialisé sur un important marché et embarqué pour l'exportation.
Le Gouda est donc l'un des « vrais » fromages de Hollande. Fromage à caillé doux, semi-tendre ou dur, fabriqué à partir de lait de vache entier ou partiellement écrémé.
Habituellement en forme de disque à talon convexe, le Gouda est pressé dans des moules adéquats. Ordinairement, bien que quelquefois de dimensions différentes, ces meules ont 35 cm de diamètre sur 10 ou 12 de profondeur. Elles donnent des fromages de 4,5 à 11 kg, mais pouvant atteindre jusqu'à 22 kg.
On fabrique aussi un Gouda en pains de 3,5 kg, et un Baby Gouda, de forme ovale, qui pèse seulement 450 g et peut être revêtu de cire rouge avant enveloppement sous pellicule cellulosique. Mais la surface rouge n'est pas nécessairement une caractéristique d'identification, comme elle l'est pour l'Edam importé notamment.
Le Gouda est toujours « Volvet », ce qui signifie que sa teneur en matière grasse représente au moins 48 p. 100 de l'extrait sec.
Le Gouda est consommé à trois stades de maturation différents :
— 1/4 étuvé : 3 à 7 semaines d'âge;
— 1/2 étuvé : 2 à 5 mois d'âge;
— étuvé : plus de 5 mois d'âge. Il est alors de pâte couleur jaune paille, présentant quelques petits trous irréguliers ou ronds uniformément répartis. Mais dans tous les cas, il est « Volvet ».
On fait également du Gouda en Suède, en Belgique et, bien entendu, alors que la France est la première à protester — avec justesse — contre les cognacs espagnols, champagnes californiens et camemberts chinois, nous fabriquons avec une belle inconscience un Gouda français. Le gourmet honnête homme a toujours la ressource de le laisser pour compte au fromager.
On « sonne » le Gouda de l'index replié, et sa « voix » renseigne sur son état : bruit d'une planche : bon; bruit d'une grosse caisse : gaz à l'intérieur.

Goudsche Kaas (Hollande). — ***Vache.*** Appellation du Gouda néerlandais.

gougère. — Petit hors-d'œuvre bourguignon qui sert de goûte-vin. Le nom est-il

Marché au fromage, à Gouda.
Phot. Office néerlandais des produits laitiers.

une déformation de *goyère?* Cela est possible, mais la recette de ces choux au fromage est bien différente. En tout cas, avant d'être bourguignonne, la gougère est parisienne, sous le nom de *ramequin.* C'est en effet un pâtissier parisien, Liénard, qui, établi à Flogny, dans l'Yonne, y modifia le ramequin, fort en vogue à la fin du XVIIIe siècle, et créa les gougères de Troyes, qui bientôt conquirent la Bourgogne.

RECETTE DES GOUGÈRES

Faire une pâte à choux avec 125 g de beurre, 250 g de farine et 6 œufs entiers. Y incorporer 100 g de Gruyère émincé très fin.
Disposer sur une plaque beurrée des petites boules de cette pâte, à l'aide d'une cuiller à café. Passer 20 mn au four chaud. Servir tiède.

Gourmandise. — Nom d'un fromage fondu pour tartine, « homogénéisé et pasteurisé », au kirsch et aux noix, au cumin, à l'ail et au persil, et récemment aux amandes, fabriqué en Seine-et-Marne.

Gournay (Normandie). — ***Vache.*** Sorte de petit Camembert rustique, préparé à Gournay-en-Bray, en Seine-Maritime. Il peut être plus ou moins affiné. Bonne époque : de novembre à janvier. Mat. grasse, 45 p. 100. De fabrication industrielle, on trouve également un Gournay frais au lait de vache pasteurisé.

Gouzon (Marche). — ***Vache.*** Fromage artisanal et local à pâte molle et croûte fleurie, de la forme d'un petit Camembert, 50 p. 100 de matière grasse. Poids, 200 g.

Goya (Argentine). — ***Vache.*** Fabriqué dans la province de Corrientes, il ressemble à un Asiago* moyennement affiné.

goyère. — Primitivement, tarte de Fromage blanc et d'œufs, sucrée à la cassonade ou au miel et aromatisée de fleur d'oranger. On a prétendu que son nom venait d'un certain Gohier, pâtissier du Moyen Age, d'où aussi l'orthographe *gohière;* mais, plutôt, *goyère* viendrait du verbe *goguer,* « se réjouir », qui a donné l'expression *en goguette.* Du reste, on dit aussi *gogère* et *gaugère.*
Jean Froissart, alors qu'il était curé des Estinnes, s'en régalait quand il accueillait, à Binche, les ménestrels de passage.
François Villon en parle dans une de ses ballades :

Item, valetz et chambérières
De bons hotelz (rien ne me myst)
Faisans, tartes, flans et goyères
Et grand ralliais à minuict.

François Ier en raffolait. Par la suite, on fit aussi des goyères salées, garnies de lard, où il faut peut-être voir l'origine des quiches et des flamiches.
Note comique : on vendait dans les rues de Paris, sous le Directoire, des gohières. Un membre de ce conseil, Gohier, les fit interdire par crainte d'allusions désobligeantes.
Aujourd'hui, dans le Nord, on ajoute du Maroilles au Fromage blanc.

Graçay (Berry). — ***Chèvre.*** Cône tronqué à croûte naturelle, poudrée de charbon de bois pulvérisé, de la vallée de l'Arnon. Bonne saison : été et automne. Mat. grasse, 45 p. 100.

Gräddost (Suède). — ***Vache.*** Fromage de dimensions variables, soit en pain, soit en cylindre, très gras et pouvant peser de 500 g à 4,5 kg.

Graitairon (ou **Grataron**) [Savoie]. — ***Chèvre.*** Petite Tome du Beaufortin, à pâte pressée non cuite, pesant 200 g. Bonne saison : de juillet à novembre.

Grana (Italie). — ***Vache.*** Nom générique d'une famille de fromages italiens ayant pour caractéristiques communes : une consistance et une texture granulaire (d'où le nom de *Grana*); une saveur forte et intense; une dureté considérable (convenant particulièrement pour être râpés; mais consommés, en Emilie, au dessert); une bonne aptitude à la conservation, notamment sous les climats chauds; une absence enfin de besoin d'emballage étudié facilitant le transport. Le Parmesan est le plus connu et le plus célèbre de tous les Granas.
Les fromages de ce type sont nés dans la vallée du Pô, vers 1200, et peut-être même avant. Cette région était alors le centre le plus important de la fabrication fromagère d'Europe.
La convention de Stresa (1951) et une série de lois italiennes ensuite définissent l'appellation.
Les fromages produits dans les provinces de Bologne (à gauche du fleuve Reno), de Mantoue (à droite du Pô), Modène, Parme et Reggio furent dénommés *Parmigiano Reggiano* (en France, on dit « Parmesan »). Ceux des régions d'Alexandrie, Asti, Cuneo, Novare, Turin, Vercelli, Bergame, Brescia, Côme, Crémone, Mantoue (à gauche du Pô), Milan, Pavie, Sondrio, Varese, Trente, Padoue, Rovigo, Trévise, Venise, Vérone, Vicente, Bologne (à droite du Reno), Ferrare, Forli, Plaisance et Ravenne devenant des *Grana Padano*. (V. aussi *Bagozzo*.)
Un décret de 1957 a confié le soin de veiller sur ce label au *Consorzio per la tutela del formaggio Grana Padano.* Celui-ci procède au marquage au feu des meules.
Le Grana se présente sous forme de cylindre au tronc convexe, d'un diamètre de 35 à 45 cm, d'une hauteur de 18 à 25 cm, variable selon les régions. Quant au poids des meules, il oscille entre 24 et 40 kg.
Il est fabriqué toute l'année. La couleur de la croûte, épaisse de 4 à 8 mm, est foncée, et celle de la pâte est blanche ou paille. Il se conserve plusieurs années.
Mais dans la zone de ce Grana Padano, on distingue encore le Grana Lombardo (en Lombardie), le Grana Reggiano (dans l'Emilie) et de nombreuses sous-variétés de chaque type portant souvent le nom du lieu de fabrication, tel le Grana Lodigiano (Lodi).
Indispensables dans le minestrone, on devine que ces fromages ont été exportés en quantité vers tous les pays d'immigration italienne, notamment aux Etats-Unis, où l'on fabrique à présent du Parmesan et du Grana.

Fabrication du Grana.
Phot. Mondadori.

Grand Vatel (Ile-de-France). — ***Vache.*** Appellation de fantaisie d'un triple-crème de la Brie connu sous la marque « Délice de Saint-Cyr ».

Granular ou **Granulaire** (Etats-Unis). — ***Vache.*** Fromage de caillé brassé, fabriqué aux Etats-Unis en quantité considérable, tant à partir de lait cru (affinage 60 jours) que de lait pasteurisé.
Un peu semblable au Cheddar et au Colby, également fabriqués aux Etats-Unis.

Gras de Hollande. — Terme désignant un fromage Edam ou Gouda jeune et tendre.

Grataron d'Arèche (Savoie). — ***Chèvre.*** V. *Graitairon.*

Grataron de Hauteluce (Savoie). — ***Chèvre.*** V. *Graitairon* et *Hauteluce.*

Grated (Etats-Unis). — ***Vache.*** Le Grated Cheese est un fromage râpé affiné et à faible teneur en matière grasse. C'est une véritable poudre. Poudre de Parmesan, Asiago, Sbrinz et autres imitations yankees des fromages européens.
Certains fabricants préparent même un Grated en ajoutant des éléments solides dégraissés du lait et un colorant au fromage du type « américain », et en broyant et séchant le mélange.
Enfin, le Bureau of Dairy Industry a mis au point un procédé pour déshydrater le Cheddar américain de teneur normale en matière grasse sans perte de cette matière grasse. Ce fromage une fois séché est lui aussi mis en poudre et vendu comme Grated Cheese.

gratin. — Plat mis à gratiner au four. Généralement, les gratins sont peu ou prou fromagés. Le gratin savoyard en est l'exemple type.

gratinée. — Soupe à l'oignon, au fromage et au pain mise en fin de préparation à gratiner au four.
Si la soupe à l'oignon est lyonnaise et ménagère, la gratinée est parisienne et nocturne. On la trouvait sur tous les menus de soupers, à Montmartre comme aux Halles, et elle rendait plus agréables les petits matins qui déchantent. En général, le fromage utilisé est du Gruyère (ou Comté, Beaufort et autres fromages similaires), voire de l'Emmental. Mais on peut également faire des gratinées fantaisistes, comme avec du Camembert par exemple. (V. *soupe au fromage.*)

Gratz (Autriche). — ***Vache.*** Fromage affiné de couleur grise fabriqué en Styrie, à partir de lait écrémé acide. Pour garantir une maturation convenable, on mélange au caillé un peu de ce fromage gris pulvérisé et bien affiné avant de le mettre en moules. Le Gratz affiné a un goût fort agréable.

Gravyer (Turquie). — ***Vache.*** Sorte de Comté fabriqué en Turquie.

GRÈCE (fromages de). — Les fromages grecs les plus connus sont : Agrafa, Alfa, Anfissis, Feta, Kasseri, Kefalotyi, Kopanisti, Mintzitra, Salamana, Skyros, Touloumisio, Vize. (V. ces mots.)

Gris de Lille (Flandre). — ***Vache.*** Fromage à croûte molle lavée. Ce Gris de Lille, que l'on appelle aussi *Vieux Lille, Puant* et *Maroilles gris,* est en fait un Maroilles salé deux fois. Il a le goût de sa race, avec en plus une odeur légèrement ammoniacale et un peu plus de piquant. Son affinage est plus long que celui du Maroilles simple et dure 6 mois. Mat. grasse, 45 p. 100.
Il paraît qu'il enchanta un illustre visiteur : Nikita Khrouchtchev. Dans sa *Célébration du fromage,* le R. P. Lelong écrit :
« ... *Octave avait plusieurs sortes de Maroilles, celui des riches et des jours de fêtes, qu'on découpait en fines tranches, pour le faire durer, et le modèle populaire à croûte épaisse, pour les petites bourses, qui n'avait pas volé son nom de « Puant ». « Plus il pue, meilleur il est », disait rudement le vulgaire...* »
Bonne époque : de novembre à janvier.

Gratinée.
Phot. Chapman-Deux Coqs d'Or.

Gros-Lait (Bretagne). — ***Vache.*** Fromage frais.

Groviera (Italie). — ***Vache.*** Imitation italienne du Gruyère helvétique, fabriquée en Lombardie et au Piémont, mais sans comparaison en qualité.

Grünerkäse. — Autre nom du Sapsago*.

Grünerkräuterkäse. — Autre nom du Sapsago*.

Grus (Irlande). — ***Vache.*** Fromage fort à pâte pressée fabriqué encore localement. M. Christian Plume cite comme totalement disparu un fromage irlandais qu'il appelle *Gruth.* Ce doit être le même.

Gruyère (Suisse). — ***Vache.*** Maurice des Ombiaux l'appelait le *fromage encyclo-*

Fabrication du Gruyère. Fresque d'Aeby, à la fromagerie de Gruyère. ***Phot. Hétier.***

pédique. Les Helvètes, plus terre à terre, disent « le fromage qui ne lasse jamais ».

C'est un fromage « tout gras », à pâte dure, fabriqué en Suisse romande, à l'origine autour de la charmante petite ville de Gruyères, assise sur les contreforts des Préalpes de Fribourg et dominée par le Moléson (2 000 m d'altitude). En meules de 40 à 45 kg, d'environ 50 cm de diamètre, à croûte légèrement humide, à morge brun-rouge.

La pâte est tendre, un peu friable, titrant au moins 45 p. 100 de matière grasse dans l'extrait sec. Presque sans trous, et ceux-ci de la grosseur maximale d'un petit pois avec, au fond, une larme de sérosité. De fines fentes dans la pâte (lainure) sont le signe d'un fromage de Gruyère particulièrement réussi, à l'arôme accentué et de pâte tendre.

Jeune et doux à 5 mois, son goût s'accentue avec l'âge. Il est pleinement mûr au bout d'une année, accédant à un goût franc, corsé et, pourrait-on dire, « pétillant », lorsque la pâte tendre se laisse écraser sur la langue.

Ce fromage des alpages du canton de Fribourg, affiné dans des caves fraîches et humides (12 à 18 °C), traité à la saumure (morge), doit porter, sur sa croûte, en rouge, la marque « Switzerland » pour être authentique. Certains fromages de même nature, mais de « cru » différent, sont originaires du Jura vaudois et du Jura neuchâtelois; sur place, on les différencie par l'appellation *Jura.* Ils sont alors incomparables. Car, naturellement, il y a de faux Gruyères. Ainsi des Gruyères fabriqués un peu partout, notamment en Italie et en Belgique — même en Grèce et à partir de lait de brebis (v. *Agrafa*).

Il existe aussi le Gruyère de Comté* : certes, les vaches errent de part et d'autre de la frontière jurassienne sur des pâturages identiques et les fromages sont fabriqués selon des principes que la présence d'une frontière ne modifie pas. Les Comtés français du haut Jura ont toutes les qualités de ceux du versant vaudois ou neuchâtelois. Et ils ont droit légalement à l'appellation *Gruyère,* selon les termes de la convention internationale de Stresa* (1er juin 1951). Le prétexte est que, dans le passé, les agents collecteurs d'impôts étaient des agents « gruyers » et que les impositions portaient sur le « fruit » de la montagne (d'où fruitière* pour les coopératives volontaires de fromagers), composé de fromages et de bois de coupe.

Mais le Gruyère n'est-il pas suisse avant tout?

Empruntons à Paul Budry, un des créateurs des *Cahiers vaudois,* ce petit tableau de la Gruyère, de sa vallée, de ses alpages, de ses troupeaux, de son fromage.

« Si, passant de Glâne en Sarine, vous descendez au Bon Saint-Jacques de Vuisternens pour y faire, comme il se doit, une lippée de gibier plus ou moins braconné, donnez le tour de la ferme voisine, vous y trouverez une belle « poya » peinte au-dessus du porche de la grange. La « poya » c'est en patois de Fribourg la montée à l'alpage, le remue-ménage pastoral qui depuis des mille ans s'ébranle à la fin mai, quand en bas la meule de foin montre le fond et qu'en haut l'herbe nouvelle des alpages pousse et verdoie, avec cette sorte de fureur que la végétation alpine met à rattraper son handicap d'hiver. C'est donc l'événement capital au calendrier de ces contrées vachères, et rien d'étonnant si l'image en est peinte au fronton des étables, comme les chasses à l'antilope le sont dans les cavernes africaines. Ici et là l'art, le sentiment et la magie se rejoignent dans l'image rituelle. Quand la « poya » s'est faite, qu'ils sont partis dans le violet de l'aube, le maître vacher devant, le capet de paille de guingois sur l'occiput, la pipe à couvercle tombant sur sa barbe touffue, et sur ses épaules le cacolet rond à fromage, qu'ils appellent l'oiseau, et derrière lui, ballant férocement de leurs toupins, les dix ou douze vaches de l'étable folles de retrouver la liberté, la « reine » en tête portant entre les cornes la chaise à traire à un pied empanachée de fleurs; quand le char aux ustensiles, bossué par l'énorme chaudière à fromage, qui ferme le cortège, a disparu au tournant, et que le concert des sonnailles et les longues huchées des hommes vont s'évanouissant sous le bois, la ferme en bas se sent seule, l'étable est morne, les draps sont froids; les femmes qui demeurent pour les soins des champs avec les enfants et les petites bêtes regardent souvent au cours des jours les selles vertes de la montagne, où les chalets écaillés de bardeaux ressemblent d'en bas à de grosses châsses d'étain posées dans le vert. Mais le troupeau reste peint sur la porte, les vaches avec les noms qu'elles ont : Moune, Rosine, Fanchette, Roussette, sagement disposées de profil tout le long des méandres appliqués du chemin, et le char en queue de file, auquel le peintre donne parfois, pour rire, l'aspect d'un phaéton de voyage, avec une dame en rose qui passe la tête à la portière. Comme ils étaient beaux en partant : que Dieu nous les renvoie de même! Et si là-haut les nues et les tonnerres enveloppent l'alpage, la fermière, levant les yeux vers la belle « poya » de l'étable en vaquant aux ouvrages, en reçoit du rassurement. Ces « poyas » auxquelles le bon Hauswirth des Moulins, entre Gruyères et Château-d'Oex, a donné la forme portative, en découpant de ses gros doigts de tâcheron des silhouettes d'une délicatesse incroyable, c'est toute l'image de la Gruyère. »

Le fromage de Gruyère est celui qui se prête le plus aux utilisations culinaires. Il est à la base de la sauce Mornay*.

CONSOMMÉ VIENNOIS

Préparer une pâte à omelette avec 2 œufs, 60 g de farine et 1 dl de lait. Y mélanger 50 g de Gruyère râpé, laisser reposer un court instant. Cuire de fines omelettes. Après refroidissement, couper en fines lamelles.

Répartir ces lamelles dans les assiettes à

potage, verser par-dessus du bouillon en ébullition, poudrer de fines herbes ciselées.

OMELETTE SUISSE

Mélanger 50 g de Gruyère râpé avec les œufs battus.
Dresser l'omelette prête à être servie dans un plat à gratin ovale, garnir avec des petits oignons et des pommes de terre bouillies et coupées en dés. Parsemer de persil haché.

HAMBURGER GARNI

Mettre une tranche de Gruyère entre deux tranches pas trop épaisses de bifteck haché, bien presser, rôtir des deux côtés dans de l'huile à feu moyen.

CHEESEBURGER

Rôtir un côté d'un bifteck haché (100 g), tourner, badigeonner de moutarde et couvrir d'une tranche de Gruyère de 50 g. Finir de rôtir sous couvercle jusqu'à ce que le fromage ait fondu. Introduire dans un petit pain grillé, servir avec des cornichons.

CROÛTE AU GRUYÈRE OU MALAKOFF

Faire une pâte épaisse et malléable avec 400 g de Gruyère râpé, 4 œufs et un demi-décilitre de vin blanc. L'étendre sur des tranches de pain. Faire fondre en poêle 50 g de beurre, y ajouter quelques cuillers de vin blanc. Poser les tranches de gros pain et cuire à couvert, jusqu'à ce que le fromage fonde. Poudrer de paprika avant de servir.

CROÛTE CHÂTEAU DE GRUYÈRES

Mélanger 100 g de Gruyère râpé à la moitié d'oignons hachés et à un œuf. En tartiner des tranches de pain mie beurrées. Poudrer de paprika. Mettre à cuire.

Le Gruyère, enfin, intervient dans la fondue*. La fondue gruyérienne est entièrement au Gruyère râpé. Il intervient pour moitié (avec le Vacherin) dans la fondue fribourgeoise, dite « moitié moitié », et se mélange au Bagnes (240 g de Gruyère pour 80 g de Bagnes) dans la fondue genevoise. Dans le Tessin, on prépare une fondue de deux tiers de Gruyère et un tiers d'Emmental.

Nous avons trouvé, dans une vieille revue, ces conseils quelque peu dépassés pour conserver le Gruyère dans un ménage :

« A défaut de la pierre à fromage (bassin en marbre pouvant contenir une ou deux pièces de Gruyère) indispensable à toute maison en Suisse, on se servira pour conserver un morceau de fromage de Gruyère ou d'Emmental d'une terrine munie d'un couvercle. On y maintiendra le fromage entouré d'un linge plus ou moins humecté d'eau salée suivant l'état du fromage. Couper chaque jour le morceau qui doit être servi frais au dessert

Fromagerie de démonstration à Gruyère.
Phot. Ismand.

Chaudron à Gruyère.
Phot. J. André-Fotogram.

Portions individuelles de crème de Gruyère. Phot. Orel-Atlas.

du déjeuner ou du dîner; le reste de ce morceau sera utilisé pour la cuisine. Le fromage qui n'est pas coupé frais prend une teinte jaune foncé et une apparence fort peu appétissante.
Pour les amateurs de fromage de haut goût, tenir la terrine au chaud dans un placard, à la cuisine; si on préfère le fromage frais et doux, le garder au frais. »

Gruyère (Crème de). — Le fromage fondu a été inventé en Allemagne en 1916; mais les Suisses, producteurs de fromages à pâte dure, ont été les premiers à exploiter la ressource de la fonte des fromages accidentés ou légèrement défectueux.

La législation française (v. *fondus* [*fromages*]) a très strictement réglementé cette fabrication, qui, dans certains cas, ne peut porter d'autre dénomination que *Fromage à tartiner.*

Pour agrémenter ces pâtes peu savoureuses, les fabricants ont ajouté des aromates divers afin de les rendre plus attractives.

Le succès des fromages fondus, dû à la commodité de leur transport et de leur conservation, n'en est pas moins incompréhensible pour qui s'en tient au plan gastronomique.

Guajaqueno (Mexique). — ***Chèvre.*** Curieusement fait de bandes fibreuses enroulées sur elles-mêmes, ce petit fromage caoutchouteux n'en est pas moins assez savoureux, dit-on.

Guardian (Provence). — ***Brebis.*** On écrit aussi *Gardian** et on dit aussi *Camargue**.

Gudbrandsdalsost (Norvège). — ***Chèvre*** et ***vache.*** D'un mélange des deux laits en quantité variable, ce fromage est fabriqué dans la vallée de Gudbrand, à l'est de la Norvège.

Guerbigny (Picardie). — ***Vache.*** En forme de cœur, ou rond, ce petit fromage à croûte molle lavée est cousin du Rollot*.

Guéret (Marche). — ***Vache.*** Fromage fermier consommé localement dans la région de Guéret. (V. *Creusois.*)

Gueyin (Lorraine). — ***Vache.*** Fromage de ménage préparé avec du lait caillé; mis à égoutter dans une forme ronde en bois revêtue d'un linge à travers lequel s'écoule le petit-lait et placé sur une volette.

« Si on veut le faire très bon, il faut d'abord donner un coup de couteau profond à travers la masse de caillé, dans le pot de grès dans lequel il est formé. Par cette tranchée, le petit-lait s'écoule au fond du pot. Vous ne prendrez ainsi pour mettre dans la forme que la partie supérieure du pot séparée du petit-lait. Au bout de quelques jours, quand le fromage est suffisamment sec, on enlève le linge et on couvre sa face supérieure de sel et de poivre, puis on le renverse sur une volette, on sale et on poivre l'autre face ainsi que les côtés; on le met ensuite à sécher sur le lattis suspendu au plafond de la chambre. Si on le mange dans cet état, il porte le nom de « Trang'Nat ».
Quand il est bien sec, au bout de 15 à 20 jours, on le range avec ses camarades, tous empilés dans des pots de grès ou enveloppés de paille d'avoine et déposés dans un cuveau dans un endroit obscur et sans air; quelques ménagères le suspendent, simplement recouvert d'un linge, dans l'étable, au-dessus de la tête des vaches pour qu'il reçoive leur chaude haleine. » (Auricoste de Lazarque, *la Cuisine messine.*)

guilde. — Du néerlandais *gilde.* Association confraternelle puis économique datant du Moyen Age et groupant des marchands exerçant une profession commune. Il existe à Alkmaar, la vieille cité hollandaise, une Guilde des porteurs de fromage. Elle date de 1622 et honore aujourd'hui encore les vieux usages.

La Guilde des porteurs de fromage se compose de 28 porteurs groupés en quatre corporations que l'on distingue par des couleurs : rouge, jaune, bleu et vert.

Dans chaque corporation, il y a 6 porteurs et 1 *tasman.* Le *tasman* est toujours le plus âgé de la corporation. C'est lui qui place les poids (de 25 kg et au-dessus) sur la balance et qui reçoit le « droit de pesée » pour le fromage pesé. Il met cette somme dans un sac qu'il porte et c'est pour cela qu'on l'appelle le *tasman* (en hollandais : « l'homme du sac »).

Ensuite, on choisit dans chaque corporation un maître juré *(overman);* les différents maîtres jurés et le « père » (c'est-à-dire le contrôleur des porteurs de fromage) forment le conseil. Il y a aussi un prévôt, valet du conseil, tandis qu'un autre valet existe pour toute la Guilde.

Les maîtres jurés portent un petit écusson d'argent au bout d'un ruban de la couleur de leur prévôt, lequel porte un brancard miniature en argent attaché à un ruban de la couleur de sa corporation.

Le vendredi matin, dès que la cloche a fait entendre ses 7 coups, le valet dit : « Père, elle a sonné », et sur ce, l'appel commence. Près du père se trouve le prévôt, lequel prend le « tableau de honte » et y inscrit le nom de ceux qui sont en retard ou, pour une raison ou une autre, absents; ils seront condamnés à une amende. Le prévôt veille à la rentrée des amendes.

Après l'appel, le père et les maîtres jurés restent sur place pour désigner ceux qui, éventuellement, devront servir d'extras. Les maîtres jurés jouent cela aux dés, et celui qui a fait le plus de points choisit les remplaçants à l'ancienneté.

Ensuite, les brancards, peints aux couleurs des corporations, sont placés près des balances; après quoi les porteurs de fromage rentrent chez eux pour s'habiller. A 9 h 30, tous les porteurs apparaissent vêtus de blanc : pantalon blanc, chemise blanche, bas blancs, un chapeau à la couleur de sa corporation. Toutes les semaines, les vêtements sont soigneusement lavés et repassés; chacun met un point d'honneur à apparaître sans une seule tache et sans le moindre faux pli. Les chapeaux, à l'origine de paille blanche, sont peints et pourvus de rubans, respectivement rouge, jaune, bleu et vert. Les suppléants portent un chapeau non coloré et marchent toujours devant le brancard.

Dès que le fromage est vendu, et la vente est rapide lorsque le marché est actif, le portage commence. Le fromage est placé sur les brancards et porté d'abord aux balances, puis, après la pesée, dans des barques, des entrepôts ou des autos. Lorsque tout le fromage est expédié, les « hommes aux sacs » vont « en haut » où, en présence de leur maître juré, ils comptent la recette, et lorsqu'elle est divisée en parts égales entre tous les porteurs, le prévôt crie : « Tout le monde là-haut », après quoi le maître juré verse son dû à chaque homme de sa corporation. Le conseil, avec le père, reste encore réuni, pour discuter des affaires du marché, ou, s'il y a lieu, pour punir les porteurs qui se seraient mal conduits.

Une coutume assez curieuse, c'est le fait que chaque semaine une partie des revenus soit retenue, pour n'être répartie qu'à la fin de l'année. La première *schoving,* on nomme ainsi cette distribution, a lieu le deuxième vendredi de novembre, et la seconde *schoving,* fin décembre, est destinée, suivant un vieil usage, à la constitution d'un stock familial de provisions pour l'hiver.

Lorsqu'un suppléant est nommé porteur en titre, il doit donner à la chambre de la bière, des pipes et du tabac, verser au fonds de secours des veuves 50 florins et payer sa cotisation à la chambre.

Comme vieil usage également, il y a de temps en temps des « soirées de bière », dont l'une est obligatoire, à savoir celle du « dernier marché ».

Les soirées de bière ont toujours lieu le samedi soir et sont annoncées à l'appel du vendredi matin. Le valet se place à cet effet dans l'embrasure de la porte, donne trois coups sur une cloison de bois et dit : « Le père, les maîtres jurés, les porteurs de fromage en titre et le plus vieux suppléant sont invités demain soir à recevoir de la bière, des pipes et du tabac, et tout ce qui sera offert en plus. »

Si une de ces soirées de bière a lieu, le père et les maîtres jurés montent d'abord pour tout mettre en ordre. Les « petits pains de porteurs de fromage » sont coupés en long, enduits d'une épaisse couche de beurre et fourrés au fromage; ensuite, ils sont enveloppés et présentés aux porteurs de fromage à la fin de la soirée. Pendant ce temps, le valet est occupé en bas à percer le tonneau de bière et à débiter cette bière dans les pots d'étain qui ont quelque 300 ans et sont toujours en usage, pour remplir ensuite les gobelets.

La « bière de porteurs de fromage » était autrefois brassée à Alkmaar; actuellement, c'est la brasserie Vollenhoven qui fournit la bière de la Guilde.

Dans une pareille soirée, les porteurs de fromage fument tous de longues pipes, qu'ils allument à de petites braises qui se trouvent dans un pot de cuivre. Les plaisanteries fusent sans arrêt, et le tout donne une impression, quelque faible qu'elle soit, de la vie des vieilles guildes.

Si un porteur de fromage est empêché d'assister à la soirée, par suite d'une indisposition, le valet lui porte un petit pot de bière, une pipe bourrée et un petit pain. La mère, c'est-à-dire la femme du père, qui n'est cependant pas la mère de ces 28 enfants, reçoit aussi à domicile par le valet un petit pot de bière, un petit pain, etc.

Scrupuleusement, les porteurs de fromage honorent ces us et coutumes, en cela soutenus par le conseil municipal et le directeur du marché, car on les considère comme un petit trésor et un souvenir du temps de l'épanouissement du vieux régime des guildes.

Gussing (Autriche). — ***Vache.*** Fabriqué comme le Brick* Cheese américain, et de goût similaire, mais à partir de lait écrémé. Il pèse de 2 à 4 kg.

H

hâloir. — Local ventilé où les fromages fraîchement démoulés et salés sont exposés pour terminer leur « ressuyage » et où, à l'occasion, ils prennent la fleur; exemple : le Camembert.

Halsinge (Suède). — ***Vache.*** Fromage parallélépipédique de 25 cm de long sur 12 cm de large et 6 de haut, pesant de 4 à 5 kg. Fabriqué industriellement. Il en existe diverses variétés, mais il reste un fromage doux.

Hand Cheese (Etats-Unis). — ***Vache.*** De *cheese* (« fromage ») et *hand* (« main ») parce que ce petit fromage de lait acide et d'affinage superficiel était, à l'origine, moulé à la main sous sa forme finale. Très populaire sous le simple nom de *Käse* (fromage) dans les fermes de l'Europe centrale germanique, ce sont des émigrés allemands aux Etats-Unis, notamment en Pennsylvanie, dans le Wisconsin et l'Illinois septentrional, qui le popularisèrent là-bas. Mais on l'y prépare aujourd'hui industriellement d'un mélange de babeurre et de lait écrémé, parfois en l'aromatisant de carvi.

Hâloir. ***Phot. Lauros.***

Handkäse (Allemagne). — ***Vache.*** Fromage à la main... Autrefois de fabrication et de consommation uniquement fermières, de lait acide et d'affinage superficiel, aujourd'hui fabriqué plus couramment en usines. A donné naissance au Hand* Cheese américain. Diverses variétés de Handkäse, tant en Allemagne qu'en Autriche et même en U. R. S. S., sont indiquées à leur nom dans cet ouvrage.
Le folklore fromager du Handkäse se retrouve dans de nombreux noms locaux, depuis le Livlander russe jusqu'au Queso* de Mano d'Amérique latine.

HAREL (Marie). — La « mère » du Camembert. En réalité, cette fermière était de Roiville et ne fit que diffuser, sur les marchés voisins et notamment à Vimoutiers, un fromage local connu de longtemps. C'était, croit-on, après 1791. Elle était née Marie Fontaine, et certains l'ont à tort fait vivre à Camembert au lieu de Roiville. Il n'importe. Marie Harel avait une fille, prénommée également Marie. Celle-ci épousa Victor Paynel et hérita des « secrets » de la fermière. C'est cette Marie II qui dut offrir, dit une légende, un fromage à Napoléon III de passage dans la région pour l'inauguration de la ligne Paris-Granville.
Mais ce qu'il faut savoir, c'est qu'alors le Camembert était enveloppé dans de la paille (comme le Brie, son voisin et qui lui ressemble en pâte), et ce n'est qu'en 1890 que la boîte en copeaux fut imaginée par un certain Ridel selon certains auteurs. Mais cette boîte, qui permit au

fromage de faire le tour du monde, semble bien avoir été lancée par Auguste Lepetit, fondateur en 1872 d'une fromagerie. Du moins selon une vieille plaquette publicitaire de cette maison.
De même, le Camembert initial était « bleu », et c'est l'introduction de moisissures en provenance du pays de Bray qui lui a donné cette couleur jaunâtre si appétissante. Ce fut l'œuvre, vers 1910, d'un certain Roger.
Roger et Ridel ne disent plus rien à la mémoire des gourmets. Mme Harel est restée. Un médecin américain, le docteur Knirim, qui soignait ses malades avec du Camembert (la pénicilline avant la lettre, en quelque sorte) et avec succès, fit élever, en reconnaissance, une statue à Marie Harel, à Vimoutiers.
Alexandre Millerand (sénateur de l'Orne) l'inaugura en 1928. La statue fut détruite lors du débarquement allié en 1944 et renouvelée après la guerre par une souscription des 400 employés, hommes et femmes, de la fabrique américaine de fromages de Van Wert, dans l'Ohio.
Raymond Lindon fait remarquer que le préfet qui présida cette seconde cérémonie se nommait... Gervais.

Harracher (Hongrie). — ***Vache.*** Sorte de Romadour* fabriqué en Hongrie.

Harze (Belgique). — ***Vache.*** Fromage trappiste de l'abbaye de ce nom. Bon toute l'année.

Harzkäse (Allemagne). — ***Vache.*** Sorte de Handkäse de la région du Harz. Ordinairement de 5 cm de diamètre sur 1 à 1,5 d'épaisseur, il pèse environ 110 g.

Hauskäse (Allemagne). — ***Vache.*** Fromage du type Limbourg*, fabriqué en disques de 25 cm environ de diamètre.

Hauteluce (Savoie). — ***Chèvre.*** Un des rares Chèvres de Savoie, préparé dans le village d'Hauteluce (1 153 m d'altitude). Il est au mieux de sa forme de mai à septembre. On dit aussi *Grataron de Hauteluce.* Mat. grasse, 45 p. 100.

Le premier monument dédié à Marie Harel, détruit en 1944.
Phot. Grün.

Havarti (Danemark). — ***Vache.*** Fromage fermier mi-fort, fabriqué depuis un siècle dans le nord du Jylland, autour du village d'Havarti. De 25 cm de diamètre sur 10 de hauteur, pesant de 4 à 5 kg, le Havarti est présenté emballé de feuilles métallisées. Plus ou moins piquant selon sa maturation, sa saveur intéressante serait le fait d'un secret de préparation.

Spécimen de Havarti.
Phot. Comité d'expansion des fromages danois.

Hayons (Normandie). — Fromage frais local (Seine-Maritime) qui s'accompagne de cidre.

Hecho (Espagne). — ***Brebis.*** Fromage de la province de Huesca, à croûte mince et dorée, à l'intérieur blanc et dur avec des trous de la grosseur d'un plomb de chasse. Saveur très fine, grasse et riche.

Heiltz-le-Maurupt (Champagne). — ***Vache.*** Fromage à pâte molle, très confidentiel, fabriqué souvent affiné sous la cendre de bois, dans la Marne. (V. *Maurupt.*)

helvétiques (fromages). — Principaux fromages de Suisse : Appenzell, Bagnes, Battelmatt, Bellelay, Binn, Chaschol, Christalinna, Conches, Emmental, Engadine, Fribourg, Gaiskäsli, Glärnerkäse, Gruyère, Illiez, Jura, Kräuterkäse, Magerer Schweizerkäse, Mainauer, Nidwaldner Spalenkäse, Orsières, Paglia, Piora, Prattigau, Rayon, Rheinwald, Saanen, Sapsago, Sarrazin, Sbrinz, Schamser, Schweizer, Spalen, Sulle Spalle, Swiss, Tête de Moine, Tilsit, Tome vaudoise, Uri, Urseren, Vacherins divers, Walliser. (V. ces mots.)

Herbst (Allemagne). — ***Vache.*** V. *Wilstermarch.*

Herkimer (Etats-Unis). — ***Vache.*** Fromage de type Cheddar fabriqué dans le comté de Herkimer, dans l'Etat de New York. Toutefois, sa fabrication tend aujourd'hui vers zéro. Peut-être parce qu'il se produit un développement considérable d'acide au cours d'un long affinage. Sans colorant ajouté au lait, le Herkimer est (ou était) un des rares fromages yankees à être presque blanc, d'une texture sèche et émiettée. Sa saveur est puissante.

Herrgårdsost (Suède). — ***Vache.*** Très populaire en Suède, où il existe depuis 1890, le Herrgårdsost est fabriqué aujourd'hui à partir de lait de vache partiellement écrémé, habituellement pasteurisé. On ajoute de la culture lactique au lait et aussi des bactéries propioniques s'il n'en renferme pas assez pour réaliser une formation normale de trous.
Caillé chauffé à 44 °C. Les fromages sont salés en saumure une dizaine de jours, paraffinés et affinés de 3 à 4 mois à température décroissante. Affiné, le Herrgårdsost (fromage du manoir, ce qui indique son origine fermière) pèse de 12 à 15 kg, pour une taille de 38 cm de diamètre sur 10 à 15 cm d'épaisseur.
On pourrait — vaguement — le comparer à l'Emmental. Il existe un Herrgård-Elite affiné de 5 à 6 mois.

Herve (Belgique). — ***Vache.*** Une définition rapide donnerait : fromage du type Limbourg, fabriqué en Belgique dans la région de Herve (province de Liège). Ce n'est pas suffisant. Si une quarantaine de villages et de hameaux forment, parmi les herbages, le plateau de Herve, qui donne aujourd'hui son nom au fromage, celui-ci n'est autre que le Remoudou* d'autrefois, dont l'origine remonte, dit-on, à Charles Quint. C'est en tout cas du milieu du XVIe siècle que date la conversion des terres en prés; la production des fromages devient alors considérable, et l'on rencontre dans les vieux documents l'indication de certaines rentes payées au moyen de « quarterons » de beurre et de douzaines de fromages Remoudous.
Les édiles de la ville de Herve faisaient souvent des dons de fromage. Une note de 1693 fait mention de quatre douzaines de Remoudous, pesant 300 livres au total, remises par la ville au gouverneur de Namur.
Un rapport adressé au préfet du département de l'Ourthe, du 27 fructidor an IX,

Herve.
Phot. Office national du lait, Bruxelles.

fournit de curieux détails sur la fabrication :

« C'est à Herve et ses environs que l'on fait les fromages d'Europe. On emploie le lait qui est resté dans le pis de la vache après la traite ordinaire; c'est de cette quantité de lait de seconde traite que l'on forme le fromage. »

Robert Senthy, poète anglais de la Cour, a décrit, après la bataille de Waterloo, son passage par Herve. Il raconte que, dans cette ville, « les rues étaient comme parfumées par les odoriférants fromages déposés sur les couches de paille et transportés par des chariots plats tirés par de robustes chevaux ardennais ».

Le Herve est un fromage fermenté fabriqué aujourd'hui à partir de lait entier des deux traites mélangées (matin et soir).

Le fabricant verse le lait encore chaud de la traite dans une cuve et y joint une petite quantité de présure. Il recouvre ensuite le récipient d'un couvercle et laisse ca ller pendant un temps déterminé par la température de la pièce. Sur le lait suffisamment caillé est déposée une passoire afin de retirer le sérum. Le caillé est versé dans une planche à fromage, sorte de table à bords élevés de 15 cm, posée sur deux tréteaux dont l'un est moins haut que l'autre.

Cette table penchée, divisée au moyen de planches longitudinales, ou filières, tenues à distance égale par des planchettes uniformes, permet l'écoulement du dernier sérum par de petits orifices taillés dans chaque filière. Le lait suffisamment égoutté est coupé en parallélépipèdes rectangles à l'aide d'un couteau et d'une mesure de bois.

Quelques jours plus tard, le fabricant décolle les coins. Il rend les planches mobiles, peut atteindre les esquisses de fromage et les poser sur une autre face. Cette opération se produit 4 à 6 fois par jour pendant deux jours. Ces cubes sont ensuite tournés dans un peu de sel et placés en saloir. Une fois par semaine, l'affineur enlève ces fromages chez les producteurs. Il les place sur des étagères dans des caves à température contrôlée, pour les faire mûrir.

Ils sont tournés journellement dans l'eau salée afin de présenter cette croûte rosée bien connue; cette opération continue jusqu'à maturité : 6 semaines pour les doux, 8 semaines pour les piquants, qui sont, eux, salés davantage et de façon continue. Parfois, vers la 6e semaine de lavage, on commence certains traitements à la bière ou au schiedam.

Il y a quarante ans, le plus gros de la fabrication du fromage de Herve était à base de lait partiellement écrémé. Ce n'est qu'au cours de ces dernières années que les fermiers, mieux à l'aise, n'ayant pas besoin d'extraire la crème, ont entrepris une fabrication plus riche à base exclusive de lait entier pour laquelle le consommateur a manifesté sa préférence. On le trouve sous des dimensions variables, toutes de forme cubique : les petits, de 5 à 6 cm d'arête, sont les plus doux et les plus appréciés. Les gros, du volume d'un savon de Marseille, appelés *Remoudous,* très piquants, sont réservés aux amateurs.

Il y a dix ans, la production annuelle, pour 225 fabricants, s'élevait déjà à 1 500 t. Elle n'a fait qu'augmenter depuis.

Il existe une Confrérie du fromage de Herve : la seigneurie du Remoudou. (V. *confréries fromagères.*)

Un arrêté ministériel belge du 30 avril 1938 protège marque et qualité de ce fromage à croûte rose et dont l'odeur caractéristique plaît aux amateurs, lesquels l'apprécient particulièrement arrosé de bière d'Orval. Mat. grasse, 45 p. 100.

Hochstrasser (Hongrie). — Sorte de Romadour* fabriqué en Hongrie.

Hohenheimer (Allemagne). — ***Vache.*** V. *Box tendre.*

La traite en Hollande.
Phot. Halin-Rapho.

hollandais (fromages). — Les Pays-Bas, du fait de leur situation géographique et de leur caractère physique, ne produisent de fromages typiques qu'à pâte demi-dure, à caillé divisé, pressé, salé et séché plus ou moins longtemps suivant l'état de déshydratation souhaité pour assurer une bonne conservation durant le transport souvent lointain ou satisfaire les amateurs de fromages durs et cassants.

La plupart sont colorés intérieurement en rouge avec la teinture de rocou, la même que celle qui est employée en Grande-Bretagne pour les Cheshire, Gloucester et autres. Certains ont une pâte de couleur jaune naturelle, mais la croûte enduite de paraffine carminée ou enduite d'huile de lin.

A l'origine, tous les fromages étaient de forme sphérique (Edam) ou en forme de disque (Gouda), mais, pour faciliter la découpe, beaucoup sont aujourd'hui moulés en forme de « pain » ou de « galantine ».

Un étalage de fromages, en Hollande. ***Phot. Actualit-Rapho.***

Des variantes au cumin sont fabriquées à Leyde. En Frise, où l'on fabrique des fromages un peu plus maigres (30 à 40 p. 100), certains sont aromatisés avec du carvi et des clous de girofle; ils prennent alors le nom de *Friese Kruidkaas,* au cumin seul, et de *Friese Nagelkaas* s'ils sont aromatisés au moyen de deux épices. Lorsqu'ils ne sont pas assaisonnés, ces fromages portent le nom de *Kanter.*

Dans le « Noord Holland », la presqu'île s'avançant dans la mer du Nord est également productrice de fromages appelés en France *Mimolettes.* Ce sont des fromages très gras, titrant 45 p. 100 de matière grasse, à la pâte rouge-orangé, à la croûte grise naturelle, de forme sphérique et d'un poids d'environ 3,5 kg. Leur saveur noisettée tire un peu sur celle du mélilot en vieillissant. Le centre français de vieillissement de ces fromages est Lille, où les habitants en sont particulièrement amateurs et les appellent *Vieux Lille.* De nombreuses fabrications, originaires de la Flandre française, viennent s'ajouter aux précédentes.

Les principaux fromages hollandais sont : Bleu de Hollande, Boerenkaas, Commitie, Commission, Delft, Edam, Edammer Kaas, Friesekaas, Friesian Clove, Frison, Gouda, Goudsche Kaas, Kanter, Kernhem, Kummel, Leiden, Leidse Kaas, Meshanger, Nagelkaas, Natte Rabbinale, Texel, West Friesan. (V. ces mots; v. aussi *relique.*)

Hollande. — Un traité du 28 mai 1935, conclu entre le Royaume des Pays-Bas et la France, précise qu'il est interdit « de se servir d'une appellation d'origine pour désigner les produits autres que ceux qui y ont réellement droit, même si les appellations fausses sont accompagnées d'un correctif tel que « genre », « type », « façon », etc. ».

Cela devrait nous protéger du fromage de Hollande qui n'est pas hollandais, nom sous lequel le consommateur désigne généralement, d'après le fromager ou le restaurateur commettant la même erreur, la Mimolette. Mais encore faut-il que ladite Mimolette porte l'indication de sa fabrication en France, tout comme les imitations françaises de fromages de Hollande, privées du label, doivent indiquer clairement la mention *Edam français* ou *Gouda français.* On ne luttera jamais assez contre ces contrefaçons qui n'osent pas dire leur nom!

Holstein Health (Allemagne). — ***Vache.*** Fromage à pâte cuite fabriqué à partir de lait acide. Le lait coagulé est chauffé, le sérum évacué et le caillé fortement pressé. Ce caillé est ensuite mélangé et placé en chaudière, on y ajoute du sel et de la crème, on le brasse pendant le chauffage (à une température de fusion), puis on le met dans des moules d'environ 200 g.

Health signifie « santé ». On connaît également ce fromage sous le nom de *Holstein Gesundheitskäse.* Originaire des provinces du Schleswig-Holstein.

Holstein Skim Milk (Allemagne). — ***Vache.*** Fromage de lait écrémé fabriqué dans le Schleswig-Holstein et ne comprenant pas plus de 15 p. 100 de matière grasse dans l'extrait sec.
Se dit aussi *Holsteiner Magerkäse.*

Hop ou **Hopfen** (Allemagne). — ***Vache.*** Fromage dont le caillé, une fois préparé, est aromatisé de graines d'anis et soumis à une maturation de 3 à 4 jours. Le caillé est ensuite mélangé à du caillé frais, et le mélange moulé en petits fromages. Une fois bien secs, ces fromages sont emballés dans des sortes de barils entre des couches de houblon pour un affinage supplémentaire.
Le Hop ou Hopfen (houblon) est d'environ 6 cm de diamètre sur 2 d'épaisseur et pèse de 85 à 113 g.
Il ressemble beaucoup au Nieheimer*, lui aussi affiné dans un enveloppement de houblon. Et même, quelquefois, dans certaines localités, le Nieheimer est connu sous le nom de *Hop,* encore qu'il ne soit pas complètement identique. De même ailleurs, on appelle le Hop *Kräuterkäse* (par ailleurs appellation locale du Schabzieger*).

humour. — Voici quelques définitions extraites du *Dictionnaire humoristique de la gastronomie* (Académie de l'Humour français. Paris, 1941) :
Gruyère : l'Argus des fromages
Trou là, là itou.
Roquefort : le Monsieur Jourdain des fromages : il fait des vers sans le savoir.
Yaourt : en mousse caillé.
Franc-Nohain, le père de Claude Dauphin et de Jean Nohain, avait un jour rimé ce quatrain :
Appétit vigoureux, tempérament de fer,
Member languit, Member se meurt.
Ami si cher,
Qu'a Member?

Hvid Gjetost (Norvège). — ***Chèvre.*** Gjetost, selon l'appellation d'autrefois, entièrement au lait de chèvre et de consommation uniquement locale de par sa petite production.

hygrométrie. — Affiner, conserver les fromages, pour le grossiste, le détaillant, voire le restaurateur, ce n'est pas seulement les conserver à une certaine température, mais dans un endroit suffisamment humide. Le degré hygrométrique compte infiniment. Le lecteur trouvera ci-dessous le tableau des températures et de l'hygrométrie données selon les catégories principales de fromages

catégories principales	variétés dans la catégorie (exemples)	température (en °C et °F)	degré hygrométrique
Fromages à pâte molle	à croûte « fleurie » : Camembert, Brie, Coulommiers, Carrés de l'Est de tous formats, Sainte-Maure (au lait de chèvre, etc.	+ 5 à + 8 °C +41 à +46 °F	80 à 85 p. 100
	à croûte « lavée » : Pont-l'Evêque, Livarot, Reblochon, Maroilles, Munster, etc.	+ 6 à + 9 °C +43 à +48 °F	90 p. 100
Fromages à pâte demi-dure	Cantal, Saint-Paulin, Port-Salut, Tome, Saint-Nectaire, etc., et certains fromages au lait de chèvre (tels que le Valençay), etc.	+ 6 à + 8 °C +43 à +46 °F	85 p. 100
Fromages à pâte persillée	Roquefort (au lait de brebis) Bleus : d'Auvergne, des Causses, de Bresse, de Gex, etc. Saingorlon	+ 5 à + 7 °C +41 à +45 °F	95 p. 100
Fromages à pâte dure	Comté, Beaufort, Emmental, etc.	+ 8 à +10 °C +46 à +50 °F	80 à 85 p. 100
Fromages fondus	Fondu au raisin Crème de Gruyère Fromages à tartiner	+ 5 à + 9 °C +41 à +48 °F	75 p. 100 (facultatif)

IJ

Idiazabal (Espagne). — ***Brebis.*** Fromage du pays basque fait du lait de ces brebis à longs poils, les lachas. Salé et fumé, il a un goût délicat d'herbes de montagne.

Igny (Champagne). — ***Vache.*** Fromage à pâte pressée et à croûte lavée dit aussi *Abbaye d'Igny* et *Trappiste d'Igny.* Type Saint-Paulin. Mat. grasse, 42 à 45 p. 100.

Ihlefeld (Allemagne). — ***Vache.*** Variété de Handkäse.

Ile d'Orléans (Canada). — ***Vache.*** Fromage à pâte molle, de saveur forte et caractéristique. Il remonte à 1679 et fut, à l'origine, fabriqué par les fermiers de l'île d'Orléans, sur le fleuve Saint-Laurent, en aval de Québec.
Ces fromages, dus au départ à des colons français, sont ronds et plats, pesant 140 g. Complètement affinés en 3 semaines, en toile, en partie par des moisissures et des levures de surface, ils se détériorent rapidement.

Ilha (Portugal). — ***Vache.*** Le mot portugais signifiant « île » indique que le fromage en question vient des Açores. De 25 à 30 cm de diamètre sur 10 d'épaisseur, d'une pâte dure, il rappelle assez le Derby anglais. Il pèse environ 4 kg et est exporté dans tout le Portugal.

Illiez (Suisse). — ***Vache.*** Fromage demi-dur des alpages du Valais pour la raclette, tout comme le Bagnes et le Conches, plus connus. Le nom est gravé dans le talon.

Imperial Frischkäse (Autriche). — Fromage frais préparé à partir de lait écrémé et très légèrement salé (1 à 2 p. 100).

Incanestrato (Italie). — ***Brebis*** et ***vache.*** Il vient de Sicile et porte ce nom (*incanestrato,* « mis en paniers ») parce que le caillé est pressé dans des moules en vannerie dont l'empreinte demeure sur le fromage. Ce « caillé plastique », obtenu d'un mélange de lait de vache et de brebis, est chauffé dans le sérum, pressé et salé. Le fromage est quelquefois épicé. Aromatisé au poivre, il est appelé *Pepato.* Fait uniquement de lait de brebis, il est dit « Pecorino Incanestrato ».
On fabrique de l'Incanestrato entièrement au lait de vache, aux Etats-Unis.

Incheville (Normandie). — ***Vache.*** Variété locale du Neufchâtel, aujourd'hui disparu, et qui avait pris le nom de ce village.

Invernengo (Italie). — Nom donné outre-Alpes aux fromages fabriqués en hiver, particulièrement le Grana.

Iraty (Pays basque). — ***Brebis*** et ***vache.*** Fromage à pâte pressée demi-dure, pesant de 4 à 5 kg. Il est conservé l'hiver pour vieillir, durcir et être employé râpé. Mat. grasse, 45 p. 100.

Isola (comté de Nice). — ***Vache.*** Dans la vallée de la Tinée. Meules de 20 à 25 kg d'une sorte de Gruyère.

Italico (Italie). — ***Vache.*** Un décret mussolinien du 10 mai 1941 définit cette appellation et y réunit une importante gamme de fromages autrefois vendus sous des noms divers, mais présentant les mêmes caractéristiques. L'Italico est un fromage gras à pâte molle, fait à partir de lait de vache cru coagulé à une tem-

pérature assez haute, mais variant selon la saison de 35 à 42 °C, pendant un quart d'heure environ. La maturation est de 20 à 40 jours.
L'Italico se présente sous la forme de cylindres aplatis de 20 cm de diamètre sur 6 de hauteur. Poids, 1 à 2 kg.
Pâte jaune paille clair, compacte, crémeuse. Croûte tendre, rose-ocre. Saveur douce, fadement parfumée.

ITALIE (fromages d'). — Les principaux fromages d'Italie sont : Aostin, Asiago, Bagozzo, Bel Paese, Bernade, Bitto, Bra, Bresciano, Broccio, Brocotte, Buriello, Caciocavallo, Caciocavallo Siciliano, Cacio Fiore, Cacio Fiore Aquilano, Calcagno, Canestrato, Caprino, Caprino Romano, Casigiolo, Castelmagno, Ceracee, Chiavari, Cotronese, Crescenza, Emiliano, Fiore Sardo, Foggiano, Fontina, Formagelle, Formaggini, Formaggini di Lecco, Formaggini di Montpellier, Formaggini di pasta filata, Formaggio di capra, Formaggio di pecora, Fresa, Gorgonzola, Gorgonzola blanc, Grana, Groviera, Incanestrato, Italico, Lodigiano, Lombardo, Majocchino, Manteca, Manteche, Marches, Mascarpone, Mejette, Milano, Moliterno, Moncenisio, Montasio, Mozzarinelli, Mozzarella, Nostrale, Olenda, Panedda, Pannarone, Parmesan, Parmigiano, Pasta Filata, Pecorino, Pecorino Dolce, Pecorino Grosseto, Pecorino Romano, Pecorino Sardo, Pecorino Toscano, Pecorino Urbina, Pepato, Pera di

Un assortiment de fromages d'Italie.
Phot. Mondadori.

Vacca, Pressato, Provatura, Provole, Provolone, Quartirolo, Ragusano, Raschera, Raviggiolo, Reggiano, Ricotta, Riola, Robbiola, Robbiolini, Romanello, Romano, Salami, Sardo, Scamorze, Scanno, Siciliano Pepato, Stracchino, Taleggio, Terzolo, Toscanello, Trecce, Vacchino Romano, Veneto, Ziger. (V. ces mots.)

J

Jack (Etats-Unis). — ***Vache.*** Variété de Monterey* réservée à la cuisine. Outre ce Dry Jack, il existe un High Moisture Jack, fait de lait de vache entier.

Jarlsberg (Norvège). — ***Vache.*** Fromage cylindrique à la pâte onctueuse, pesant environ 9 kg et enrobé de cire jaune. Goût de noisette.

Javorski sir (Yougoslavie). — ***Brebis.*** Sorte de fromage blanc serbe, crémeux.

Jbane (Maroc). — ***Chèvre.*** Lait caillé puis salé et mis à égoutter et à sécher dans des sortes de corbeilles plates en alfa. Le Jbane se présente sous une forme ronde, plate, dure. Il est vendu dans les souks ainsi qu'un autre Jbane, frais celui-là. Quelquefois, on remplace le lait de chèvre par du lait de vache.

***La Laitière vénitienne,* 1839.**
Lithographie d'après Soulange-Tessier.
Bibliothèque nationale, Paris.
Phot. Lauros-Giraudon.

jeu. — C'est Francis Jammes qui parle quelque part d'un jeu des jeunes filles de son pays et qui s'appelait « faire des fromages ». Il consistait, au temps des robes longues, à tourner sur soi-même comme une toupie, puis à se baisser tout à coup, de façon que la jupe se gonfle en forme de meule de gruyère. Selon le *Dictionnaire de l'Académie des gastronomes,* il existait autrefois également un jeu entre garçons et filles, beaucoup plus « délicat » et qui s'appelait le jeu de « laisser aller le chat au fromage ».

Jochberg (Autriche). — ***Vache*** et ***chèvre.*** Fabriqué au haut Tyrol à partir d'un mélange de ces deux laits, ce fromage pesant environ 20 kg mesure 50 cm de diamètre pour 10 d'épaisseur.

Jonchée (Béarn et Pays basque). — ***Brebis.*** Fromage frais mis à égoutter sur une claie de paille longue appelée elle aussi *jonchée.*

Jonchée (Bretagne, Saintonge). — ***Vache.*** Même sorte. Quelquefois, une partie du lait est aromatisée avec des feuilles de laurier avant l'emprésurage. La *Jonchée d'Oléron* est de lait de brebis.

Jonchée (Aunis et Poitou). — ***Chèvre.*** Même genre de procédé. On le voit, ce nom de *Jonchée* est donné à tous les fromages frais domestiques ou laitiers présentés dans des vanneries de joncs tressés. Mat. grasse, 45 p. 100.

Josephine (Pologne). — ***Vache.*** Fromage de Silésie, fait de lait entier, à pâte molle affinée, présenté en petits cylindres.

Joux (Vacherin de) [Franche-Comté]. — ***Vache.*** Sorte de Vacherin préparé à Joux, cerclé d'écorce de sapin ou de merisier.

Jumeaux (Poitou). — ***Chèvre.*** Marque de fabrique de petits Chabis de Saint-Loup-sur-Thouet.

Jura (Suisse). — Sorte de Gruyère fabriqué dans le Jura vaudois ou le Jura neuchâtelois, et que l'on distingue du Gruyère par cette appellation *Jura.*

Jura-Flor. — Nom de marque de fromages de Comté.

K

Kajmak (Yougoslavie). — ***Brebis.*** Du mot turc signifiant « crème », ce fromage à la crème de lait de brebis est fabriqué surtout en Serbie, où il constitue un aliment populaire. De fabrication primitive : on fait bouillir le lait, on le verse dans des récipients de bois peu profonds et on le laisse une douzaine d'heures, après quoi la crème recueillie est salée et vendue dans des récipients de bois. Sa saveur, douce au départ, prend en vieillissant un arôme qui peut atteindre celui du Roquefort. On l'appelle aussi *beurre de Serbie.*

Kanter (Hollande). — ***Vache.*** Fromage frison (v. *Friesekaas*), sans cumin ni clou de girofle. Pâte d'un beau jaune foncé.

Kareish (Egypte). — ***Vache.*** Le lait écrémé est coagulé par acidification naturelle. Le sérum, drainé, est salé, puis le caillé obtenu mis en poterie dans une solution de saumure. Sa différence avec le Domiati* tient à ce que le sel est ajouté non au lait, mais au caillé.

Karpaïtski (U. R. S. S.). — ***Vache.*** Grosses meules de 50 kg d'un fromage dont la maturation est de 60 à 70 jours, récemment fabriqué dans la partie russe des Carpates (Ukraine).

Kartano (Finlande). — ***Vache.*** Sorte de Gouda.

Karut (Inde). — ***Vache.*** Fromage dur et sec, à base de lait écrémé, fabriqué dans le nord-ouest de l'Inde et aussi en Afghānistān.

Kasach (U. R. S. S.). — V. *Ossetin.*

Kascher. — V. *Koscher.*

Käse. — Nom allemand du fromage.

Kaser (Turquie). — ***Brebis.*** Pâte semi-forte pressée, ce fromage, de moyenne production, se consomme frais ou affiné.

Kaskaval (Roumanie). — ***Brebis.*** Fabriqué à partir de lait de brebis partiellement écrémé, à Siebenbürgen (Roumanie), ce fromage, pesant de 2 à 3 kg, est affiné de 2 à 3 mois. Il a l'élasticité du Provolone. Sa préparation est voisine de celle du Katschkawalj*. Un fromage préparé par une même méthode, très sec, se nomme *Kaskaval de Peneteleu.* Une variante contenant moins de matière grasse et plus d'eau est dite *Peneteleu-Burduf.*

Katschkawalj (Bulgarie). — ***Brebis.*** En fait, ce fromage, à caillé plastique et du type Caciocavallo* (il lui ressemble aussi par la prononciation), est commun à toute l'Europe orientale. On le trouve en Roumanie (Kaskaval), en Serbie, en Macédoine et surtout en Bulgarie. Le lait est présuré, le caillé égoutté, mis dans une toile, et on lui fait subir une maturation jusqu'à ce qu'il devienne élastique au chauffage. Ensuite, on le place dans des boîtes métalliques et il est cuit dans l'eau et travaillé comme de la pâte à pain jusqu'à élasticité complète. Il est découpé en morceaux de 2,7 kg environ, qui sont travaillés en boule, placés dans un moule de métal ou de bois, lavés au sérum séché et salés avant d'être affinés. (V. *Pirotski.*)

Kaunas (U. R. S. S.). — ***Vache.*** Fromage de l'ancienne capitale de la Lituanie. On dit aussi *Kibartaï* (Suris).

Fromages du Kouban et de Iaroslav.
Phot. A. P. N.

Kefalotyi (Grèce). — ***Chèvre*** ou ***brebis.*** Fromage à râper à pâte et croûte dures. De 25 cm d'épaisseur, il prend la forme du chapeau grec, le « kefalo », d'où son nom. On trouve ce même fromage en Syrie, et, au lait de chèvre, dans la région de l'Ozark (Arkansas).

Kéfir (U. R. S. S.). — Lait fermenté préparé, au Caucase, au printemps avec du lait de chamelle, de brebis ou de vache, écrémé ou non. La fermentation s'obtient au moyen de grains de kéfir. Une fois ensemencé, le lait est conservé en bouteilles fermées et maintenu plus ou moins longtemps à l'étuve. Après un jour d'étuve, maigre ou gras selon que le lait a été ou non écrémé, le Kéfir est légèrement laxatif; après trois jours, il contient 2,50 p. 100 d'alcool et est dit « Kéfir fort ».
De goût légèrement aigrelet, mousseux, la caséine ayant subi un commencement de peptonisation en minces flocons, le Kéfir est un aliment de digestion facile et conseillé aux malades. On dit que les habitants lui doivent leur longévité.
S'écrit également *Képhir.*

Kelle (Turquie). — ***Brebis.*** Fromage frais consommé localement.

Kernhem (Hollande). — ***Vache.*** Cylindre plat de 1,5 à 8 kg, à pâte très molle, « mat », extrêmement crémeux et se tartinant facilement. Récemment mis sur le marché, le Kernhem a sa croûte semée d'une couche visqueuse de bactéries rouge-brun recouverte d'un matériau artificiel sec et protecteur.

keshy yena. — Plat de l'île de Curaçao. On prend un Edam. Après y avoir découpé une calotte, on le vide. On le remplit d'un ragoût de bœuf haché, d'olives, de tomates, d'oignons et de fromage en dés. On ressoude la calotte et l'on cuit une heure au four.

Kibartaï (Suris) [U. R. S. S.]. — V. *Kaunas.*

Kjarsgaard (Danemark). — ***Vache.*** Fromage à pâte dure à base de lait écrémé.

Kloster (Allemagne). — ***Vache.*** Fait à partir de lait entier de vache partiellement écrémé, ce fromage mesure 7 cm de long sur 2,5 et pèse 110 g. Type Romadour*, on l'appelle aussi *Klosterkäse.*

Knaost (Norvège). — ***Vache.*** Autre nom du Pultost*.

Kobiïski (U. R. S. S.). — ***Vache*** et ***brebis.*** Fromage saumuré du Caucase du Nord et de la Transcaucasie.

Kopanisti (Grèce). — ***Vache.*** A base de lait entier, c'est un fromage de type Bleu ayant une saveur forte et poivrée. Affinage de 1 à 2 mois.
Le caillé est façonné en forme d'oranges, et celles-ci placées sur les grilles d'un séchoir se garnissant rapidement de moisissures vertes. Salées, pétries pour mélanger sel, caillé et moisissures, on les tasse dans des pots couverts d'une toile sèche changée tous les jours.

Koppen (Tchécoslovaquie). — ***Chèvre.*** Fabriqué par les bergers des montagnes des Sudètes. Il peut être conique (500 g) ou cylindrique (1 kg). De goût puissamment parfumé, fort, on l'appelle aussi *Bauden.*

Koscher (Israël). — Plus exactement, il s'agit d'un fromage fabriqué spécialement pour les juifs appliquant les usages alimentaires de leur rituel, c'est-à-dire sans présure animale. Quelquefois, on coagule le lait par acidification naturelle; d'autres fois, on ajoute un acidifiant végétal au lait de vache, suc de figuier ou de gaillet.
Parmi ces fromages dits « Koscher » (et que l'on trouve un peu partout dans le monde), on compte des pâtes molles, un Gouda Koscher, une sorte de Limburger* frais. Le Koscher porte bien entendu une marque spéciale d'identification.

Kostromskoï (U. R. S. S.). — ***Vache.*** Fromage du type Gouda. Meules de 5, 6, 9 et 12 kg.

Koubanski (U. R. S. S.). — ***Vache.*** Cylindres de 8 à 10 kg d'un fromage piquant, à pâte plus visqueuse que molle, originaire du Kouban.

Koumis. — Lait fermenté du Turkestan, de jument ou de vache. S'écrit également *Koumys.* Ressemble au Kéfir.

Krasnodarski (U. R. S. S.). — ***Vache.*** Cylindres (15 × 50) d'un fromage à pâte ferme, piquant, de la ville de Krasnodar.

Kräuter (Allemagne). — ***Vache*** ou quelquefois ***brebis.*** Etymologiquement, en allemand, *Kraut* signifie « herbe », « plante »; le Kräuterkäse est un fromage aromatisé aux herbes.

Kräuterkäse (Suisse). — Autre nom du Sapsago*.

Kreivi (Finlande). — ***Vache.*** Fromage du type Tilsit*. Se dit aussi *Krewi.*

Kremstaler (Hongrie). — ***Vache.*** Sorte de Romadour*.

Krutt (Asie centrale). — ***Vache, chèvre, brebis*** et même ***chamelle.*** On dit aussi *Kirgischerkäse* pour cette préparation des nomades des steppes de l'Asie centrale. Le lait est coagulé naturellement et salé; le caillé est suspendu dans un sac pour le séchage. Après quoi, modérément pressé, le caillé est formé en petites boules séchées au soleil.

Kuhbacher (Allemagne). — ***Vache.*** Fromage affiné à pâte molle de haute Bavière. De lait entier ou partiellement écrémé, il est cylindrique, de 15 cm sur 7, et pèse environ 900 g.

Kuminost (Danemark). — ***Vache.*** Fromage épicé à partir de lait entier ou partiellement écrémé. On mélange des graines de cumin et d'anis au caillé avant de le presser. Se présente sous forme de pain.
On fait aussi du Kuminost (ou Kommenost) en Suède et en Norvège, et il est exporté aux Etats-Unis en grande quantité.

Fromages finlandais. *De gauche à droite :* Emmental finlandais, Kreivis, type Tilsit, Aura, pâte persillée. *Phot. Juustoseura.*

Kummel (Hollande). — ***Vache.*** Appelé aussi *Leidse Kaas,* c'est un fromage de Leiden* aromatisé au cumin

Kvargli (Hongrie). — ***Vache.*** Fromage fermier de saveur parfumée.

L

label. — On a choisi ce mot anglais pour l'étiquette ou la marque spéciale apposée sur un produit par un syndicat professionnel. Beaucoup de fromages ont leur « label ». C'est souvent une bonne chose. Il ne faut toutefois pas en abuser, ni croire que le label est une garantie totale. Les chercheurs du Laboratoire coopératif d'analyses ont acheté un jour un Camembert portant trois labels, dont un macaron « garantie de qualité ». Le Camembert, sorti de sa boîte, se révéla totalement immangeable et sentant fortement l'ammoniaque.
Ils n'en conclurent point que ces labels avaient été abusivement attribués. De même, on ne peut nier qu'à un certain moment de son existence ledit Camembert ait été excellent. Mais pourtant, au moment où il fut vendu, et avec tous ses labels, il était immangeable.
Il conviendrait sans doute que les autorités délivrant ces labels veillent à ce que leurs produits soient retirés de la vente lorsqu'ils n'en sont plus dignes. C'est autant, sinon plus, une discipline de la distribution que de la fabrication qu'il faudrait mettre sur pied.

Labneh (Syrie). — A partir de lait acide, ce fromage, fabriqué en Syrie, représente le tiers de la production de ce pays.

La Bouille (Normandie). — ***Vache.*** Du nom du village de La Bouille, proche de Rouen. Fromage de forme cylindrique, à pâte molle et croûte fleurie, très gras, à moisissures blanches pigmentées progressivement de rouge puis de brun et à goût puissant.
Il se déguste parfaitement avec le cidre et les grands vins. Mat. grasse, 60 p. 100.

A noter que le bidon servant à transporter le lait s'appelle, dans le pays, une *bouille.*

LA CAPELLE. — Cette petite ville de Thiérache, capitale du fromage de Maroilles*, abrite chaque année, en septembre, depuis 1968, une Foire internationale aux fromages.

La Châtre (Berry). — ***Chèvre.*** Fromage fabriqué aux environs de la petite ville de La Châtre, dans l'Indre, à 6 km de Nohant et des souvenirs de George Sand.

LA FONTAINE (Jean de) [1621-1695]. — Le bon fabuliste a célébré le fromage, celui, fameux, que tenait en son bec maître Corbeau.

Mais il est aussi l'auteur de cette fable moins connue : *Le rat qui s'est retiré du monde,* et c'est peut-être bien d'elle que nous vient l'expression populaire « avoir trouvé un fromage »!

Les Levantins en leur légende
Disent qu'un certain rat, las des soins d'ici-bas,
Dans un fromage de Hollande
Se retira loin du tracas;
La solitude était profonde,
S'étendant partout à la ronde.
Notre ermite nouveau subsistait là-dedans.
Il fit tant, de pieds et de dents,
Qu'en peu de jours il eut au fond de l'ermitage
Le vivre et le couvert : que faut-il davantage?
Il devint gros et gras : Dieu prodigue ses biens
A ceux qui font vœu d'être siens.
Un jour, au dévot personnage
Des députés du peuple rat
S'en vinrent demander quelque aumône légère :
Ils allaient en terre étrangère
Chercher quelque secours contre le peuple chat;
Ratopolis était bloquée :
On les avait contraints de partir sans argent,
Attendu l'état indigent
De la république attaquée,
Ils demandaient fort peu, certains que le secours
Serait prêt dans quatre ou cinq jours.
« Mes amis, dit le solitaire,
Les choses d'ici-bas ne me regardent plus :
En quoi peut un pauvre reclus
Vous assister? Que peut-il faire
Que de prier le ciel qu'il vous aide en ceci? »
Ayant parlé de cette sorte
Le nouveau saint ferma sa porte.

Qui désigné-je à votre avis
Par ce rat si peu secourable?
Un moine? Non, mais un dervis :
Je suppose qu'un moine est toujours charitable.

Laguiole (Rouergue). — ***Vache.*** Du nom de cette petite ville de 800 habitants à 1 000 mètres d'altitude sur le plateau d'Aubrac, ce fromage est, en quelque sorte, une Fourme sublimée.

Le pâturage de l'Aubrac se classe parmi les plus beaux pacages de montagne. Il n'y a pas de pentes escarpées, mais des parcours presque plats, sur une terre meuble, recouverte de gazon frais. La végétation herbacée est abondante et variée et contribue pour une grande part à la richesse du lait. On y rencontre la grande gentiane, la violette à trois couleurs, la « cistre » et la fleur jaune du genêt sagitté.

Le lait est très riche en matière grasse et en caséine. Il faut de 8 à 11 litres de lait pour faire un kilo de fromage.

C'est de ce pâturage qu'est né, autrefois, le fromage de Laguiole, « lo fourmo », dont les règles de fabrication fixées, sans doute, dès le XIIe siècle par les moines de la domerie d'Aubrac, ont persisté dans leurs grandes lignes jusqu'à nos jours.

Les vaches, qui appartiennent à la race d'Aubrac, séjournent sur le plateau du 25 mai au 13 octobre. Elles sont séparées de la ferme, où elles passent l'hiver, et doivent vivre en plein air jour et nuit. Grâce à leur robuste constitution, ces bêtes résistent à un climat très rude, sans protection contre pluie et froidure.

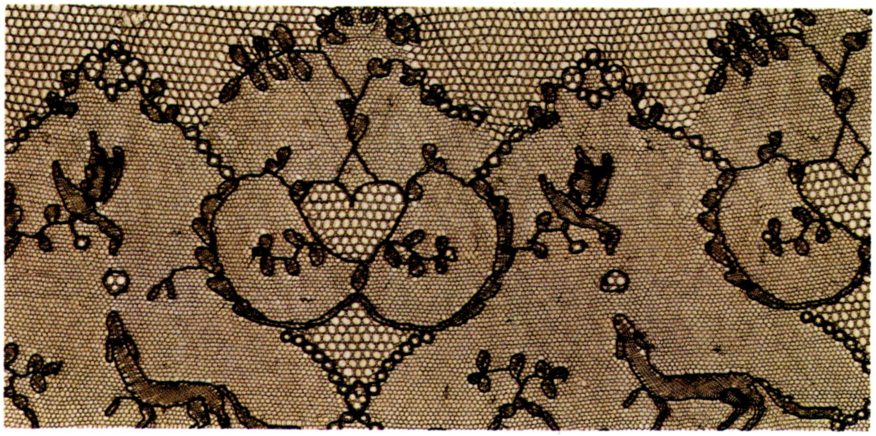

Ci-dessus : « le Corbeau et le Renard. » Dentelle du Puy, dessin de Rolland, vers 1785. Musée Crozatier, Le Puy-en-Velay. *Phot. Lauros-Giraudon.*

La fabrication du fromage se fait pour chaque troupeau dans un local appelé *buron.* Il n'y a pas de concentration de lait dans une laiterie, ni de concentration du fromage dans une cave unique. Le Laguiole est un fromage uniquement fermier. Nous sommes heureusement en présence d'une industrie non évoluée, qui a conservé sa discipline des siècles passés.

Après la traite, le lait est transporté du parc au buron dans un grand récipient en bois, la « gerlo ». Il est à la température de 30 à 32 °C. Le cantalès ajoute la présure. La coagulation, qui dépend de l'acidité du lait, dure une heure environ. Dès que le caillé est à point, le cantalès le brise, puis le rassemble, et décante pour séparer le petit-lait.

Le caillé est pressé dans un moule ou dans une toile. Au presse-tome, l'égouttage se poursuit. Il faut une pression progressive et une maturation d'une durée

Page de gauche : affiche de la foire internationale aux fromages, à La Capelle-en-Thiérache. Par D. Maillard. Collection particulière. *Phot. Lauros.*

variable. On obtient un fromage doux qui file en fondant au feu. C'est la « tome » (1). Le premier stade est clos.

Dans le second, la tome est divisée, triturée, broyée et mélangée au sel. On met de 20 à 30 g de sel par kilo de fromage.

Après un brassage énergique, le mélange est mis dans un moule : c'est le montage de la pièce. Le fromage, dont le poids est de 45 kg, est soumis alors à une pression progressive, à la température de 15 °C durant 48 heures. Le fromage est alors compact. Séparé du moule, il passe à la cave. C'est la « forme ». Le local d'affinage n'a pas reçu d'aménagement spécial. Il est frais, obscur et humide. Le fromage, parfaitement égoutté et conservé dans des caves fraîches, ne subit pendant sa maturation que des transformations peu accentuées.

« Il est remarquable, a dit un spécialiste, que des installations sommaires, un local abandonné sept mois par an, un personnel qui se renouvelle sans cesse puissent donner un produit de qualité assez homogène pour affronter les exigences du commerce moderne. Ce résultat est obtenu grâce à une tradition plusieurs fois séculaire, grâce aussi à des hommes d'une rare fidélité. En cent ans, le buron s'est enrichi de quelques machines : l'écrémeuse, la baratte, la presse à vis. Mais la fabrication elle-même n'a pas varié. Chaque printemps, la montagne se peuple d'hommes jeunes, qui acceptent loyalement l'antique discipline. Les bêtes sont soignées, la fabrication est propre, le travail est fait à l'heure. On ne peut qu'admirer une société qui se gouverne avec si peu de frais. »

Comme celui de sa petite patrie, le nom de ce fromage se prononce « layole ». On dit aussi *Laguiole-Aubrac*. Mat. grasse, 45 p. 100.

(1) C'est avec cette tome fraîche que l'on fait l'aligot*.

SOUPE AU LAGUIOLE

Faire blanchir à l'eau bouillante des feuilles de chou sauvage. Egoutter. Finir la cuisson dans un bouillon de poule. Dans une soupière allant au four, disposer une couche de tranches de pain de campagne. Semer par-dessus des lamelles de Laguiole demi-frais. Etendre quelques feuilles de chou. Recommencer dans le même ordre : pain, Laguiole, chou, bouillon. Terminer par du pain et du fromage. Arroser d'un peu d'huile et mettre à croûter au four.
N. B. — On servait cette soupe aux jeunes mariés, le lendemain des noces, cuite dans un pot de chambre orné d'un œil au fond.

lainure. — Défaut d'aspect des fromages du genre Gruyère : des fentes au lieu d'yeux. Ces fromages très gras sont recherchés par les amateurs.

lait. — C'est la base, la matière première du fromage. Selon sa composition, le fromage sera ce qu'il doit être ou non. C'est ainsi que le lait employé pour le Gruyère, par exemple, doit être frais et très peu acide; pour le Pont-l'Evêque, il doit être utilisé aussitôt après la traite; pour le Camembert, il peut être acidifié, etc.

Le lait contient un important pourcentage d'eau, des matières grasses, azotées, minérales et du lactose. Sa densité va de 1,028 à 1,032.

Le tableau ci-dessous indique les différentes compositions de divers laits.

lait de	matières grasses p. 1 000	matières azotées p. 1 000	lactose p. 1 000	matières minérales p. 1 000	eau p. 1 000
femme	22	24	52	6	896
jument	18	22	55	5,5	899,5
vache	40	32	50	7	871
chèvre	37	32	49	7	875
truie	75	60	42	9	814
brebis	85	62	42	8,5	802,5
bufflonne	90	58	42	10	800
lapine	120	85	30	12,5	752,5
rate	150	120	28	13	689

On verra dans cet ouvrage qu'il a été dégusté déjà du fromage de femme* (et c'est très bon!). A notre connaissance on n'a jamais mangé de fromage de rate.

lait battu. — Caillé, en pays breton. On dit aussi pour ses diverses préparations : lait cuit, lait posé, lait marri, lait ribot, lait à madame...

Mme Simone Morand en donne les diverses formules :

LAIT RIBOT

Ecraser dans une écuelle des pommes de terre, de façon à en garnir les parois. Verser par-dessus le lait ribot, c'est-à-dire le lait baratté.

LAIT CUIT

Verser du lait doux en terrine, le laisser cailler, enlever la crème. Approcher du feu et enlever le « clair » (eau).
Consommer avec des galettes de blé noir.

LAIT MARRI

Mettre le lait sur le feu. Lorsqu'il bout, y verser une cuiller de lait baratté (ribot). Laisser refroidir. Consommer avec lait doux et sucre.

LAIT À MADAME

Se faisait ainsi à Dinan, en 1886. Verser du lait ribot dans des petits pots de grès pour en humecter tout l'intérieur. Remplir ces pots de lait doux sortant du pis de la vache. Les tenir en endroit fermé, entourés de lainage afin qu'ils ne refroidissent pas trop vite.
Le caillé est prêt au bout de quelques heures.

« La Traite. » Aquarelle, Flandres, XVIe siècle. Coll. Gaignères, Bibliothèque nationale, Paris.
Phot. Larousse-Giraudon.

laitiers. — Les fromages dits « laitiers » sont des fromages de fabrication usinière, par opposition aux fromages fermiers, de préparation artisanale.
La multiplication des laiteries et des fromageries industrielles a abouti certes à une amélioration de la qualité moyenne des fromages. Il n'en est pas moins vrai que les bons fromages fermiers seront toujours supérieurs aux fromages laitiers.

La Meilleraye (Bretagne). — ***Vache.*** On dit aussi *Abbaye de La Meilleraye* pour ce fromage de vache à pâte pressée non cuite. Mat. grasse, 40 à 45 p. 100.

La Mothe-Bougon. — V. *Mothe-Bougon.*

La Mothe-Saint-Héray. — V. *Mothe-Saint-Héray.*

Lancashire (Angleterre). — ***Vache.*** Tirant son nom du comté de Lancashire, il y est non seulement fabriqué, mais presque tout entier consommé. C'est un fromage à pâte granuleuse, de forme semblable à celle du Cheddar*, mais de couleur blanche, plus tendre et plus humide, de saveur plus forte enfin, surtout après une longue maturation.
Il pèse entre 18 et 22 kg en général. On en trouve aussi de plus petits (17 cm sur 25) et pesant seulement 6 kg.
Le Lancashire complètement affiné, d'une consistance semblable à de la pommade, est parfait pour tartiner et pour la confection des welsh rarebit (v. page 65). Pour sa fabrication, on mélange le lait du soir partiellement écrémé au lait du matin avant de le chauffer.

LANGE ou **LANGIUS (Jean).** — Au XVIe siècle vivait à Heidelberg un fameux médecin qui s'appelait Jean Lange, ou Jean Langius, et qui passait pour un original fieffé, encore que fort bon praticien aux yeux de ses contemporains. Cela tenait à son genre d'alimentation, dans laquelle le fromage prenait une part considérable. Il en mangeait à tous ses repas, de plusieurs sortes, et avait accoutumé de dire que c'était un aliment exquis, nourrissant et sain, sur lequel les médecins, en général, ne jettent l'anathème que parce qu'ils n'en connaissent pas les merveilleuses vertus. Le brave homme vécut ainsi jusqu'à quatre-vingts ans, ce dont on pourrait être tenté de se servir comme d'une preuve démontrant l'excellence de ses théories.

Langres (Champagne). — ***Vache.*** Fromage à pâte molle et croûte lavée de forme tronconique et fabriqué en Haute-Marne (Bassigny). Sa croûte cache une pâte jaunâtre, serrée, fondante, légèrement piquante au goût et très agréable. Mat. grasse, 45 p. 100.
Bonne époque : de novembre à juin.

Grimod de La Reynière. Gravé par Blanchard, d'après Dunan. Bibliothèque nationale, Paris. *Phot. Lauros-Giraudon.*

Lapland (Laponie). — ***Renne.*** Rond et plat, ce fromage de lait de renne ressemble à un fromage suisse. Très dur, sa section est en forme d'haltère avec des extrémités plutôt angulaires qu'arrondies.

LA REYNIÈRE (Grimod de). — Alexandre Balthasar Laurent Grimod de La Reynière (1758-1838), d'origine lyonnaise, donc gourmand, fut l'enfant terrible de la gastronomie. Ennemi, comme tous les sages, de Napoléon, il se tira de ses irrévérences devant Fouché par une boutade :

« Si ce grand homme s'était appliqué aux travaux de la cuisine, qui sait à quel degré de perfection il l'aurait poussée! »

Fondateur du « jury dégustateur », auteur d'un *Manuel des amphitryons,* il publia de 1803 à 1812 un *Almanach des gourmands* devenu rarissime.

A le feuilleter, on apprend notamment qu'à Paris, en 1806, les meilleurs fromagers de la ville étaient M. Theurlot (à la Halle) et Mme Lambert (place Royale), qui fabriquaient des fromages à la crème panachés, fouettés, à la rose, à la vanille, etc., et enfin que M. Delaisse, épicier 7 rue de la Monnaie, tenait dépôt des meilleurs fromages de Viry (Viry-Châtillon).

Dans ses *Variétés,* il dit du fromage :

« Le fromage, avons-nous dit, est le biscuit des ivrognes; cela doit s'entendre des fromages salés, qui, comme ceux de Gruyère, de Roquefort, de Sassenage et de Gérardmer, provoquent la soif et font trouver bon tout vin médiocre. Mais entre ces fromages et les fromages frais, il y a une telle différence qu'on a peine à les croire de la même famille. Les quatre que nous venons de citer tiennent un rang distingué parmi les premiers; on y peut joindre encore ceux du Mont-Dore, de Franche-Comté, de Maroilles, et surtout le fromage de Brie, l'un des meilleurs qui se mange à Paris. Le fromage de Hollande et deux ou trois espèces anglaises ne sont pas sans mérite; celui du Parmesan ne s'emploie guère que dans les ragoûts. »

Et plus loin, Grimod conclut : *« Aux fromages salés est réservée la prééminence, seuls ils rappellent le gourmand à la bouteille. »*

La Roche-sur-Foron. — Ville de Haute-Savoie où se trouve l'Ecole nationale d'industrie laitière.

Larron d'Ors (France). — ***Vache.*** Ors, petit village à la limite du Hainaut et du Cambrésis, produit cette sorte de Maroilles à l'affinage très court (6 à 7 semaines) à partir de lait partiellement écrémé. Mat. grasse, 30 p. 100.

Laruns (Béarn). — ***Brebis.*** Fromage de bergers, à pâte pressée, fabriqué autour de ce chef-lieu de canton des Pyrénées-Atlantiques, sur le gave d'Ossau. Cylindrique et d'un poids de 4 kg environ, on l'appelle également *Oloron**. On le fait aussi en pays basque voisin, moins onctueux, mais de parfum plus rude et prononcé. Autour de Laruns, on fait de ces fromages un peu partout, notamment dans les bourgades de Bielle, Arbéost et Béost (celui-ci de très grande qualité), et qui portent quelquefois ces noms. Mat. grasse, 45 p. 100.

Latviïski (U. R. S. S.). — ***Vache.*** Carré pesant de 2,2 à 2,5 kg, d'une pâte pressée au goût quelquefois ammoniacal.

Laumes (Bourgogne). — ***Vache.*** Existe-t-il encore, près d'Alésia, au village des Laumes, des fermières pour préparer ce vache à croûte lavée à l'eau additionnée de café? C'était en tout cas un fromage au goût vif et amusant. Mat. grasse, 45 p. 100.

Quelquefois, il est lavé à l'eau et au vin.

Laval (Maine). — ***Vache.*** Fromage à pâte pressée appelé aussi *Abbaye de Laval* et *Trappiste de Laval.* Mat. grasse, 40 à 42 p. 100.

Leaf (U. R. S. S.). — V. *Tschil.*

Leather (Allemagne). — ***Vache.*** Fabriqué dans la province du Schleswig-Holstein à partir de lait écrémé auquel on ajoute 10 p. 100 de babeurre, il est dit aussi « fromage de laiterie du Holstein » ou appelé *Leder.* Il ressemble comme un frère au délicieux fromage maigre du Holstein*.

Leicester (Angleterre). — ***Vache.*** Le Leicester, ou Leicestershire, est fabriqué, comme son nom l'indique, dans le comté de Leicester, dans les Midlands, d'où vient aussi le Stilton*.

Fromage à pâte dure pressée, floconneuse, fait à partir de lait entier, il est doux, comparable au Cheddar mais avec plus de couleur et une plus haute teneur en humidité. Son affinage est aussi plus rapide. Poids : 18 kg pour 45 cm de diamètre sur 15 d'épaisseur.

Le lait est coloré avec de l'annatto. Il peut être livré à la vente après 2 mois de maturation ou affiné, 6, 8 et 12 mois.

Leiden (Hollande). — ***Vache.*** Dit aussi *Leyde* puisqu'il est fabriqué dans cette

ville de la Hollande méridionale, où naquit Rembrandt.
Fait à partir de lait de vache partiellement écrémé et auquel on ajoute un colorant, fermier ou laitier, c'est un Hollande type, rond et plat comme le Gouda (encore que présentant quelquefois des arêtes aiguës sur un côté) et de différentes tailles (de 3,6 à 9 kg).
Sa pâte est consistante, exempte de trous, d'un jaune pâle un peu vert, de croûte dure portant parfois les deux clés croisées qui sont la marque de l'université de Leyde, mondialement connue. On y ajoute des graines de cumin ou d'anis, quelquefois des clous de girofle, voire de la cannelle.
Fermier, il comporte quelquefois 5 p. 100 de babeurre ajouté. Mat. grasse, 40 p. 100.

Leidse Kaas (Hollande). — Fromage de Leiden au cumin. (V. aussi *Kummel.*)

Leidse Nagelkaas (Hollande). — Fromage de Leiden aux clous de girofle.

Les Aydes (Orléanais). — Lieu de fabrication d'un petit Olivet bleu ou cendré.

Lescin (U. R. S. S.). — ***Brebis.*** Fabriqué dans le Caucase. On trait directement les brebis dans un sac de peau, on ajoute la présure, on brise le caillé, on égoutte le sérum, on met en moule et on presse. Entouré de feuilles et lié d'herbes, le Lescin est alors enfermé 15 jours, puis dépouillé, salé au sel sec et remis dans les feuilles pour l'affinage complet.

Les Riceys. — V. *Riceys.*

Levroux (Berry). — ***Chèvre.*** C'est vers la fin du siècle dernier que l'on commença d'apprécier les fromages du lait des chèvres d'une pauvre paysanne de Levroux, vieille bourgade entre Châteauroux et Valençay. Ils sortaient de moules en forme de pyramide tronquée, seuls instruments de ce genre qu'elle possédât et qui, autrefois, avaient servi de moules à gâteau. Les Berrichons se chargèrent de vulgariser, au bon sens du terme, leur fromage à forme inhabituelle, et, vers 1910, la vieille ne suffisait plus à « servir » ses amateurs. On fabriqua du Levroux dans les fermes alentour et jusqu'à Valençay, où l'on adopta la forme pyramidale.
Fabriqué en ferme, il est ramassé par des collecteurs spécialisés qui l'affinent. On en fabrique également en usine, dans l'Indre, mais leur croûte est blanche et la pâte généralement granuleuse et sablée. Il existe maintenant des petits Levroux.
Bonne période : d'avril à novembre. Mat. grasse, 45 p. 100.

lexique (expressions concernant les fromages). — Le vocabulaire de l'amateur de fromage est parfaitement au point. Une série d'expressions permet à celui-ci de définir l'état de maturation du fromage qu'il achète :
AVEUGLE. Se dit de Gruyères sans trous ou de pâtes pressées non cuites bien lisses (Tomes, Saint-Nectaire, Saint-Paulin, Edams, Goudas).
À CŒUR. Terme désignant un fromage entièrement affiné, à pâte onctueuse. Synonymes : « affiné à point » ou « fait à point ».
COULANT. Fromage dont la consistance trop fluide montre une tare résultant d'un ressuyage insuffisant avant la mise en cave.
ÉCHAUFFÉ. Terme indiquant une tare résultant de l'insuffisance de ressuyage avant l'emballage. Les moisissures ont été détruites par l'excès d'humidité, les ferments caséiques également, et ce sont des traces de pourriture qui s'y sont substituées.
PASSÉ. Terme désignant des fromages ayant subi un affinage spécial dans les cendres, le marc, dans une atmosphère confinée, en pots, etc.
À POINT. *a*) qualité des fromages que l'on aime tels quels, expression très subjective; *b*) synonyme de *complètement affiné.*
Il existe bien d'autres termes de métier que le public peut ignorer : cuité, lainé, becqué, mille-trous, soufflé, etc.

Liederkranz (Etats-Unis). — ***Vache.*** Nom commercial d'un fromage à pâte molle, affiné en surface, fabriqué dans l'Ohio à partir de lait entier de vache. Il ressemble un peu au Limbourg (Limburger) et, emballé après une maturation de 15 jours, se présente sous forme de rectangles de 6 cm sur 3 et 2 d'épaisseur, pesant de 150 à 170 g.

Ligueil (Touraine). — ***Chèvre.*** Portant le nom de cette petite commune d'Indre-et-Loire, c'est un cousin très proche du Sainte-Maure. Fabriqué autrefois en ferme ou en petites laiteries, c'est aujourd'hui un fromage industriel.
Bonne période : d'octobre à juin. Mat. grasse, 45 p. 100.

Moulin, à Leiden (Hollande).
Phot. J. Bottin.

Pâturage berrichon, près de Levroux.
Phot. Candelier-Brumaire-Cedri.

« Le Marchand de fromage de Limburg. » Gravure coloriée, extraite de *la Regratterie de Hambourg,* par le Pr Suhr. Hambourg, 1808. Bibliothèque nationale, Paris.
Phot. Lauros-Giraudon.

Limburger (Belgique). — ***Vache.*** On dit aussi *Limburg* ou *Limbourg* selon la prononciation de cette ville de la province de Liège où il fut fabriqué à l'origine.

Le Limburger est un fromage à pâte semi-tendre, affiné en surface, d'une saveur et d'un arôme accentués et caractéristiques, renfermant quelques petites ouvertures irrégulières.

De dimension variable, depuis le cube pesant de 400 à 450 g jusqu'au fromage de 1,2 kg, de 15 cm au carré sur 7 d'épaisseur, sa méthode de fabrication diffère suivant les fromageries. En s'affinant (2 à 3 semaines, 60 jours s'il est fabriqué à partir du lait cru), il forme à sa surface une croûte visqueuse jaune rougeâtre. Selon les fromageries, le Limburger est frotté et retourné tous les 2 ou 3 jours ou lavé à l'eau salée. Mat. grasse, 30 à 40 p. 100.

On fabrique aujourd'hui du Limburger en Allemagne (où il est fait de lait écrémé) en Autriche, en Hollande et jusqu'aux Etats-Unis, dans le Wisconsin et l'Etat de New York.

En fait, ces Limburger sont des cousins très germains (sans jeu de mots) avec l'Allgäuer Limburger et le Stangen bavarois, le Schloss d'Allemagne et d'Autriche, le Backsteiner allemand, les Marienhofer et Tanzenberger de Carinthie. Egalement, il ressemble quelque peu à ses frères belges de Hervé et au Void, fabriqué en France. (V. ces mots.)

Lincoln (Angleterre). — ***Vache.*** Fromage frais préparé à partir d'un mélange de lait et de crème. Il doit se consommer rapidement.

Liniez (Berry). — ***Chèvre.*** Petite production de chèvres fermiers portant le nom de ce village et quelquefois celui de Vatan, bourg proche et plus important.

Lipski (Yougoslavie). — ***Vache.*** Imitation serbe du Port-Salut.

Liptauer (Hongrie). — ***Brebis.*** Il se dit aussi *Liptoï* et tire son nom de la province de Liptow.

Le Liptauer est ordinairement fabriqué à partir de lait de brebis, bien que dans certaines localités on ajoute jusqu'à 10 p. 100 de lait de vache. Il y a lieu de signaler un fait inhabituel, à savoir que les bergers préparent tous les jours le caillé, les fromages crus (Gomolya) étant ramassés toutes les semaines et dirigés sur des entreprises centralisatrices (brynziar) où les fromages sont fabriqués et affinés.

Le lait est chauffé dans une chaudière de cuivre sur un feu, à une température de 24 à 29 °C. On ajoute de la présure préparée dans le pays, sur place, à partir des estomacs de veaux encore à la mamelle, d'agneaux ou de porcelets. Après une période de coagulation de 15 à 20 mn, le caillé est brisé, recueilli et pressé en blocs assez gros que l'on suspend dans des toiles pour s'égoutter pendant un jour ou deux. Ces morceaux de caillé égoutté, qui ont environ 15 cm de diamètre, sont les « Gomolya ». On les ramasse toutes les semaines et on les transporte à la fromagerie, où ils sont placés sur des planches ou dans de grands fûts de bois, et ils sont affinés jusqu'à ce qu'ils atteignent le stade de maturation désiré, soit environ 10 jours. Ensuite, on enlève les croûtes, et le caillé est découpé en plus petits morceaux, puis salé. Il est mis dans un baquet et soumis à une maturation de plusieurs jours. Quand il est tendre et qu'il présente la consistance du beurre, on le passe dans un broyeur à cylindres et on le met dans des fûts ou dans des récipients de différentes dimensions pour l'expédition.

On fabrique des fromages du même type dans les villages de la région montagneuse des Carpates et jusqu'en Tchécoslovaquie. Il est connu sous des noms locaux tels que *Landoch, Zips, Siebenburger, Neusohl, Altsohl, Klencz* et *Bryndza* (ou *Brynza*). Le nom allemand de *Bryndza* est « Brinsen ». Et en Macédoine, on prépare un Liptauer appelé *Ftinoporino*.

On trouve souvent, dans les restaurants hongrois, sous ce nom, du Fromage blanc parfumé de câpres, d'anchois pilés, d'oignons hachés et poudré de paprika. D'autres y mettent de la moutarde et de la ciboulette. Ce Liptauer, une fois malaxé et amolli, est mis quelquefois dans un poivron vidé de ses graines et tenu au réfrigérateur pour le durcir. On le coupe en tranches en servant. Le « sang de taureau » (Egri Bikane), vin rouge corsé du pays, fait merveille avec ce Liptauer.

Voici, dans le genre, une recette, celle du Liptovski Sir :

LIPTOVSKI SIR

Passer 250 g de Fromage blanc (de vache) à travers un tamis. Battre 125 g de beurre en crème. Mélanger. Incorporer au mélange une cuiller de paprika doux, une pincée de poivre, du sel, deux cuillers à café de cumin, une de moutarde, une de câpres hachées; un petit oignon haché menu et 1 dl de crème fraîche. Battre vigoureusement à la cuiller de bois. Porter au réfrigérateur. En servant, poudrer de ciboulette hachée.

Lisieux (Normandie). — ***Vache.*** Sorte de petit Livarot plat, à pâte molle, moins forte que celle du Livarot traditionnel, mais très fruitée. (V. aussi *Petit Lisieux.*)

Livarot (Normandie). — ***Vache.*** Probablement l'un des plus anciens fromages de Normandie, cité sous le nom d'Angelot par Guillaume de Lorris dans le *Roman de la Rose.* Originaire du pays d'Auge, l'aire de sa fabrication est restée circons-

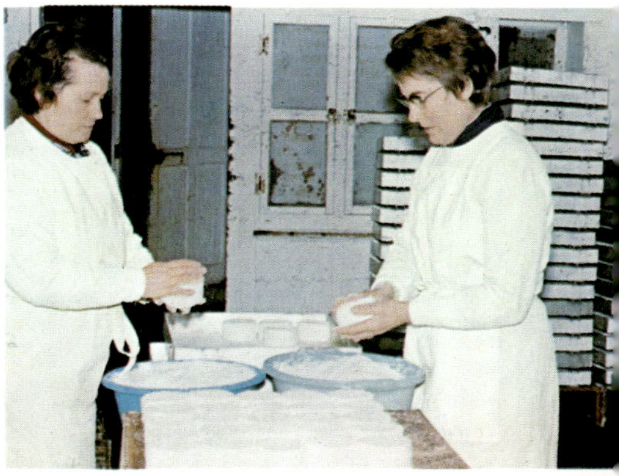

Fabrication du Livarot. ***De gauche à droite et de haut en bas :*** **moulage, salage, retournement au hâloir, lavage et liage (passage du ruban).**
Phot. Jouart.

Ci-dessous : **Livarot.**
Phot. Orel-Atlas.

crite aux quelques villages entourant le bourg de Livarot, qui lui a donné son nom.
Jusqu'à ces derniers temps, c'était un fromage exclusivement fermier affiné dans des caves spécialisées ne dépendant pas des lieux où il est fabriqué.
Au lait réduit à une teneur de 40 p. 100 de matière grasse, le Livarot est un fromage à pâte molle, à croûte lavée, à caillé grossièrement divisé, moulé dans des « cliches » de bois agrafées, égoutté, salé, ressuyé en hâloir, affiné en caves chaudes et humides sur de petits fragments de toile pour éviter le contact avec le bois des planches. A un certain stade de sa maturation, on commence par le rougir à la teinture de rocouyer, « rocou », à le « saucer » à l'eau salée. On le ceint ensuite d'une armure spirale de « laîches », roseau aquatique émoellé et découpé en lanières. La durée du complet affinage d'un Livarot de dimension normale, 12 cm de diamètre pour un poids de 600 à 700 g, est d'environ 4 mois. On accélère la rotation des stocks en moulant désormais des Livarots beaucoup plus minces connus sous le nom de *Petits Lisieux*. La croûte de ces fromages doit être toujours un peu visqueuse et présenter le brillant d'une poterie vernissée bien cuite et une couleur allant du fauve au rouge-brun. La saveur de cet excellent fromage est d'un niveau très élevé. Il ne peut être offert qu'à des amateurs connaissant l'art de la dégustation.
Dans son *Dictionnaire* paru en 1708, Thomas Corneille parle de Vimoustier (Vimoutiers), « où l'on apporte les excellents fromages de Livarot et de Camembert », ce qui, en passant, bouscule quelque peu la légende de Marie Harel.
On l'appelle en plaisantant et à cause de ses cinq galons (joncs) : *colonel*.
On produit actuellement environ 1 700 000 Livarots, petits et grands, en pays d'Auge. Mat. grasse, 40 à 45 p. 100.
Bonne période de qualité organoleptique : de juin à décembre.
Bonne période de conservation : de novembre à juin.

Livernon (Quercy). — ***Chèvre.*** Cabécou fermier fabriqué localement dans ce canton du Lot, sur le causse de Gramat.

Livron (Dauphiné). — ***Chèvre.*** Tome de chèvre fermière fabriquée localement dans ce village de la Drôme. Mat. grasse, 45 p. 100.

loaf. — Ce terme désigne des fromages divers vendus sous forme de pain. Avant 1940, le loaf était habituellement un fromage travaillé. Depuis, des fromages naturels de diverses espèces, tels que le Brick*, le Cream*, sont conditionnés et vendus sous forme de pain et méritent cette appellation aux Etats-Unis.

Loches (Touraine). — ***Chèvre.*** Fabriqué dans la région de Loches, il rappelle le Sainte-Maure et le Ligueil. Mat. grasse, 45 p. 100.

Lodigiano (Italie). — ***Vache.*** Fromage du type Grana, comme le Parmesan, fabriqué dans les environs de Lodi. Il ressemble au Lombardo, et certains assurent que c'est le même fromage sous un autre nom.
Cylindriques, aux faces convexes, ces fromages pèsent entre 29 et 50 kg. Ils peuvent être affinés jusqu'à 3 et 4 ans; on les utilise alors uniquement râpés. Mais leur saveur est plus piquante et plus forte que celle des autres Grana et même, quelquefois, légèrement amère.
Dans ses *Mémoires,* Casanova remarque que Lodi est renommé « par son excellent fromage, connu dans toute l'Europe sous le nom de Parmesan ».

Lombardo (Italie). — ***Vache.*** V. *Lodigiano,* puisque l'on dit qu'il s'agit du même fromage. En tout cas, ils se ressemblent comme des frères, mais le Lombardo est plus petit (18 à 27 kg). Cylindrique et plat au printemps, il se fait en été, avec des faces convexes. Sa surface peut être colorée, mais elle est toujours huilée comme celle du Lodigiano. Affinage de 1 à 2 ans, texture granulaire, saveur forte et aromatique.

Longhorns (Etats-Unis). — ***Vache.*** V. *Cheddar.*

Lons-le-Saunier. — Cette ville, qui vit naître l'écrivain gastronome Marcel Grancher, est le plus important siège de fromageries industrielles de France.

Lor (Turquie). — ***Brebis.*** Fromage local à consommer rapidement. On dit aussi *Lor Peynîri* (ce dernier mot signifiant « fromage »).

Lormes (Morvan). — ***Vache.*** Dans ce petit village charmant, non loin du lac des Settons, on se régalait de ces fromages fermiers qui existent encore pour la consommation locale. On y faisait aussi quelques chèvres. Forme tronconique; de 180 à 200 g. Bonne période : d'avril à octobre. Mat. grasse, 45 p. 100.

Lorraine (Lorraine). — ***Vache.*** Variété de Géromé. Cylindrique, il mesure de 20 à 25 cm de diamètre et peut peser de 2 à 6 kg. Mat. grasse, 40 à 45 p. 100.

Losange de Thiérache (Thiérache). — ***Vache.*** Fabriqué de la même façon que le Maroilles, ce fromage est né en Thiérache, ce glacis aux collines crayeuses, à l'humide bocage et renommé pour ses porcs et ses bovins ainsi que pour son beurre et ses fromages.

Loubitelski (U. R. S. S.). — ***Vache.*** D'apparence, on assure que ce fromage ressemble au Camembert. Il paraît même que sa fabrication lui est comparable. Dommage que le goût n'y soit pas!

Loudes (Auvergne). — L'un des nombreux Bleus du Velay. (V. *Bleu de Loudes.*) Bonne saison : de juin à décembre.

Lour (Irak). — ***Brebis.*** Fromage frais préparé à partir de petit-lait mêlé à un peu de lait entier.

Lucullus (Ile-de-France). — ***Vache.*** Nom de fantaisie attribué à des fromages triple crème, à croûte fleurie, de la Brie. Pâte douce et fine; 75 p. 100 de matière grasse. Bons toute l'année.

Luneberg (Autriche). — ***Vache.*** Fromage introduit dans les petites vallées du Vorarlberg par les Suisses voisins. On utilise pour le fabriquer des chaudrons de cuivre et des presses de type helvète. Le lait est coloré avec du safran avant d'être chauffé et emprésuré.
Le Luneberg, salé en surface, frotté et lavé de temps en temps durant son affinage, présente quelque analogie avec le Limburger*.

Lusignan (Poitou). — Chèvre de forme ronde. On dit aussi *Rond* de Lusignan.* Mat. grasse, 45 p. 100.

« Le Lait doux. » Miniature du *Tacinuum Sanitatis,* 1474. Bibliothèque nationale, Paris. *Phot. Bibl. nat.*

M

Macquée (Belgique). — ***Vache.*** Fromage mou à partir de lait écrémé, présenté soit en forme de brique, soit en petits sacs de mousseline.
On en fait une tarte savoureuse :

TARTE À LA MACQUÉE

Mettez à égoutter 500 g de Fromage blanc dit « Macquée » dans un linge, pressez-le pour qu'il soit bien sec. Mettez-le ensuite dans une assiette en lui donnant une forme un peu plate, poudrez de sel et mettez l'assiette dans une place chaude, comme la cuisine, par exemple. Laissez ainsi durant une huitaine de jours. Au bout de ce temps, il se formera une croûte jaunâtre indiquant que le fromage est à point. Travaillez-le alors dans un bol à l'aide d'une cuiller de bois et incorporez-y, un par un, six jaunes d'œufs. On ajoute parfois des fines herbes et du poivre, mais cela est facultatif et sort de la vraie recette. Le fromage est prêt. Aplatissez de la pâte levée fine à l'épaisseur d'un demi-centimètre, garnissez-en une platine à tarte graissée, donnez quelques coups de fourchette dans le fond et étalez-y ensuite le fromage. Passez le pinceau trempé à l'œuf battu sur les bords de la tarte et faites cuire à four doux durant 35 mn. Démoulez sur une grille et étalez sur la surface une couche de beurre, piquez de quelques coups de fourchette pour faire pénétrer le beurre et servez chaud. (Recette de Gaston Clément, dans *Gastronomie et folklore de chez nous.*)

Fromage de Mahón, à Minorque (Baléares).
Phot. J. Ciganovic-Tourisme espagnol.

Macquelines (Ile-de-France). — ***Vache.*** Originairement fabriqué à Rouvres, dans le Valois, de lait entier, ce fromage devenu plus que rare ressemblait au Brie ou au Coulommiers, mais plutôt au Camembert. On en trouve encore quelques-uns, souvent à partir de lait à demi écrémé. (V. *Brie de Macquelines.*)

Mâcon (France). — ***Chèvre.*** V. *Bouton-de-Culotte* (Chevreton du Mâconnais).

Maczola (Australie). — ***Vache.*** Sorte de Gorgonzola australien en pains de 3 kg environ. Son nom vient de la contraction des noms du fromage italien et du fabricant australien Macleay.

Magerer Schweizerkäse (Suisse). — ***Vache.*** Fromage comparable au Radener* allemand.

Magnum (Normandie). — ***Vache.*** Nom d'une marque de triple crème. C'est un Excelsior de format double avec 75 p. 100 de matière grasse au lieu de 72 p. 100. Bon toute l'année.

Mahón (Espagne). — ***Vache*** et ***brebis.*** Un mélange inégal de ces deux laits donne ce fromage folklorique de l'île de Minorque. Il enchante ou amuse les touristes.

Maia (Balkans). — ***Vache.*** Lait aigri et servant à préparer le Yaourt.

Maile (U. R. S. S.). — ***Brebis.*** Fabriqué en Crimée. Le caillé est cuit, égoutté dans une toile durant 2 heures puis salé et mis en moules avant d'être plongé en saumure, quelquefois un an.

Maile Pener (U. R. S. S.). — ***Brebis.*** Egalement de Crimée, c'est un fromage gras à coagulation rapide. Affiné, le Maile Pener offre une texture ouverte et émiettée et une saveur agréable.

Mainauer (Suisse). — ***Vache.*** Originaire de l'île de Mainau, sur le lac de Cons-

tance, de sorte qu'il est également allemand et autrichien. Poids, 1,350 kg.
On chauffe en général du lait entier frais, mais quelquefois du lait partiellement écrémé pour obtenir des fromages qui seront affinés de 4 à 5 mois et qui ressemblent au Munster.

Maingaux. — Spécialité de Rennes. Il y a quelques années, dit Mme Simone Morand dans son ouvrage *Gastronomie bretonne,* on en préparait encore dans le Vau Saint-Germain. Les crémières battaient les Maingaux avec un fouet de bois ressemblant à un petit fagot.
Et voici la recette qu'elle donne de ce fromage blanc si original :

MAINGAUX RENNAIS

Prendre sur le lait de la veille un demi-litre de crème et la mettre au frais 3 jours. Au bout de ce temps, mettre la crème en terrine et y ajouter une demi-« chopine » de crème du jour. Battre au fouet.
A mesure que se forme une mousse, l'enlever à l'écumoire et la mettre dans une autre terrine. Continuer de fouetter jusqu'à la fin de la crème liquide.
Se sert quelquefois avec des échaudés.
Autrefois, le Rennais allait à quatre heures manger des Maingaux chez les marchands de galettes.

On écrit aussi quelquefois *Mingaux* et *Mingots.* Tenue secrète, leur recette se revendait avec le fonds de commerce.

Mainzer Hand (Allemagne). — ***Vache.*** Dit aussi *Mainzer Handkäse,* ou fromage à la main. Fabriqué à partir de lait acide dans la région de Mayence, le caillé malaxé à la main à partir de lait écrémé partiellement est obtenu par acidification naturelle. Le caillé est aromatisé au cumin. Sous forme de petites boules aplaties, ce fromage, affiné de 6 à 8 semaines dans des barils ou des cruches (en cave froide), a une saveur un peu rêche amusante. (V. aussi *Handkäse.*)

Majocchino (Italie). — Préparé de la même façon que l'Incanestrato, mais fait d'un mélange de lait de vache, de brebis et de chèvre, ce Majocchino contient aussi de l'huile d'olive et se prépare dans la province de Messine.

Malakoff (Normandie). — ***Vache.*** Fromage frais onctueux, du pays de Bray et de la famille du Neufchâtel. Le caillé est lissé par passage au moulin. Rond, d'un diamètre de 5 cm sur 1,5 cm de hauteur. Mat. grasse, 45 p. 100.
Tient-il son nom de la commune des Hauts-de-Seine ou de l'assaut célèbre d'un bastion à Sébastopol?

Mamirolle (Franche-Comté). — ***Vache.*** Fromage à pâte pressée fabriqué dans le Doubs, légèrement cuit, à croûte jaune clair et saveur douce, il est de forme parallélépipédique et ressemble fort au Limbourg, en plus doux. Très apprécié de Francis Amunategui, l'auteur de *l'Art des mets.* La petite ville de Mamirolle, dont ce fromage porte le nom, abrite une école d'industrie laitière et une école de fromagerie. Mat. grasse, 40 p. 100.

L'école nationale d'industrie laitière de Mamirolle.
Phot. Marlin.

Manchego (Espagne). — ***Brebis.*** Originaire du pays de Don Quichotte, la Manche, le Manchego se fabrique maintenant dans toute l'Espagne.
Il se prépare en deux pièces, la fromagerie et la chambre pour le séchage et la fermentation, et se vend frais, sec ou vieux suivant sa maturation (5, 20 ou 60 jours).
Cylindre plat de 10 cm de haut sur 25 de diamètre, à croûte jaunâtre striée, à pâte pâle quelquefois piquée de trous minuscules, c'est un fromage très gras, de préparation longtemps artisanale. Celle-ci s'industrialise, et les antiques moules en alfa sont remplacés par des moules métalliques. On reconnaîtra cette fabrication, sans hésitation aucune, à la régularité des stries.
Les amateurs conservent quelquefois le

Double page suivante : étiquettes de Camemberts et de Coulommiers. Collection Jakowski et bibliothèque Forney, Paris.
Phot. Lauros.

CAMEMBERT SURCHOIX · CAMEMBERT SURCHOIX · CAMEMBERT SURCHOIX · CAMEMBERT SURCHOIX
LE GROS MOINE
45 POUR CENT MATIÈRE GRASSE
LAITERIE COOPÉRATIVE DANGÉ LES ORMES - VIENNE - FRANCE

Camembert "Les Saints-Pères"
mini/SEL
FAIBLE TENEUR EN SEL
41.C
FABRIQUÉ DANS LA VALLÉE DE LA LOIRE - 40 POUR 100 DE MATIÈRE GRASSE

Camembert du Vieux Prieuré
40% DE MATIÈRE GRASSE
FROMAGERIE DE PARTHENAY
Fabriqué dans les Deux-Sèvres

Camembert fabriqué en Poitou
PRODUCT OF FRANCE
Le COMMANDEUR
SOCté COOPve AGRICOLE LACTAIRE
DANGÉ (Vienne)
QUARANTE CINQ POUR CENT DE MATIÈRE GRASSE

CAMEMBERT DU VAL DE LOIRE
MÉDAILLE D'ARGENT PARIS 1966 - MÉDAILLE D'OR PARIS 1969
mini / SEL
FAIBLE TENEUR EN SEL
ONZAIN (LOIR et CHER)
SPÉCIALITÉ 41-C
MATIÈRES 45% GRASSES

CAMEMBERT DE CHOIX
Le Mont Cabré
40 POUR CENT DE MATIÈRE GRASSE · FABRIQUÉ EN POITOU · 86-F

CAMEMBERT
Gonzague
40 POUR CENT MATIÈRE GRASSE
86 F.
FABRIQUÉ EN POITOU

Diane de Poitiers
45 POUR CENT MATIÈRE GRASSE
CAMEMBERT-SPÉCIALITÉ D'ONZAIN 41 C
mini/SEL
FAIBLE TENEUR EN SEL

CAMEMBERT DE L'EMPEREUR
MATIÈRE GRASSE
50%
EXTRA GRAS
MARQUE DÉPOSÉE
PRODUCT OF FRANCE
FABRIQUÉ EN POITOU
LAITERIE COOPve DE DANGÉ LES ORMES. 86
FRANZÖSISCHER RAHMWEICHKÄSE
NETTOGEWICHT 260 g.
50 % FETT i. Tr.

FROMAGERIE DE LA VALLÉE DE LA SOUTE
CAMEMBERT EXTRA
FABRIQUÉ EN SAINTONGE
St MORIN-GUERRY
SOUILLAC
(Charente-Mme)
MARQUE DÉPOSÉE

CAMEMBERT 40 POUR 100 DE MATIÈRE GRASSE
LE GRAND PARC
fabriqué par JEAN TRANQUARD à SOUBISE Ch.me Mme

CAMEMBERT LE SANGLIER DES ARDENNES
MARQUE DÉPOSÉE
FABRIQUÉ 40% M.G. EN ARDENNE
FROMAGERIE MOREAU À ROUVROY S/ AUDRY · ARDENNES

camembert
fabriqué en Lorraine
45 POUR CENT MATIÈRE GRASSE
45 POUR CENT MATIÈRE GRASSE
54-S
Rēvērend
CAMEMBERT LE MOINE GOURMAND
EXTRA FIN
50% MATIÈRE GRASSE FETT i. Tr.
HERGESTELLT IN FRANKREICH - NETTO 200 g.
LAITERIE COOPÉRATIVE - DANGÉ LES ORMES - VIENNE - FRANCE
ROSE DE PICARDIE
45% MATIÈRE GRASSE
Super COULOMMIERS
FABRIQUÉ EN PICARDIE
LAITERIE COOPÉRATIVE AGRICOLE DE VERTON
LAITERIE DE HAUTE-GOULAINE
LOIRE INFÉRIEURE
CAMEMBERT DU CHATEAU
CAMEMBERT DE CHOIX
"Le Vieux Château"
40 % MATIÈRE GRASSE - FABRIQUÉ EN POITOU - 86-F
COULOMMIERS EXTRA
LA COURONNE D'OR
FABRIQUÉ EN BERRY
40 POUR CENT
MATIÈRE GRASSE
riclait
LAITERIE COOPÉRATIVE VICQ-SUR-NAHON (INDRE)
CAMEMBERT FABRIQUÉ DANS LES DEUX-SÈVRES
LE BOUGON
45 POUR CENT DE MATIÈRE GRASSE
FROMAGERIE COOPÉRATIVE DE BOUGON (Deux-Sèvres)
CAMEMBERT LE RABELAIS FABRIQUÉ EN TOURAINE
MÉDAILLE D'ARGENT PARIS 1932
FROMAGERIE DU PUY ET DES SIBYLLES-CRAVANT (I&L)
45% MATIÈRE GRASSE
COULOMMIERS DES ORMES
Le Sans Egal
QUARANTE - POUR CENT
DE MATIÈRE GRASSE
FABRIQUÉ DANS LA VIENNE - LAITERIE COOP^VE DES ORMES
CAMEMBERT FABRIQUÉ EN POITOU
Le Soleil d'Or
45 POUR CENT MATIÈRE GRASSE
FRANZÖSISCHER WEICHKÄSE
NETTOGEWICHT 260 g.
45 % FETT i. Tr.
Laiterie Coop^ve DANGÉ-LES-ORMES. 86
MARQUE DÉPOSÉE
C'était un Connaisseur
Amis Consommateurs
Exigez, n'acceptez
que LE FIN RENARD
FROMAGE QUALITÉ GARANTIE PASTEURISÉ
Oh! un Ligueil!
45% MATIÈRE GRASSE
Fabriqué à la LAITERIE COOPÉRATIVE de LIGUEIL Indre-et-Loire. Tél. N°17
Bien souvent imité Jamais égalé
COULOMMIERS
PASTEURISÉ
D'où viens-tu Basile
41-C
mini SEL
40 POUR 100 DE MATIÈRE GRASSE
FABRIQUÉ EN TOURAINE

Manchego dans un bain d'huile d'olive. L'industrie préfère le paraffinage, moins onéreux.

Manicamp (Picardie). — ***Vache.*** Sorte de petit Maroilles disparu, du nom de ce village entre Soissons et Saint-Quentin. Mat. grasse, 40 à 45 p. 100.

Manteca (Italie). — ***Vache.*** Pâte dure et filée faite de sérum recuit (sous-produit de la fabrication du Caciocavallo ou du Provolone) paraissant enfermé dans une sorte de sac formé de la caséine durcie qui le préserve de l'air et assure sa conservation sous les climats chauds. Ce sac a vaguement la forme d'une gourde ou d'un petit Caciocavallo rond. Sa surface externe est habituellement fumée, ce qui lui donne une couleur jaune-brun, la pâte intérieure restant jaune paille. Elle renferme une noix de beurre à l'intérieur.
On dit également *Manteche,* mais ce genre de fromage est aussi connu sous les noms de *Burro* (beurre, en italien), *Burrino, Burriello, Butirro.*

Manteche (Italie). — ***Vache.*** V. *Manteca.*

Manur (Yougoslavie). — ***Vache*** ou ***brebis.*** Fabriqué en Serbie. Le lait est chauffé jusqu'à ébullition, puis refroidi jusqu'à ce que les doigts puissent s'y maintenir. On ajoute alors un mélange de babeurre, sérum frais et présure. Le caillé, retiré du sérum, est mis à égoutter dans une toile, puis malaxé, salé légèrement et séché.

marché américain. — Une enquête réalisée en 1970 pour le Centre national du commerce extérieur sur le « marché américain et le Camembert » nous paraît intéressante à donner ici en partie.
L'amateur de Camembert ou de Brie aux Etats-Unis a moins de 50 ans et gagne plus de $ 10 000 (50 000 F) par an. Il aime suffisamment les fromages français de ce type pour en acheter une fois par mois, mais, malgré des moyens supérieurs à 68 p. 100 des familles américaines, il les trouve chers.
Comme les amateurs français, c'est avec le vin que beaucoup d'Américains aiment déguster leurs Camemberts ou leurs Bries. Ceux qui connaissent les Etats-Unis savent que les Américains aiment manger leur fromage sur des « crackers » (biscuits salés), soit au dessert (avec ou sans vin), soit avant le repas (avec des cocktails), ou sous forme de « snacks », ou repas légers. Ce qui étonnera plus les Français, c'est que certains Américains (et surtout Américaines) consomment les fromages français non pas avant ou après, mais avec les fruits.
Conservateurs ou innovateurs, les consommateurs américains semblent ouverts aux idées nouvelles : 25 p. 100 d'entre eux, surtout parmi les plus jeunes, n'auraient pas d'objection à ce qu'on leur vende le fromage français à pâte molle sous forme surgelée. Il est vrai qu'un Camembert surgelé peut paraître préférable à un fromage trop « fait », certains Américains se plaignant que les fromages français leur sont vendus trop avancés.
Les emballages traditionnels en bois déroulé ne déplaisent pas aux amateurs américains, à condition que les agrafes ne rouillent pas et que les illustrations sur les boîtes soient hautes en couleur et représentent un blason, ou un Camembert entamé avec un verre de vin, par exemple. Les vaches et les scènes champêtres ne les inspirent guère. En revanche, les emballages en bois ne plaisent pas du tout aux supermarchés américains, pas plus que les prix pratiqués par les producteurs français et les importateurs américains.

Marches (Italie). — ***Brebis.*** Fromage à pâte dure fabriqué en Toscane, province limitrophe de celle des Marches, d'où il semble tirer son nom.

Maredsous (Belgique). — ***Vache.*** Sorte de Saint-Paulin à pâte souple et douce, du nom de l'abbaye où il fut à l'origine fabriqué. Poids, 1,5 kg environ. Bon toute l'année.

« Les fromages de la semaine » : étalage classique dans un supermarché américain.
Phot. U. S. I. S.

Maribo (Danemark). — ***Vache.*** Fromage local à pâte jaune foncé semée de petits trous minuscules. De 40 cm sur 10, il pèse de 13 à 15 kg. Goût particulièrement soutenu.

Marienhofer (Autriche). — ***Vache.*** Limburger* fabriqué en Carinthie. De 11 cm au carré sur 4 d'épaisseur, il pèse entre 400 et 500 g et s'enveloppe dans des feuilles d'étain.

Markisch Hand (Etats-Unis). — ***Vache.*** Fabriqué par le même procédé que le Hand* Cheese, mais avec du caillé salé avant d'être mis en sac de toile et pressé fortement.

Marmora (Danemark). — ***Vache.*** Bleu classique dit aussi *Danablu**.

Maroilles (Thiérache). — ***Vache.*** Tire son nom du bourg de Maroilles, proche de ce « joli jardin d'Haynault » que les anciens auteurs assuraient « tenu de Dieu et du Soleil ». Ainsi le proclamait en un sermon prononcé en l'église de Maroilles (Nord) le 28 mai 1961, lors de la messe pontificale célébrée par le Révérendissime Père abbé de Saint-Paul-de-Wisques, le R. P. Lelong, auteur d'une *Célébration du fromage*.

C'est que la création de ce fromage, due à l'un des moines obscurs de la puissante abbaye de Maroilles qui régna sur la chrétienté du Nord dès le VIe siècle, remonte à l'an 960, et que l'on célébrait alors son millénaire.

Moine obscur? On sait cependant que c'est sous l'impulsion du prélat cambrésien Enguerrand que s'affina la préparation de ce fromage appelé alors, dans les campagnes, le *Craquegnon*. Très vite, le Maroilles s'affirma. C'est dans les cartulaires provenant des archives de l'évêché de Cambrai que l'on trouve, pour la première fois, mention de ce nom de *Maroilles*. Au XIIe siècle, les herbagers s'acquittaient des redevances en nature dues à leur évêque tant en fruits qu'en fromages de Maroilles. Ils se présentaient alors sous une apparence rectangulaire, pesant 800 g à l'état blanc, 720 g une fois affinés.

Jean Gosselet, abbé de Maroilles, se faisait toujours précéder d'un envoi de fromages lorsqu'il avait obtenu audience de Charles Quint; Henri IV en achetait lui-même à un marchand du quai de Bercy et les payait 4 sols pièce. Avant lui, Philippe Auguste, Louis XI, Charles VI, François Ier et, après lui, Fénelon, Turenne furent de ses amateurs.

Mais qu'est-ce donc que ce Maroilles si renommé?

C'est un fromage à pâte molle, à croûte lavée, à caillé grossièrement divisé, à égouttage spontané, salé, non pressé, non cuit, au lait entier titrant au maximum 45 p. 100 de matière grasse à l'extrait sec.

Un décret du 17 juillet 1965 précise que l'appellation s'applique à un fromage à pâte molle fermentée et lavée de couleur rougeâtre, de forme carrée, de 13 cm, 11,5 cm ou 8,5 cm de côté suivant qu'il s'agit de Maroilles proprement dit ou de ses dérivés : Sorbais, Mignon, quart Maroilles. Ce même décret délimite la zone de production : au nord, par la Sambre jusqu'à Leval-Floursies, Sars-Poteries; à l'est, par une ligne joignant Rainsars, Fourmies, Mondrepuis, Hirson, Any, Aubenton; à l'ouest, par Guise, Etreux, La Groise, Landrecies; au sud, par Origny-en-Thiérache, Nampcelles, Thenailles, Vervins, Voulpaix, Monceau-sur-Oise, Guise.

Jusqu'au siècle dernier, le Maroilles était fabriqué uniquement en ferme, à base de bon lait pur entier et vendu deux fois par an. L'industrie laitière amorça la transformation du Maroilles en fromage industriel, fait de plus en plus à base de lait écrémé, qui connut des fortunes diverses. C'est dans l'Aisne et aux confins des Ardennes que la fabrication du Maroilles s'est le mieux maintenue.

L'empresurage se fait sur des laits moyennement acides; 14 g de présure

Maroilles. Lithographie en couleurs de Delpech, d'après Carle Vernet, 1815. Cabinet des Estampes, musée Carnavalet.
Phot. Lauros-Giraudon.

Affiche du Millénaire du Maroilles, par C. Arduin.
Coll. particulière.
Phot. Larousse.

par hectolitre de lait suffisent pour obtenir le caillé au bout d'une heure et demie. L'industrie emploie le chlorure de calcium pour faciliter la prise du caillé.

Le caillé est ensuite porté au « mignaut » 20 mn, secoué pour faciliter l'égouttage et mis en moules appelés *quinons.* Après 24 ou 48 heures selon la saison et plusieurs retournements, il est procédé au salage avec du sel demi-fin. La mise au bain de sel dure encore 24 heures à température et densité moyennes, entre 15 et 18 °C. Le Maroilles n'étant pas un fromage à pâte fleurie, sa fermentation exige un caillé serré. Son extrait sec doit atteindre au moins 350 g pour un poids au départ de 800 g. L'affinage comporte deux stades : le séchage et l'affinage proprement dit. Pour obtenir un bon séchage, il faut ramasser les fromages dès la sortie du bain de sel et les disposer de chant ou à plat, sur des claies espacées de quelques centimètres dans un local aéré, ou ventilé, à température moyenne (14 °C env.) et à taux hygrométrique faible. Après 48 heures, le fromage a « poussé son bleu » (première fermentation). Il est propre à être affiné. Les pièces de Maroilles sont alors portées en caves à 10 °C de température et à forte humidité (85 à 90 p. 100), posées à plat sur des claies de rotin suffisamment espacées, étagées sur des échafaudages

Maroilles.
Phot. Orel-Atlas.

rigoureusement propres et reliées entre elles par des fils de nickel à l'exclusion du fer. Chaque semaine au moins, il est procédé à un lavage à l'eau de sel et à un retournage. La croûte se forme au bout de 4 semaines.

Les fromages s'affinent sans se déformer, rougissent naturellement et se conservent 2 ou 3 mois. En fin d'opération, la pâte doit être serrée, jaune, onctueuse et sans amertume.

Afin de permettre une conservation de longue durée, il existe une méthode particulière d'affinage qui consiste à provoquer une fermentation anaérobie qui dégrade sensiblement la matière et lui donne un arôme assez âcre prisé par certains amateurs. On obtient ainsi le « Gris de Lille », ou « Vieux Lille ». Ainsi traité au sel et affiné en masse, le Maroilles peut durer 5 à 7 mois. Mat. grasse, 45 à 50 p. 100.

On estime la production annuelle à 1 500 t environ.

Dans sa *Célébration du fromage,* le R. P. Lelong parle de ce Maroilles de sa jeunesse, que vendait, dans sa carriole à bâche verte, au pas flegmatique de son cheval, le marchand venu de Levergies, le père Octave : « Octave avait plusieurs sortes de Maroilles, celui des riches et des jours de fête, qu'on découpait en fines tranches, pour le faire durer, et le modèle populaire à croûte épaisse, pour petites bourses, qui n'avait pas volé son nom de *Puant.* Sur la croûte d'acajou, des brins de seigle étaient incrustés, en témoignage des longs et savants recueillements dans les hâloirs et les caves d'affinage; comme une certaine poussière, qui est l'œuvre inimitable des ans, manifeste l'expérience du temps et la noblesse de souche des bouteilles vénérables. » (V. aussi *La Capelle* et *Ruelle.*)

Maromme (Normandie). — ***Vache.*** Variété de Neufchâtel fabriquée autrefois à Maromme, banlieue de Rouen. Il pesait de 50 à 100 g, et sa croûte fleurie n'est plus qu'un souvenir.

Mascarpone (Italie). — ***Vache.*** Fromage à pâte molle fabriqué l'hiver en Lombardie. Sa saveur douce et un peu acide rappelle le beurre, sa texture celle du Ricotta frais. Cylindrique (5 à 6 cm de diamètre sur 5,5 d'épaisseur), il pèse environ 113 g. Se consomme frais.

Les Italiennes aiment l'acheter dans sa mousseline et le déguster sucré ou même aromatisé de café ou d'eau-de-vie.

Se dit aussi *Mescherpone.*

matière sèche. — Produit restant après complète déshydratation du fromage. La matière sèche est composée principalement de la caséine, de lactose, de sels minéraux.

Mattons (Lorraine). — ***Vache.*** Fromage maigre à pâte dure, résultant de la cuisson du sérum du Fromage blanc frais. Est fondu pour obtenir une fromagée (sorte de Cancoillotte).

maturation (ou **mûrissement,** ou **affinage**). — Terme généralement appliqué aux fromages à pâte dure qui ne s'amollissent pas sous l'effet de la fermentation.

Mauriac. — Chef-lieu d'arrondissement du Cantal, centre d'un marché aux fromages.

Maurupt (Champagne). — ***Vache.*** Fromage consommé sur place, dans la Marne, et ne se conservant pas, portant le nom d'un village tout comme son voisin de Heiltz-le-Maurupt, également fermier, non affiné, en forme de cœur et se consommant frais tout l'hiver.

Mecklenburg Skim (Allemagne). — ***Vache.*** Fabriqué à l'origine dans cette province de l'Allemagne du Nord, le Mecklenburg est un fromage de lait de vache écrémé, à pâte dure.

Medynski (U. R. S. S.). — ***Vache.*** Blocs d'un fromage à pâte molle pesant de 240 à 360 g, au goût piquant. Sa fabrication à partir de lait pasteurisé rappelle celle du Limburger.

Meilleraye-de-Bretagne (La). — V. *La Meilleraye.*

Meira (Irak). — ***Brebis.*** On vend sur les marchés de Bagdad ce fromage affiné de 6 mois à 1 an dans des peaux de mouton.

Mejette. — Autre nom de la Ricotta*.

Mélusine (Poitou). — ***Chèvre.*** Fromage laitier, sorte de Camembert de chèvre, fabriqué à Cloué, non loin de Lusignan.

Meshanger (Hollande). — ***Vache.*** Fromage à pâte molle cylindrique, pesant de 1,5 à 3 kg. Sa croûte très mince (quelquefois même inexistante) est élastique et colorée en jaune. Sa pâte est d'un jaune crémeux et se tartine facilement. Il porte, réglementairement, le rectangle « Volvet Holland ».

Meule de Gruyère.
Phot. Hétier.

Mesitra (U. R. S. S.). — ***Brebis.*** Pâte molle fabriquée en Crimée avec du lait de brebis coagulé à la présure dans un chaudron de cuivre. On sale peu ou pas le Mesitra, qui se consomme frais.

Mesnil (Normandie). — ***Vache.*** Nom de fantaisie appliqué à un fromage très gras, à pâte molle et croûte fleurie.

Meton (ou **Metton).** — Ainsi nomme-t-on le lait caillé servant à préparer la Cancoillotte*. Mais on appelle aussi *Metton,* en Franche-Comté, un fromage de lait de vache à pâte dure.

meule. — Terme désignant des fromages à « la grande forme » tels que Beaufort, Comté Emmental ou Gruyère, dont la dimension évoque d'anciennes meules à moulin.

MEUSY (Louis Eugène, dit **Victor).** — Chansonnier né à Paris en 1856 et mort en 1922.

Il fit les beaux jours du Chat-Noir. Il chanta les Halles, les fortifs, le Moulin-Rouge, et surtout, sur une musique de Ziem, le fromage :

Comme ils sont ingrats, les hommes!
Les uns chantent le piéton,
D'autres le jus de leurs pommes,
D'autres enfin le houblon,
Mais aucun ne rend hommage
A cet enchanteur divin.
Qui donc pourrait, sans fromage,
Goûter bière, cidre ou vin?

Fromage! Poésie!
Bouquet de nos repas,
Que sentirait la vie,
Si l'on ne t'avait pas?

Quand la gentille ouvrière
Prend son repas à midi,
C'est un morceau de Gruyère
Qui lui tient lieu de rôti.
Au printemps, bonheur suprême!
Avec les fruits du fraisier,
C'est le fromage à la crème
Qu'on savoure à l'atelier.

Fromage! Poésie! etc.

Dans le Chester sec et rose,
A longues dents l'Anglais mord.
Les gens à l'humeur morose
Prennent la Tête de Mort.
Celui que l'enfance adore,
C'est le Fromage fouetté.
Le gras et jaune Mont-Dore
Des financiers est goûté.

Fromage! Poésie! etc.

Au temps de la canicule,
Dans son assiette étouffant,
Le Livarot gesticule
Ou pleure comme un enfant.
Le doux et tendre Marole
Vous suit dans l'appartement,
Il lui manque la parole,
Mais il a le sentiment.

Fromage! Poésie! etc.

Hélas! jamais je n'oublie
Le temps où je déjeunais,
Avec un morceau de Brie,
De l'amour et du pain frais.
Rose me dit à l'oreille :
Dans ce temps-là vous étiez
Plein d'une ardeur sans pareille.
Monsieur... si vous y goûtiez.

Fromage! Poésie! etc.

Que de pays tirent gloire
D'un fromage renommé!
L'Olivet vient de la Loire,
Des Vosges le Géromé;
A l'air vif de Normandie,
Le Camembert devient fort.
Au sud, le nord te mendie,
Délectable Roquefort!

Mich (Egypte). — ***Chèvre.*** Se fait dans les fermes en versant le lait de chèvre ordinaire dans un pot de terre à moitié rempli de lait salé et en y ajoutant du ferment prélevé sur la dernière « cuvée » de Mich. Cela donne un fromage grisâtre, abominablement salé.

Mignon (Thiérache). — ***Vache.*** On dit aussi *Mignon-Maroilles* pour ce fromage qui en est un dérivé. (V. *Maroilles.*) Plus petit que son grand frère, il pèse 400 g et mesure 12,5 sur 2,5 cm d'épaisseur.

Mignot blanc (Normandie). — ***Vache.*** Fromage fort à pâte molle, fermenté à l'abri de l'air, cylindrique et que l'on fabrique depuis plus d'un siècle dans le canton de Vimoutiers, en Normandie, à l'image un peu du Livarot. A consommer frais d'avril à septembre. Mat. grasse, 40 à 45 p. 100.

Mignot passé (Normandie). — ***Vache.*** C'est un Mignot blanc ayant subi un affinage. Mais, comme le Mignot blanc, il est pratiquement disparu.

Mihalic (Turquie). — ***Brebis.*** Fromage frais de lait de brebis.

Milano (Italie). — Fabriqué en Lombardie, ce fromage doux à pâte molle, ressemblant au Bel Paese, est de forme carrée, pesant de 1,350 à 3 kg. Maturation d'une vingtaine de jours. Ne se conserve pas plus de 3 mois. Coloré en jaune. Sa croûte mince est souvent enveloppée de mousseline.
Classé dans le groupe du Crescenza*, on l'appelle aussi *Fresco, Quardo* et *Stracchino**.

Millsen (Irlande). — ***Vache.*** Fromage très doux qui a pratiquement disparu.

Mimolette (Hollande). — ***Vache.*** Fromage du même type que l'Edam, mais deux fois plus gros. Les authentiques Mimolettes du Noord Holland sont d'une grande finesse de pâte. Mat. grasse, 45 p. 100.

Mimolette. — Version française (qui pèse environ trois kilos) du fromage hollandais. On fabrique cette boule à croûte grise et à chair orange tant dans le Nord qu'en Bretagne. Elle est connue des amateurs sous le nom de « Vieux Hollande ».
Une circulaire du 26 janvier 1966 de la Répression des fraudes la définit : « Fromage à pâte pressée, dure, fabriqué avec du lait de vache emprésuré et coloré, moulé par pression, en forme de sphère de 20 cm de diamètre et d'un poids de 2,5 à 4 kg, à croûte sèche, dure, de couleur gris à brun, à pâte de couleur ocre ou rougeâtre, avec de rares trous, contenant 40 p. 100 de matière grasse et 54 p. 100 d'extrait sec. »

Minas (Brésil). — ***Vache.*** Fromage blanc devenant jaune en vieillissant. Se fabrique dans la région de Minas Gerais, d'où son nom.

Mintzitra (Grèce). — ***Brebis.*** Fromage à pâte molle de Macédoine. Très voisin du Mitzithra*, et peut-être sa déformation à travers les récits des voyageurs. (V. aussi *Mesitra* d'U. R. S. S.)

Miramande. — En chauffant le petit-lait *(lo burado)* et en le laissant égoutter dans un sac, on obtient une sorte de fromage aigrelet que l'on met en boulettes et fait sécher sur une planche. Cela se passe en Vivarais. Lorsque les boulettes sont dures comme pierre et commencent à bleuir, on les écrase et on les met dans un vase de terre avec poivre et moutarde. On arrose d'eau bouillie bien beurrée et d'un peu d'eau-de-vie. On recouvre d'un papier et on laisse fermenter au chaud.
On ne vide pas le pot de grès : on en laisse pour faire du levain, au fond, ce qui fait assurer à Charles Forot : « J'ai connu une maison où de quinze ans on n'avait vu le fond de la brèche à Miramande! »
En d'autres coins d'Ardèche, on fait le Foudjou*, qui est à peu près semblable.

Mischling (Autriche). — ***Vache.*** Fabriqué dans les montagnes de l'Ouest autrichien, ce fromage, pesant de 8 à 10 kg, est particulièrement fort de goût.

Mitzithra (Grèce). — ***Brebis*** et ***chèvre.*** Fabriqué par les bergers des environs d'Athènes à partir du sérum obtenu comme sous-produit du Feta*. C'est un

Mimolette (Hollande).
Phot. Office néerlandais des produits laitiers.

fromage « primitif », que l'on appelle aussi *Fromage en pot.*

Modena (Etats-Unis). — ***Vache.*** Fromage de type Parmesan, mais moins gras, dont on commença la fabrication aux Etats-Unis lors de la Seconde Guerre mondiale. Le Monte est de la même veine.

Moirans-en-Montagne. — Petite ville jurassienne entre Lons-le-Saunier et Saint-Claude. On y fabrique des boîtes en bois pour fromages.

moisissures. — Les moisissures sont des champignons microscopiques qui se développent à la surface de certains fromages et à l'intérieur de certains autres.
Dans le cas des fromages à pâte molle et à croûte fleurie du type Camembert ou Brie, ce sont des souches de *Penicillium candidum.* Dans le cas des fromages à moisissures internes du type Bleu d'Auvergne ou Bleu de Bresse, ce sont des spores de *Penicillium glaucum.* Dans celui du Roquefort, il s'agit d'une variété de *glaucum,* le *Penicillium roqueforti.*

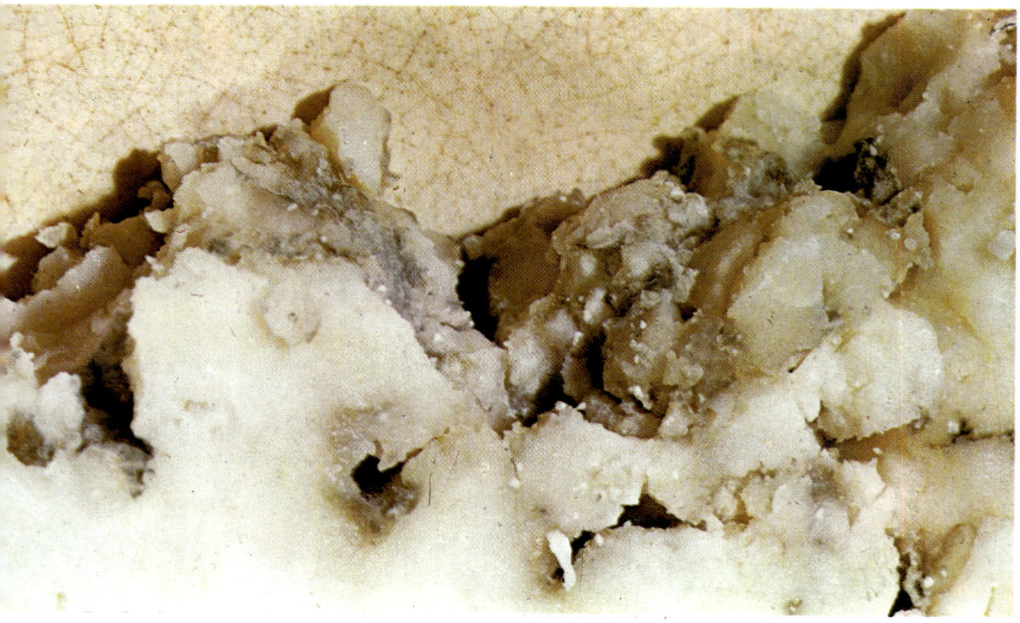

Macrophoto de Roquefort :
Penicillium roqueforti.
Phot. Bruneau-Fotogram.

Molbo (Danemark). — ***Vache.*** De la famille du Samsoë*, c'est une boule pesant de 1 à 3 kg, à croûte rouge et à pâte doré foncé. Il se fabrique dans la région de Mols.

Moliterno (Italie et Argentine). — ***Vache.*** Fromage à caillé plastique fabriqué initialement dans les régions de Calabre et de Lucanie. Sa fabrication reste semblable à celle du Caciocavallo*. On en trouve aujourd'hui dans la province de Basilica et, en Argentine, sous une forme cylindrique d'un poids de 6 à 8 kg.
Fromage fort, à croûte incolore, à pâte jaune. Sa maturation est de 8 mois. Sa saveur est assez agréable. Fait de lait de brebis, il est appelé *Pecorino Moliterno.*

Monceau (Flandre). — ***Vache.*** Dit aussi Sorbais*.

Moncenisio (Italie). — ***Vache.*** Sorte de Gorgonzola, également à moisissures bleues et fabriqué dans la région du Mont-Cenis, côté Italie. Côté français, on dit *Persillé du Mont-Cenis*.* Bonne époque : de juillet à décembre.

Monchelet (Picardie). — ***Vache.*** Genre de Rollot, petit, rond, à croûte rougeâtre (8 à 9 cm de diamètre sur 3,5 cm de hauteur). Dit aussi *Mouchelet.*

Mondseer Schachtelkäse (Autriche). — ***Vache.*** Fromage de type Munster, fait à partir soit de lait entier, soit de lait partiellement écrémé. On coagule le lait avec de la présure, à 30 °C environ. Le caillé est grossièrement découpé de 1 à 3 heures plus tard et transféré dans des moules cylindriques perforés revêtus de toile. On doit le retourner fréquemment, plusieurs heures durant. Puis les fromages sont démoulés et séchés pendant 3 ou 4 jours. Lorsqu'ils sont secs, on les sale en surface et on les affine en cave fraîche et humide pendant 3 à 6 mois. En cours de maturation, le Mondseer Schachtelkäse est lavé à l'eau chaude, quelquefois salée, à intervalle de quelques jours. Cela fait se développer à la surface une viscosité jaune rougeâtre.
A point, les fromages sont enveloppés et enfermés dans des récipients de bois appelés *Schacnteln* (mot allemand signifiant « boîte »).
De 15 cm de diamètre sur 5 cm d'épaisseur, un Mondseer Schachtelkäse pèse environ 1 kg.

Mondseer Schlosskäse (Autriche). — ***Vache.*** Même fromage, mais fait uniquement de lait entier, donc plus crémeux. Vendu en pains de 1 kg.

Monostorer (Roumanie). — ***Brebis.*** Fromage de Transylvanie, pressé en moules de 20 × 10 × 5 cm pendant 8 à 10 heures. Il est ensuite salé en saumure durant 2 jours et affiné de 8 à 10 semaines, avec lavages à l'eau salée.

Monsieur Fromage (Normandie). — ***Vache.*** Fromage double crème (60 p. 100) de la même famille que le La Bouille, mais d'un goût plus délicat, parce que plus petit. Se vend quelquefois en petites boîtes de bois d'un poids de 140 à 170 g.
Bonne époque : de novembre à mai

montagne (fromage de). — Nom générique des fromages, en général de lait de brebis, fabriqués par les bergers des hautes vallées pyrénéennes et de façon artisanale.
On dit aussi « de montagne » pour tous les fromages d'été fabriqués durant la transhumance.

Fromage de montagne : le Capitoul pyrénéen.
Phot. Yan.

Montasio (Italie). — ***Vache*** et ***chèvre.*** Initialement limitée au Frioul (*Friulu* en italien et *Friaul* en autrichien, car cette région changea souvent de maîtres), sa production s'étend aujourd'hui aux zones avoisinantes.
D'un mélange de lait de vache et de chèvre (quelquefois de brebis), le Montasio frais est presque blanc. Affiné, il devient jaune et granulaire et acquiert un goût corsé et un arôme caractéristique.
Lorsqu'il est fabriqué à partir de lait entier et incomplètement affiné (3 ou 4 mois), on le tient pour un fromage de table, et il en fait office.
Affiné jusqu'à 1 an et de lait partiellement écrémé, il est utilisé en râpé.

Montavoner (Autriche). — ***Vache.*** Fromage de lait acide auquel on ajoute des herbes séchées *(achilles, moschata* et *atrata)* durant le processus de fabrication.

Montauban-de-Bretagne (Bretagne). — ***Vache.*** Pâte pressée non cuite, de saveur douce; fabriqué en Ille-et-Vilaine. C'est une variante du Saint-Paulin*, dont la marque est « Montalbanais ».

Montbrison (Forez). — ***Vache.*** Une Fourme bleue que l'on peut comparer à celle, voisine, d'Ambert (v. *Fourme*). Et tout de même, cylindrique, haute, de bonne conservation et de goût vif et particulier.

Mont-Cenis (Savoie). — ***Vache*** et ***chèvre.*** Le fromage répondant à cette appellation est un produit rustique de haute montagne présentant beaucoup d'analogie avec le Persillé des Aravis et le Bleu de Tignes ou de Sainte-Foy. La pâte au lait de vache, ou de vache et chèvre mélangés, est souvent un peu friable, mais les veinures assez accentuées développent un bouquet délicieux. C'est un produit que les habitants de la montagne conservent pour les besoins de l'hiver, lorsque les troupeaux sont de retour de la transhumance. Bonne époque : de juillet à décembre. (V. aussi *Persillé du Mont-Cenis.*)

Mont des Cats (Flandre). — ***Vache.*** Fromage à pâte pressée non cuite, à croûte lavée. Fabriqué par les trappistes du Mont des Cats depuis un demi-siècle, c'est un Saint-Paulin. Mat. grasse, 40 à 45 p. 100.

Mont d'Or (Lyonnais). — Ce fut autrefois un fromage exclusivement de lait de chèvres nourries à l'étable, et il était d'une saveur exceptionnelle. Gloire des bouchons lyonnais, plaisir des mâcons! Pour mémoire, disons que les Mont d'Or subissaient un affinage de 2 à 3 semaines avant d'être livrés à la consommation, qu'ils se présentaient sous l'aspect de disques très plats, à croûte bleutée virant au rouge avec le temps. La saveur en était douce et délicate avec un arrière-goût de noisette. Ils ont complètement disparu au profit d'un Mont d'Or au lait de vache, lui-même assez rare. Mat. grasse, 45 p. 100.
Ne pas le confondre avec le Mont-Dore, fromage d'Auvergne.

Mont-Dore (Auvergne). — ***Vache.*** Fromage local du genre Fourme.

Monte (Etats-Unis). — ***Vache.*** V. *Modena.*

Monterey (Etats-Unis). — ***Vache.*** Fabriqué pour la première fois sous le nom de *Jack* dans les fermes du comté de Monterey, en Californie, vers la fin du siècle dernier (1892). La fabrication industrielle a commencé vers 1916. C'est à ce moment que le Jack artisanal est devenu le Monterey laitier.
Fabriqué à partir de lait pasteurisé entier, partiellement écrémé ou écrémé totalement selon une méthode comparable à celle du Colby*, mais plus rapide. Les fromages ont environ 24 cm de diamètre et pèsent entre 2,7 et 5,4 kg maximum.
Le Monterey au lait entier est à pâte semi-molle et affiné de 3 à 6 semaines.
Le Monterey du type « à râper » (au lait partiellement écrémé) est affiné 6 mois au moins. Quelquefois, il est enduit d'une huile poivrée.

Montfort (Ile-de-France). — ***Vache.*** Du genre Brie et de faible production.

Montmarault (Bourbonnais). — ***Chèvre.*** Variété de Chevrotins de Moulins. Mais à Montmarault et dans les environs ces fromages de chèvre, qu'on ne voudrait pas voir confondus avec ceux de Moulins, sont appelés *Roumajoux.* (V. aussi *Roujadou.*)

Montoire (Orléanais). — ***Chèvre.*** Fromage fermier du nom du centre de la zone de production de ces chèvres de la vallée du Loir, entre Vendôme et Château-du-Loir. Meilleure saison : de mai à octobre. Mat. grasse, 45 p. 100.

Montrachet (Bourgogne). — ***Chèvre.*** Fromage semi-industriel affiné dans des feuilles de vigne. Marque d'une fromagerie située à Savigny-sur-Grosne, en Saône-et-Loire. Mat. grasse, 45 p. 100.

Montréal (Morvan). — ***Vache.*** Sorte d'Epoisses préparé localement dans toute la vallée du Serein.

Montrésor (Touraine). — ***Chèvre.*** Type Sainte-Maure.

Montségur (comté de Foix). — ***Vache.*** Marque d'un fromage industriel à croûte noire très mince, à pâte fine et fade, vaguement fumé et préparé à l'ombre de la vieille forteresse cathare.

Morbier (Franche-Comté). — ***Vache.*** Fromage de lait entier à pâte pressée et fabriqué par les bergers en belle saison; ceux-ci ramènent en redescendant au début de l'hiver, sur le marché de Morbier, commune de 1 123 habitants de l'arrondissement de Saint-Claude, ce fromage pressé qui offre la particularité de présenter, en son milieu, une raie noire faite avec le noir de fumée provenant du fond de la chaudière ayant servi à le cuire. La raison est que, dans ces pays de pâturages où l'on fabrique traditionnellement le Comté, on employait le caillé restant au fond de la cuve, moitié de la traite du matin, moitié de la traite du soir. La couche de suie jouait un rôle protecteur pendant l'intervalle des deux opérations. Mat. grasse, 45 p. 100.
Le Morbier est plus une curiosité qu'un fromage attractif par ses vertus gustatives et son intérêt gastronomique.

morge. — Saumure liquide dont on enduit les Gruyères blancs.

Mornay (sauce). — Une sauce classique, dérivée de la béchamel et utilisant du fromage. En voici la recette d'après la revue *Cuisine et vins de France.*

SAUCE MORNAY

A 4dl de sauce Béchamel maigre tenue épaisse, ajouter :
1 dl de fumet de poisson (si la sauce doit accompagner du poisson); 1 dl de fonds

de veau (si la sauce doit accompagner une viande blanche); 1 dl de crème fraîche si l'on préfère une sauce Mornay plus neutre de ton.
Faire réduire sur feu vif, en remuant à la spatule, quelques minutes.
Râper 30 g de Gruyère (ou Comté) et autant de Parmesan. Incorporer le fromage à la sauce et remuer jusqu'à ce qu'il soit bien fondu. Ecarter la casserole du feu et terminer, sans laisser bouillir, en ajoutant quelques noisettes de beurre. Rectifier l'assaisonnement et servir.

Moskovski (U. R. S. S.). — ***Vache.*** Fourme à pâte pressée, de goût piquant, pesant de 6 à 8 kg.

Mostoffait (Lorraine). — ***Vache.*** Fromage frais « tôt fait » et mousseux obtenu avec du Fromage blanc peu égoutté et fouetté.

Motal (U. R. S. S.). — ***Vache*** et ***brebis.*** Préparé dans le nord du Caucase et en Transcaucasie, c'est là un fromage saumuré apprécié localement.

Mothais (Poitou). — ***Chèvre.*** Nom générique englobant les fabrications fermières de la région de La Mothe-Saint-Héray*.

Mothe-Bougon (La) [Poitou]. — ***Chèvre.*** Peut être comparé à un Camembert quant au format et à la couleur des moisissures de la croûte.

Mothe-Saint-Héray (La) [Poitou]. — ***Chèvre.*** De la forme d'un petit Coulommiers, pesant de 200 à 350 g, ce fromage est préparé autour de cette petite ville et dans la région comprise entre Saint-Maixent, Melle et Couhé-Vérac. Mat. grasse, 45 p. 100. Il est généralement affiné sur des feuilles de platane.
Bonne saison : de mai à novembre.
Il existe une fabrication industrielle de la forme d'un Camembert, émanant de la laiterie de La Mothe-Saint-Héray.

moulage. — Opération initiale de la fabrication des fromages après la coagulation, le brassage et parfois le réchauffage du caillé.

Moulins (Bourbonnais). — ***Chèvre.*** Autre appellation du Chevrotin* de Moulins.

Moyaux (Normandie). — ***Vache.*** Lieu où furent fabriqués les premiers Pavés d'Auge*, dits aussi *Pavés de Moyaux*. Excellents d'octobre à mars.

Mozzarella (Italie). — ***Vache.*** Autrefois uniquement de lait de bufflonne, aujourd'hui également de vache, le Mozzarella est un fromage à pâte molle et à caillé plastique fabriqué dans le Latium et la Campanie, en Italie méridionale.
Sa fabrication à partir de lait entier est comparable à celle du Caciocavallo* et du Scamorze*, et, comme ce dernier, il doit être consommé frais, peu ou non affiné.
De forme irrégulièrement sphérique, il pèse de 225 à 450 g. Sa pâte blanche, tendre et compacte est de saveur douce, agréablement acidulée.
C'est un fromage de table à consommer rapidement, mais on s'en sert également en cuisine. Quelquefois, la pâte filée est modelée en d'autres formes, ovoïdes ou en poire, celles-ci rehaussées d'une faveur en raphia. Mat. grasse, 45 p. 100.
Fromage d'importation, il a été remplacé aux Etats-Unis par un Mozzarella autochtone.

Mozzarella (Etats-Unis). — ***Vache.*** Cette imitation américaine du fromage italien se fabrique maintenant en quantité industrielle, notamment dans l'Etat de New York. Le lait est coagulé avec de la présure à une température de 30 ou 31 °C, ou de 36 °C s'il est pasteurisé (c'est le cas le plus souvent). Il est habituel d'envoyer le caillé à une entreprise de

Salle de moulage des fromages : le lait est mis à cailler dans les bacs en Inox; il est ensuite séparé du sérum et morcelé. Société d'exploitation laitière du Moulin de Geye (Marne). ***Phot. Lauros.***

Troupeau de chèvres à La Mothe-Saint-Héray (Poitou). ***Phot. Cheminade.***

transformation, et c'est ce transformateur qui complète la fabrication (chauffage et malaxage) avant de vendre le Mozzarella frais.

Mozzarinelli (Italie). — ***Vache*** ou ***bufflonne.*** On imagine qu'au lait de bufflonne c'est devenu un fromage rare, même en Campanie!

Mrsav (Yougoslavie). — ***Brebis.*** V. *Sir Posny.*

Mulchan (Irlande). — ***Vache.*** Vieux fromage paysan fabriqué à partir du babeurre et pratiquement disparu de nos jours.

Munster (Alsace). — ***Vache.*** C'est un fromage de forme circulaire, à la croûte jaune-orangé, dont le poids varie selon qu'il s'agit de Munster fermier (500 g environ) ou de Munster pasteurisé (800 g à 1 kg). On en fabrique aujourd'hui de 250 et même de 125 g.
Appellation : la dénomination *Munster* ou *Géromé**, définie par le décret du 26 octobre 1953, s'applique à un fromage à pâte molle, de forme circulaire, de 15 à 18 cm de diamètre et de 3 à 6 cm de hauteur, ayant une teneur minimale de 45 p. 100 en matière grasse et de 40 p. 100 en extrait sec.
Producteurs : la zone de fabrication du Munster traditionnel s'étend à la vallée de Munster, au versant lorrain des Vosges, à Remiremont et à Gérardmer. Dans les vallées d'Orbey et de Lapoutroie, on fabrique également un Munster de bonne qualité, bien qu'il diffère sensiblement du Munster traditionnel. A l'origine, le Munster était uniquement fabriqué à la ferme, en Alsace et dans les Vosges. Aujourd'hui, plusieurs usines dans ces mêmes régions produisent du Munster pasteurisé à partir de laits de mélange. Ces dernières années, diverses associations professionnelles de producteurs, de fabricants ou d'affineurs se sont créées qui ont pour but de garantir la qualité, la richesse et l'origine des fromages. Ainsi s'est créée la Coopérative des producteurs et affineurs de Munster des hautes Vosges, pour le Munster d'origine.
C'est aux moines établis dès le VIIe siècle sur les deux versants des Vosges que l'on doit la création du Munster. Ce fromage à saveur relevée doit sa personnalité aux laits des vaches vosgiennes. Dès le XIVe siècle, sa réputation s'étendit à tout le royaume.
On en fabrique actuellement quelque 3 200 t suivant deux méthodes de fabrication, selon qu'il est fermier ou laitier. Il est bon à consommer à partir de 6 semaines, mais meilleur au bout de 2 mois.

1. Le Munster fermier est fabriqué en été dans les hautes Chaumes, pâturages des sommets vosgiens; en hiver, à la ferme, ou les animaux restent en stabulation. Selon les régions, on distingue deux modes de travail : en Alsace, dans la vallée de Munster, le fromage est fabriqué en une seule fois à partir d'un mélange de laits du matin et du soir, donc légèrement mûri. Sur le versant lorrain des Vosges et dans les vallées de Lapoutroie et d'Orbey, la fabrication a lieu matin et soir, à partir d'un lait fraîchement trait.
Le lait est emprésuré dans une bassine à 29-32 °C, et sa coagulation s'effectue en 1 h 30 environ. Le caillé est sabré en cubes de la grosseur d'une noix. Le sérum est évacué au fur et à mesure que s'effectue l'opération. On procède ensuite au moulage dans des moules en bois ou métalliques. L'égouttage est accéléré par une série de retournements, le premier ayant eu lieu une heure après la mise en moules. A partir du 3e jour, salage au sel fin, laissant au fromage une teneur en eau voisine de 57-58 p. 100. Les fromages, ressuyés après une courte exposition au soleil, sont portés sur paille en cave à 10-14 °C, à hygrométrie de 80 à 85°, dans une atmosphère légèrement ammoniacale. Ils y séjournent 1 mois, au

Fabrication artisanale du Munster dans une ferme-auberge des hautes Vosges.
Phot. René Ansel.

cours duquel ils sont frottés légèrement à l'aide d'un linge trempé dans de la saumure. Cette opération doit aboutir à la formation d'une croûte fine, progressivement envahie par les ferments du rouge.
Arrivés au stade de l'affinage, cette dernière opération est le plus souvent réalisée dans des caves d'affinage, coopératives ou industrielles, auxquelles les fromagers, ou marcaires, vendent leurs fromages, qui sont à ce moment blancs et salés ou légèrement rousseaux.
2. Le Munster laitier se fait de la façon suivante : le lait, pasteurisé par les procédés usuels, est ensemencé à l'aide de ferments lactiques, puis coagulé en bassines à une température de 35 à 36 °C. La prise a lieu en 7 à 8 minutes, et le décaillage intervient environ 1 heure après l'addition de la présure. Le caillé est rompu en grains de la grosseur d'une noix, et l'on procède à un égouttage assez poussé pour limiter l'acidification de la pâte : 25 à 35 litres de sérum pour 100 litres de lait emprésuré.
Mis ensuite dans des moules métalliques de 15 cm de diamètre, les fromages sont soumis à 5 retournements dans les 10 heures qui suivent. Au bout de 24 heures, les fromages sont démoulés et portés au saloir, où on les sale à la volée, en 2 fois. Après être restés 36 heures au saloir, ils sont portés en cave maintenue à 16 °C. Durant 10 jours, ils sont soumis à un lavage de surface effectué tous les 2 jours à l'aide d'eau tiède additionnée d'une culture pure de ferments du rouge. Ensuite, les fromages rougis sont transférés dans une seconde cave à 18-20 °C, où les lavages n'ont plus lieu que tous les 3 ou 4 jours.
Bonne époque : de novembre à mai.
Certains fabricants font maintenant un Munster aromatisé au cumin, mais les vrais amateurs savent qu'il faut déguster le Munster nature, avec des pommes de terre en robe de chambre bien chaudes.

Muntanacciu (Corse). — ***Brebis.*** Fromage de la montagne de Venaco, il est mis en cave aux mois de juillet-août et consommé dès octobre.

Mur de Barez (Rouergue). — ***Chèvre.*** Fromage local au petit-lait.

Murol (Auvergne). — ***Vache.*** Ce pittoresque village de Murols (en pleine Auvergne) a voulu changer l'orthographe de son nom, il y a quelques lustres, sur la suggestion d'Albert Dauzat et parce que l'« s » n'était pas étymologique. Et le fromage de Murols est devenu, lui aussi, du Murol. C'est un dérivé du Saint-Nectaire*, à pâte demi-dure, à caillé divisé et à égouttage accéléré par présuration, mais dont le cylindre plat de 16 cm de diamètre présente un trou de 5 cm de diamètre en son milieu. C'est pour le distinguer — et aussi pour accélérer l'affinage — que son inventeur eut l'idée de ménager ce trou à l'emporte-pièce. Aujourd'hui, on trouve les « trous du Murol » vendus à part : rien donc ne se perd du Murol! Regrettons qu'il soit obtenu avec du lait pasteurisé; sa saveur est, de ce fait, très standardisée. Mat. grasse, 45 p. 100.

Murolet ou **Murolait.** — Ancienne marque d'un petit fromage du genre Murol.

Mycella (Danemark). — ***Vache.*** Fromage du type Bleu portant le nom du champignon *Mycellium* qui lui donne son persillé.
D'un diamètre de 27 cm sur 20 de haut, pesant de 5 à 6 kg (avec quelquefois des Mycella plus gros, de 10 kg), ce beau fromage, dont la pâte jaune est agrémentée de moisissures vertes, est à la fois plus doux et plus parfumé que le fameux Danablu*.

Mysost (Scandinavie). — ***Vache.*** Norvège, Suède, Danemark connaissent ce fromage, dont le nom vient de *mys* et *ost*, qui signifie « fromage » en suédois.
Mais ce nom générique recouvre bien des variétés suivant les fromageries, les usages folkloriques, le goût du consommateur.
Le Mysost est fait à partir de petit-lait qui reste après la fabrication du beurre ou des fromages Gammelost* et Pult*.
Sa caramélisation est obtenue en chauffant le caillé à feu doux durant des heures. Le Mysost, donc, consiste principalement en ce lactose caramélisé (sucre de lait), mais il renferme aussi de la matière grasse, des protéines, des sels minéraux. Il est de couleur légèrement brune et présente une consistance analogue à celle d'un beurre très dur. Sa saveur douceâtre, un peu sucrée, peut surprendre. Bien emballé, il se conserve.

Mysost (Etats-Unis). — ***Vache.*** Naturellement, cela devait arriver : les Américains fabriquent un Mysost industriel (Illinois, Michigan, Wisconsin, New York) à partir du sérum obtenu par la fabrication d'autres fromages. La colonie scandinave et les descendants des émigrés, notamment suédois, lui font honneur.

Mise en moules du Munster.
Phot. René Ansel.

N

Chaumière normande
aux environs de Neufchâtel.
Phot. Danèse-Rapho.

Nagelkaas ou **Nageles** (Hollande). — ***Vache.*** Fromage fabriqué à pâte pressée classique, à partir de lait écrémé. On mélange au caillé des clous de girofle et des graines de cumin.
Rond, d'un diamètre de 40 cm sur 12,5 d'épaisseur, ce fromage entre dans la catégorie des *Spiced Cheese* (fromages épicés), très prisés en Scandinavie, mais aussi aux Etats-Unis.

NANCY. — La capitale de la Lorraine possède depuis 1904 une Ecole supérieure de laiterie (faculté des sciences) très renommée.

Nangis (Ile-de-France). — ***Vache.*** On disait aussi *Brie de Nangis,* mais ce fromage, un peu plus gros que le Brie de Melun, ne se fabrique plus. C'était le meilleur de tous, celui qui figura au congrès de Vienne. (V. *Talleyrand* et *Sue* [*Eugène*].)

Nantais. — V. *Curé.*

Natte Rabbinale (Hollande). — ***Vache.*** Sorte de Fromage blanc gras à croûte mince et pâte blanche, molle, caoutchouteuse. Poids : 3,5 à 5 kg. Appelé aussi quelquefois *Blanc de Mai.*

Nef de santé (la). — Ouvrage édité en 1507 et dont l'auteur fut Nicolas de La Chesnaye, professeur de droit civil et droit canon.
Cet ouvrage de diététique avant la lettre précise que le fromage, « mangé en petite quantité, après la réfection, corrobore la bouche de l'estomac et fait un bon sel à ladite bouche ».

Nessel (Angleterre). — ***Vache.*** Pâte molle affinée à partir de lait entier. Ce sont de petits fromages ronds et minces.

Neufchâtel (Normandie). — ***Vache.*** Fromage du pays de Bray, pesant environ 100 g. Sa pâte onctueuse est obtenue grâce à un procédé d'homogénéisation du caillé par le passage en moulinette, dite « lisse-caillé ».
De formes diverses, il porte quelquefois les noms de *Cœur, Carré, Bondon de Neufchâtel* ou *Bondart de Neufchâtel.* (V. *Bonde.*) Les laiteries, qui, aujourd'hui, ont pris la relève des fermiers, moulent les Neufchâtels en briquettes ou en cœurs dits « Cœurs de Bray », de plusieurs formats variant entre 100 et 300 g.

Il existe aussi un Neufchâtel affiné. La pâte, assez granuleuse, doit subir un affinage prolongé pour se transformer en une crème jaune d'or. Les amateurs le préfèrent lorsque la pâte devient plus foncée et la croûte lie-de-vin. Ce sont pour eux des « gris » qui procurent des sensations gustatives remarquables et stimulent particulièrement la saveur des vins puissants et tanniques. Ils sont en général réservés aux fêtes de fin d'année. Mat. grasse, 45 p. 100.
Sa naissance, remontant au Moyen Age, a inspiré un chantre des fromages :

« A quel instinct inventif obéit la fermière qui mit au point une technique très particulière de la fabrication de « Neufchâtel »?
Dieu seul le sait... qui l'inspira sans doute pour continuer son œuvre créatrice de base.
L'onctuosité de sa pâte, bien que se prêtant à l'affinage, fait incliner à le consommer « frais » et tout juste habillé de la robe blanche immaculée et veloutée lorsqu'il est dit « fleuri ».
Avec lui nous passons à la « douceur » séductrice des palais qui préfèrent sa caresse aux baisers plus violents des précédents.
Auquel cas quelques vins blancs mi-moelleux forment avec bonheur le cortège bachique accompagnateur. »

Nidwald (Suisse). — ***Vache.*** Fromage crémeux dit « fromage à griller ». Se consomme presque entièrement sur place.

Niederungskäse (Allemagne). — ***Vache.*** V. *Werder.*

Nieheimer Hopfen (Allemagne). — ***Vache.*** Ce fromage au lait acide tient son nom de la ville de Nieheim, en Westphalie, et Hopfen vient de son mode d'affinage; il est, en effet, affiné emballé dans un houblon *(Hop Cheese).*
Le lait acide est chauffé à une température se situant entre 38 et 49 °C. Le caillé est recueilli dans une toile, et on draine le sérum sur une période de 24 heures. Ensuite, on « travaille » le caillé jusqu'à ce qu'il soit moelleux, et on le forme en pain. Les pains sont soumis à la maturation dans une cave pendant 5 à 8 jours, et on les retourne fréquemment. Lorsqu'ils ont subi une maturation suffisante, on les casse et on y ajoute du sel, des graines d'anis et quelquefois de la bière ou du lait. Le mélange est moulé en petits fromages qui ont la forme de sphères aplaties et qui pèsent environ 115 g. Les fromages sont recouverts d'une légère couche de paille, et, quand ils sont suffisamment secs, emballés dans des fûts d'affinage, avec le houblon.

NIMES. — La capitale de la brandade fut aussi celle d'un fromage oublié dont Pline assurait que les Romains étaient friands.

Niolo (Corse). — ***Brebis. Chèvre.*** En effet, brebis et chèvres transhument dans ce pays de hautes montagnes des environs de Corte : le Niolo. Les bergers fabriquent soit au lait de chèvre pur, soit avec un mélange de lait de chèvre et de brebis un fromage réputé, de plus en plus « corsé » (c'est le cas de le dire) à mesure qu'il vieillit. Mais, en vieillissant, cette pâte molle, de forme carrée, perd du poids. De 750 g en frais, elle passe à 500 g après un affinage de 3 mois. Mat. grasse, 45 p. 100.
Bonne période : de mai à décembre.
On dit quelquefois *Niolin* et, les Corses, *Niulincu.*

NIVERNAIS. — Cette belle province ne produit pratiquement que des fromages de chèvre, et il en fut toujours ainsi. Non

Troupeau de chèvres en Corse.
Phot. J.-N. Reichel-Top-Réalités.

point qu'il n'y ait eu des vaches. On trouvait, en 1812, dans l'arrondissement de Clamecy, 7 265 vaches laitières et 4 141 dans celui de Nevers, mais le lait était réservé aux enfants et... aux veaux. Aujourd'hui, les veaux de lait ont pratiquement disparu. M. Guy Thuillier, dans une étude sur l'alimentation du Nivernais au XIXe siècle, nous dit que le fromage de vache était pratiquement tout entier importé. On lit dans *Nevers pendant la Révolution,* du général Taverna :

« On achète du Brie, de l'Olivet, du Roquefort, du Maroilles, du Cantal. Celui-ci est pour les ouvriers. »

Egalement, cet auteur cite une famille de faïenciers. Elle achète par an 25 kg de

Nivernais : le château de Bazoches.
Phot. J. Bottin.

fromage : Gruyère, Olivet, Fromages blancs. Le fromage, jouant un rôle essentiel dans l'alimentation des ouvriers, se substitue à la viande.

Niza (Portugal). — ***Brebis. Chèvre.*** Fromage local du type des Serra*.

Nökkelost (Norvège). — ***Vache.*** Fabriqué à partir de lait partiellement écrémé, c'est un fromage épicé de graines de cumin, d'anis ou de clous de girofle. Cylindrique, il pèse environ 8 kg, mais peut aller jusqu'à 15. Recouvert de paraffine jaune.
Il ressemble quelque peu au Leiden hollandais, et d'ailleurs son étiquette porte les clés de la ville de Leyde (*nokkel* signifiant « clé » en norvégien). Il peut être gras, mi-gras, quart de gras ou maigre. On l'appelle aussi *Nokkel* ou *Nögelost.*
On fabrique, aux Etats-Unis, un Nökkelost, quelquefois avec du lait entier. Il est vendu en pains de 2 à 3 kg, souvent revêtus de cire ou de paraffine.

noms de fromages. — Un lecteur du *Monde,* M. André Poussière, qui s'amuse à constituer pour son plaisir une nomenclature des fromages français, s'est livré à une étude sur l'origine des noms des fromages.
En voici les grands traits :

Noms géographiques. Localisation d'origine, que l'on trouve par dizaines entre A comme Abondance et X comme Xaintray, ou adjectif dérivé de cette origine comme Vicquotin (pour Vic-en-Bigorre) ou Troyen.

Noms indiquant la personnalité du fromage. Le fromage est désigné soit par l'animal fournisseur de son lait, comme Vachard, Brebichon, Chevret, Cabrion, Chabichou, etc., soit par son stade de fabrication, comme Caillados, Jonchée, Recuit, Macéré, etc., soit encore par son mode de conservation, comme Oule ou Foin...

Noms indiquant la forme des fromages. Par exemple : Pavé, Baguette, Bâton, Bonde, Boule, Brique, Bûche, Crottin, Losange, Carré et, avec un peu plus d'imagination et de fantaisie, Bouton de Culotte, Tête de Moine, Trois Cornes et Tour Eiffel... Egalement désignation par la couleur : Bleu, Gris, Rougeret, Cendré... Ou enfin, par un caractère de la pâte : Gras, Sec, Séchon, Brisegoût, Persillé, Puant.

Noms de fantaisie. M. Poussière cite au hasard : Cervelle de Canut (qui a ses lettres de noblesse) et Brûleur de Loup, Clovis, Vatel, Secret des Moines, qui sont des marques commerciales.
Mais notons que, parmi les quelque 600 fromages français fichés par cet amateur, bien des noms lui restent obscurs, et il voudrait bien savoir l'origine des Barliou, Bignolet, Astre, Chaouant, Clerimbert, Combauvin, ou encore Ercé, Gayot, Gruhl, Lust, Gueyat ou Gueyin, Montre Pot, voire Petit Pot de Poitiers, Pétafine... La liste n'est pas close... Au lecteur, s'il a des lumières, de nous écrire pour nous aider à compléter ce livre.

Norbo (Norvège). — ***Vache.*** Fromage à pâte rose et onctueuse avec des trous. Sa croûte est jaune, recouverte de cire, et il pèse environ 10 kg.

Norfolk (Angleterre). — ***Vache.*** V. *Gloucester double.*

NORMANDIE. — La province française des meilleurs fromages, avec l'Auvergne. Que ce soit en effet le Pont-l'Evêque, le Livarot ou le Camembert, cette trilogie du

Vaches normandes dans les herbages du « col » du Cotentin. *Phot. Rives-Cédri.*

Laitière.* Gravé par Le Blond, d'après Abraham Bosse. Bibliothèque nationale, Paris. *Phot. Lauros-Giraudon.

pays d'Auge est justement renommée et recherchée des gourmets.

Cette renommée gastronomique, a écrit M. Jean Delacroix, est un titre de noblesse pour la femme : « C'est elle qui, à la ferme, fabrique de ses mains le Pont-l'Evêque et le Livarot; dans nos fromageries industrielles augeronnes, c'est presque toujours une femme, la « maîtresse fromagère », qui, encore de nos jours, préside à la naissance du Camembert et dirige ses premiers pas. »

Mais il faut aussi compter avec les éléments qui, réunis, font la réussite de ces fromages normands : l'herbage, la vache, puis les qualités professionnelles des fromagers et affineurs.

M. Delacroix, à ce propos, constate :

« L'herbage joue un rôle d'une importance extrême. Il existe des crus de lait tout comme il existe des crus de vins, et les deux premiers Congrès de l'origine, Deauville en 1949 et Bordeaux en 1950, ont apporté une contribution importante à cette notion, qui si longtemps a laissé sceptiques un grand nombre de scientifiques. Le temps n'est pas encore si éloigné où un savant français, au cours d'une conférence au Canada, disait en substance ceci : « Donnez-moi du lait, je ferai des Camemberts normands chez vous. » L'expérience a bien prouvé l'inanité de cette prétention!... »

Un palais exercé reconnaîtra bien souvent l'origine exacte d'un Camembert normand et permettra de dire qu'il provient du Cotentin, du Bessin ou du pays d'Auge. Ces fromages auront tous un air de famille, certes, mais cette parenté ne sera jamais plus proche que le cousinage; ils ne seront frères que s'ils ont été fabriqués dans la même région naturelle. Les Camemberts du pays d'Auge sont d'ailleurs les plus réputés pour la finesse de leur goût.

Enfin, entre l'herbage et le lait, il y a cet intermédiaire, la vache. Elle aussi de race normande, puisque des essais d'implantation de races étrangères se sont révélés peu probants dans cette belle province laitière.

Normanna (Norvège). — ***Vache.*** Cylindrique (2,5 kg) ou en portions sous papier d'aluminium. C'est un fromage crémeux de saveur quelque peu piquante.

Nostrale (Italie). — ***Vache.*** Nom local de deux fromages des montagnes de l'Italie du Nord-Ouest. L'un est un fromage dur fabriqué au printemps lorsque les troupeaux sont encore dans les vallées; l'autre à pâte molle, fabriqué en été lorsque les bêtes sont aux pâturages.

C'est un fromage très ancien et dont les méthodes de fabrication sont restées primitives.

Novo-Oukraïnski (U. R. S. S.). — ***Vache.*** Fromage piquant, en forme de poire.

Noyers-le-Val (Lorraine). — ***Vache.*** Fromage maigre de cette région du Barois, serrée entre Lorraine et Champagne, autour du village de Noyers-le-Val.

Généralement conservé sous la cendre, il est en voie de disparition. Mat. grasse, 30 à 35 p. 100.

O

OAXACA. — Etat du Mexique où naquit l'Asadero*, fromage de chèvre fondant, en pain, pesant environ 5 kg, et qui porte encore quelquefois ce nom d'*Oaxaca.*

odeur. — On sait l'exclamation de Fargue devant un Camembert sentant son fruit : « Les pieds du Bon Dieu! » Las, il semble que les Français, harcelés par une publicité nocive en faveur des fromages d'usine, sachent de moins en moins apprécier les fragrances diverses, personnelles et merveilleuses des fromages. Brieude, médecin à Aurillac, dans un curieux *Mémoire sur les odeurs que nous exhalons* (1798), notait que les Auvergnats se reconnaissent à ce qu'ils répandent autour d'eux une odeur de petit-lait aigri. Brieude ajoutait : « Les vachers de nos montagnes, occupés sans cesse à manier fromages et laitages pendant la fermentation acide, se font suivre au loin par une odeur aigre dont ils infectent l'air. »

Œlenberg (Alsace). — ***Vache.*** Pâte pressée non cuite à croûte lavée en provenance de l'abbaye d'Œlenberg et de fabrication artisanale. Mat. grasse, 45 p. 100. Bon toute l'année.

Oka (Canada). — ***Vache.*** Fabriqué au monastère des trappistes d'Oka, dans le Québec, il est du type Port-du-Salut mais ressemble plutôt à du Bel Paese.

Old Heidelberg (Etats-Unis). — ***Vache.*** Malgré son nom allemand, ce fromage est américain. Fabriqué dans l'Illinois, il est à pâte tendre, affiné en surface, et ressemble au Liederkranz*.

Île d'Oléron : moulin près de la Brée.
Phot. Larrier-Rapho.

Olenda (Italie). — ***Vache.*** Fromage de type Hollande, fabriqué en Italie.

Oléron (Saintonge). — ***Brebis.*** Rustique fromage des rares brebis de l'île, presque disparu, hélas!

Olivet bleu (Orléanais). — ***Vache.*** Fromage à pâte molle, un peu salée mais douce, fabriqué dans le faubourg d'Orléans et rappelant vaguement le Coulommiers. Etait jadis affiné dans des feuilles de vigne ou de platane. Se présentait comme un disque de 15 cm de diamètre

Vieilles maisons à Oloron-Sainte-Marie (Béarn).
Phot. Sappa-Cédri.

sur 4 d'épaisseur. Aujourd'hui, 10 à 11 cm sur 2,5. Mat. grasse, 45 p. 100. Bonne période : de novembre à juin.

Olivet cendré (Orléanais). — ***Vache.*** Version sèche de l'Olivet bleu, recouverte de cendre (autrefois de sarments). Bonne période : de novembre à août.
Cette version de l'Olivet bleu était autrefois conservée sous la cendre pour les moissons et les vendanges. Mat. grasse, 40 p. 100.

Ollioules. — Chef-lieu de canton du Var où, autrefois, les Toulonnais allaient s'approvisionner en Brousses, lors de la foire aux fromages du mois d'août.

Olmutzer Bierkäse (Autriche). — ***Vache.*** Sorte de Handkäse*.

Olmutzer Quargel (Autriche). — ***Vache.*** C'est un « fromage à la main », épicé et fabriqué à partir de lait acide, en Autriche occidentale et en Bohême. De 4 cm de diamètre sur 1 d'épaisseur, l'Olmutzer Quargel renferme des graines d'anis. Formé, séché puis trempé rapidement dans du sérum salé, il est emballé, pour l'affinage, de 8 à 10 semaines dans des barils.

Il est semblable, en somme, au Mainzer* Handkäse.

Oloron (Béarn). — ***Brebis.*** Les bergers pyrénéens, entre Oloron-Sainte-Marie et Laruns, confectionnent artisanalement ces fromages cylindriques d'environ 4 kg dans leurs cabanes dites « cuyalas ». On les appelle aussi *Fromages de la vallée d'Ossau.* Une foire aux fromages se tient en septembre à Oloron-Sainte-Marie.

OMBIAUX (Maurice DES) [1868-1943]. — Gastronome belge auteur de nombreux ouvrages, dont un *Traité de la table* et un livre sur les fromages. Rival et ami de Curnonsky, il fut surnommé le « Cardinal de la gastronomie ».
Voici quelques remarques de cet épicurien bon vivant à propos des fromages et des vins :

Le fromage, qui fait chanter la soupe à l'oignon, rend sublime une simple purée de pommes de terre, fait filer le macaroni et intervient pour de savoureux gratins.

Il n'y a pas de festin sans fromage, comme il n'y a pas de dithyrambe sans le vin.

Nuance du climat, honneur du sol français, chaque fromage a son vin favori, comme chaque vin a son fromage de dilection.

On comprend très bien que les cardinaux d'Avignon répugnaient à retourner à Rome parce qu'ils dégustaient de puissants Châteauneuf-du-Pape, des Hermitages corsés, des Côtes-Rôties comme du velours en mangeant une tranche de Roquefort ou de Septmoncel, mûr à souhait, voire un de ces fromages de chèvre qui vous refont le palais en moins de temps qu'il ne faut pour le dire.

Si vous avez un cru vénérable à faire déguster, ne donnez pas un fromage qui l'étouffe sous son fumet trop puissant. Avec les fromages de haut goût, il faut des vins robustes.

De même que le vin, le fromage n'est jamais semblable à lui-même. Lui aussi est capricieux comme l'amour. Il faut saisir le moment où il est dans sa plénitude.

Les larmes du Gruyère plaisent au Pommard comme au Corton, comme au Saint-Emilion et au Pauillac. Mais le Brie ne le cède en rien au Gruyère pour la dégustation. Il est même bien plus fin. Je connais de grands amateurs de Margaux et de Latour qui ne veulent avoir recours qu'à lui dans les repas où ils présentent leurs nectars à l'admiration des convives.

Orléans (Ile d'). — V. *Ile d'Orléans.*

Orrys (comté de Foix). — ***Brebis*** et quelquefois ***vache.*** Elaboré en montagne, l'été, durant la transhumance des troupeaux, le fromage des Orrys, à pâte pressée non cuite, dure ou demi-dure, d'une grande finesse, doit sa qualité à la riche nature du lait produit en altitude, durant une époque où la montagne est couverte de fleurs particulièrement propices à la lactation. D'un poids de 10 à 12 kg, d'une durée d'affinage d'environ 6 mois au terme desquels la pâte est fine, beurreuse, fondante, sans ouverture et exhalant un fruité délicieux. L'aire de production de cette merveille (cru exceptionnel), disent les connaisseurs, est située à l'ouest de Castillon, dans la vallée de la Bouigane. Bonne période : d'août à janvier. Mat. grasse, 45 p. 100.

Ors (France). — V. *Larron d'Ors.*

Orsera. — Nom italien d'un fromage suisse, l'Urseren*.

Orsières (Suisse). — ***Vache.*** Fromage valaisan utilisé pour la raclette*.

Orval. — Abbaye belge dont les moines font un fromage de ce nom.

Oschtjepek (Slovaquie). — ***Brebis.*** Fromage à caillé plastique fabriqué à partir de lait de brebis, un peu comme le Caciocavallo italien. Se dit aussi *Oschtjepka.*

Ossau. — V. *Oloron.*

Ossetin (U. R. S. S.). — ***Vache. Brebis.*** Fabriqué dans le Caucase à partir de lait de vache ou de brebis (ce dernier meilleur). Le caillé est divisé à la main et cuit jusqu'à ce qu'il soit ferme, malaxé ensuite au sérum, égoutté et mis en des moules ronds puis poudré de sel. Deux jours plus tard, le fromage est mis en saumure, de 2 mois à 1 an ou plus.
A 2 mois de macération, l'Ossetinski (comme on dit également, et aussi *Tuchinsk, Touchinski* et *Kasach*) est plus tendre et doux et au mieux de sa dégustation.

Ouglitchski (U. R. S. S.). — ***Vache.*** Fromage à pâte tendre non pressée. Ces rectangles pesant entre 2 et 3 kg ont un goût acidulé assez plaisant.

oule. — Pot de terre ou vase ventru sans anse dans lequel les familles conservent notamment le Rocamadour*, souvent pétri avec poivre et eau-de-vie et enrobé d'une feuille de vigne.

Ourda (Roumanie). — Fromage blanc de paysan, souvent aromatisé aux herbes.

Ourde (Languedoc). — ***Brebis.*** Du nom de ce village entre Montréjeau et Cierp*. Non loin, à Esbareich*, on fait également un fromage d'hiver de la même veine.

Oustet (comté de Foix). — ***Vache.*** Fromage à pâte pressée de la région d'Oust. Bonne époque : d'avril à novembre.

Ovčji sir (Yougoslavie). — ***Brebis.*** Fabriqué dans les Alpes slovènes par mélange des traites du matin et du soir en chaudière de 50 litres environ. Présurage rapide à 35 °C. Après salage quotidien d'une semaine, l'affinage dure 3 mois en caves fraîches et humides. Poids : de 2,7 à 4,5 kg. Le mot *sir,* signifiant « fromage », vient à la suite des noms divers de produits de même origine. Il arrive même que l'on classe nombre de fromages yougoslaves sous ce nom générique de « sir ».

Brebis en U. R. S. S.
Phot. Martine Franck-Viva.

P

Packet Cheese (Angleterre). — ***Vache.*** Nom collectif des fromages fondus ou vendus en boîte, en Grande-Bretagne.

Paglia (Suisse). — ***Vache.*** Sorte de Gorgonzola fabriqué dans le Tessin helvétique. C'est un fromage circulaire de 20 cm de diamètre sur 5 d'épaisseur. Affinage en cave (sur paille) rapide et intense. Consistance douce et mielleuse. Saveur aromatique agréable.

Pago (Yougoslavie). — ***Brebis.*** Fabriqué dans l'île de Pag, il pèse entre 225 g et 3,625 kg.

Paladru (Dauphiné). — Localité où était autrefois fabriqué un Bleu artisanal du genre Sassenage, à moisissures internes.

Pamproux (Poitou). — ***Chèvre.*** Du nom d'un village proche de La Mothe-Saint-Héray (Deux-Sèvres). Ce fut autrefois un cru fromager renommé.

Panedda (Italie). — ***Vache.*** Fromage du type Caciocavallo à caillé plastique.

Panela (Mexique). — ***Vache.*** V. *Queso Blanco.*

Pannarone (Italie). — ***Vache.*** Fromage du type Gorgonzola, à maturation rapide mais sans veines bleues, le Pannarone subit une fermentation rapide de 7 à 8 jours à température de 25 à 28 °C avant d'être placé en chambre froide. On ne le sale pas, et l'affinage dure de 15 à 30 jours. Poids, entre 7,7 et 10 kg.
Ce fromage est également connu sous les noms de *Stracchino,* de *Gorgonzola blanco* et *Gorgonzola dolce.*

Pannes cendré (Orléanais). — ***Vache.*** Genre d'Olivet fabriqué dans les environs de Montargis, au lait partiellement écrémé.
Ce fromage tend à disparaître. Mat. grasse, 20 à 30 p. 100.

Pannonia (Hongrie). — ***Vache.*** Fromage à pâte jaune semée de petits trous. Il est cylindrique et de saveur assez spéciale.

paprika. — Cette poudre de piment rouge cultivé en Hongrie est souvent utilisée pour aromatiser des fromages divers. Elle entre en particulier dans le Liptauer*.

Parenica (Tchécoslovaquie). — ***Brebis.*** Sorte de Caciocavallo, fabriqué en Slovaquie.

Parenitza (Hongrie). — ***Brebis.*** Sorte de Caciocavallo (le même que le Parenica slovaque).

Parfait (Normandie). — ***Vache.*** Nom de fantaisie donné par certains détaillants normands à un fromage triple crème fabriqué près de Forges-les-Eaux, sous le nom d'*Excelsior,* mais plus affiné que l'Excelsior ordinaire. Mat. grasse, 72 p. 100.

PARIS. — Mais oui, il y eut un temps où l'on fabriquait du fromage à Paris. Du moins à ses portes, au village de Chaillot, à celui des Ternes, etc.
Les habitants du village de Chaillot, au XIIIe siècle, menaient paître leurs vaches dans les îles « aux Vaches » et « de Longchamp », dont la réunion forma au XVe siècle l'île « Maquerelle », devenue

l'île « aux Cygnes » sous Louis XIV et réunie à la rive gauche en 1773.

Parmesan (Italie). — ***Vache.*** Parmesan est le nom habituellement utilisé en dehors de l'Italie, et quelquefois en Italie même, pour un groupe de fromages très durs qui ont été fabriqués et connus dans ce pays depuis des siècles sous le nom de *Grana*. Dans ce groupe, on inclut le Parmigiano, le Reggiano, le Lodigiano, le Lombardo, l'Emiliano, le Veneto, ou Venezza, et le Bagozzo, ou Bresciano. Ils diffèrent en dimensions et en forme et, selon la mesure dans laquelle le lait est écrémé, et il y a de légères différences dans les méthodes de fabrication. Ce type de fromage a été fabriqué pour la première fois dans les environs de Parme (Emilie), d'où il tire son nom, au XIIIe siècle, et Boccace l'a chanté. Sa fabrication s'est étendue aux autres régions d'Italie et à d'autres pays. Il est fabriqué le plus souvent entre avril et novembre. Nous donnons ci-après une description générale du procédé de fabrication du fromage de type Parmesan, d'après l'excellente revue *la Technique laitière :*

« On chauffe du lait de vache, qui est plus ou moins écrémé selon les différentes localités et les différentes saisons, à une température se situant entre 32 et 37 °C, dans des chaudrons de cuivre qui contiennent jusqu'à 725 kg et on ajoute une culture contenant des lactobacilles thermo-résistants et Streptococcus thermophilus. *On peut ajouter un colorant pour fromage. On ajoute une quantité suffisante d'extrait de présure, dilué dans l'eau, pour produire un caillé assez ferme pour être découpé en l'espace de 20 à 30 minutes. Ensuite, on découpe avec ce qu'on appelle une « harpe ». Le découpage et le brassage sont poursuivis jusqu'à ce que les particules de caillé aient 3 mm à 4,5 mm de diamètre et soient de dimension uniforme. Le caillé est chauffé en 35 à 50 minutes, en brassant, à une température de 46 à 52 °C ou même jusqu'à 54 °C si c'est nécessaire pour raffermir suffisamment le caillé.*

« Lorsque celui-ci est assez ferme, on cesse de brasser et on laisse reposer pendant 10 minutes environ. On peut presser le caillé au fond de la chaudière avec un dispositif spécial « presseur », puis on le relève avec une écope, en plaçant dessous une toile; on peut aussi le verser dans une toile comme on le fait pour le Suisse. Le caillé est remonté dans la toile et suspendu pour s'égoutter pendant 20 à 40 minutes; ensuite, il est placé dans un cercle sur une table d'égouttage. Le cercle a 45 cm ou plus de diamètre et jusqu'à 25 cm de profondeur. La toile est repliée sur le caillé; on place une planche circulaire au sommet et on applique une pression. La toile est alors changée et on retourne le fromage quatre ou cinq fois, fréquemment au début, et ensuite à des intervalles plus longs; on enlève la toile et on augmente la pression. Le fromage demeure sous pression dans le cercle pendant 18 à 20 heures. Il est ensuite emmené dans un local de salage qui est maintenu à une température de 16 à 18 °C, où il peut être laissé dans le cercle pendant environ trois jours. Ensuite, on l'enlève du cercle et on le sale en saumure pendant 12 à 15 jours ou même jusqu'à 20 jours selon la dimension du fromage. On le sèche pendant 8 à 10 jours, habituellement sur des rayons, mais parfois au soleil.

« Il est affiné sur des rayons pendant environ un an (le premier stade d'affinage), dans une salle qui est ordinairement de quelques degrés plus fraîche que le local de salage, et qui a une humidité relative de 80 à 85 p. 100. Le fromage est retourné fréquemment et il est maintenu propre par lavages et grattages; il

Fabrication du Parmesan.
Phot. Mondadori.

Paris : vue du château de Chaillot, où se fabriquait le seul fromage de la capitale. Gravé par Israël Silvestre. Bibliothèque nationale, Paris.
Phot. Lauros-Giraudon.

Cave de Parmesan, à Parme.
Phot. Almasy.

est frotté de temps en temps avec de l'huile mélangée à un peu de terre d'ombre broyée. Dans le second stade de l'affinage, il est habituellement gardé par les négociants dans de grandes salles d'affinage à une température de 12 à 16 °C et à une humidité relative allant jusqu'à 90 p. 100. Il peut être revêtu d'un mélange de terre d'ombre brûlée, de noir de fumée et de dextrine, en dispersion dans du vin ou dans de l'huile de grains de raisin.

« Le rendement en fromage affiné pendant quatre mois est de 2,250 à 2,700 kg pour 45 kg de lait partiellement écrémé. Le Parmesan complètement affiné est très dur, mais il se conserve presque indéfiniment; il peut être facilement râpé et on l'emploie comme fromage à râper sur les salades et dans les potages, et avec du macaroni. Des quantités considérables en sont importées aux Etats-Unis pour la consommation comme fromage râpé. Cependant, une production indigène réalisée avec succès, en grande partie dans le Wisconsin et le Michigan, concurrence le produit importé dans une certaine mesure. Aux Etats-Unis, le Parmesan est affiné pendant au moins 14 mois.

« Composition : 30 p. 100 d'humidité (pas plus de 32 p. 100), 28 p. 100 de matière grasse (au moins 32 p. 100 dans l'extrait sec). »

Les spécialistes fromagers locaux, chargés du tri des fromages à la sortie des caves, les choisissent en les « sonnant » au marteau. Selon le son rendu, ils savent si le fromage est sain ou s'il ne comporte pas quelque « cuite » ou « caverne ». S'ils décèlent quoi que ce soit d'anormal, le fromage est ouvert, la plaie est traitée au fer rouge et le reste du fromage est livré à la râpe.

La durée d'un Parmesan est indéfinie. Dix ans u même davantage n'altèrent en rien ses qualités, ne provoquant qu'un durcissement progressif qu'il faut vaincre avec de petits couteaux en fer de lance que l'on enfonce au marteau.

« Le Vendeur de Parmesan. » Recueil des *Cris de Bologne*. Gravé par Guillain, d'après A. Carrache. Bibliothèque nationale, Paris.
Phot. Lauros-Giraudon.

Parmigiano (Italie). — ***Vache.*** Le Parmigiano est une des sous-variétés du Grana, appelé plus souvent à l'étranger *Parmesan** et fabriqué à Parme, berceau de cette famille de fromages, à Reggio nell'Emilia (il devient alors le Parmigiano Reggiano ou le Reggiano), à Modène, à Mantoue, à Bologne, entre les mois d'avril et novembre.

Le Parmigiano est habituellement d'une pâte couleur paille, sans trou ou avec quelques rares trous. Sa surface est foncée et huilée. De 32 à 45 cm de diamètre sur 18 à 23 d'épaisseur, il peut peser entre 22 et 36 kg. Il est affiné de 1 an à 2 ans et plus.

Parthenay (Poitou). — ***Chèvre.*** Dit aussi *Caillebotte de Parthenay.* Mat. grasse, 45 p. 100.

paskha. — La paskha est le gâteau traditionnel de la Pâque russe. Elle est constituée, comme base, de Fromage blanc bien ferme. Il en existe plusieurs recettes, mais voici la plus commune :

RECETTE DE LA PASKHA

Passer au tamis 1 kg de Fromage blanc très frais et très ferme, préalablement mis sous presse.

Ajouter 200 g de beurre fondu, 6 cuillers de crème fraîche, 6 jaunes d'œufs battus avec un peu de sucre cristallisé, un zeste de citron râpé, 125 g d'amandes hachées, autant de raisins secs de Smyrne préalablement gonflés au thé et séchés, des fruits confits hachés menu.

Travailler longtemps et parfaitement ce mélange jusqu'à obtenir une crème lisse et onctueuse.

Tapisser un moule d'une gaze mouillée et mettre sous presse, à un endroit frais, toute une nuit. Démouler au moment de servir.

N. B. — En Russie, le moule était une forme dite « forme pascale », généralement pyramidale, en bois et gravée en creux des lettres X B, initiales cyrilliques de « Christ est ressuscité ».

Paški sir (Yougoslavie). — ***Vache.*** Sorte de Parmesan du pays de Tito.

Pass'Ain (Franche-Comté). — ***Vache.*** Nom de marque d'un « Grana » de fabrication française des pays de l'Ain, à Châtillon-sur-Chalaronne, ville dont la renommée vient d'ailleurs : nous voulons parler des andouillettes du charcutier Dheyriat.

Passl'An (Quercy). — ***Vache.*** Fromage à pâte dure du type Grana, à croûte huilée, fabriqué par la Laiterie de Lavit (Tarn-et-Garonne). Mat. grasse, 28 à 32 p. 100.

Pasta Filata (Italie). — Nom générique de fromages à caillé plastique dont ledit caillé, une fois le sérum égoutté, est immergé soit dans de l'eau chaude, soit dans du sérum chaud et travaillé, étiré, avant d'être moulé lorsqu'il est à l'état plastique.
Principaux fromages entrant dans cette catégorie : Caciocavallo, Provolone, Provolette, Mozzarella, Provole, Scamorze e Provatura, entre autres.

pasteurisation. — Voici l'opinion de Pierre H. Androuët sur la pasteurisation des laits de fromagerie :
Le lait est une matière vivante en constante évolution et soumise à l'action d'un nombre très important de bactéries, dont la plupart sont inoffensives. Il existe pourtant des bactéries et des micro-organismes non pathogènes qui portent en eux le risque d'une conservation aléatoire du lait.
Lorsque le lait était employé immédiatement après la traite alors qu'il n'était pas encore refroidi de sa température animale, il ne fallait le réchauffer qu'un peu au bain-marie ou parfois pas du tout. Les bactéries n'avaient pas le temps de se multiplier et d'agir en acidifiant la masse du lait à traiter.
Aujourd'hui, la concentration industrielle des fabrications entraîne une collecte de laits à longue distance dans des containers et citernes soumis à de violents mouvements dus au transport et au transvasage. Il faut donc limiter au maximum les risques de contamination (je devrais dire d'autocontamination) en procédant à une certaine sélection des bactéries.
La pasteurisation est une opération qui consiste à élever aussi rapidement que possible le lait en circuit constant à +65 °C et à l'abaisser tout aussi rapidement à 0 °C. Cette double opération a pour conséquence de faire disparaître en « tête » (comme pour la distillation) les bactéries thermophobes et en « queue » une certaine quantité de celles thermophiles.
A vrai dire ce n'est qu'une opération retardant la reprise de l'action microbienne, le lait n'est pas du tout stabilisé pour longtemps (quelques heures au plus).
Il faut donc remplacer une partie de cette microfaune et certaines souches de moisissures spontanées par une microflore sélectionnée : Penicillium candidum, Penicillium glaucum, Penicillium roqueforti, *etc.*
Résultat, on substitue aux éléments natifs du lait des produits de synthèse sélectionnés qui permettent un développement rationnel des éléments vitaux du fromage au détriment de la saveur et du bouquet.
A mon avis, le meilleur fromage pasteurisé n'est jamais aussi parfait qu'un bon fromage au lait non pasteurisé. Au plan du goût, il a perdu son caractère particulier, ce qui fait son charme et le différencie des autres fromages.

Pasteurisation : dans la partie gauche de l'appareil, on fait monter la température du lait à 70 °C ; on le refroidit dans la partie droite à 30 °C ; à l'extrême droite, les appareils enregistreurs. *Phot. Lauros.*

Pata de Mulo (Espagne). — ***Brebis.*** V. *Villalón.*

Patagras (Cuba). — ***Vache.*** Fromage à pâte dure à partir de lait pasteurisé, entier ou légèrement écrémé. Il pèse de 3 à 4 kg et est revêtu de cire rouge comme le Gouda avant d'être emballé sous pellicule cellulosique. Il est considéré par les connaisseurs comme un des meilleurs fromages cubains.

Patay (Orléanais). — ***Vache.*** Qui se souvient encore de la bataille de Patay, où Jeanne d'Arc défit les « Britons » ? De même, ce fromage presque disparu est aussi oublié. Il ressemblait à l'Olivet, se consommait bleu à la fin du printemps et au début de l'été, puis cendré pour les besoins de la ferme durant les moissons. Mat. grasse, 45 p. 100.

1

2

3

4

5

6

7

8

pâte. — On distingue les fromages à :

Pâte fraîche	(Suisse)
Pâte molle à croûte fleurie	(Brie)
Pâte molle à croûte lavée	(Livarot)
Pâte molle à croûte naturelle	(chèvre)
Pâte molle à moisissures internes	(Gex)
Pâte pressée non cuite	(Saint-Paulin)
Pâte cuite ou dure	(Gruyère)
Pâte fondue	(pour tartines)

(V. *classification des fromages.*)

Pâté de fromage de chèvre.

RECETTE SAVOYARDE

Faire un petit roux blanc de beurre et farine. Mouiller de lait (un demi-litre) et faire bouillir 10 minutes en tournant de façon à obtenir une sauce épaisse. La lier de 2 jaunes d'œufs.
Couper dans cette sauce, en tranches épaisses, cinq petits fromages de chèvre très frais. Ajouter une poignée de Beaufort râpé, une poignée de jambon cuit haché et mêler le tout.
Faire une pâte avec 500 g de farine, 150 g de sucre en poudre, une pincée de sel, 4 jaunes d'œufs et 125 g de saindoux. En garnir une tourtière. Remplir cette tarte de la garniture. Dorer au jaune d'œuf, poudrer de sucre et cuire à four moyen trois quarts d'heure.

pâte fondue. — Mention obligatoire en France pour les fromages fondus. Ces mots doivent être imprimés sur la croûte, en caractères très apparents, et, le cas échéant, répétés afin que chaque morceau débité comporte l'indication ou du moins une partie suffisante de celle-ci. (Décret du 26 nov. 1953.)

pâturages. — Le connaisseur distingue fort bien le fromage (au lait cru) lorsqu'il est de vaches en étable ou de vaches en pâturages. Le second est naturellement meilleur.
Il est d'une « suavité » que rien n'approche. Seule l'herbe peut communiquer au lait un parfum de fraîcheur et cette saveur que les gourmets estiment à juste raison incomparable.
Encore faut-il distinguer, dans les pâturages, trois « époques ».
Elles correspondent :
1° à la pointe de l'herbe (germination);
2° à la fleur des prairies;
3° au regain.
Divers selon les régions et l'altitude, ces trois moments ne coïncident pas, c'est

---

Fromages à pâte : 1. fraîche ; 2. molle croûte fleurie ; 3. molle croûte lavée ; 4. molle croûte naturelle ; 5. molle à moisissures ; 6. pressée non cuite ; 7. cuite ou dure ; 8. fondue aux raisins.
Phot. Larousse, sauf n° 7 : Phot. Léo Aarons.

évident. Mais le « regain », un mois environ après les foins, aux premières pluies de l'automne, donne une petite herbe qui communique sa saveur incomparable aux fromages. Talleyrand disait que le Brie au lait de regain était le meilleur du monde.

Pavé d'Auge (Normandie). — ***Vache.*** Gros fromage semblable à un double ou triple Pont-l'Evêque, particulièrement savoureux, fabriqué à Saint-Julien-le-Faucon et à Moyaux, en pays d'Auge. Mat. grasse, 50 p. 100. (V. *Pavé de Moyaux*.)

Pavé blésois (Orléanais). — ***Chèvre.*** Pyramide tronquée très bas d'un poids de 750 g. De fabrication récente, il est généralement revêtu de poudre de charbon de bois.

Pavé de Moyaux (Normandie). — ***Vache.*** Pâte molle lavée, ce Pont-l'Evêque quatre fois plus important que les vrais avait pratiquement disparu, mais renaît depuis quelques années dans de petites laiteries artisanales. Bonne saison : d'octobre à mars.

Pavé de Valençay (Berry). — ***Chèvre.*** Forme et marque nouvelle d'un chèvre de grandes dimensions dans le canton de Valençay*, et de pâte et consistance semblables à celles du Valençay normal. Bonne période : de mai à octobre.

Pecorino (Italie). — ***Brebis.*** Le Formaggio Pecorino est typiquement le modèle de tous les fromages italiens fabriqués à partir de lait de brebis. Il en existe donc plusieurs variétés issues du Pecorino Romano. Mat. grasse, 36 p. 100 minimum.

Pecorino Dolce (Italie). — ***Brebis.*** Le caillé est soumis, une fois moulé, à une pression considérable et coloré artificiellement avec de l'annatto.

Pecorino Grosseto (Italie). — ***Brebis.*** Petit fromage doux à pâte molle.

Pecorino Romano (Italie). — ***Brebis.*** C'est probablement le plus ancien fromage italien connu, et Pline déjà en fait mention. Certains assurent même que Romulus, le fondateur de Rome, le fabriquait avec le lait de... ses chèvres. Aujourd'hui, on dirait « Caprino Romano » comme on dit aussi pour les fromages de lait de vache « Vacchino Romano ». (V. aussi *Asiago*.)

Mais revenons au Pecorino Romano. Au Ier siècle apr. J.-C., Columelle, venu en Italie de sa Cadix natale, découvrit ce fromage, et, dans son *De re rustica,* décrit parfaitement la technique de fabrication de ce fromage.

C'est un fromage à pâte cuite pressée, blanche et compacte, fait de lait entier frais et coagulé avec de la présure d'agneau.

Fabriqué de novembre à juin, il est cylindrique, mesurant de 15 à 22 cm de haut et pesant de 6 à 22 kg. Croûte blanche, lisse, passée soit à l'huile, soit au suif, soit à la terre jaune, soit à la lie d'huile d'olive.

Saveur piquante; sa maturation est de 8 mois minimum.

Pecorino Sardo (Italie). — ***Brebis.*** Depuis 1920, on fabrique en Sardaigne un Pecorino copié sur le Pecorino Romano. C'est lui qui est exporté (jusqu'à 11 000 t en 1928, chiffre aujourd'hui réduit par la fabrication, sur place, d'imitations).

On dit aussi *Sardo Romano* ou *Fiore Sardo.* Mat. grasse, 45 p. 100.

Pecorino Toscano (Italie). — ***Brebis.*** Plus petit que le Pecorino Romano, il pèse entre 900 g et 2,250 kg.

Pecorino Urbino (Italie). — ***Brebis.*** Petit fromage doux, à pâte molle.

Pélardon (Vivarais). — ***Chèvre.*** Encore que fabriqué quelquefois en Lozère, ce Pélardon est surtout d'Ardèche et donc plus languedocien que montagnard. Artisanal et de présentations diverses, parfumé de toutes les herbes des prés, rustique mais séduisant, le Pélardon (poids : 100 g environ) est au mieux de sa forme de mai à novembre.

On distingue néanmoins le Pélardon des Cévennes, le Pélardon d'Anduze (Gard), que l'on dit aussi « Péraldou », le Pélardon d'Altier et le Pélardon de Ruoms (Ardèche), entre autres. Mat. grasse, 45 p. 100.

Une légende, autrefois, faisait recommander le Pélardon contre la jaunisse.

Peloudou (Languedoc). — ***Brebis.*** Fromage mariné et amolli dans un alcool fortement poivré.

Pelvoux (Dauphiné). — ***Vache.*** Petit fromage persillé de marque, fabriqué autrefois à Briançon par les Etablissements Gravier fils et Cie. Connu aussi sous le nom de *Bleu du Pelvoux.*

Fromages persillés.
Phot. Larousse.

Pena Santa (Corse). — ***Brebis.*** Imitation du Roquefort.

Peneteleu (Roumanie). — ***Brebis.*** Sorte de Caciocavallo roumain, ressemblant au Kaskaval*, encore que légèrement différent. On dit encore *Peneteleu-Burduf.*

Penicillium. — Groupe des champignons qui se développent sur le fromage durant l'affinage.

Pepato (Italie). — ***Brebis.*** Fromage du type Romano fabriqué en Sicile, mais épicé (le caillé est affiné en couches avec du poivre entre celles-ci, ou encore le poivre est mélangé au caillé dans la cuve). On dit aussi *Siciliano Pepato.* (V. aussi *Incanestrato.*)
Les Américains fabriquent du Pepato, dans le nord du Michigan, pour les ressortissants d'origine italienne.

Pepato (Argentine). — ***Vache.*** C'est une version poivrée du Moliterno*.

Pera di Vacca (Italie). — ***Vache.*** Fromage à caillé plastique du type Caciocavallo.

Pérail (Rouergue). — ***Brebis.*** Il a la forme d'une galette de 10 à 15 cm de diamètre, épaisse d'un doigt et conservée sur de la paille. Il peut être de lait de vache, mais plus souvent de brebis, et de lait non écrémé.
On le consomme presque frais ou fait à crème et coulant. On dit aussi *Péral,* et il est préparé dans les régions de Millau et de Saint-Affrique.

Perilla (Espagne). — ***Vache.*** Pâte molle, onctueuse, à croûte jaunâtre et mince, en forme de poire, ce fromage de la Galice est fabriqué à partir de lait de vache additionné d'une présure spéciale (lait acide où l'on a mis à macérer des caillettes de veau, chevreau ou porc).
Séché dans les « horreos », séchoirs à maïs, il est de saveur agréable.

Persillé. — Nom générique des fromages de lait de chèvre quelquefois mêlé de lait de vache, dont la pâte est semée de réseaux de couleur verdâtre. Bonne époque : de mai à décembre. Mat. grasse, 45 p. 100. Ces Persillés sont des fromages que l'on rencontre plus particulièrement dans les Alpes françaises.

Persillé des Aravis (Savoie). — ***Chèvre.*** Sous la forme d'une petite Fourme, c'est un des chèvres fermiers le plus appréciés de Savoie. (V. *Aravis.*)

Persillé du Grand-Bornand (Savoie). — ***Chèvre.*** De très grande ressemblance avec les autres Persillés.

Persillé de La Clusaz (Savoie). — ***Chèvre.*** Voisin de l'Aravis, comme le col des Aravis est voisin de celui de La Clusaz (7 km), il lui ressemble comme un frère... cadet.

Persillé du Mont-Cenis (Savoie). — ***Chèvre*** et ***vache.*** Cylindre plus large que haut fait d'un mélange de lait de chèvre et de vache. Pâte persillée. Saveur assez douce.

Persillé de Thônes (Savoie). — ***Chèvre.*** On affine dans la région de Thônes (Haute-Savoie), à 22 km d'Annecy, des Persillés collectés sur le massif des Aravis et qui quelquefois, portent également ce nom.

pétafine.

RECETTE DAUPHINOISE

Pétrir ensemble des fromages frais de vache et de chèvre. Y ajouter un levain fait de fromages secs revenus dans du lait chaud. Ajouter huile, marc, sel et poivre, un peu d'absinthe et bien mélanger le tout.
Laisser reposer quelque temps avant de servir.

Du mot *pétafine,* Guignol a fait, à Lyon, le verbe *pétafiner :* écraser et battre quelqu'un ou quelque chose jusqu'à l'aplatir.

pétatou.

RECETTE POITEVINE

Garnir une tourtière d'une pâte brisée assez molle et sans sucre. Préparer une purée de pommes de terre, la mélanger avec son tiers de fromage de chèvre frais, des œufs. Bien étendre le mélange sur la pâte et cuire 2 heures, à four doux. Servir froid.

Petit. — Qualificatif précédant des noms de fromages divers et désignant un format plus petit que l'habituel. C'est ainsi que vous trouverez sur le marché les fromages suivants : Petit Camembert (8 à 8,5 cm de diamètre), Petit Carré de l'Est, Petit Géromé, Petit Livarot (v. *Petit Lisieux*), Petit Munster, Petit Pont-l'Evêque (de 8 à 10 cm de côté), Petit Reblochon (9 cm de diamètre), Petit Saint-Nectaire (1 kg), etc.

Petit Bessay (Bourbonnais). — ***Vache.*** Petit fromage fermier, rond et plat, régionalisé dans les environs de Moulins. Mat. grasse, 40 à 45 p. 100.

Petit Carré (Lorraine). — ***Vache.*** Carré* de l'Est de petit format, primitivement réservé à l'exportation, mais vendu désormais dans les magasins à grande surface et à succursales multiples.

Petit Chaumont (Champagne). — ***Vache.*** Fromage à pâte molle et croûte lavée rappelant quelque peu le Langres*.

Petit Lisieux (Normandie). — ***Vache.*** Fromage à pâte molle, à croûte lavée. C'est en fait un petit Livarot, diminué surtout en épaisseur. (Les très petits Livarots épais n'ont jamais été désignés sous un nom spécial, à l'exception d'un seul, vendu sous la marque *Saint-Michel* par les Etablissements Legendre à Livarot.) Bonne époque pour le Petit Lisieux : d'octobre à juin.

Petit Pot de Poitiers (Poitou). — ***Chèvre.*** Fromage frais de lait de chèvre présenté dans le récipient percé de trous dans lequel il a été égoutté (faisselle).

Petit-Suisse. — Fromage frais à pâte lissée, double crème (60 p. 100 de matière grasse) ou triple crème (75 p. 100 de matière grasse), résultant de fabrication au lait pasteurisé soumis à une coagulation très lente.
La petite histoire conte que le nom de *Suisse* provient de la nationalité d'un fromager employé dans la laiterie d'une dame Héroult à Villiers-sur-Auchy, lequel suggéra à sa patronne d'ajouter de la crème au lait, ainsi qu'on le faisait dans son pays. Cela se situait aux environs des années 1850 ou 1875 (les avis sont partagés), et la fortune de la dame naquit de cette expérience, dont la réussite rejaillit sur son auteur. Mais on en fait aujourd'hui partout, et même en Suisse! Plusieurs marques se partagent le marché des produits frais. Gervais* est la plus ancienne et fut la seule durant trois quarts de siècle à exploiter ce nom de fromage.

Petit Tholy (Lorraine). — ***Vache.*** Marque d'un fromage vosgien de la famille des pâtes molles, à croûte fleurie, genre Brie ou Camembert. L'un des plus anciens du genre (dimension d'un Camembert) est fabriqué par les Etablissements Gérard, Le Tholy (Vosges).

Peynir (Turquie). — Fromage blanc obtenu d'un mélange de lait de vache et de brebis. Il se sale en séchant, mais garde une saveur agréable.

Pfister (Suisse). — ***Vache.*** De la même forme que les petites meules de fromage du type Suisse, pesant environ 22 kg, le Pfister, ou Pfister Huber, en diffère par la méthode de fabrication.
On coagule du lait de vache frais, écrémé, avec de la présure, à une température de 30 °C, et on maintient cette température jusqu'à ce que le caillé soit mis en cercles. Après une période de coagulation de 30 minutes, le caillé est grossièrement découpé et, lorsqu'il est reposé, on enlève une partie du sérum. Ensuite, on brasse le caillé pendant 5 minutes, puis on le laisse encore reposer pendant 5 minutes; il se dépose à nouveau, puis on le recueille dans une toile et on le presse dans des cercles pendant 1 jour. Les cercles renfermant le caillé sont « redressés » et retournés de temps en temps. Le lendemain, les fromages sont enlevés des cercles, salés dans un bassin de saumure pendant environ 3 jours, et ensuite transférés dans un local humide pour s'affiner pendant 6 semaines environ. Ils sont nettoyés et salés fréquemment pendant l'affinage.

Picadou (Quercy). — ***Chèvre.*** Fromage fermier consommé localement. C'est un Cabécou plié dans des feuilles généralement de noyer et affiné en pots. Mat. grasse, 45 p. 100.

Mise en boîte des Petits-Suisses.
Phot. Vautier-Decool.

Pickled. — Terme générique utilisé pour désigner un groupe de fromages auxquels on a ajouté une quantité considérable de sel afin de prolonger leur conservation.
Ce sont habituellement des fromages à pâte molle avec un caillé blanc, et qui sont fabriqués sous des climats chauds, principalement dans des pays bordant la Méditerranée.
Le sel peut être ajouté soit au lait, soit au caillé, ou bien on peut aussi emballer le fromage avec une saumure ou du sel sec.
Ce groupe comprend : le Domiati et le Kareish, qui sont fabriqués en Egypte; le Feta, fabriqué en Grèce, et le Teleme, fabriqué en Bulgarie, en Roumanie (où il est appelé *Brandza de Braila*) et en Turquie.
Une description de ces fromages est donnée pour chacun sous son nom spécifique.

Picodon (Dauphiné). — ***Chèvre.*** Fromage gras, à pâte molle, préparé à Dieulefit et aux alentours. De 5 à 7 cm de diamètre, pesant de 50 à 80 g, on l'affine en pots de grès environ 3 mois. Son nom, qui vient du patois local, indique assez son « piquant ». Bonne époque : de mai à janvier. Mat. grasse, 45 p. 100.

Fromages fabriqués à l'abbaye bénédictine de la Pierre-qui-Vire : Boule des Moines et Pierre-qui-Vire. ***Phot. Zodiaque.***

Picodon de Saint-Agrève (Vivarais). — ***Chèvre.*** Fromage gras, rond, parfumé, pesant environ 150 g. Il a inspiré le poète Charles Forot :

Une odeur de chèvre,
Que vous devinez,
Exalte la lèvre,
Chatouille le nez :

Onctueuse pâte
Mûrie en des pots,
Dans l'obscur repos
Où le doigt les tâte,

Quel concert des dons
Font les Picaudons
A qui les déguste :

Il n'en est comme eux,
Puissants et crémeux,
Pour chanter si juste.

Mais on fait des Picodons dans toute l'Ardèche. Dans la basse Ardèche, on les lave dans l'eau-de-vie, on les essuie au torchon de toile, on les enveloppe de feuilles de vigne ou de clématite et on les enferme dans de grands pots de terre. Les Picodons de Lagorce et de Gras sont particulièrement renommés. Au sortir de la « vaillère », ils sont forts, la croûte bleue ou noire, la pâte jaune marbrée de rose, et on doit les racler avant de les servir.

Picodon de Valréas (comtat Venaissin). — ***Chèvre.*** Fromage gras à pâte molle, servi mi-frais.

pie (à la). — Fromage frais préparé à partir de lait de vache, par emprésurage, moulage et égouttage en des moules de formes diverses. Il est souvent aromatisé de fines herbes. En Ile-de-France, le *Fromage* à la pie* est une sorte de Coulommiers servi tout de suite après salage.

Pie. — Nom donné à tous les fromages utilisés pour la préparation du cheese pie (pâté au fromage) et du cheese cake (gâteau au fromage) ou autres mets similaires cuits au four.
Les Anglo-Saxons, pour ce faire, utilisen le Baker's* Cheese ou le Cottage* Cheese.

Pierre jaunâtre. — Autre nom de la Tome de Brach.

Pierre-qui-Vire (Bourgogne). — ***Vache.*** Fromage frais préparé par les moines de la célèbre abbaye bénédictine avec le lait d'un troupeau élevé et nourri dans de parfaites conditions biologiques. Mat. grasse, 45 p. 100.

Pierre-sur-Haute (Auvergne). — ***Vache.*** Fourme persillée cousine de celles d'Ambert et de Montbrison, préparée à plus de 1 500 m d'altitude dans les monts du Forez.

Pigouille. — Longue perche avec laquelle les habitants du marais poitevin poussent et dirigent leurs bateaux. On fabriquait à Marans un fromage de vache ou de chèvre, à pâte molle. On lui cherchait un nom. On l'a appelé ainsi. On le fabrique encore, en usine; sa pâte à peine pressée, légèrement fleurie, tendre, est insipide.

Pimento. — Nom désignant tout fromage auquel on a ajouté des piments broyés. Il s'agit généralement de pâtes à tartiner, mais on ajoute du piment au Neufchâtel, au Cream, au Cottage Cheese et même à des pâtes dures du type Cheddar.

Pineaple (Etats-Unis). — ***Vache.*** Le mot signifie « ananas » et vient de la forme du fromage. Il est supposé avoir été fabriqué pour la première fois vers 1845, dans le comté de Lichtfield (Connecticut), et en effet sa forme et les plissements en diagonale de sa surface le font ressembler à un ananas.

Le caillé est pressé dans des moules de différentes dimensions pour obtenir des fromages pesant jusqu'à 2,7 kg. Ces « ananas » sont ensuite pressés, immergés dans l'eau chaude (49 °C) quelques minutes, puis suspendus dans un filet à mailles larges pour sécher, puis s'affiner plusieurs mois.

Durant l'affinage, on les maintient aussi propres que possible, et on les frotte avec de l'huile.

Certains sont revêtus d'écailles de laque donnant à la surface un « fini » dur, luisant, comme vernissé.

Pinzgauer Bierkäse (Autriche). — ***Vache.*** Fromage d'origine bavaroise, fabriqué aussi en Allemagne.

Piora (Suisse). — ***Vache.*** Fabriqué dans le Tessin, ce fromage à pâte dure a des petits trous semblables à ceux du Tilsit. Le lait entier (quelquefois mêlé d'un peu de lait entier de chèvre) est celui de deux traites (matin et soir). Rond et plat, de 30 à 40 cm de diamètre, le Piora peut peser de 8 à 16 kg.

Durant l'affinage, lequel se prolonge 6 bons mois, les fromages sont lavés, frottés de toiles sèches et fréquemment retournés.

Habitants du Marais poitevin manœuvrant leur barque à la pigouille.
Phot. Rives-Cédri.

Pipo-Bleu (Bresse). — ***Vache.*** Nom de marque d'un Bleu de Bresse fabriqué par la Laiterie coopérative de Grièges (Ain).

Pipo Crem. — Bûche d'environ 2,5 kg d'un fromage industriel, crémeux, persillé, fabriqué dans l'Ain. Le Pipo Crem de format réduit est baptisé *Pipo Nain* ou *Uni-Bresse.*

De la famille des Bleus de Bresse, il est la marque d'une laiterie de Grièges (Ain).

Pirotski Katschkawalj (Yougoslavie). — ***Brebis.*** Katschkawalj* fabriqué à Pirot, ville de Serbie occidentale. Odeur forte et fruste.

Pithiviers (Orléanais). — ***Vache.*** Nom donné à un fromage de l'Orléanais de la famille des Coulommiers, dont l'affinage était autrefois complètement conduit dans les coffres à foin pour les besoins du personnel des moissons. Ainsi plus fort, on en consommait moins. Aujourd'hui, ce fromage est devenu comme les autres un produit folklorique dont il est bon d'avoir de temps en temps un exemplaire pour l'éclectisme de son plateau.

Pithiviers au foin.
Phot. Lauros.

C'est un fromage à pâte molle, à croûte fleurie, au lait « normalisé » à 40 p. 100 de matière grasse. Le foin dont il est recouvert n'est plus qu'un habillage distinctif, tout comme pour son voisin d'Olivet, que l'on conservait sous la cendre dans les immenses caves creusées dans le tuffeau de la vallée de la Loire et même sous le faubourg Saint-Marc d'Orléans. Bonne époque : de novembre à juillet.

Planinski sir (Yougoslavie). — ***Vache.*** Fromage serbe de montagne, très sec, que l'on découpe en petits carrés enfilés sur des brochettes et que l'on mange grillé avec du pain et du lait chaud.

Plateau (Belgique). — ***Vache.*** Fromage cylindrique à pâte molle et croûte élastique. Goût de noisette intéressant, rappelant le Herve, mais sans son odeur agressive.

Plattekees (Belgique). — ***Vache.*** Fromage blanc des Flandres et du Brabant.

Pochekhonski (U. R. S. S.). — ***Vache.*** Fromage à pâte dure et à maturation accélérée (un mois et demi).

point P. — Le gastronome peut s'efforcer de classer les fromages en partant du goût. Le curieux, par pays. Le technicien part, lui, de sa composition plus encore que de son mode de préparation (celui-ci, aussi bien, influant sur celle-là). C'est ainsi que l'important, de ce point de vue, est la teneur du fromage en matière grasse, son pourcentage d'extrait sec dégraissé et son degré d'humidité. A partir de ces trois chiffres, on pourrait « classer » les fromages en des groupes de « similitudes ».

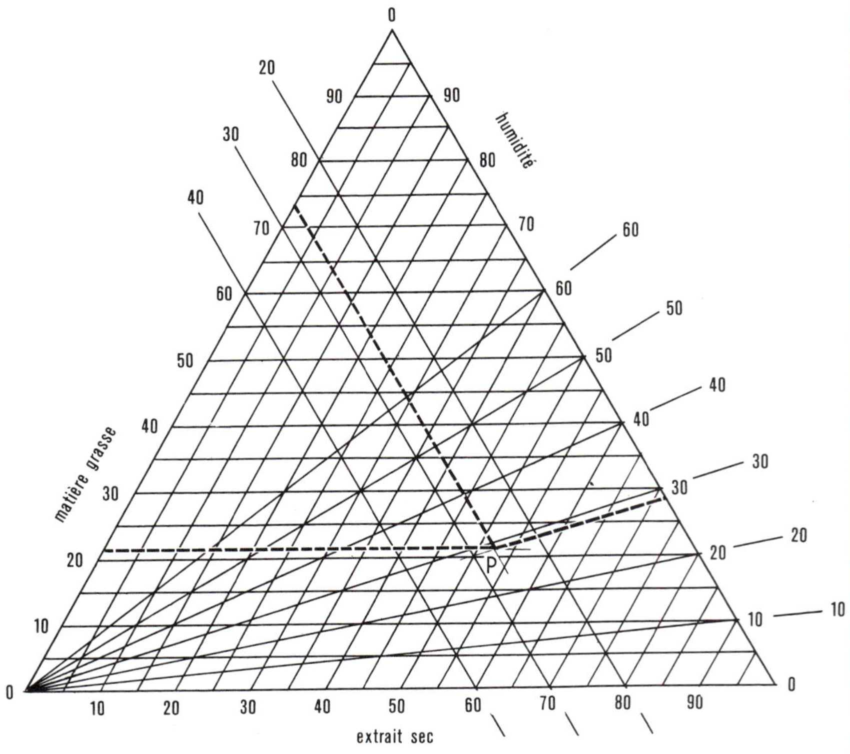

Le docteur Antonio Goded y Mur, directeur de l'Institut municipal d'hygiène alimentaire de Saragosse, a proposé pour ce classement un procédé ingénieux de détermination graphique des similitudes par situation du « point P ».

L'importante et précieuse revue *la Technique laitière* nous a expliqué le principe de la détermination de ce fameux « point P ». Le croquis de la page ci-contre vous en permet la lecture.

Examinons ce croquis, et prenons un fromage dont nous connaissons les secrets : par exemple, le Peneteleu* roumain. Il a 20,1 p. 100 de matière grasse, 27,4 p. 100 d'humidité et 52,5 p. 100 d'extrait sec dégraissé.

Sur le côté gauche du triangle et en comptant à partir du point le plus bas, nous marquons :

1° un point à la mesure de 20,1 (matière grasse) et nous traçons une ligne parallèle à la base du triangle à cette hauteur;

2° un point à la mesure de 20,1 + 52,5, soit 72,6, et toujours sur le côté gauche du triangle, nous traçons cette fois en partant de celui-ci une ligne parallèle au côté droit du triangle.

L'intersection de ces deux lignes donnera le point P, caractérisant le fromage.

Pour orientation, il a été tracé un faisceau de lignes droites partant de l'angle gauche du triangle et indiquant les valeurs 60, 50, 40, 30, 20 et 10, qui représentent le pourcentage de graisse dans l'extrait sec total, ou matière sèche du fromage.

Ainsi, dans l'exemple qui nous occupe, le point P est entre 20 et 30, et, si nous relions ce point P au côté droit du triangle, la ligne le coupera au point 27,4, qui est l'humidité.

Nous avons également tracé sur le tableau trois lignes parallèles au côté de droite, indiquant les points de rencontre avec les lignes de teneur en eau de 20, 30 et 40.

Il est en effet intéressant de pouvoir comparer à volonté les points représentatifs de divers fromages permettant de trouver de cette façon les similitudes ou divergences existant entre eux.

poivre. — Cette épice aromatise bien trop de fromages, hélas! qui se suffiraient à eux-mêmes sans l'astuce des « maistres froumaigiers » et le snobisme de la clientèle.

Poivre d'Âne (Provence). — ***Chèvre. Vache.*** Au départ, il s'agissait d'un pur fromage de chèvre. Aujourd'hui, on y mêle quelquefois du lait de vache. Après son façonnage à la main, en forme de petites boules aplaties, il est roulé dans des brindilles d'herbes odorantes de haute Provence, romarin et sarriette. C'est cette dernière que les Provençaux nomment *pèbre d'âse,* d'où le nom du fromage.

Poids : de 150 à 200 g. Epoque : d'avril à décembre. Mat. grasse, 45 p. 100.

POLIGNY. — Chef-lieu de canton du Jura, siège d'une Ecole nationale d'industrie laitière.

PONCHON (Raoul). — Né en 1848 à La Roche-sur-Yon, ce « gazetier-rimeur », comme il se disait, fut en vérité bien plus : un authentique poète. Cent cinquante mille vers (plus qu'Hugo), parmi lesquels il en est des milliers d'excellents et bien supérieurs à ceux de l'illustre visionnaire de *la Légende des siècles!* Vers disséminés dans la presse de son temps (quelques-uns seulement ont été réunis, de son vivant, dans *la Muse au cabaret*), que ce bohème de cœur, gourmet et franc buveur, dédia le plus souvent aux choses de bouche.

Elu à l'académie Goncourt en 1924, la « Ponche », comme il s'appelait et comme l'appelaient ses amis, est mort en 1937.

C'est dans *le Courrier français* du 21 juillet 1895 qu'il publiait, sous le titre *la Question du fromage,* les vers suivants :

Quoi qu'il en soit du personnage
Il pue?... Eh bien! tant pis pour lui :
Il peut bien puer à son âge
Car il n'est pas né d'aujourd'hui,
Il s'en faut bien. Où diable lus-je,
Qu'il puait avant le déluge
Ce fromage tant détracté,
Quand les peuples, à leur aurore,
N'en étaient pour tout dire encore
Qu'au simple régime lacté...

Raoul Ponchon. Autoportrait.
Phot. X.

Pontgibaud (Auvergne). — ***Vache.*** Du nom de la localité où l'on fabrique ce Bleu d'Auvergne industriel.

Pont-l'Evêque (Normandie). — ***Vache.*** Ce fromage, aussi ancien que le Livarot, faisait partie des « Angelots » cités par Guillaume de Lorris; il est sans nul doute de création monastique à l'aube du XIIe siècle. Il ne devint Pont-l'Evêque que vers 1600. A-t-il entre-temps été nommé *Augelot* (du pays d'Auge), ou fut-ce une extrapolation des commentateurs? En effet, en 1560, dans le *De re cibaria* de La Bruyère-Champier, puis dans *Recherches et antiquités de la province de Neustrie* de Charles de Bougueville

Double page suivante : l'ouverture du marché aux fromages, à Alkmaar (Pays-Bas), a lieu en grande pompe, chaque vendredi matin, de mai à septembre.
Phot. Léo Aarons.

HAN DEL

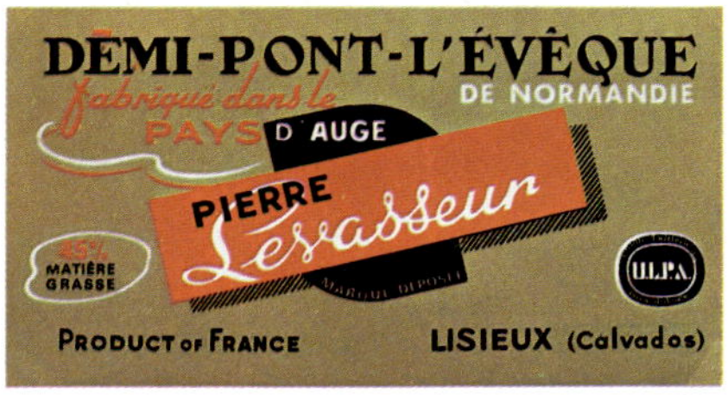

(1588), on nous parle, dit-on, des « bons fromages que l'on appelle *Augelots* », mais la méprise, au décryptage, est facile.

C'est un fromage à pâte molle, à croûte que l'on peut, suivant ses préférences, laver ou affiner à sec dans des armoires bien closes ou des tiroirs étanches. Le caillé est grossièrement divisé, mais l'égouttage est spontané, et, quelques jours après le salage, un court séjour en hâloir ventilé le conduit au seuil de la cave d'affinage.

De forme carrée, le Pont-l'Evêque doit être fabriqué avec du lait aussi frais que possible, encore empreint de la température animale, légèrement réchauffé, emprésuré assez fortement pour obtenir une coagulation semi-rapide.

Certains désirent que le Pont-l'Evêque (dont l'aire de production est localisée le long de la vallée de la Touques jusqu'à la mer, d'une part, et sur les plateaux de l'Eure jusqu'auprès de Bernay, d'autre part) soit affiné par lavages successifs, d'autres considèrent que le maximum de ses arômes se développe à sec; c'est affaire de goût et surtout d'épluchage de la croûte, qui, dans ce second cas, s'imprègne fortement d'odeur de moisissure.

En son état idéal, le Pont-l'Evêque a une pâte jaune, douce et onctueuse, avec une saveur de noisette. Trop « passé », il risque l'amertume.

La couleur de sa croûte varie du jaune clair au gris-brun suivant l'âge et la technique d'affinage. Il faut compter 2 mois pour affiner à fond un Pont-l'Evêque de dimensions normales. Son poids varie de 325 à 400 g. Mat. grasse, 50 p. 100.

Dans le passé, on confectionnait à l'échelon domestique un « pavé » dans lequel il entrait 10 litres de lait, dont le poids atteignait 1 kg et dont la durée d'affinage atteignait 5 à 6 mois. La croûte devenait brune, et la saveur très forte.

On dit que sa particulière saveur serait due à un champignon sournois participant à son affinage : le *Monilium candidum.*

Production annuelle : environ 7 millions de Pont-l'Evêque. Bonne époque : d'octobre à juin.

Poona (Etats-Unis). — ***Vache.*** Fromage fabriqué initialement dans l'Etat de New York, à partir de lait entier, et affiné en surface. C'est de 1949 que date sa vogue. Rond et plat, mesurant 10 cm de diamètre sur 4,5 de haut, il pèse entre 400 et 500 g.

Comme le Limbourg, il présente une viscosité rougeâtre en surface, et son arôme est également celui du Limbourg doux. Pendant l'affinage, qui dure 6 semaines, il est frotté quotidiennement. L'origine du nom est inconnue.

Port-du-Salut (Maine). — ***Vache.*** Surtout, ne pas confondre avec le Port-Salut, simple marque commerciale.

Les premiers trappistes autorisés à rentrer en France après la Révolution s'installèrent, en 1815, à Port-Rhingeard, dans la Mayenne, en un ancien prieuré fondé en 1233. La croissance de la nouvelle abbaye, canoniquement érigée en 1816 « sous la règle de saint Benoît, de l'étroite observance de Cîteaux », fut rapide. Il fallut élever de nouvelles constructions, et, en 1850, l'agrandissement de la fromagerie fut nécessaire pour répondre aux besoins alimentaires de la communauté. Ce fut l'œuvre de dom François Couturier...

Le fromage de Port-du-Salut connut, dès sa commercialisation, un vif succès à Paris (1875). C'est en effet le 10 novembre de cette année que le R. P. dom Henri, de passage à Paris, proposa à son ami Mauget, établi 13, rue du Cardinal-Lemoine, de tenir dépôt de ses fromages. Le succès fut immédiat, et les arrivages de Port-du-Salut, trois fois par semaine, annoncés par affichettes sur la boutique, s'enlevaient aussitôt.

A pâte pressée, légèrement cuit, en forme de cylindre de 18 à 25 cm de diamètre sur 4 à 5 cm d'épaisseur, d'un poids de 1,5 à 2 kg. Sa croûte était jaune pâle, sa saveur et sa conservation remarquables. On l'imita aussitôt abondamment, au point qu'il fallut un jugement du tribunal de la Seine (7 janv. 1938) pour que le Port-du-Salut devînt une marque : le Port-Salut. Mais après la Seconde Guerre mondiale, les trappistes vendirent la marque *Port-Salut* à une société commerciale.

Les moines de l'abbaye d'Entrammes, néanmoins, continuent une fabrication privée à la Trappe même et appelée Entrammes*.

Port-Salut. — Marque commerciale d'un fromage à pâte demi-dure, à caillé divisé, à égouttage accéléré par pressurisation, au lait pasteurisé et entrant dans la famille des Saint-Paulin.

Port-Salut des Trappes. — Fabriqué dans les monastères de Thymadeuc et de Campénéac (Morbihan) et de La Meilleraye-de-Bretagne (Loire-Atlantique). Non commercialisé. Il ne pourrait d'ailleurs, dans ce cas, s'appeler *Port-Salut* depuis que ce nom est devenu une marque.

PORTUGAL (fromages du). — Principaux fromages du Portugal : Alcobaça, Alentejo, Alverde, Azeitão, Bola, Cabreiro, Castelo Branco, Castelo de Vide, Evora, Ilha, Niza, Rabacal, Saloio, Serpa, Serra, Serra da Estrella, Tomar. (V. ces mots.)

Poste aux chevaux de Meaux. — Dans une encyclopédie du XIXe siècle (1858), au chapitre « fromage », on peut lire :

« Une autre forme de fromage d'une délicatesse extrême, connue sous le nom de Fromage de la Poste aux chevaux de Meaux, et qui se conserve souvent au-delà d'une année. »

Pot (Angleterre). — ***Vache.*** Sorte de Cottage* Cheese pétri à la main.

pot (fromage en). — En Lorraine, c'est un fromage malaxé d'ingrédients divers et mis en pot. Mais dans d'autres régions de France on pratique de la même façon, et cela donne souvent un fromage fort. *« Le patron déjeunait à son habitude par un quelque chose de fort, des oignons sauvages et de l'anchois, ou de ce fromage en pot qu'à le découvrir on se disait : « Tiens, on a marché dans le sale! »* (Jean Giono, *Un de Baumugnes.*)

Potago (Allemagne). — ***Vache.*** C'est un original fromage de pommes de terre. On pèle celles-ci, on les fait bouillir, on les réduit en purée et on passe dans un tamis. Le caillé (soit à partir de lait acide, soit à partir de lait présuré) est mélangé à la purée dans la proportion (en général) de 3 à 1.
On ajoute du sel, souvent des graines d'anis. Après 2 jours de maturation et un remélange, les fromages sont moulés le temps d'une journée, séchés, affinés durant 2 semaines en baquet, couverts de crème ou de bière.
Le Potato, fabriqué en Thuringe, est quelquefois de lait de brebis ou de chèvre.

Pottekees (Belgique). — ***Vache.*** Fromage fort fabriqué à l'échelon domestique avec du Fromage blanc aromatisé et conservé en pots. Saveur très forte et piquante.

Pougny (Nivernais). — ***Chèvre.*** Fromage fermier des environs de Cosne, ayant une visible parenté avec ses cousins : Sancerrois et Pouilly-sur-Loire.

Pouilly-sur-Loire (Nivernais). — ***Chèvre.*** Fromage régional comparable au Crottin de Chavignol.

Pouligny-Saint-Pierre (Berry). — ***Chèvre.*** Fromage gras, en forme de pyramide allongée (d'où son surnom de *Tour Eiffel*), fabriqué dans ce petit village de l'Indre et excellent d'avril à novembre. Mat. grasse, 45 p. 100.
Certains amateurs l'affinent dans des pots, entre des feuilles de platane, en y ajoutant un peu de marc du pays.
Il a inspiré un poète :

Il est comme gris, demy-bleu,
Et marqueté de rouge un peu
Signe que sa substance est bonne,
Et que de l'Art, il tire un sel
Aussi bon que nature en donne
Dans nostre herbe, un universel.
Il n'est point d'une odeur mauvaise
N'y d'une plure qui déplaise;
Des autres il n'a point le fart,
Tout le monde également l'aime
Car il est fait avec tant d'art
Que jeune ou vieux n'est que cresme...
(*Hélie Le Cordier.*)

Pourly (Bourgogne). — ***Chèvre.*** Fromage de création récente fabriqué dans une chèvrerie modèle à Essert (Yonne). De forme cylindrique, pesant entre 220 et 250 g, il est de pâte fine, au goût délicat de noisette. Mat. grasse, 45 p. 100.
Bonne période : d'avril à novembre.

POURRAT (Henri). — Romancier français né et mort à Ambert (1887-1959). Il fut le chantre de son Auvergne natale en de nombreux volumes, dont la geste de *Gaspard des Montagnes* (1922-1931), en une langue simple, drue et fruitée.

Cave à fromages, au Portugal.
Phot. Léo Aarons.

Un chèvre de Pourly, en Bourgogne.
Phot. Allard.

Henri Pourrat, chantre du Roquefort.
Phot. Martinie.

Il a écrit, en ce qui nous concerne, un précieux ouvrage intitulé *l'Aventure du Roquefort**.

Poustagnac (Guyenne). — ***Vache*** ou ***brebis.*** Fromage frais aromatisé au piment et au poivre. Quelquefois mêlé de lait de chèvre. Bonne époque : d'avril à novembre.

Prairie (Bourgogne). — ***Vache.*** Fromage en forme de grand Coulommiers, fabriqué à partir de lait pasteurisé à La Chapelle-Vieille-Forêt (Yonne). Sa pâte est analogue à celle des « Ducs »*.

Prato (Brésil). — ***Vache.*** Fromage de type Gouda, à base de lait pasteurisé, à pâte demi-cuite, pressée, et présentant des petits trous. Ce Queijo Prato brésilien ressemble un peu au cubain Patagras*.

Prattigau (Suisse). — ***Vache.*** Tirant son nom de la vallée du Prattigau, dont il est originaire, c'est là un fromage fait à partir de lait écrémé, semblable au Limburger*. Il pèse entre 9 et 11,5 kg.
On en fabrique également dans les Alpes françaises.

Présent. — Nom donné en France au Gouda fermier Boerenkaas*.

Pressato (Italie). — ***Vache.*** Fromage de table italien, demi-gras, à pâte demi-cuite, produit en meules de 9 à 14 kg (9 à 13 cm de hauteur et 22 à 40 cm de diamètre). Fabriqué à partir de lait écrémé partiellement par gravitation. Sa pâte est blanc-jaune avec des trous irréguliers, et sa croûte est mince et élastique. Saveur douce et agréable.

presse laitière et fromagère. — Il existe de nombreux hebdomadaires ou mensuels des professions laitières et fromagères.
Mais la plus importante publication reste *la Technique laitière,* 8, rue de Port-Mahon, à Paris, dont la totale indépendance est souvent réjouissante.
Créée en 1945 par Maurice J. Rousseau, elle défendit toujours, depuis, ce qu'elle jugea utile pour le bien et la prospérité des professions laitières et des professions spécialisées.
En particulier, les fromages, leur qualité, la manière de les vendre, le respect des traditions, mais aussi la recherche des nouveautés furent et continuent d'être le souci permanent de cette revue.
Pour ce faire, *la Technique laitière* dispose chaque mois de trois numéros spécialisés.
Le 1er de chaque mois sont abordés les problèmes de l'élevage et de la qualité de la matière première, le lait, qu'il soit d'origine bovine, caprine ou ovine.
Le 10 du mois, les techniques de fabrication sont principalement évoquées.
Enfin, le 20 de chaque mois sont traitées les questions économiques, celles de la propagande, de la publicité collective ou spécialisée, du commerce, etc.
Deux numéros hors série par an traitent l'un du Concours général agricole, l'autre de l'équipement laitier.
La Technique laitière lance des idées et se bat pour qu'elles se réalisent, cela sans considérations particulières quand l'intérêt général est en cause.

Prestost (Suède). — ***Vache.*** On fabrique ce fromage, en Suède, depuis le XVIIIe siècle. De forme habituellement cylindrique et pesant de 2,250 à 13 kg, on collecte le caillé dans une toile et, après malaxage pour expulser le sérum, on y mélange du whisky. A l'affinage dans une cave fraîche et humide, le Prest, ou Prestost, est lavé au whisky, tous les 3 jours.
Ce fromage est également appelé *Saaland Pfarr.*

présure. — La présure est la substance coagulante ordinairement utilisée pour cailler le lait. On la prépare en faisant macérer dans un liquide légèrement acide les caillettes de l'estomac des ruminants pour en extraire les diastases. La présure peut être liquide ou pulvérulente.

Process. — Nom générique de divers fromages pasteurisés (Process pasteurisé), fabriqués en broyant finement et en mélangeant ensemble, en chauffant et en brassant, un ou plusieurs fromages de la même variété.
On peut ajouter : des acides lactique, citrique, acétique ou phosphorique, ou du vinaigre, une petite quantité de crème, d'eau, de sel, de colorant et d'épices, ou des éléments aromatisants. Le fromage peut être fumé ou il peut être préparé à partir de fromage fumé, ou bien on peut ajouter un « arôme fumé », appelé *arôme fumé liquide.*
Ces fromages ont été chauffés et conservés dans des boîtes, en Allemagne et en Suisse, dès 1895. On a fabriqué du Process à pâte dure et affiné, en Suisse, en 1911. On a vendu aux Etats-Unis, dès

1914, du fromage de Camembert mis en boîtes et provenant d'Allemagne. Le premier brevet américain pour les fromages travaillés, dits « Process Cheese », a paru en 1916. On estime qu'au moins un tiers de la totalité des fromages produits aux Etats-Unis, sauf les fromages à pâte molle et non affinés, sont vendus comme fromages travaillés. On travaille du Cheddar américain en grande quantité, mais des quantités considérables d'autres fromages du type américain, tels que le Caillé lavé, le Colby et le Granulaire, ainsi que le Suisse, le Gruyère, le Brick, le Limburger et d'autres encore, sont travaillés de cette façon. La plupart de ces fromages sont fabriqués dans quelques grandes entreprises, car la production sur une petite échelle n'est pas pratique.

La sélection du fromage à utiliser demande une compétence considérable. On choisit le fromage sur la base de son arôme, de sa texture, de sa consistance, de son âge, de son acidité et de sa composition. On obtient une saveur désirable en utilisant un fromage fort et complètement affiné, mais on peut aussi utiliser des fromages présentant des défauts mineurs tels qu'une croûte imparfaite, des « trous d'épingle », des inclusions de gaz et une texture ouverte, ainsi que certains défauts bénins de saveur, car ces

« La Marchande de crème. » Recueil des *Cris de Paris,* par Poisson, 1774. Bibliothèque nationale, Paris. *Phot. Lauros-Giraudon.*

défauts sont éliminés ou minimisés par le traitement.

On obtient une composition, une consistance, une texture et une saveur uniformes dans le fromage fini en utilisant des fromages provenant de deux ou plusieurs « lots de cuve » (dans certains cas, jusqu'à 20 ou 30 lots de cuve), pour chaque fournée ou mélange. Un lot de cuve est le fromage fabriqué à partir du lait d'une cuve.

Les fromages de chaque fournée sont nettoyés, découpés s'ils sont gros, et passés dans un broyeur, dans une chaudière à « chemise de vapeur » ou un cuiseur horizontal. Les autres ingrédients sont ajoutés soit lorsque le fromage passe dans le broyeur, soit pendant le chauffage.

On trouve des chaudières à « chemise de vapeur » équipées d'agitateurs mécaniques pour le brassage, en toutes dimensions, mais fréquemment d'une contenance de 200 à 400 litres de pâte. Il faut jusqu'à 30 minutes pour chauffer le fromage dans une grande chaudière.

Dans les plus grandes entreprises, on utilise des cuiseurs horizontaux contenant 225 kg de fromage ou plus. Les cuiseurs sont équipés d'agitateurs hélicoïdaux pour le brassage, et on injecte de la vapeur vive directement dans le fromage pour le chauffer en 3 ou 5 minutes.

Le fromage est chauffé à une température d'au moins 65 °C, et habituellement 68 à 71 °C, et il est maintenu à cette température pendant au moins 30 secondes, mais ordinairement pendant 5 minutes environ, le temps dépendant des caractéristiques physiques du fromage. Lorsqu'on peut tirer de la masse, avec une spatule, des filaments longs et fins de fromage chaud, et que le fromage est lisse, homogène, luisant et crémeux, il est prêt au conditionnement. Dans la plupart des usines, il est emballé automatiquement à la machine dans des cartons contenant de 0,225 à 2,250 kg. Ces cartons sont ordinairement revêtus d'un film transparent, et ils sont fermés hermétiquement pour éliminer l'air. Les fromages sont emballés et refroidis à la température de la pièce, puis placés sous réfrigération. La haute température atteinte dans le chauffage, jointe à la chaleur retenue pendant les longues heures requises pour refroidir le fromage à la température ambiante, rend le produit pratiquement stérile : il se conserve bien et ne poursuit pas sa maturation.

Composition : pas plus de 1 p. 100 d'humidité de plus que la limite légale maximale pour la sorte de fromage naturel à partir duquel il est fabriqué, ou 1 p. 100 de plus que la moyenne des limites légales maximales s'il est fabriqué à partir de plus d'une seule sorte; mais en aucun cas plus de 43 p. 100 (sauf 40 p. 100 pour le Caillé lavé ou le Colby travaillé; 44 p. 100 pour le Suisse ou le Gruyère travaillés; 51 p. 100 pour le Limburger travaillé). Matière grasse dans l'extrait sec : au moins la limite légale minimale pour la sorte de fromage à partir duquel il est fait, ou la moyenne des limites légales minimales s'il est fabriqué à partir de plus d'une seule sorte; mais en aucun cas moins de 47 p. 100 (sauf 43 p. 100 pour le Suisse travaillé et 45 p. 100 pour le Gruyère travaillé).

On peut ajouter au « Process Cheese » des fruits, des légumes ou des viandes, ou encore des mélanges de ces éléments, et dans ce cas la teneur en humidité peut être de 1 p. 100 de plus, et la teneur en matière grasse dans l'extrait sec de 1 p. 100 de moins que dans le fromage travaillé correspondant.

On fabrique du fromage aux piments en ajoutant au moins 0,2 p. 100 de piment en poids au Cheddar ou au fromage du type Cheddar travaillés.

Process Blended. — Même principe et même fabrication, sauf qu'on peut utiliser du Fromage à la crème ou du Neufchâtel ou un mélange de deux ou plusieurs sortes et sans ajouter d'agent d'émulsion ni d'acidifiant.

Process Cheese Food. — Littéralement « aliment de base de fromage travaillé ». Au moins 51 p. 100 du poids de l'aliment fini doit être du fromage.

Process Cheese Spread. — Pâte à tartiner à base de fromage travaillé. On peut y ajouter des fruits, des légumes, des viandes. Doit contenir au moins 20 p. 100 de matière grasse.

Provatura (Italie). — ***Bufflonne*** ou ***vache.*** Fromage du type « Pasta Filata » d'Italie méridionale. Originairement fabriqué avec du lait de bufflonne; aujourd'hui plus souvent au lait de vache. C'est un Caciocavallo à saveur douce et qui demande à être dégusté frais.

Providence (Normandie). — ***Vache.*** C'est l'abbaye de Bricquebec, dans la Manche, qui produit ce proche cousin du Port-du-Salut. C'est en somme la marque de fabrique du Bricquebec*, ou Trappiste de Bricquebec. Mat. grasse, 45 p. 100.

Provole (Italie). — ***Bufflonne.*** Fromage rond à caillé plastique (Pasta Filata) encore aujourd'hui fabriqué à partir de lait de bufflonne. Techniquement préparé comme le Caciocavallo, il ressemble au Provatura* et au Scamorze*. Chaque fromage, pesant 900 g environ, doit être consommé seulement quelques jours après fabrication.

Provolone (Italie). — ***Vache.*** Fromage à caillé plastique (Pasta Filata), il a été fait à l'origine en Italie du Sud, mais on le fabrique maintenant dans d'autres régions d'Italie et aux Etats-Unis, principalement dans le Wisconsin et le Michigan (mais sa méthode de fabrication aux Etats-Unis diffère quelque peu de la méthode italienne). Il est de couleur claire, de consistance mielleuse, lisse, il se coupe sans s'émietter et il présente une saveur indéniablement très agréable.
Le Provolone est fabriqué en différentes formes et dimensions, chacune d'elles étant identifiée par un nom plus ou moins distinct. Typiquement, le vrai Provolone est en forme de poire, et, aux Etats-Unis, il pèse entre 2,750 et 4 kg, et on l'appelle *Provolone Affetale* s'il pèse entre 4 et 6,5 kg. Des types plus gros, pesant jusqu'à 22,5, 45 et 90 kg, sont appelés *Provolone Giganti.* Des types plus petits pesant de 0,450 à 2,250 kg, habituellement sphériques, sont appelés de différents noms tels que *Provoletti, Provolotini* et *Provoloncini.* Un autre type en forme de saucisson s'appelle *Salami* (en italien, saucisson) s'il pèse environ de 4,5 à 5,5 kg, *Salamini* s'il est plus petit et *Salami Giganti* s'il est plus grand (jusqu'à 90 kg ou plus). Mat. grasse, 44 p. 100.
La méthode italienne pour fabriquer le Provolone et le Caciocavallo est presque la même (v. *Caciocavallo*). Cependant, le Provolone renferme plus de matière grasse, et les fromages sont habituellement fumés après avoir été salés et séchés. Lorsque les fromages sont fumés, ils peuvent être plongés dans de la paraffine; s'ils ne sont pas paraffinés, on les recouvre d'huile. Bien que le Caciocavallo puisse être utilisé comme fromage de table lorsqu'il est affiné pendant 2 à 4 mois, il est habituellement affiné pendant plus longtemps et il est spécialement apte à la consommation comme fromage râpé.
D'autre part, le Provolone est un excellent fromage de table lorsqu'il a été affiné pendant 6 à 9 mois, et les types les plus gros sont encore utilisables comme fromages de table après un affinage de 14 mois.

Cave à Provolone, à la laiterie coopérative de Soresina.
Document « Revue laitière ».

Quelquefois, la surface du fromage est rainurée parce qu'il a été pendu dans des ficelles ou des cordes, ou parce qu'il a été moulé dans un moule rainuré. Les fromages sont maintenus propres pendant l'affinage. Le rendement est de 4,300 à 4,750 kg de fromage non affiné ou de 3,4 à 4 kg de fromage affiné pour 45 kg de lait.

P'Teux (Flandre). — ***Vache.*** Fromage maigre de fabrication locale.

Puant macéré (Artois). — ***Vache.*** V. *Béthune.* Bonne époque : d'octobre à mai.

Pultost (Norvège). — ***Vache.*** Fromage de lait acide fabriqué en petite quantité dans les montagnes de Norvège. Quelquefois, le caillé en est anisé ou crémé. Mis en boîtes ou en barils et brassé de temps en temps, il se consomme frais, au bout de quelques jours, ou affiné.
Se dit également *Knaost* ou *Ramost* selon les localités.

Pyramide. — On appelle ainsi quelquefois le Valençay*, qui est, en fait, une pyramide tronquée.

Pyramides.
Phot. Lauros.

Q

Quacheq (Yougoslavie). — ***Brebis.*** Fromage obtenu en ajoutant du sérum acide au lait de brebis. Lorsque le caillé est coagulé, on le retire et on le presse. Se consomme frais ou après affinage, en Macédoine.

Quargel (Autriche). — ***Vache.*** Petit fromage frais caillé naturellement. Pesant de 50 à 60 g, on le vend enrobé de cire rouge ou dorée. De goût légèrement acide, de parfum insolite, il rappelle quelque peu le Mainzer* allemand. Il est préparé dans l'Ouest autrichien. Quelquefois appelé aussi *Sauermilchkäse.*

Quart (Flandre). — ***Vache.*** Petit Maroilles pesant environ 200 g.

Quartirolo (Italie). — ***Vache.*** Fromage à pâte molle fabriqué primitivement en Lombardie, à l'automne (de septembre à novembre). Mat. grasse, 48 p. 100. Il tire son nom de la période de pâturage, les troupeaux broutant l'herbe du troisième regain ou *erba quartirola.*

Paysanne péruvienne faisant du fromage avec du lait de chèvre.
Phot. Almasy.

Quercy. — V. *Bleu du Quercy.*

Quesillo (Argentine). — ***Vache.*** Fromage à pâte molle vendu enveloppé dans des feuilles vertes.

queso. — Mot signifiant « fromage » en espagnol. Beaucoup de fromages des pays d'origine hispanique commencent par ce mot.

Queso Anejo (Mexique). — ***Vache*** et ***chèvre.*** Fromage assez sec, à base de lait écrémé de chèvre (parfois de vache) et ayant une texture émiettée. De forme ronde, ces fromages sont affinés de 6 à 8 mois. Ils peuvent peser de 5 à 10 kg et sont emballés dans des sacs de jute en contenant une demi-douzaine, pour expédition.
A Mexico, ce fromage est très prisé. On le sert avec des galettes de maïs pimentées *(enchiladas)* et bien d'autres plats. Certains grossistes le recouvrent de poudre de piment (le *chile* mexicain) : le fromage est alors appelé *Queso Enchilado.*

Queso Blanco (Amérique latine). — ***Vache.*** Terme générique des Fromages blancs, qui sont très répandus dans toute l'Amérique latine. Fabriqués dans les fermes ou dans quelques petites entreprises, ils constituent un moyen important d'utilisation des laits excédentaires. Généralement consommés frais, ils sont quelquefois pressés et conservés quelques semaines. La méthode de fabrication varie, bien entendu, non seule-

ment selon les pays, mais encore selon les villages et même les fermes.
Le fromage frais (Queso Blanco) fabriqué à partir de lait écrémé est appelé aussi :
Queso de Puna à Porto Rico;
Queso Fresco au Salvador et au Venezuela;
Queso de Llanero;
Queso de Maracay;
Queso de Perijá.
Le Fromage frais (Queso Blanco), fabriqué à partir de lait entier ou partiellement écrémé, est appelé *Panela* au Mexique.
Le fromage fabriqué à partir de lait entier ou partiellement écrémé, puis pressé, est appelé :
Queso de Prensa au Salvador, au Mexique, au Venezuela et à Porto Rico;
Queso del País ou *Queso de la Tierra* à Porto Rico;
Queso Estera en Colombie.
Le fromage fabriqué à partir de lait écrémé, puis pressé, mais non affiné, est appelé *Queso Descremado* ou *Queso Huloso.*
On appelle *Queso de Bagaces* un fromage fortement salé, pressé et utilisé comme fromage à râper.
Fabriqué à partir de lait entier, salé, légèrement pressé et affiné quelques semaines, cela devient le *Queso* de Crema.*

Tous ces fromages sont de dimensions variables, faits dans des moules allant de 1 livre (Panama) à 50 livres (Colombie), alors que le Queso Descremado et le Queso de Bagaces sont pressés en blocs carrés de 45,36 kg.

Queso de Bola (Mexique). — ***Vache.*** Sorte d'Edam au lait entier fabriqué au Mexique sur une très petite échelle. Il est sphérique et affiné environ 3 mois. On appelle ainsi, également, en Espagne, l'Edam importé de Hollande.

Queso de Cabrales (Espagne). — ***Chèvre.*** Fromage des Asturies, du genre Roquefort. Mais on y trouve aussi du lait de brebis ou de vache. Le lait de chèvre lui donne son goût âpre, le lait de brebis sa saveur, le lait de vache son velouté. Les tomes vieillissent 2 à 3 mois dans des grottes calcaires entre 5 et 8 °C. Les fromages se tachent de moisissures rousses et verdâtres. Ce qui n'est pas consommé sur place est enveloppé, pour la vente, de feuilles.

Queso de Cavallo (Venezuela). — ***Vache.*** Fabriqué en forme de poire, il prend, si le lait est de chèvre, le nom de *Queso de Cabra.*

Marché dominical à Chucuito (Pérou) : au premier plan, des fromages blancs.
Phot. Vautier-Decool.

Queso de Cincho (Costa Rica). — ***Vache.*** Fromage de lait acide, sphérique, de 20 à 40 cm de diamètre, et enveloppé dans des feuilles de palmier. Pour cette raison est aussi appelé *Queso de Palma Matida.*

Queso de Crema (Costa Rica). — ***Vache.*** On coagule du lait entier avec de la présure. Le caillé est divisé, mis en moules et pressé en plaques pesant environ 680 g. Salage au sel sec durant 3 jours, affinage de 15 à 60 jours.
Sous ce même nom de *Queso de Crema,* on fabrique à Cuba, au Salvador et au Venezuela un fromage riche, non affiné, additionné de crème et souvent utilisé comme succédané du beurre, notamment à Cuba. Ce fromage est fort périssable.

Queso Enchilado (Mexique). — ***Vache*** et ***chèvre.*** V. *Queso Anejo.*

Queso Fresco (Salvador). — ***Vache.*** Fromage frais à partir de lait écrémé.

Queso Gallego (Espagne). — ***Vache.*** Fromage à pâte molle du genre Saint-Paulin, fabriqué en Galice.

Queso de Hoja (Porto Rico). — ***Vache.*** Fait de tranches minces de caillé superposées, à partir de lait frais, ce fromage, découpé, laisse voir distinctement les couches, qui ressemblent à des feuilles, d'où son nom de *fromage en feuilles.*

Queyras : la vallée du Guil et ses gras pâturages.
Phot. Candé-Top-Réalités.

Queso de Mahón (Espagne). — ***Vache*** et ***brebis.*** Fromage fabriqué dans l'île de Minorque, avec 93 p. 100 de lait de vache et le restant en lait de brebis.
Après coagulation, le caillé est placé dans des linges de 50 cm sur 50 cm, puis pressé à l'aide d'une ficelle et d'un tourniquet de bois. Un tour de main habile lui donne la forme carrée qui le caractérise. Fort apprécié non seulement aux Baléares, mais encore en Catalogne.

Queso de Mano (Venezuela). — ***Vache.*** Version vénézuélienne du Handkäse allemand ou du Hand Cheese américain. Petit fromage rond, de lait acide, à pâte cuite, de 15 à 17 cm de diamètre. On en fabrique dans d'autres pays d'Amérique latine pour la consommation locale, quelquefois à partir de lait de chèvre. De consistance élastique, on le dispose en couches successives et on l'enveloppe de feuilles de bananier.

Queso del País (Porto Rico). — ***Vache.*** Cylindrique et plat, on le fabrique sous trois dimensions, pesant de 450 à 900 g, de 1,5 à 2 kg et plus de 2,5 kg.

Queso de Prensa (Amérique latine). — ***Vache.*** Fromage à pâte dure fabriqué à Porto Rico à partir de lait entier. Ces fromages, pesant environ 2 300 g, sont affinés de 2 à 3 mois sur un « râtelier », ou consommés frais.
On trouve le Queso de Prensa également au Salvador, au Venezuela et dans certaines régions rurales du Mexique.

Queso de Puna (Porto Rico). — ***Vache.*** Fromage doux ressemblant assez au Cottage*, mais fait dans des moules; de lait coagulé par présure. Se consomme frais.

Queso de Serra. — V. *Serra.*

Queyrac (Aquitaine). — ***Vache.*** Une des rares productions locales fromagères en Gironde.

Queyras (Dauphiné). — ***Vache.*** Fromage bleu de cette région d'élevage pastoral, il n'en est pas moins fabriqué à Besançon. C'est à la fois un nom de marque et un nom d'origine.

Quillebeuf (Normandie). — ***Vache.*** Fromage fermier, une variante du Camembert, mais que l'on ne fabrique plus depuis longtemps.

R

Rabacal (Portugal). — ***Chèvre. Brebis.*** Fromage cylindrique et plat, assez ferme, fabriqué aux alentours de Coïmbre, la ville universitaire du Portugal. Il mesure de 10 à 12 cm de diamètre sur 2,5 d'épaisseur.

raclette. — Presque autant que la fondue, la raclette est un plat type de l'Helvétie. Seulement, alors que les fondues sont multiples, à travers les cantons, la raclette est uniquement du Valais.
Et combien meilleure! Plus chaleureuse, plus savoureuse!
Il y faut du fromage venu de Conches*, de Bagnes*, d'Anniviers* ou d'Orsières*. Ils se présentent sous forme de meules pesant environ 4 kg, d'un fromage gras et parfumé semblant encore témoigner des herbes et fleurs des pâturages valaisans transformées en lui.
Le fromage est divisé en deux, selon son diamètre, et ses deux moitiés superposées offertes au rayonnement du four bien chaud, jusqu'à ce qu'elles fondent d'elles-mêmes sous l'effet de la chaleur.
Pour la préparation chez soi, il faut avoir : 1° un bon four portatif chauffant en façade comme une grillade à broche, alimenté à l'électricité, au butane ou au charbon de bois; l'installer à proximité des tables où le service doit avoir lieu, c'est très important; 2° de nombreuses assiettes maintenues au chaud, de 6 à 8 par personne.
Lorsque la pâte fond et commence à couler, saisissez alternativement chaque moitié de fromage et, au moyen d'un dos de couteau, raclez toute la surface en cuisson en faisant tomber devant vous la partie fondue dans l'assiette d'un convive. Répétez l'opération autant de fois que cela est nécessaire.
La garniture obligatoire de la raclette est formée de pommes de terre, que l'on doit servir en robe de chambre, de cornichons et de petits oignons au vinaigre, de poivre en quantité.
Les fragiles estomacs citadins en supportent parfois, lorsqu'ils sont bien ouverts par l'air et la fatigue de la course, six ou sept « tombées », mais les amateurs chevronnés parviennent à en ingurgiter jusqu'à vingt!
Il faut boire très peu en se régalant de la raclette... Mais un fendant bien frais (« Les Murettes » par exemple), à très petites gorgées, suffira à la faire passer. Ou encore un verre d'eau-de-vie.

Radener (Allemagne). — ***Vache.*** Fromage rond à pâte dure, à partir de lait écrémé et fabriqué dans le Mecklenburg. Il pèse de 13 à 15 kg. Fabriqué un peu comme le Gruyère, mais le caillé étant plus fortement pressé, le Radener est affiné de 6 à 8 mois. Sa forme toute ronde lui vaut d'être également appelé *Rundkäse.*

Radolfzeller « Creme » (Allemagne). — ***Vache.*** C'est un fromage à la crème fabriqué comme le Mainauer* autour du lac de Constance. Il ressemble d'ailleurs à ce dernier, mais aussi au Munster. Le lait entier est coagulé frais, à la présure, à une température de 30 °C. Au bout de 3 à 4 heures, le caillé est entoilé pour le drainage du sérum, puis mis, à la pelle, dans des moules perforés ronds ou carrés (16 cm de diamètre sur 10 de hauteur). Vingt-quatre heures plus tard, les fromages sont démoulés, salés, mis sur paillassons pour un affinage d'un mois.

La raclette, plat type du Valais.
Phot. Office national suisse du tourisme.

Durant l'affinage, ils sont retournés tous les 2 ou 3 jours.

Ragnit (Eur. centrale). — ***Vache.*** V. *Tilsit.*

Ragusano (Italie). — ***Vache.*** Parallélépipède à pâte filée, dure, provenant du lait entier des vaches pâturant dans les prés de la province de Raguse, en Sicile. Il pèse de 6 à 12 kg. La croûte est soit mince, lisse, de couleur paille pour le fromage de table, soit brun foncé et recouverte de lie d'huile d'olive pour le fromage à râper, c'est-à-dire celui qui a plus de 6 mois de maturation.
Il existe des Ragusano fumés.

Rahm (Allemagne). — ***Vache.*** *Rahm* signifie « crème ». (V. *Wilstermarsch.*)

Rahmkäse (Autriche). — ***Vache.*** Fromage à la crème, salé, quelque peu aigre et typiquement fermier.

ramequin. — De *Rahm,* crème, et *chen,* diminutif bas-allemand. « Tartelette garnie d'une crème au fromage », dit le Larousse. En vérité, il existe plusieurs formules et formes de cette pâtisserie, qui peut prendre la forme soit d'une tartelette, soit d'un chou garni de pâte fromagée et fortement poivrée. La gougère et la goyère sont en quelque sorte des ramequins.
Il arrive même que l'on supprime la pâte et que l'on serve la crème fromagée directement dans des petits récipients de porcelaine à feu. Ceux-ci, par métonymie, sont devenus des ramequins.

Macaroni saupoudré de râpé.
Phot. Léo Aarons.

RAMEQUIN VAUDOIS

Ranger dans un plat à gratin beurré des tranches de gros pain de campagne, coupées finement, et des tranches de Gruyère (300 g de chaque), en les alternant et les disposant comme les tuiles d'un toit. Faire en sorte que le fromage dépasse un peu le pain.
Battre ensemble 2 œufs et un demi-litre de lait. Saler, poivrer, muscader et mouiller jusqu'à mi-hauteur. Semer par-dessus des « flocons » de beurre et cuire au four 25 minutes.

RAMEQUIN DE MOREZ

Faire bouillir de l'eau, en casserole. A ébullition, ajouter un morceau de beurre frais, sel, poivre, deux gousses d'ail hachées. Lorsque l'ail est cuit, ajouter deux tranches de pain par personne (pain de campagne grillé), laisser bouillir. Bien mélanger à la cuiller de bois. Verser alors du Comté émincé (75 g par tranche de pain). Mélanger, laisser cuire un moment et servir.

RAMEQUIN AU FROMAGE

Ajouter à 500 g de pâte à chou sans sucre, 50 g de Gruyère râpé et autant coupé en petits dés. Faire, sur une plaque, des petits tas de ce mélange (à la poche, si possible, avec une douille ou avec une cuiller). Les dorer à l'œuf. Les garnir d'une pincée de râpé et cuire au four 15 minutes à chaleur moyenne.

Ramequin de Lagnieu (Bugey). — ***Vache.*** Fromage fermier séché que l'on râpe pour confectionner la fondue bugiste. Mat. grasse, 30 à 45 p. 100.

Ramost (Norvège). — ***Vache.*** V. *Pultost.*

Rangiport (Ile-de-France). — ***Vache.*** On ne fabrique plus cet ersatz de Port-du-Salut. A supposer même qu'il ait existé vraiment!

râpé. — Abréviation de « fromage râpé ». Gruyère, Comté, Parmesan, mais aussi tout fromage très sec comme certains chèvres. Généralement, le râpé est utilisé pour poudrer les mets avant la mise à gratiner, mais on le sert également, à part, pour être ajouté dans les soupes, notamment de poisson.

Raschera (Italie). — ***Vache.*** Sorte de Nostrale* fabriqué dans la région de Mondovi.

Raviggiolo (Italie). — ***Brebis.*** Fromage non cuit, à pâte molle, doux et crémeux et fabriqué en Toscane. Il est très semblable, lait à part, au Crescenza*.

Rayon (Suisse). — ***Vache.*** On exporte en Italie, depuis le canton de Fribourg, ce fromage du type Suisse fait à partir de lait partiellement écrémé. Son caillé est cuit jusqu'à un degré assurant un fromage très sec, dur, sans trous. Affiné, on l'envoie à Turin, où il est entreposé sur des rayons, d'où son nom, et dans des caves sèches et chaudes. Une partie de la matière grasse s'élimine, et le Rayon devient très sec et dur. On l'appelle alors *Raper* et il est utilisé en cuisine.
On fabrique également un peu de ce fromage en Italie.

Rebarbe (Languedoc). — ***Chèvre.*** Fromage de chèvre mis à macérer 6 mois dans du marc de pays, en pot de grès. On consomme la (ou le) Rebarbe soit « nature », soit mêlée en petite quantité et pour corser le goût d'autres fromages, notamment des Bleus de chèvre faits dans la haute vallée de l'Hérault, non loin de Millau.

Le dictionnaire de l'Académie des gastronomes, aux options parfois contestables, appelle ce fromage *Rhubarbe* et propose comme étymologie « rébérum » = raclure de Roquefort en dialecte d'oc.
On peut sans doute faire de la *Rebarbe* en partant de Roquefort émietté.

Rebibes. — Terme du patois fribourgeois désignant le fromage de Saanen* très vieux et cassant. On dit « du Fromage à Rebibes ». Mais celui-ci est devenu introuvable et on utilise le fromage de Gessenay.

Reblochon (Savoie). — ***Vache.*** Fromage à pâte molle non cuite, homogène, légèrement pressée et salée, très gras (45 p. 100 de matière grasse au minimum après complète dessiccation).
Immédiatement après la traite, le lait est emprésuré à 36 °C et caillé dans un récipient de cuivre, pendant une demi-heure environ. On le découpe ensuite au « brassoir »; on l'égoutte dans une faisselle et on le laisse reposer. Le moulage se fait dans des formes préalablement garnies d'une toile.
En fromagerie, le lait est rassemblé dans une chaudière et réchauffé à la température de la traite (36 °C). C'est le travail du lait à cette température qui confère au Reblochon sa saveur caractéristique. Les fromages sont alors pressés 12 heures

Reblochon.
Phot. Sopexa.

dans des moules cylindriques en fonte, avec un poids de 1 800 g, puis sortis du moule et salés à la main. Ils restent une semaine au séchoir (température de 16 °C avec retournage quotidien), après quoi on les lave à la brosse et on les affine en cave à 13 °C, de 4 à 5 semaines.
Bonne époque de dégustation : de mai à septembre.
Par décret du 7 août 1958, le Reblochon bénéficie d'une appellation d'origine. Il se présente sous la forme d'un fromage rond de 14 cm de diamètre sur 3,5 de haut, pesant environ 500 g et dont la croûte lavée est d'un beau jaune safran. Sa production moitié fermière, moitié industrielle est d'environ 3 000 t annuelles. Mais seules les usines livrent le Petit Reblochon (9 cm × 3 cm). Mat. grasse, 50 p. 100.

C'est aux chartreux que l'on doit le défrichage de la combe du Reposoir, berceau du Reblochon. Chaque année, les paysans venaient les prier de bénir leurs chalets, et, en reconnaissance, ils leur faisaient offrande de ces fromages du pays, devenus « fromages de Dévotion ». On trouve, à la date du 12 mars 1704, un texte par lequel le chanoine Gaspard Ducrest amodie aux frères Périllat-Collomb, du Grand-Bornand, sa montagne du Châtillon et de La Chat pour six ans et le cens annuel de 260 florins, d'un quarteron de Reblochons et de douze livres de beurre frais.

Né dans la vallée de Thônes, ayant le massif des Aravis pour aire, ce fromage se fabrique en été, dans les alpages, entre 1 000 et 1 500 m d'altitude, et, en hiver, à la ferme. Ses vaches sont de la race tarine et d'Abondance.

Aux marchés de Thônes, du Grand-Bornand, de La Clusaz, chaque famille vient vendre ses fromages. Sans doute ne voit-on plus, comme naguère encore, les fermières le transportant sur la tête, la nuit, à travers les sentiers de montagne, pour arriver au petit jour. Mais on a vu vendre jusqu'à 10 t de Reblochon sur un seul marché (achetées par des affineurs-expéditeurs), et une famille peut livrer plus de 1 000 pièces à la fois.

Le mot *Reblochon,* enfin, vient probablement de « reblocher » (traire une seconde fois). C'est en effet le lait de fin de traite, très gras et en aucun cas écrémé, qui servait initialement à la fabrication de ce produit. Une autre explication donne, pour origine du nom, le mot *rablassâ* (marauder), parce que le fromage était fabriqué avec cette deuxième traite, sur place, pour frauder le propriétaire de l'alpage, réglé en pourcentage sur la quantité de lait. Mais les deux propositions sont valables. Et c'est peut-être *rablasser* qui a donné *reblocher* avant que l'on en arrive à *Reblochon.* C'était bien, en effet, marauder quelque peu que de traire la seconde fois!

Reblochonnet. — Format miniature du Reblochon.
Sous cet aspect, est toujours de fabrication industrielle.

Paul Reboux devant ses toiles.
Phot. Harlingue-Viollet.

REBOUX (Paul). — Henri Amillet, dit Paul Reboux (1877-1963), journaliste et romancier, célèbre par ses « A la manière de... » en collaboration avec Charles Muller, était aussi un gourmet.
Membre de l'Académie des gastronomes, il publia de nombreux livres de recettes qu'il voulait fantaisistes. Mais, inventeur des nouilles au bleu de méthylène, sa fantaisie n'était jamais une anarchie culinaire et en aucun cas n'allait jusqu'à l'erreur de goût.
Un jour où je constatais son furieux penchant pour les plats au fromage, il répondit :

« Je le confesse, le fromage cuit est un accompagnement savoureux, doué d'une surprenante faculté d'adaptation. »

Il disait aussi qu'un bon fromage, sur la table, atteste le discernement d'une maîtresse de maison et que, pour sa part, il estimait mieux une femme qui sait jouer des spécialités de Nortier ou de Vavasseur (fromagers parisiens connus de son époque) qu'une femme qui parle de Descartes ou qui demande au dessert si l'on trouve que la vie « est digne d'être vécue ».
Retenons ici quelques recettes fromagères originales du cher Paul Reboux.

FROMAGE AUX TRUFFES

Amalgamer un fromage blanc de la nature du Brie de Melun en sa première période avec du Petit Gervais. Mettre la crème obtenue en boulettes. Rouler ces boulettes dans de la râpure fraîche de truffes.

HÉRISSON AU CHESTER

Ecraser à la fourchette parties égales de Chester, de beurre et de Petit Gervais. Poivrer légèrement; ajouter une cuiller à soupe de Porto. Transformer la pâte obtenue en demi-boule. Piquer toute sa surface ronde de petits brins de céleri en branche découpés, formant une sorte de hérisson. Disposer ledit hérisson sur un lit de céleri haché.

BARQUETTES AU GRUYÈRE

Couper du vrai Gruyère en baguettes de 6 cm de longueur sur à peine 1 cm d'épaisseur. Les faire tremper deux heures dans du lait froid. Les égoutter. Les rouler dans la farine, dans deux œufs battus, puis dans la chapelure. Jeter vivement dans la friture bouillante. Egoutter une fois doré et servir avec du persil frit.

TARTES AU FROMAGE ET AUX OLIVES

Foncer de pâte brisée un moule à tarte. Sur celle-ci, disposer des noisettes de beurre et des copeaux de Gruyère, des olives vertes dénoyautées. Verser dessus 4 œufs délayés dans du lait. Semer la surface de parcelles de beurre et d'une couche de râpé. Cuire à four chaud.

Quant au lait caillé, Paul Reboux en parlait ainsi :

« L'inconvénient du lait caillé est de n'avoir point de goût. Le sucrer chaque fois qu'on le consomme, c'est le rendre fade et banal. C'est s'exposer à la lassitude.
« Pour absorber du lait caillé, il convient donc de l'aromatiser d'une manière qui soit extrêmement légère, si légère que la substance aromatique en arrive à ne compter pour presque rien tout en permettant de varier cet aliment, de repas en repas.
« Mêlez à du lait caillé un peu de sucre et une demi-cuillerée à café de kirsch. L'arôme des cerises s'épanouira dans votre palais.
« Mêlez-y quelques framboises fraîches, aussitôt le lait caillé évoquera un verger au soleil.

« Le Marchand de lait caillé. »
Aquarelle du recueil *les Rues de Pékin*.
Bibliothèque nationale, Paris.
Phot. Lauros-Giraudon.

« Pétrissez avec un peu de lait caillé une portion de fromage de Brie, gros comme une noisette. Le goût du Brie saturera ce laitage, et transformera en un fromage véritable et d'une délicatesse extrême ce qui, précédemment, demeurait insipide.

« L'immense gamme des arômes s'offre alors à votre imagination. C'est à vous de chercher le moyen d'en faire usage pour donner à votre lait caillé cette personnalité et cette variété sans lesquelles aucun plat ne devrait être considéré comme comestible.

« Il suffit de quelques gouttes d'une essence ou d'une liqueur, telle que de la fine champagne, du calvados, de l'anisette; il suffit d'un peu de zeste d'orange ou de citron. Il suffit de quelques gouttes de badiane; il suffit de sucre vanillé ou de cacao en poudre; il suffit d'un peu de fruit écrasé, banane, poire ou abricot, pour que le lait caillé, substance neutre et docile, se parfume.

« Il en est de cette matière comme d'un violon. C'est quelque chose d'inerte et de silencieux. Mais on donne un faible coup d'archet. Et voilà qu'il chante. »

Récollet (Lorraine). — ***Vache.*** L'un des plus anciens des Carrés de l'Est, et l'origine en est probablement religieuse. Les récollets étaient des religieux de l'ordre réformé de saint François. Il porte aussi le nom de *Tholy,* localité du département des Vosges où une importante usine le fabrique industriellement, faisant évoluer son goût initial de Munster léger vers une saveur de Camembert corsé. Bonne époque : d'octobre à juin.

Recuite. — Autre nom de la Ricotta*.

Recuites. — D'après Grimod de La Reynière, il s'agissait d'une sorte de Cancoillotte. Selon Mathieu Varille, c'était, à Lyon, un caillé parfumé au laurier-cerise que « l'on vendait aux enfants sages ». En fait, c'est le nom générique donné à tous les fromages maigres obtenus en précipitant par chauffage la caséine contenue dans le sérum du caillé à Gruyère. Le metton à Cancoillotte est une « Recuite ». Les Italiens, gros fabricants de Grana, utilisent leur *Ricotta* en cuisine.
La Recuite citée par Mathieu Varille est de la même origine, mais employée à l'état frais et sucrée pour les desserts rustiques.

Reggiano (Italie). — ***Vache.*** Sous-variété des Grana* et semblable au Parmigiano, il fut fabriqué à l'origine à Reggio nell'Emilia, d'où son nom. Fromage des mois d'avril à novembre, cylindrique avec des faces planes, il pèse de 25 à 30 kg et est affiné de 14 à 24 mois. Sa texture est plus fine et il contient plus de matière grasse que ses semblables.

Page de droite : au restaurant.
Phot. Vitter-Chenot.

En dehors de sa zone de fabrication classique, on fabrique un Parmigiano Reggiano Uso.
On en fabrique maintenant aux Etats-Unis et en Amérique latine. En Uruguay, on l'appelle *Fromage dur de Colonia,* en Argentine *Trebolgiano**.

Reino (Brésil). — ***Vache*** et ***chèvre.*** Ressemble au Serra* da Estrella portugais.

relique. — En 1956, les quotidiens nous apprirent que des explorateurs venaient de retrouver au pôle Sud, dans la glace (réfrigérateur naturel), un fromage de Hollande provenant des provisions de la malheureuse expédition Scott, en 1912.
Il paraît que cette relique, conservée dans une boîte de métal, avait un goût excellent, bien qu'elle s'émiettât un peu trop.

Remoudou (Belgique). — C'est, dit Walter Fostier, « le plus grand et noble fromage du pays ». Il se fabrique dans la bonne ville de Battice. Il appartient en fait à la gamme piquante des fromages de Herve* et son nom s'associe au Romadour allemand, au Romalour lorrain. Il dérive du mot *Rahm* (crème). Mat. grasse, 45 p. 100. Il existe une Confrérie du Remoudou (v. *confréries*) pour le célébrer; un poète a chanté sa gloire :

Il y eut des rois fous, mais tels seigneurs [sont sages
Qui flattent leur palais auquel est dévolu
Le plaisir nécessaire et non point super- [flu
De n'aimer rien autant qu'un aimable [fromage!

A l'empereur on rend ce qu'on doit à [César,
Ce n'est point offenser Charles Quint... [ou Minerve
Que de chanter, Seigneurs, le fier plateau [de Herve
Que la gastronomie illustre avec tant [d'art.
Puisque aussi bien, ici, nous sommes [gens de goût,
Distinguons-nous, Messieurs du cor- [beau de la fable
Qui perdit son repas pour un discours [affable

Et n'oublions jamais, mais célébrons [partout
Cet ornement subtil des plus gour- [mandes tables
Qui se nomme fromage et s'écrit Remou- [dou.

renne. — Le renne est un mammifère ruminant de la famille des cervidés, vivant en Sibérie, en Scandinavie et dans le Grand Nord américain. Mais seuls, en fait, les Lapons le tiennent en semi-domesticité, l'emploient comme bête de trait, mangent sa viande et boivent son lait.
On fait en Laponie un fromage de renne dont les amateurs trempent des tranches dans leur café.
Fromage au lait de renne. — Se fabrique en Laponie, en Suède et en Norvège, sur une toute petite échelle. On ajoute la présure au lait, à une température de 38 °C. On découpe et on met en moules le caillé légèrement pressé. Découpé en morceaux de $12{,}5 \times 10 \times 6{,}5$ cm, ceux-ci, salés en surface, sont mis à affiner en local sec.

Requeijão (Brésil). — ***Vache.*** A partir de lait écrémé coagulé avec ou sans culture lactique, on fabrique, au Brésil septentrional, ce fromage particulier en ceci qu'au caillé on ajoute son cinquième de matière grasse de beurre ou de crème riche chaude. Le fromage est alors mis en moules, revêtus de parchemin.

restaurant (le fromage au). — Les plateaux de fromage au restaurant sont de nos jours et généralement médiocres. Cela tient, d'une part, à ce que les restaurateurs ne se penchent pas assez sur la question, ne s'attachent pas à choisir eux-mêmes, pour chaque sorte, le meilleur en son meilleur temps. Cela tient peut-être aussi au client, qui exige « son » fromage, même lorsque ce n'est pas la bonne période.
D'autre part, on mange moins de fromage, semble-t-il, après un bon repas au restaurant que chez soi. Les « grands », qui sont obligés de présenter un plateau bien garni, savent bien que le fromage est, pour eux, une perte sèche. Chez Lasserre, il arrive que l'on ne serve pas, sur cent couverts, dix amateurs de fromage.
Mais si l'on admet que, chez ces grands, le plateau doit être un éventail, on ne reprochera jamais assez aux autres restaurateurs de ne pas s'attacher à ne présenter seulement qu'un ou quelques fromages particuliers. Mieux vaut un seul Brie, en saison et incomparable, à un plateau de rogatons.
Une autre erreur est de présenter les fromages sortant du réfrigérateur. Ils doivent être sortis au moins une heure avant le service (même si cela doit occasionner de la perte).
Les fromages entamés doivent être parés avant d'être présentés au client, et c'est aussi, hélas! chose rare.

Plateau de fromages.
Phot. Sopexa.

En vérité, l'amateur de fromage est, au restaurant, trop souvent déçu. Même si le snob, lui, s'émerveille de ces plateaux ou corbeilles d'époustoufle venant d'un « maistre froumagier » et dont les étiquettes de fantaisie ornent les fromages plus ou moins authentiques. Fuyez ces restaurants comme la peste et tenez-vous-en aux petites boîtes dont le patron s'est fait une spécialité de telle ou telle sorte de fromage.

Il est amusant de rechercher, dans de vieilles additions ou sur de vieilles cartes, les prix des fromages, autrefois. Sur la carte du *Rocher de Cancale* (Borrel, successeur de M. Balaine, restaurateur rue Montorgueil, nº 61), vers le milieu du XIXᵉ siècle, nous lisons :

fromage de Gruyère et Brie	5 centimes
Parmesan	15 centimes
Roquefort	10 centimes
Chester	15 centimes

Ces fromages étaient d'ailleurs classés dans les desserts.

Tandis que deux additions de 1900 s'opposent.

Au *Filet de Sole,* 15, fg Montmartre :

Couvert	0,25
Hors-d'œuvre	0,40
Gigot	1
Fromage	0,75
Beaujolais	0,30

A la *Taverne de l'Opéra,* 26, av. de l'Opéra :

Couvert	0,30
Rognon	1,25
Fromage	0,40

A cette époque, les grands restaurateurs n'inscrivaient pas le fromage à leur carte.

Nous avons eu sous les yeux le menu de *Maxim's* du 5 octobre 1900, un menu du *Café Riche* de 1901 et un menu de *la Tour d'Argent* d'environ la même époque... aucun fromage. Mais il y en avait sans doute au garde-manger. Longtemps, les menus officiels de l'Elysée n'en comportaient pas, mais il en était servi néanmoins. Il paraît que le mot *fromage* ne pouvait figurer sur un menu de réception! Cet interdit, supprimé au temps de MM. Vincent Auriol et Coty, fut rétabli sous le président de Gaulle.

A parcourir le *Paris gourmand* de M. Pierre Béarn, on peut se faire une idée du prix des fromages, au restaurant, en 1929.

Ils oscillent entre 2 et 3 F, atteignant 4,50 F à *la Sole au gratin* de la place d'Anvers, 5 F chez *Maillabuau,* rue Sainte-Anne, ou à *la Poularde,* rue Saint-Marc, 5 F encore chez *Prunier,* mais seulement 4 F au *Café de la Paix* et 8 F chez *Voisin,* l'illustre *Voisin* de la rue Saint-Honoré, 6 F à *la Petite Chaise* de la rue de Grenelle et seulement 2 F chez *Maurice,* au carrefour de l'Odéon, 1,75 F à *la Petite Chope* de l'avenue du Maine et enfin 1,50 F chez *Auburtin,* avenue de Clichy (où la sole meunière coûtait néanmoins 5,50 F et le poulet rôti 10 F).

En conclusion, nous ferons nôtres ces réflexions de Maurice des Ombiaux sur le service des fromages au restaurant :

« On a pris l'habitude de servir les fromages, dans les bons restaurants, sur des plateaux de bois où voisinent le Roquefort et le Camembert, le Brie et le Pont-l'Evêque, le Gruyère et le Gervais. Cette pratique a même trouvé crédit dans un Manuel des amphitryons. *M. Auguste Michel en effet nous proposait, il y a vingt-cinq ans, cette manière comme étant le fin du fin... Il est évidemment agréable pour le client de voir par lui-même lequel des fromages de l'établissement est le plus à point et le plus appétissant et c'est cela, croyons-nous, qui a fait tout le succès de la pratique dont nous parlons. Mais, outre qu'elle exige une propreté méticuleuse pour être pas dégoûtante, elle ne plaît pas aux gastronomes. Nous prenons ensemble un repas, vous avez choisi le Roquefort, le garçon vous en a coupé un morceau qu'il vous a servi. Moi, j'ai plutôt adopté le*

Camembert. Le garcon plantera dans le Camembert le couteau qui vient de passer dans le Roquefort; que de fois ne l'avons-nous pas vu dans les restaurants cependant bien tenus où le service ne laisse pas à désirer. Cette façon de faire n'est donc pas le résultat d'un laisser-aller, mais l'effet d'une cause mauvaise, d'un système qui ne se défend guère que par le désir de montrer, d'un seul coup, au client, tout un étalage de marchand de fromages. L'idée de ce vulgaire plateau de bois n'est pas heureuse; elle n'est pas raffinée, ni esthétique. Gardez-le pour y déposer le persil, mais ne l'apportez pas à table! Chaque fromage doit être servi à part, dans une assiette où il est à l'abri de tout voisinage, avec un couteau à lui seul destiné... »

revivage. — Terme technique. Opération qui consiste à racler la croûte de certains fromages (Roquefort, par exemple) pendant l'affinage.

Rheinwald (Suisse). — ***Vache.*** V. *Schamser.*

Riceys (Les) [Champagne]. — ***Vache.*** Fromage rond, autrefois fermier (12 à 15 cm de diamètre), à pâte molle. On l'appelle aussi *Champenois.* Le plus souvent, il est passé dans la cendre de sarments après affinage : c'est le *Riceys cendré.* Mat. grasse, 30 à 40 p. 100.
La petite ville des Riceys (1 500 habitants) est célèbre également, et même surtout, pour son vin rosé.

Richelieu (Canada). — ***Vache.*** Nouveau fromage canadien cité par M. Roger Champoux dans son livre *l'Œuvre de chère.*

Ricotta (Italie). — ***Vache.*** Fabriquée à l'origine en Italie (on dit aussi *Ricotta Romana*), on la prépare à partir de la matière coagulable, principalement la caséine résiduaire du sérum réchauffé obtenu dans la fabrication du Provolone et des fromages type Suisse ou Cheddar. C'est dire qu'il s'en fait un peu partout, en Europe centrale, en Europe méridionale et en Amérique (notamment dans l'Etat de New York et le Wisconsin). On l'appelle quelquefois *Fromage de sérum* ou *Fromage d'albumine.*
Mais elle a encore bien d'autres noms : *Ziger* ou *Schottenziger,* ou encore *Recuite, Broccio, Sérac, Ceracee, Mejette.*
A noter que, si le sérum du Cheddar renferme habituellement entre 0,2 et 0,35 p. 100 de matière grasse, celui des fromages type Suisse en renferme au moins deux fois plus. On laisse toute cette matière grasse dans la Ricotta, et même, aux Etats-Unis, on ajoute de 5 à 10 p. 100 de lait, entier s'il s'agit de préparer de la Ricotta fraîche, écrémé s'il s'agit de la Ricotta sèche, affinée.
Une formule italienne fait allusion à la Ricotta fraîche : « un uomo di ricotta » est un homme mollasson.

Ricotta aux Galets (Corse). — ***Chèvre.*** C'est dans la région de Sartène que l'on fait cette crème gélatineuse. On fait bouillir brutalement le lait au moyen de galets surchauffés jetés dans la masse, puis on y ajoute de la présure de chèvre lorsque celle-ci est refroidie à 35 °C.

Riddar (Suède). — ***Vache.*** Fromage rectangulaire de dimensions variables, à pâte pressée.

Riesengebirge (Tchécoslovaquie). — ***Chèvre.*** Fromage à pâte molle préparé dans les montagnes nord de Bohême. Le caillé brisé est tenu 24 heures au chaud dans des moules, puis les fromages, salés en surface, sont séchés 4 jours et mis en cave humide pour affinage.

Rigotte de Condrieu (Lyonnais). — ***Vache*** et ***chèvre.*** Ces petits fromages, ronds, ont tendance à devenir des fromages entièrement de lait de vache. Leur nom est peut-être une déformation du mot italien *Ricotta* ou du mot français *Recuite.* Sur les marchés lyonnais, la Rigotte est vendue en piles (ou liasses) d'une quinzaine (poids total, 500 g). Mat. grasse, 45 à 50 p. 100.

Rigotte des Alpes (Dauphiné). — ***Vache.*** Même sorte de fromage, quelquefois mis à macérer dans du vin blanc.

Rigotte de Pélussin (Vivarais). — ***Vache*** et ***chèvre.***

Rinnen (Allemagne). — ***Vache.*** Ce fromage épicé, fait de lait acide, est fabriqué en Poméranie (actuellement polonaise) depuis le XVIIIe siècle. Son nom vient du baquet de bois dans lequel le sérum est égoutté et où l'on malaxe le caillé. Le fromage est affiné dans des boîtes de bois.

Riola (Italie). — ***Chèvre.*** Pâte molle de saveur forte, comparable pour sa fabrication au Mont* d'Or français, mais dont la maturation dure de 2 à 3 mois.

RIOM-ÈS-MONTAGNES. — Chef-lieu de canton du Cantal. Important marché aux fromages le samedi. On y fabrique, dit-on, un fromage de marque : le *Riommois.*

Robbiola (Italie). — ***Vache.*** Pâte molle à maturation rapide, il est fabriqué dans les Alpes lombardes. Circulaire et plat, il pèse entre 225 et 900 g. Produit à partir de lait écrémé, il ressemble quelque peu au Crescenza*. Affinage de 12 à 15 jours.

Robbiolini (Italie). — ***Vache, chèvre, brebis.*** Préparé en Lombardie d'un mélange de lait de vache et de lait de brebis ou de chèvre, en hiver, il pèse 100 g. Il est comparable au Robbiola, mais son affinage ne dure que quelques jours.

Rocamadour (Quercy). — ***Brebis.*** Minuscule fromage rond et plat fait dans cette ville illustre, et savoureux entre avril et novembre. Quelquefois, on enveloppe ces fromages dans des feuilles après les avoir arrosés de marc, et on les conserve dans des pots appelés *oules**. Ils prennent alors un « tonus » suffocant. Mais, en général, les Rocamadours, en vieillissant, durcissent au point de devoir être cassés au marteau. Ils s'effritent alors, et les petits morceaux se sucent comme des bonbons au parfum suave et corsé à la fois. Sur le causse de Gramat, au début de l'hiver, on commence à fabriquer des Cabécous au lait de brebis. Après les trois mois et demi de lactation des brebis, ils sont faits au lait de chèvre. Lorsque les chèvres sont taries, c'est la finale au lait de vache. Mais de plus en plus on trafique! Beaucoup de lait de vache et un peu de lait de chèvre... ou de brebis.
Bonne époque : d'avril à novembre. Mat. grasse, 45 p. 100.

Rochefort (Auvergne). — ***Vache.*** Fourme (comparable à celle de Salers, qui est le « chef de file ») fabriquée à Rochefort-

Rocamadour,
capitale des Cabécous et des... Rocamadours.
Phot. Candelier-Brumaire-Cédri.

Montagne, dans le Puy-de-Dôme, mais de taille plus réduite. De chair blanche, elle pèse en moyenne 12 kg.

Rochefort (Belgique). — ***Vache.*** Fromage belge tirant son nom de l'abbaye de Rochefort, où il est fabriqué.

rocou. — Substance colorante extraite de l'enveloppe de la graine d'un arbuste d'Amérique du Sud, le rocouyer. C'est cette matière végétale parfaitement comestible qui sert à colorer l'intérieur des fromages de Chester, Hollande, Mimolette, l'extérieur des Edams ainsi que la plupart des fromages à pâte molle et à croûte lavée dès leur premier lavage, pour égaliser le fond de leur teinte.

Rocroi (Champagne). — ***Vache.*** Pâte molle à croûte cendrée. Il est fait de lait écrémé et sa fabrication est exclusivement fermière. Carré ou cylindrique, il pèse de 200 à 300 g. Affiné dans de la cendre de bois. Bonne époque : de septembre à mai. Autre appellation : *Cendré des Ardennes*. Mat. grasse, 20 à 30 p. 100.

Rogeret de Lamastre (Vivarais). — ***Chèvre.*** Tomes caprines (variété de Pélardon). Affinées dans des caves rocheuses naturelles, dans des resserres, remises ou hangars, dans des étables ou des cuisines à tout faire comme il en existe encore tant là-haut, ces Tomes prennent, dès que le ferment les colore d'un pigment jaune ocre qui vire à l'ocre rouge, le nom local de *Rogeret*. Mat. grasse, 45 p. 100. On dit aussi *Rogeret des Cévennes*.

Roll (Angleterre). — ***Vache.*** Fromage à pâte dure fabriqué à partir de lait entier. Cylindrique, il mesure 23 cm de diamètre sur 20 d'épaisseur. Poids, environ 9 kg.

Rollot (Picardie). — ***Vache.*** Fabriqué à Rollot, dans la Somme, c'est un fromage rond ou en forme de cœur, à pâte molle, fine et savoureuse, à croûte rougeâtre, lavée. Poids : 200 g.
Affinage court d'un mois en cave humide. Bonne époque : de novembre à juin. Mat. grasse, 45 p. 100.

Romadour ou **Romadurkäse** (Allemagne). — ***Vache.*** Fromage à pâte molle, affiné, fabriqué en Bavière à partir de lait entier ou partiellement écrémé.
Son origine est celle du Limburger*, mais sa taille est plus petite et son arôme plus doux parce qu'il est moins gras. L'affinage est aussi plus rapide.
Généralement, le Romadour pèse 450 g, mais il en existe entre 110 et 150 g. Le lait est quelquefois additionné de colorant. Affiné, le fromage est enveloppé dans du parchemin, des feuilles d'étain et emballé par cinquante unités en des caisses de bois.
Le Romadour (en Lorraine, on l'appelle quelquefois *Romalour*) se fait également en Suisse et n'est autre, en fait, que le Remoudou belge. Et, dans sa description des fromages des Halles, Zola *(le Ventre de Paris)* parle d'un « Romantour vêtu de son papier d'argent ». Il s'agit évidemment du Romadour.

Rollot.
Phot. Lauros.

Romagre (Poitou). — Cité par Jérôme Lindon comme n'existant plus.

Romanello (Italie). — ***Vache.*** Fromage très dur fabriqué à partir de lait partiellement écrémé ou écrémé complètement. Une fois affiné, ce petit Romanello est de saveur très forte et se râpe pour servir de condiment. L'intérieur est blanc avec de petits trous. Le Romanello, qui mesure entre 20 et 25 cm de diamètre sur 10 à 12 d'épaisseur, peut peser de 4 à 5,4 kg.
On fabrique également aujourd'hui du Romanello aux Etats-Unis dans l'Etat de New York et le Wisconsin.

Romano (Italie). — ***Brebis, vache, chèvre.*** Originairement, ce fromage du Latium était fabriqué avec du lait de brebis. C'est un des plus populaires d'Italie et aussi des plus vieux. (V. *Incanestrato.*)

Romadour.
Phot. Ismand.

Ronds avec des extrémités plates, pesant de 6 à 12 kg environ, les divers Romanos ont un intérieur granulaire et sans yeux. Ils sont dits « Pecorino Romano » s'ils sont à base de lait de brebis, « Vacchino Romano » à base de lait de vache et « Caprino Romano » à base de lait de chèvre.
Grands consommateurs de ces fromages, les Américains d'origine italienne en importent considérablement et, de même qu'en Italie sa fabrication s'est étendue du Latium à l'Italie du Sud et à la Sardaigne (v. *Sardo*), de même on en fabrique sur place, dans le Wisconsin notamment.
Affinage de 5 mois minimum. Consommé en fromage de table, à partir de 8 mois et jusqu'à 1 an et plus, il devient dur, de saveur forte et convient pour être râpé.

Romans. — V. *Tome de Romans.*

romfromage. — Dessert danois composé de crème fouettée avec du sucre et des blancs d'œufs et imbibé de rhum brun. On le décore parfois de cerises à l'eau-de-vie.

Romorantin. — Chef-lieu d'arrondissement du Loir-et-Cher, lieu des marchés aux fromages de chèvre auxquels on a attribué le nom de fantaisie de *Selles-sur-Cher**.

Roncal (Pays basque). — ***Vache.*** Gros cylindre (20 cm de diamètre sur 9 de hauteur), pesant 3 kg, d'un fromage dur, à pâte compacte semée de quelques petits trous, à croûte brune brillante, de bonne conservation.
Saveur piquante. Maturation : de 3 à 4 mois.
Des deux côtés des Pyrénées, il tire son nom d'une vallée navarraise.

Rond de Lusignan (Poitou). — ***Chèvre.*** Fromage cylindrique pesant environ 300 g. On dit aussi *Lusignan,* et il entre en majeure partie dans la confection des tourteaux* fromagés.

Roos (Irak). — ***Brebis.*** Fromage de forme ronde (grosseur d'une orange), fort et salé, que l'on affine dans des peaux de mouton ou de chèvre, 6 mois au moins.

Roquefort (Rouergue). — ***Brebis.*** Le véritable fromage de Roquefort, préparé exclusivement avec du lait de brebis, seule espèce animale à vocation laitière

Brebis buvant dans une lavogne du plateau du Larzac.
Phot. Kollar-Lallemand.

Caves de la Société Roquefort.
Phot. René Delon.

capable de trouver sa subsistance sur les plateaux désolés des Causses, appartient à la famille des fromages à pâte molle, ni cuite ni pressée, veinée de bleu sous l'influence d'un ensemencement dans le caillé de spores de *Penicillium roqueforti.*

Aujourd'hui, devant l'expansion des ventes à l'exportation, les formes fraîches nécessaires à assurer le tonnage exigé par le commerce affluent de dix-huit départements montagneux du Midi, dont la Corse, où le climat, la flore et les conditions de transformation sont à peu près semblables à ceux de l'origine.

Ce fromage tient son nom de la petite localité de Roquefort-sur-Soulzon, canton de Saint-Affrique (Aveyron), qui présente la particularité d'être assise sur l'éboulis de rochers formant la base du « Cambalou », appartenant à la formation géologique du causse voisin et truffé de cavernes.

Pour bénéficier de l'appellation, tous les fromages doivent être acheminés et affinés dans ces caves naturelles en contact permanent avec l'extérieur par l'intermédiaire de cheminées, au travers desquelles circulent des courants d'air chargés d'humidité et de spores de la flore spécifique des caves, les « fleurines ». Ce constant mouvement de l'air entretient une hygrométrie élevée et une température idéale de $+7\,^{0}$C permettant un affinage lent et progressif des fromages soumis préalablement au piquage traditionnel permettant à l'air de pénétrer dans la masse de la pâte pour assurer le développement des moisissures sélectionnées de *Penicillium roqueforti.* Au bout de 3 mois, la pâte s'assouplit et les veinures bleues se répartissent à peu près également dans toute la masse du fromage, les qualités de consistance et de sapidité sont atteintes.

Un Roquefort bien à point doit être parfaitement beurreux dans toute sa pâte, dont la couleur blanc pur ne doit présenter que les traces des moisissures recherchées. Tout fromage ayant une consistance crayeuse n'est pas au terme de sa maturation.

Bénéficiant de lettres patentes depuis le XIVe siècle, la commune de Roquefort les a toujours vues renouvelées jusqu'à Louis XIV. C'est également le seul fromage ayant bénéficié d'une réglementation, par l'effet d'une loi votée le 26 juillet 1925, loi qui fut confirmée par une série d'arrêtés et de décrets relatifs à la protection de l'appellation d'origine.

Le label de garantie est formé d'une brebis imprimée en rouge dans un cadre ovale sur le papier d'emballage de chaque fromage.

Le Roquefort est sans doute le fromage le plus ancien de notre pays, encore qu'on l'ait dit d'autres, et notamment du Cantal. Pline l'Ancien, dans le chapitre XI

Roquefort, doyen des fromages français.
Phot. D. Chenot.

de son *Histoire naturelle,* « De diversitate caseorum », écrit : « ... A Rome, ce rendez-vous de tous les points du monde, on estime entre tous les fromages ceux qui proviennent des provinces romaines, singulièrement des Gaules et surtout du mont Luzare [Lozère] et du pays des Gabales [Gévaudan]... » Il est impossible de ne pas attribuer au Roquefort cette citation, vu les points géographiques qu'évoque le grand historien naturaliste.

La saison du Roquefort dure de juin à décembre. On peut en consommer toute l'année, mais après conservation dans les chambres réfrigérées à une température telle que si la qualité physique s'est maintenue, la saveur, après quelques jours de remise dans le circuit commercial, devient piquante et parfois désagréable.

Le grand seigneur des fromages (selon certains, mais ce n'est nullement l'avis de l'auteur, qui place, entre autres, la Fourme d'Ambert bien au-dessus) s'offre donc à la dégustation sous la forme de cylindres de 9 à 9,5 cm de haut sur 20 cm de diamètre et pesant environ 2 500 g. Mat. grasse, 45 p. 100.

Sa production avoisine 15 000 t annuelles.

Le Roquefort est un ambassadeur de France aux Etats-Unis. Avant la dernière guerre, il était le fromage français le plus demandé, et l'on envoyait là-bas les meilleurs. « C'est sur le *Normandie,* disait un connaisseur, que j'ai mangé le meilleur Roquefort. » Durant l'occupation, le Bleu danois s'imposa comme produit de remplacement (en dehors des faux Roqueforts fabriqués aux Etats-Unis), mais depuis il a repris une place prépondérante sur le plan de la qualité.

La littérature roquefortière est abondante. On sait que Casanova le considérait comme un aphrodisiaque : « Oh! que le chambertin et le Roquefort sont excellents pour restaurer l'amour et pour porter à prompte maturité un amour naissant. » Dans *Lettres de noblesse,* Curnonsky, qui préférait l'arroser de clos-vougeot, de haut-brion, de château-latour, voire de châteauneuf-du-pape, a raconté son histoire tout comme Henri Pourrat* sa geste dans *l'Aventure du Roquefort.* Mais, tout en célébrant l'œuvre accomplie par les « industriels du fromage célèbre », Henri Pourrat n'oubliait pas la « nature des choses », considérant les laboratoires comme un mal indispensable.

Il écrivait :

« *Toute l'année on pourra manger du Roquefort. Et en toute saison, il sera servi à la clientèle tel qu'elle le préfère. Car de région à région les goûts changent comme la coupe des mâchoires. La faveur de Perpignan n'est pas celle de Marseille. Certains veulent à Béziers le Roquefort si fort qu'ils le gardent des mois pour qu'il forcisse encore. Et Paris n'aime qu'un Roquefort doux.*

« *Les dégustateurs vont donc, la sonde en main, et dirigent les pains sur Toulouse ou Lyon, l'Afrique du Nord et l'Amérique du Sud. Quelle sûreté de goût, quelle science des crus! L'un aime les Corses. L'autre se prononce pour les Larzacs, l'autre pour les Ségalas : les meilleurs, dit-il, sont de Durenque — c'est qu'il est de Durenque. Ces paisibles Rouergats à béret, à blouse longue, rendent au Roquefort sa personnalité, sa dignité inattaquable de fruit de la terre. Ils ont des papilles de dégustateurs comme d'autres une rétine de peintre, une oreille de poète. Qu'on motorise tant qu'on voudra : en fin finale, il faut revenir au goût humain. Il est l'élément dont il n'y a pas à rendre raison, le pont souverain, qui en nous, créatures, apprécie ces choses fabriquées devenues des natures, le vin ou le fromage. Il les reconnaît comme créatures aussi, enfants de la terre et du soleil.*

« *Longtemps cependant, après la Grande Guerre, et les accords qu'on verra, qui permettent de rechercher une qualité meilleure, les gens de par-là resteront en doute sur ce que font les industriels.*

« *C'est entendu, tout roule plus vite, plus aisément et on a bonifié le Roquefort. Il n'y avait qu'un dixième ou moins de fromages vraiment bons autrefois. Aujourd'hui, c'est les neuf dixièmes.*

« *Tout de même, je me souviens de ces fromages des fermes, faits de lait frais*

Affiche pour le Roquefort, 1914. Bibliothèque nationale, Paris. *Phot. Lauros-Giraudon.*

qui n'avait pas roulé les routes... un tour de main? Non : des fromages sans secret, mais d'un beurré, d'un goût de noisette, d'une saveur, ha, messieurs.
« Enfin, ce n'est plus le temps où le marchand à toque de fourrure rangeait sur ses tablettes les trois douzaines de pains que le fermier descendu du Larzac apportait sur son âne. De couloirs raboteux et suintants menés dans la roche brute, les caves sont devenues salles de pesée, saloir et magasin à sel, salle des machines, forge, menuiserie, salle d'emballages, d'expéditions, entrepôts et frigos, bureaux, dortoirs, et réfectoires des cabanières. Les directeurs ont voulu les brosseuses-piqueuses, les monte-charge, les frigos, les épaisses feuilles d'étain où le fromage sommeille mieux, et la lumière électrique, et tout. Ils voudront les laboratoires.
« Les vrais Caussenards ne voudraient rien que le Combalou.
« Ils parlent de ces nouveautés, dès qu'ils sont trois ensemble, sur les chemins, ou chez le coiffeur, le samedi, ou aux noces, aux enterrements. Ils y pensent à part soi, les soirs, à Creissels, où il y a un pré parce qu'il y a une fontaine; à Sévérac, où il y a des prés, en mai, étoilés de narcisses, et le château, au haut de la butte, les regarde de toutes ses fenêtres crevées; à Serverette, où les maisons, rouillées d'un lichen d'or, courent à la file sur les granits rongés, et le ruisseau fait sa couleuvre entre les bois de pins en brosses...
« C'est qu'ils restent des paysans, dressés au faire-valoir; les serviteurs de la nature, ceux qui l'aident à reproduire l'épi de blé et l'agneau. Et ils voient bien que ce qu'elle fait passe infiniment ce qu'eux savent faire. La terre fait le blé et l'homme ne fait que farine et son. De la brebis, une lente gestation nocturne tire l'agneau, et de l'agneau l'homme ne sait tirer que des côtelettes ou des gants. Le Combalou fait le Roquefort; et le chimiste, dans son local, ne saura faire qu'une caséine... »

Maurice Rollinat dépeint dans ses *Névroses* une belle fromagère...

... respirant à son aise, au milieu
De cette âcre atmosphère où le Roque-
[fort bleu
Suintait près du Chester exsangue.

Un des graves problèmes posés au gastronome est celui de l'accompagnement du Roquefort.
On répétera ici ce qui est dit par ailleurs de l'accord des mets et des vins* : il est avant tout subjectif. Mais enfin, on reconnaîtra qu'un excellent vieux porto, qu'un sauternes (et singulièrement le château-d'yquem) conviennent parfaitement au Roquefort. Tout comme, pour celui qui l'apprécie, un blanc de blancs nature de Champagne ou un grand bordeaux rouge.

Beaucoup trop de Français ignorent qu'il n'y a pas qu'un Roquefort. On connaît le Roquefort Société, marque la plus importante, dont l'emballage est en papier d'argent sur lequel apparaît une impression en vert. Mais la préférence des vrais amateurs va au Maria Grimal.
Roquefort Société a créé un emballage sous atmosphère conditionnée qui conserverait aux tranches l'équilibre gazeux du pain entier. Cependant, vendre — et acheter — des tranches de Roquefort de 115, 160 et 200 g ou des portions de 100 et même 33 g peut sembler discutable du point de vue gastronomique qui est le nôtre.

Voici, entre tant d'autres, quelques recettes au Roquefort :

CANAPÉS DE ROQUEFORT

Ecraser 125 g de beurre et 80 g de Roquefort.
Bien assaisonner le mélange. Tailler des croûtes rondes de pain de mie. Les faire dorer légèrement au beurre. Etaler à froid la pommade au Roquefort par-dessus.

CRUMPETS AU ROQUEFORT

Malaxer au mortier 250 g de Roquefort et autant de Cheddar. Y ajouter un quart de litre de béchamel, saler, poivrer, moutarder quelque peu.
Faire fondre au bain-marie.
Etaler cette fondue sur des tranches minces de pain de mie taillées dans sa longueur. Rouler. Passer au four pour faire dorer et découper transversalement en tranches.

POIRE SAVARIN

Peler et enlever les pépins de 12 poires. Remplir le centre de Roquefort mélangé à un peu de beurre. Diluer 12 grandes cuillers de crème de fromage avec de la crème épaisse. Verser sur les poires. Poudrer de paprika. Mettre au réfrigérateur.

Paste de lait, masse caillée
Gasteau cresmé, morceau royal!
Superbe mets et sans égal
D'une forme bien travaillée;
Belle figure du soleil,
Goust ravissant et non pareil,
Volume sorti de la presse,
Fromage qui s'anéantit,
Roquefort que je te caresse.
Meule, vient-en chez nous éguiser l'ap-
[pétit.

On le voit, le marquis de Vauvert avait autrefois rimé le Roquefort, sans en connaître tous les plaisirs.

Rossiïski (U. R. S. S.). — ***Vache.*** Fromage de pâte tendre et parfumée fait de lait pasteurisé. Après une maturation de deux mois et demi, il arrive qu'en cer-

Flamme d'oblitération.
Musée postal, Paris.
Phot. Lauros.

Boulettes au Roquefort.
Phot. « Toute la cuisine de A à Z ».

tains cas il soit emballé sous vide dans une pellicule.

roue. — On appelle ainsi, d'après la forme, les fromages du genre Suisse : une roue de Gruyère.

Rouennaise (Normandie). — ***Vache.*** Il n'existe plus depuis la dernière guerre, ce fromage fabriqué autrefois dans la banlieue de Rouen, à Maromme, et vendu localement. C'était un dérivé du Neufchâtel, du poids de 100 g.

Rougerin. — Autre nom du Rogeret*.

Roujadou (Bourbonnais). — ***Chèvre.*** Fromage de Montmarault*, ainsi nommé parce que, petit, on le « ronde à deux ».

ROUSSEL (Antoine). — Pauvre fermier de Laqueuille (Auvergne) qui « inventa » le Bleu dit aujourd'hui « Bleu* de Laqueuille » (1850). Son buste, œuvre d'un sculpteur canadien, a été offert à la commune par un médecin parisien.

Rouy (Bourgogne). — ***Vache.*** Fromage industriel à pâte molle et croûte lavée, ayant la forme d'un Petit Pont-l'Evêque et la saveur d'un Petit Munster.

Royal Brabant (Belgique). — ***Vache.*** Fabriqué à partir de lait entier, c'est un petit fromage du type Limbourg.

Roybon. — Localité dauphinoise où se trouve l'abbaye de Chambarand*. (V. aussi *Beaupré de Roybon.*)

RUELLE (Léon Albert). — Auteur, en 1960, d'une étude intitulée *Ancienneté et noblesse du fromage de Maroilles* à l'occasion de son millénaire. On y apprend qu'après la visite de Philippe II d'Espagne au monastère de Maroilles, en août 1557, celui-ci demanda aux religieux de lui réserver, chaque année, la production de lait d'une journée de septembre pour qu'elle serve à lui fabriquer le savoureux fromage. Déjà Louis XIV, avant l'occupation espagnole, recevait des moines l'annuel cadeau d'une caisse de Maroilles.

Ruffec (Poitou). — ***Chèvre.*** Fabrication fermière. Se consomme blanc et frais ou affiné (de septembre à mars), parfois rond et du diamètre des Camemberts; parfois cylindrique, plus épais et plus lourd; ces fromages sont de pâte lisse agréable. Au cours de l'affinage, on peut les poser sur des feuilles de papier pour en corriger l'acidité.

Rundkäse (Allemagne). — V. *Radener.*

Runesten (Danemark). — ***Vache.*** Meules pesant environ 2,250 kg d'un fromage affiné ressemblant vaguement à l'Emmental, mais avec des trous plus petits. Après affinage de 3 mois, le Runesten est enveloppé dans un film transparent rouge.
Se fabrique également aux Etats-Unis, dans le Minnesota et le Wyoming.

RUNGIS. — Les nouvelles halles de Paris reçoivent — et revendent — journellement quelque 3 500 quintaux de fromages.

Les fromages aux halles de Rungis.
Phot. Pavlovsky-Rapho.

S

Saanen (Suisse). — ***Vache.*** La fabrication de ce fromage, comparable à l'Emmental, remonte au XVIe siècle. Il est fabriqué à partir de lait entier dans les cantons de Berne et du Valais, principalement dans la vallée de Saanen (Oberland bernois).
Les fromages, de 50 à 60 cm de diamètre sur 9 à 11 cm d'épaisseur, peuvent peser entre 15 et 30 kg. Le caillé, très ferme, prend à l'affinage une couleur jaune foncé et devient cassant. Sa maturation, qui dure de 5 à 6 ans, permet de le conserver des dizaines d'années. On en a connu de 200 ans. Mat. grasse, 40 à 45 p. 100. Sont devenus introuvables.

Sableau. — Autre nom du Trébèche*.

Sage (Etats-Unis). — ***Vache.*** Fromage du genre Cheddar, aromatisé à la sauge.

Saingorlon (France). — ***Vache.*** Fromage très gras, légèrement persillé, de fabrication récente dans diverses régions de France, mais notamment en Auvergne. Il fut créé lors des restrictions à l'importation du Gorgonzola, durant la dernière guerre, et pour remplacer celui-ci.

Saint-Affrique (Rouergue). — ***Chèvre.*** Fromage local du pays du Roquefort.

Saint-Agathon (Bretagne). — ***Chèvre.*** Produit fermier rond et plat du pays de Guingamp, et « inverté » par une Italienne. Il n'est plus fabriqué depuis 1942. Ce n'est pas dommage!
Un Breton m'a assuré qu'il était aphrodisiaque.

Saint-Amand-Montrond (Berry). — ***Chèvre.*** Frère des célèbres Crottins de Chavignol.

SAINT-AMANT (Marc Antoine Girard de). — Le poète truculent autant que fantaisiste (1594-1661) mérite mieux que ce qu'en disait Boileau. Gourmand, il a chanté avec esprit le melon et les délices du fromage de Brie :

... O Dieu! quel manger précieux
Quel goût rare et délicieux!
Qu'au prix de lui ma fantaisie
Invoque la Sainte Ambroisie!
O doux cotignac de Bacchus!
Fromage, que tu vaux d'écus!
Je veux que ta seule mémoire
Me provoque à jamais à boire.
A genoux, enfants débauchés!
Chers confidents de mes péchés,
Sus! qu'à plein gosier on s'écrie :
Béni soit le terroir de Brie!
Que ses fertiles pâturages
Soient à jamais exempts d'orage!
Que Flore, avec ses beaux atours,
Exerçant mille amoureux tours
Sur une immortelle verdure,
Malgré la barbare froidure
Au visage morne et glacé,
Y tienne à jamais enlacé
Entre ses bras plus blancs qu'albâtre
Le doux printemps qui l'idolâtre!...
Pont-l'Evêque, arrière de nous!
Auvergne et Milan, cachez-vous!
C'est lui seulement qui mérite
Qu'en or sa gloire soit écrite...
Il est aussi jaune que lui;
Toutefois, ce n'est pas d'ennui,
Car, aussitôt qu'un doigt le presse,
Il rit et se crève de graisse...
Holà! gourmands, attendez-moi!
Pensez-vous qu'un manger de roi
Se doive traiter de la sorte?
Que votre appétit vous emporte!
Chaque morceau vaut un ducat,
Voire six verres de muscat,
Et vos dents n'auront point de honte
D'en avoir fait si peu de compte!
O doux cotignac de Bacchus,
Fromage que tu vaux d'écus!
Je veux que ta seule mémoire
Me provoque à jamais à boire!
Verse laquais!

Notons en passant qu'avec son *cotignac de Bacchus* Saint-Amant a dû inspirer Grimod de La Reynière, pour qui le fromage est le « biscuit de l'ivrogne » et bien autre chose encore.
Et plus tard, reniant le Brie, il s'enthousiasme pour le Cantal :

Gousset, escafignon, faguenas, cam-
[bouis,
Qui formez ce présent que mes yeux
[resjouis,
Sous l'aveu de mon nez, lorgnent comme
[un fromage
A qui la puanteur doit même rendre
[hommage,
Que vous avez d'appas! que votre odeur
[me plaist!
Et que de votre goust, tout horrible qu'il
[est,
Je fay bien plus d'estat que d'une confi-
[ture
Où le fruit déguisé brave la pourriture!
Par luy le vert guinguet fait la figue au
[muscat;
Par luy le plus gros vin semble si délicat,
Que le piot du ciel, dont on fait tant de
[conte.
O Brie, ô pauvre Brie, ô chétif Angelot
Qu'autrefois j'exaltay pour l'amour de
[Bilot;
Tu peux bien aujourd'hui filer devant
[ce diable.

Saint-Anthème. — Localité de la chaîne des Dore, en Auvergne, où l'on fabrique une excellente Fourme du genre de la Fourme d'Ambert. Un fromage s'appelle *Brizou de Saint-Anthème,* et ce terme *Brizou* désigne probablement un fromage très local obtenu avec les résidus de fabrication ou le malaxage des Fourmes cassées accidentellement.

Saint-Benoît (Orléanais). — ***Vache.*** Fromage fermier, à pâte molle, de lait entier ou partiellement écrémé et d'un diamètre de 15 cm, dont l'affinage dure 15 jours en été et le double ou plus en hiver, généralement. Pour l'affiner, on se sert de charbon de bois pulvérulent mêlé de sel. Célèbre depuis déjà un siècle et demi, en progression de production, il rappelle vaguement le Coulommiers, comme goût et texture. Poids, de 350 à 400 g. Bonne époque : d'octobre à juin. Mat. grasse, 40 p. 100.

Saint-Claude (Jura). — ***Chèvre.*** Salé en surface, ce fromage fermier se mange soit frais, soit affiné en cave froide et légèrement moisie. Son poids varie de 100 à 200 g. On l'appelle aussi *Chevret,* mais il a tendance à disparaître.

Saint-Cyr (Poitou). — Localité où l'on fabrique dans une laiterie industrielle des chèvres de qualité bons de mai à octobre. Préparé aussi à Dissay (Vienne).

Saint-Fargeol (Bourbonnais). — ***Vache.*** Sorte de Chambérat*, plus ferme et de goût accentué.

Saint-Florentin (Bourgogne). — ***Vache.*** Fromage à pâte molle lavée, à la saveur relevée lorsqu'il est complètement affiné. Dimension d'un Coulommiers. Bonne époque : de novembre à juin. Mat. grasse, 45 p. 100.
Le Saint-Florentin a inspiré un poète méconnu autant que local, M. Pierre Larue :

Le Fromage de Saint-Florentin.

On dit q' nos poèt' dans leu langage
Ont depuis longtemps tout chanté,
La vign', les vign'rons, l' grapillage,
Sans oublier la bounn' santé
La Saint-Couchon et les limaces,
Comme aussi le Quartier latin;
Mais, tous ont laissé dans leu' b'saces
Le fromage de Saint-Florentin...

... Aujourd'hui, les Grands le délaissent
Mais, ça n' fut pas toujours ainsi;
Les froumag' qui les intéressent
Sont plus chers et n' val' pas c' lui-ci.
Saint Louis, Napoléon, Voltaire,
Jeanne d'Arc, Louis X le Hutin
N' son-i' pas passés par Auxerre
Pour manger du Saint-Florentin?...

... Tous les froumag' sont pour le poète,
Des confrèr', sans savoir rimer;
Et, pourtant, à lui, je lui souhaite,
L' même talent de s' faire estimer;
Et, que ses vers soient aussi justes,
Aussi beaux et d' aussi bon teint
Que bin gras sont les vers augustes
Q' fait parfois l' bon Saint-Florentin.

Saint-Gelais (Poitou). — ***Chèvre.*** Cousin du Chabichou et aux dimensions d'un Camembert, c'est un chèvre fermier portant le nom de son village natal, voisin d'Echiré, patrie d'un des meilleurs beurres du monde.

Saint-Gervais (Languedoc). — ***Chèvre.*** Fromage du genre Pélardon originaire des basses Cévennes. Il existe un Saint-Gervais dans le canton de Bagnols-sur-Cèze (Gard).

Saint-Gildas (Bretagne). — ***Vache.*** Pâte molle à croûte fleurie, très crémeux (75 p. 100 de matière grasse), fabriqué par les élèves de la ferme-école de Saint-Gildas-des-Bois, non loin de Redon, au lait de vache pasteurisé mais enrichi.

Saint-Girons. — V. *Saint-Lizier.*

Saint-Jean-le-Vieux. — Commune des Pyrénées, proche de Saint-Jean-Pied-de-Port et dont l'activité principale est l'élevage des brebis, dont le lait fermenté est envoyé pour naturalisation à Roquefort.

Saint-Lizier (comté de Foix). — ***Vache.*** Fromage artisanal de la famille de ceux de Bethmale, à pâte pressée non cuite, des bergers de cette ancienne cité gallo-romaine de l'Ariège. On l'appelle quelquefois *Saint-Girons,* du nom de la ville voisine dont Saint-Lizier est le faubourg.

Saint-Loup (Touraine). — Fromage cylindrique typique de ceux de la région.

Saint-Loup-sur-Thouet (Poitou). — ***Chèvre.*** Fromage tronconique à pâte molle fermentée, de la région de Saint-Loup-sur-Thouet (Deux-Sèvres).

Saint-Maixent (Poitou). — ***Chèvre.*** Fromage des environs de Saint-Maixent-l'Ecole, semblable, en finesse et saveur, à ceux de La Mothe-Saint-Héray, mais moulé en carré. Mat. grasse, 45 p. 100.

Saint-Marcellin (Dauphiné). — ***Vache.*** Oui, car si jadis il fut uniquement de lait de chèvre, il est, aujourd'hui, plus souvent de lait de vache pur que d'un mélange des deux.

La pâte molle égouttée, ni cuite, ni pressée, ni malaxée, mais simplement salée, donne un fromage rond de 90 à 100 g (8 cm sur 3 cm environ) qui, lorsqu'il est à point, est honnête, mais fait regretter les « vrais » Saint-Marcellin d'autrefois.

Bonne époque : d'avril à septembre, lorsqu'il mollit sous le plat du couteau. Mat. grasse, 50 p. 100.

Saint-Nectaire (Auvergne). — ***Vache.*** Il y a un millénaire que l'on fabrique ce fromage, dans la région des Dore, mais il n'a trouvé son nom que plus tard grâce au maréchal de Saint-Nectaire (ou Senneterre), qui le présenta à la table du Roi-Soleil, où il fit fortune. On se souvint alors que, dans son *Histoire d'Auvergne,* Pierre Audigier, déjà, assurait que ce fromage « ne le cède point en bonté à ceux de l'Europe qui ont le plus de renommée ».

C'est une pâte demi-ferme, onctueuse et au goût délicat de noisette. Elle peut être plus ou moins grasse, mais son minimum est de 45 p. 100. La fabrication du Saint-Nectaire exige un lait très frais, aussi le prépare-t-on deux fois par jour, après les traites du matin et du soir. Le caillé est travaillé avec un brise-caillé (la menove) pour en extraire le sérum (le mergue). La Tome qui en résulte est mise en moules, pressée soigneusement à la main, salée et marquée, puis mise sous presse 24 heures. Après un séchage de 2 ou 3 jours, de préférence au soleil, la Tome est mise en cave jusqu'au prochain marché. Tous les 8 ou 15 jours, les producteurs portent leurs fromages au marché (autrefois, attachés avec de la paille de

Saint-Nectaire, en Auvergne.
Phot. J. Bottin.

seigle par paquets de 6, ils étaient vendus à la douzaine; aujourd'hui, on vend séparément et au poids). Les affineurs ou courtiers achètent et affinent alors soit sur place, soit à Clermont-Ferrand dans des caves profondes, à température moyenne et à hygrométrie constante. Les Saint-Nectaire sont là, alignés sur de la paille de seigle, lavés plusieurs fois durant les 2 mois de l'affinage. Peu à peu, ils se parent de « fleurs » et perdent leur acidité tout en gardant leur richesse en calcium et en vitamines. Celle-ci est due aux pâturages (1 000 m d'altitude) où paissent les vaches de la race Salers.

La plus grande partie de la mise sur le

Saint-Nectaire.
Phot. Publi-Croizet.

marché est aujourd'hui industrialisée par le négoce, mais l'affinage a encore lieu dans des caves et selon des procédés se rapprochant des méthodes traditionnelles.

La production annuelle du Saint-Nectaire est d'environ 3 500 à 4 000 t et presque uniquement artisanale. Mais les industriels commencent à s'y intéresser, d'autant plus que s'accentuent la pénurie de main-d'œuvre fermière et les exigences de la distribution.

L'appellation d'origine *Saint-Nectaire* est officielle depuis le 4 novembre 1957. L'aire de production comprend la partie sud-ouest du Puy-de-Dôme et la partie nord du Cantal. Les fromages industriels fabriqués hors de ces limites reconnues sont appelés *Savarons** et vendus comme tels.

Les Saint-Nectaire doivent présenter une croûte très fine, à moisissures blanches, jaunes et rouges appelées *fleurs,* et en leur milieu une marque ovale en caséine qui est la garantie d'origine.

Bonne époque : de juin à décembre.

Ci-contre, à droite :
Saint-Paulin.
Phot. Orel-Atlas.

Saint-Paulin. — Fromage industriel, fabriqué dans de nombreuses régions de France.

Le « père » du Saint-Paulin est le Port-du-Salut des trappistes de l'abbaye d'Entrammes, sur les bords de la Mayenne. On sait qu'ils vendirent le nom et que le Port-du-Salut est devenu le Port-Salut, marque commerciale bien connue.

Le succès du Port-Salut devait inciter d'autres usiniers à fabriquer un semblable fromage : ce fut, après procès, le Saint-Paulin.

Le Saint-Paulin se présente donc comme une petite meule de 20 cm de diamètre sur 6 d'épaisseur et du poids de 1,5 kg. Sa croûte doit être lisse, laissant apparaître la trace de l'étamine qui l'enveloppe lors du pressage. Le texte législatif qui définit ce produit de l'industrie laitière est daté du 19 février 1960. C'est dire qu'il a un siècle et demi de retard sur son modèle, lequel était fabriqué avec le lait d'une douzaine de vaches au plus, à l'origine. La production totale du Saint-Paulin, en 1965 par exemple, a été de 480 000 quintaux... Et à partir de lait pasteurisé, bien entendu.

L'affinage de cette pâte pressée dure de 2 à 3 semaines.

Saint-Rémi (Savoie). — ***Vache.***

Saint-Rémy (Franche-Comté et Vosges). — ***Vache.*** Pâte molle à croûte lavée du nom de son petit village. Fromage assez gras, carré ou rond, ressemblant au Géromé en moins fruité, il pèse environ 200 g et il est fait de caillé à peine cuit et peu pressé. Bonne époque : d'octobre à mi-mai. Mat. grasse, 40 à 45 p. 100.

Saint-Saulge (Nivernais). — ***Chèvre.*** Petit fromage fermier local en ce village du Morvan entre Clamecy et Nevers.

Saint-Saviol. — Localité poitevine où l'on fabrique des chèvres à l'échelon industriel de la forme du Sainte-Maure.

Saint-Stephano (Allemagne). — ***Vache.*** Ressemble au Bel Paese et est, malgré son nom et son type, fabriqué en Allemagne. En très petite quantité, il est vrai. Le Saint-Stephano est fait de lait entier et affiné à une température de 4,5 °C.

Saint-Varent (Poitou). — ***Chèvre.*** La fabrication artisanale et locale en ce village de l'arrondissement de Bressuire (Deux-Sèvres) a cédé la place à une fabrication de laiterie industrielle sortant

sous cette marque de bons fromages de chèvre.

Saint-Winocq (Flandre). — ***Vache.*** De forme cylindrique, il ressemble, pour la pâte, au fromage de Bergues*. Fromage fermier de petite production dans la région d'Esquelbecq, au lait partiellement ou totalement écrémé. Affiné longuement à l'eau salée ou à la bière, il émet des odeurs très puissantes et développe de violentes saveurs.

Sainte-Anne-d'Auray (Bretagne). — ***Vache.*** Fromage fabriqué à l'abbaye de Sainte-Anne. Les trappistines qui occupaient le lieu ont émigré depuis une dizaine d'années vers Campénéac*, où elles continuent leur production.

SAINTE-FOY (Savoie). — Localité de haute Tarentaise où l'on prépare un Bleu quelquefois appelé *Bleu* de Sainte-Foy* et comparable au Bleu* de Tignes.

Sainte-Marie (Nivernais). — ***Chèvre. Vache.*** Petits fromages frais. Sainte-Marie est non loin de Prémery (entre Clamecy et Nevers), où l'on fait également de ces fromages. (V. encore *Saint-Saulge.*) Mat. grasse, 45 p. 100.
Ce fut aussi le nom générique de tous les fromages frais de vache fabriqués en Bourgogne et vendus sur place, en faisselles, pour terminer l'égouttage à domicile.

Sainte-Maure (Touraine). — ***Chèvre.*** Tout le monde connaît ce cylindre allongé, pesant environ 300 g, avec une paille le traversant de part en part. Il est délicieux. Du moins ce vrai Sainte-Maure, fermier, mais hélas! les producteurs ont oublié de demander un label, de sorte que l'on fabrique, en usine, loin de Sainte-Maure et tout alentour, des fromages souvent immangeables. Mieux, les « usiniers » récoltent le lait des chèvres en saison de grande production, le font cailler et stockent ce caillé en surgelé. Il ne reste plus en periode creuse qu'à débiter ce caillé sortant du tube et à le mettre à affiner.
La bonne période fut et reste encore celle qui va de mai à novembre. Mat. grasse, 45 p. 100.

Sainte-Odile. — Nom de fantaisie d'un triple-crème recouvert de graviers de carvi et que les fromagers parisiens, non sans quelque effronterie, veulent faire croire alsacien.

saisons. — Les quatre saisons de l'année rythment non seulement la production, mais la qualité des fromages.
Pour se reconnaître dans les fromages saisonniers, on a beaucoup insisté sur le cycle de la reproduction des espèces animales à vocation laitière et du climat favorisant une flore plus ou moins aromatique, abondante, circonstanciée. Le caractère des fromages en dépend.
Nous donnons à sa place alphabétique un calendrier des fromages. Mais il faut noter encore que l'hiver est favorable aux fromages dont l'évolution lente et la longue durée d'affinage reportent la consommation à 2, 3 et 4 mois après leur élaboration en bonne saison d'alimentation du bétail. Que le printemps marque la fin d'une longue claustration dudit bétail et que le lait peut alors exhaler les arômes de la flore nouvellement épanouie. Que la saison chaude n'autorise pas la sécurité de transport, de stockage et d'affinage et par conséquent la bonne commercialisation et la parfaite comestibilité des fromages, en général. Enfin que l'automne, aux variables climats, provoque des inégalités de valeur très importantes, notamment dans les variétés à pâte molle et croûte fleurie.

salades composées. — Ces salades, qui sont de plus en plus « à la mode », comportent très souvent du fromage. En voici quelques exemples :
Scarole, échalote, Roquefort;
Romaine, pommes de terre, oignons, Gruyère;
Endive, Roquefort;
Concombre, poivrons, citron, Roquefort;
Romaine, ail, œufs durs, anchois, Parmesan, croûtons.

salage. — Opération essentielle succédant au démoulage des fromages. On y procède à sec pour les pâtes molles et par immersion dans la saumure pour les pâtes pressées non cuites et les pâtes dures.
Pour les Gruyères, cette opération est plusieurs fois renouvelée.

Salamana (Grèce). — ***Brebis.*** En Grèce, mais en fait dans toute l'Europe méridionale. Pâte molle, le caillé est affiné en vessies. Cela lui donne une saveur très prononcée qui ne dérange point ceux qui l'aiment en tartine. On le mélange également avec de la farine de céréales et on l'utilise en cuisine.

Salami (Italie). — ***Vache.*** Ce mot, qui veut dire « saucisson », désigne un Provo-

Salade de Gruyère, d'endives, de noix et d'œufs durs. Phot. Prunin-Rapho.

Samsoë.
Phot. Comité d'expansion des fromages danois.

lone* de grande taille. Il existe également des fromages à pâte molle du type Bel Paese et dits, d'après leur forme, *Stracchino Salami* et *Formaggio Salami*. On en fabrique aussi ailleurs, notamment aux Etats-Unis.

Salami (Autriche). — ***Vache.*** Fromage doux pesant 1,5 à 2 kg et en forme de saucisse. Très gras, c'est autant du beurre que du fromage et, naturellement, on le tartine.

Salamvra (Turquie). — ***Chèvre.*** Fromage à pâte blanche, affiné dans la saumure et très fort.

Saland [ou **Saaland**] **Pfarr** (Suède). — ***Vache.*** V. *Prestost.*

Salerne (école de). — On sait que le prince Robert demanda aux médecins de l'école de Salerne de lui prescrire un régime de vie hygiénique. C'est alors qu'aurait été rédigé en latin l'ouvrage intitulé *l'Ecole de Salerne* (XIIIe s.), dont il y eut plusieurs traductions en français; la première par un collège de médecins, à Montpellier, en 1924.
C'est dans l'une d'elles que l'on peut lire, à l'aphorisme XXIII :

Qui nourrit et rend gras? Froment, raisins [nouveaux,
Figues mûres, vins doux, moelle et [rognons, cerveaux,
Les œufs frais à la coque, et le récent [fromage,
Les morceaux d'appétit, le cochon, le [laitage.

Citons également les aphorismes LXIV et LXV :

Le fromage et le pain, pour qui se porte [bien,
Sont un mets excellent qui n'incommode [guère;
Mais, quand on est malade, on le mange [sans pain.

Un médecin bien ignorant
A dit que j'étais malfaisant (le fromage)
Mais qu'on me dise en quoi je suis nui- [sible?
Un peu de vieux fromage à la fin du repas
Sert la digestion pénible,
Tout physicien attestera le cas.
Pour qu'il fasse du bien, ne le prodiguez [pas.

Salers (Auvergne). — ***Vache.*** C'est exactement « Salers Haute Montagne » qui est l'appellation d'origine d'un Cantal préparé « selon les usages locaux, loyaux et constants » entre le 25 mai et le 30 septembre, avec le lait des vaches de la race portant également ce nom de *Salers* et dans une aire de production délimitée sur ces pâturages situés à une altitude supérieure à 850 m. Mat. grasse, 45 p. 100.
Un important marché aux fromages se tient à Salers, le jeudi.

Saloio (Portugal). — ***Vache.*** C'est un fromage dit « à la main », à partir de lait écrémé de vache, fabriqué dans les fermes des environs de Lisbonne. Cylindrique, il pèse environ 1 800 g.

Samsoë (Danemark). — ***Vache.*** Fromage rond à pâte pressée non cuite, douce et ferme, présentant des trous, à croûte jaune doré, fabriqué de longue date dans l'île danoise de Samsoë, à partir de lait entier. Mesurant 45 cm de diamètre et pesant environ 15 kg, il peut être mangé frais, mais, après un affinage de 5 mois, il prend une saveur exquise rappelant la noisette. Il est maintenant fabriqué industriellement, en meules paraffinées.

Sancerre (Berry). — ***Chèvre.*** Crottins voisins de ceux de Chavignol. On dit aussi *Sancerrois*. Mat. grasse, 45 p. 100.

Sandwich Nut. — Les Anglo-Saxons le préparent en mélangeant des noix hachées avec du fromage à la crème ou des fromages genre Neufchâtel.

San Simón (Espagne). — ***Vache.*** Fabriqué à San Simón de la Cuesta, ce fromage à croûte mince, jaune foncé, est de forme conique allongée. Il pèse de 1 à 5 kg. Il a été enfumé, durant sa maturation, par la combustion de copeaux de bouleau.

Santranges (Berry). — ***Chèvre.*** Fromage du Sancerrois, plus gros que le Chavignol. Mat. grasse, 45 p. 100.

sapide. — « Qui a de la saveur, » dit le Larousse. Les médecins, eux, vous diront que nos affections peuvent schématiquement se diviser en deux groupes : celles où l'on doit exciter nos fonctions digestives; celles où l'on doit freiner ces mêmes fonctions digestives.
Aux victimes des premières, on conseille des fromages sapides et, au contraire, aux malades des secondes, des fromages non sapides.
Voici, d'après le docteur Léon-Meunier, un classement des fromages.
Très sapides : Camembert, Brie, Pont-l'Evêque, Livarot, Gorgonzola.

Peu sapides : Gervais, Suisse, Cantal, Hollande, Port-du-Salut, Chester.

Sapsago (Suisse). — ***Vache.*** On le fabrique depuis 5 siècles dans le canton de Glaris, ce petit fromage très dur, séché. Fait à partir de lait écrémé légèrement acide *(zieg),* chauffé et brassé à température d'ébullition, puis augmenté de babeurre froid. On ajoute à son caillé des feuilles séchées et réduites en poudre de trèfle aromatique *(Melilotus cœrulea),* qui lui donnent une saveur forte et piquante, un arôme original et une couleur verte plus ou moins claire. Le Sapsago, moulé en forme de cône de 7,5 cm à la base sur 5 au sommet pour 10 cm de hauteur, pèse de 100 à 450 g. Une fois complètement affiné et séché, il est utilisé en cuisine comme râpé. On l'appelle aussi *Schabzieger** comme en Allemagne.
Glärnerkäse, Grünerkäse, Kräuterkäse et *Grünerkräuterkäse* sont aussi des noms du Sapsago, que l'on fabrique également en Allemagne du Sud.

Sardo (Italie). — ***Brebis*** et ***vache.*** Fromage du type Romano. On dit aussi *Romano* Sardo* et *Fiore* Sardo.* Fabriqué en Sardaigne, autrefois uniquement de lait de brebis, aujourd'hui à partir d'un mélange.
Le Sardo vieux est râpé.
On fabrique du Sardo en Argentine et aux Etats-Unis.

Sarrasson. — V. *Sarrassou.*

Sarrassou (lou) [Vivarais]. — On obtient « lou Sarrassou » en jetant de l'eau bouillante sur le petit-lait qui reste dans la baratte après la confection du beurre. Lié avec le lait, il donne « une crème dont le goût du terroir accompagne heureusement la pulpe des pommes de terre en robe de bure ». (Charles Forot.) Car on mange lou Sarrassou avec des pommes en robe de chambre et du pain bis, en Vivarais. On dit *Sarrasson* dans le haut Forez.

Sarrazin (Suisse). — ***Vache.*** Fromage bleu fabriqué dans le canton de Vaud. On dit aussi quelquefois *Sarrazin de Sarraz,* ce qui est inutile, le toponyme de *Sarraz* étant le transparent générique de *Sarrazin.*

Sartenais (Corse). — ***Chèvre*** ou ***brebis.*** Fromage fermier de la région de Sartène, à pâte pressée et croûte lavée. On dit également *Sarteno.* De 12 à 13 cm de diamètre sur 9 à 10 d'épaisseur, il pèse de 1 à 1,5 kg.

Sassenage (Dauphiné). — V. *Bleu de Sassenage.*

Satz (Allemagne). — ***Vache.*** Variété de Handkäse*.

sauces au fromage. — Le fromage dans les sauces n'est nullement une innovation. Dès le Moyen Age, on en trouve trace. Pour les Français, la sauce « fromagée » la plus connue est évidemment la Mornay. En Norvège, on prépare une sauce onctueuse à base de crème aigre et fromage de chèvre fondu qui accompagne le gibier et la viande. Les Américains sont friands de la salade au Roquefort (Roquefort dressing).
On mange, en Amérique latine, l'ocopa araquipena, qui n'est autre qu'un plat de

Fromages du Sancerrois.
Phot. Richard Kalvar-Viva.

À gauche : Saint-Satur, dans le Sancerrois.
Phot. J. Bottin.

Double page suivante :
Table des *Sept Péchés capitaux,* par Jérôme Bosch ;
détail : « la Gourmandise ».
Musée du Prado, Madrid.
Phot. Lauros-Giraudon.

Savoie : chèvres et moutons au Bigaret, près des Chapelles. *Phot. Alain Perceval.*

pommes de terre avec une sauce d'arachides, de piments, de fromage blanc « Mozzarella ».
Des chefs français imaginatifs ont créé récemment des sauces au fromage parfaitement réussies. Citons : la sauce à la Fourme d'Ambert pour salade, de Jacques Manière; la sauce au Bresse bleu, de Max Maupuy, pour poisson froid.

Sauermilchkäse. — V. *Quargel.*

Sault (comtat Venaissin). — De brebis en hiver et chèvre à la fin du printemps et en été, c'est une variété de Picodon*.

saumure. — Substance à base d'eau et de sel dans laquelle on immerge des denrées alimentaires pour les conserver : poissons, viandes, fruits, légumes, fromages pour leur préparation lorsqu'ils sont à pâte dure ou demi-dure.
En Suisse, la saumure fondante que l'on utilise pour le salage des Gruyères est appelée *morge**.

Sauzé-Vaussais (Poitou). — ***Chèvre.*** Petit fromage fermier cylindrique fait à Sauzé-Vaussais, dans les Deux-Sèvres.

Savaron (Auvergne). — ***Vache.*** Pâte pressée non cuite à croûte parfois lavée, au lait de vache pasteurisé, de la forme et du format du Saint-Nectaire. C'est du reste un Saint-Nectaire laitier fabriqué hors de la zone délimitée de cette appellation. Mat. grasse, 45 p. 100.

Savoie. — Cette belle province, outre quelques fromages de lait de chèvre, connaît neuf merveilles fromagères. A savoir :
1° la *Tome,* au lait de vache partiellement écrémé; certaines sont affinées dans du marc de raisin;
2° le *Beaufort,* pâte cuite du genre Gruyère;
3° le *Reblochon,* du verbe *reblocher* ou *réblécher* (traire une seconde fois); fromage de lait de fin de traite, c'est-à-dire très gras, originaire du massif des Aravis;
4° le *Tamié,* fabriqué par les moines trappistes de l'abbaye de Tamié, fait de lait de vache entier;
5° le *Persillé des Aravis,* fromage fermier de chèvre ensemencé de moisissure verte;
6° le *Persillé du Mont-Cenis,* mélange de lait de vache et de chèvre, persillé de moisissures;
7° le *Tignard,* fromage de vache aux moisissures vertes fabriqué à Tignes et à Val-d'Isère;
8° le *Toupin,* laitier à pâte cuite de la vallée d'Abondance;
9° le *Vacherin,* au lait de vache entier. De pâte molle et onctueuse, se mange à la petite cuillère.
(V. ces mots.)

Sbrinz (Suisse). — ***Vache.*** C'est le plus ancien fromage helvétique connu, et c'est probablement lui que Pline a cité sous le nom de *Caseus helveticus.* Depuis longtemps ce Sbrinz a fait l'objet d'un commerce régulier avec l'Italie du Nord, et ses meules passaient, à dos de mulet, le Saint-Gothard.
C'est pourquoi on l'appelle aussi, dans son pays tessinois, où l'italien est la langue vernaculaire, le *Sulle Spalle* (« sur les épaules »).

Spalla signifierait également « flanc de montagne ». En tout cas, en Allemagne, on appelle le Sbrinz *Spalenkäse,* qui paraît être une création linguistique germano-italienne!
L'affinage dure de 2 à 4 ans. Ses meules, pesant de 20 à 40 kg, sont d'une pâte dure, au parfum prononcé. Râpé, il fait merveille en cuisine. Mat. grasse, 45 p. 100.
Sa production est de plus de 2 000 t par an, dans les cantons de Lucerne, Unterwald, Schwyz et Uri, mais ce sont, avec les Italiens, les Tessinois qui en consomment le plus (2/5 de la production).

Sbrinz de Raspa ou **Sbrinza.** — Noms donnés au Sbrinz dans les Alpes italiennes.

Scamorze (ou **Scarmorze)** [Italie]. — ***Vache.*** Fromage à pâte molle, doux, à caillé plastique *(pasta filata),* fabriqué à l'origine en Italie centrale (Abruzzi et Molisi) à partir de lait de bufflonne. Mais, aujourd'hui, la production est de toute l'Italie et à partir de lait de vache ou, occasionnellement, de lait de chèvre. Comme le Mozzarella*, il se consomme frais, souvent en tartine ou frit avec un œuf.

Le Scamorze est en forme de gourde avec un étranglement à une extrémité et des pans en forme d'oreilles, au sommet, pour faciliter sa manutention. De teinte jaune pâle, il pèse entre 115 et 225 g (mais certains peuvent aller jusqu'au kilo).

Le Scamorze est préparé d'une façon très semblable au Caciocavallo, sauf qu'il n'est pas vieilli aussi longtemps que ce dernier. Le lait du soir est mélangé avec le lait du matin dans une chaudière et chauffé à une température de 35 à 36,5 °C; on ajoute de la culture, éventuellement un colorant, et on distribue suffisamment de présure pour coaguler le lait en 30 à 35 minutes. La surface est retournée avec une écope; quelques minutes plus tard, on brasse le caillé avec une spatule et on le découpe, avec une harpe, en morceaux de la dimension d'une noisette. Le sérum et le caillé sont mélangés avec un agitateur mécanique. Lorsque le caillé s'est déposé, on élimine le sérum, on recueille le caillé dans une toile, pour le transférer ensuite dans une cuve. Finalement, la masse du caillé est étirée à la main et avec la spatule jusqu'à ce qu'elle soit très compacte et élastique. On l'étire en une sorte de câble; ce câble est alors divisé en portions de la dimension d'un œuf de dinde ou d'un citron (un morceau pour chaque fromage). Dans la fabrication du Scamorze à pâte molle, chaque morceau est replié plusieurs fois sans ébouillantage; si l'on veut fabriquer du Scamorze ferme, les morceaux sont étirés puis enroulés sur un moulinet (ou bobine). Ensuite, chaque morceau est immergé dans l'eau très chaude; lorsqu'il refroidit, on le forme à la main et on le place dans un petit moule. Par la suite, les fromages sont attachés par paires et plongés dans un bain de saumure. Ils sont séchés à l'air et sont alors prêts à être expédiés.

Scandia (Suède). — ***Vache.*** Fromage rond de 25 cm sur 10, pesant de 4 à 5 kg.

SCANDINAVIE (fromages de). — Principaux fromages de Suède, Norvège et Finlande : Ädelost, Ambrosia, Aura, Bergquara, Billinge, Bondost, Drabant, Egg Flötost, Gammelost, Geitmysost, Gjetost Gomost, Gräddost, Gudbrandsdalsost,

Noël en Finlande : plateau de fromages nationaux, pour la plupart inspirés des « grands crus » de réputation internationale.
Phot. Pohjakallio-Parimage-Camera-Press.

Halsinge, Herrgårdsost, Hvid Gjetost, Jarlsberg, Kartano, Kna, Kreivi, Mysost, Nökkelost, Norbo, Normanna, Prestost, Pultost, Ramost, Riddar, Saland Pfaar, Scandia, Succia, Sveciaost, Swedish, Taffelost, Trönder, Västerbottensost, Västgötaost, Viota. (V. ces mots.)

Scanno (Italie). — ***Brebis.*** Fabriqué à Abruzzi à partir de lait de brebis. L'extérieur du Scanno est noir, l'intérieur jaune foncé. Sa consistance est semblable à

celle du beurre, et il offre une saveur brûlée.
On le consomme ordinairement avec des fruits.

Schabzieger (Allemagne et Suisse). — ***Vache.*** Nom allemand du Sapsago*.
Un procédé de dessiccation permet de pulvériser le Schabzieger. Cette poudre,

Schabzieger.
Phot. Ismand.

de longue conservation, s'exporte facilement. On la mélange au beurre pour tartiner.

Schamser (Suisse). — ***Vache.*** Fabriqué dans le canton des Grisons (Graubünden) à partir de lait écrémé, le Schamser, appelé aussi *Rheinwald,* mesure 45 cm de diamètre sur 13 d'épaisseur et pèse entre 18 et 20 kg.

Schlesischer Sauermilchkäse (Pologne). — ***Vache.*** Fromage de lait acide préparé en Silésie d'une façon semblable au Hand*. Les fromages sont placés sur des rayons recouverts de paille, près du poêle en hiver, dans une cabane de treillage en été, et laissés à sécher jusqu'à ce qu'ils deviennent très durs. Affinage en cave, ensuite, de 3 à 8 semaines, au cours duquel ils sont, de temps en temps, lavés à l'eau chaude. (V. aussi *Silésien.*)

Schloss ou **Schlosskäse** (Autriche et Allemagne). — ***Vache.*** C'est un fromage doux, vendu enrobé de cire rouge ou d'une feuille d'étain et pesant 45 g. (V. *Limburger.*)
Pâte molle affinée, on l'appelle aussi *Fromage du Château* (traduction littérale de *Schlosskäse*), à cause de sa forme.

Schmierkäse (Allemagne). — ***Vache.*** Fromage blanc aux neuf herbes.

Schottengsied. — Fromage de sérum fabriqué, pour leur consommation, par les paysans des Alpes suisses.

Schottenziger. — En allemand, autre nom de la Ricotta*.

Schwarzenberger (Autriche, Hongrie, Tchécoslovaquie). — ***Vache.*** Cubes de 450 g d'un fromage de lait entier (pour deux tiers) et écrémé, du type Limburger*, courant en Bohême du Sud, en Hongrie et en Autriche, où il est dit « Fromage de bière ». Affinage de deux à trois mois avec fréquents lavages à l'eau salée.

Schweizer (Suisse). — ***Vache.*** V. *Swiss.*

Scourmont (Belgique). — ***Vache.*** Sorte de Saint-Paulin fabriqué par les moines de l'abbaye de Scourmont selon une très ancienne formule. Ce fromage circulaire, d'un poids de 1,5 kg à 2 kg, est de pâte tendre et douce.
Il reste bon toute l'année.

séchon. — En pays de montagne, terme par lequel on désigne les petits fromages durs des fins de fabrication.

Secret des Moines (Normandie). — ***Vache.*** Marque exploitée par une société laitière fabriquant des Camemberts.

Selles-sur-Cher (Berry). — ***Chèvre.*** En forme de disque aplati aux côtés biseautés, fabriqué dans le village du même nom (marché aux fromages le jeudi). La préparation en est assurée par un enrobage de sel et une pulvérisation de charbon de bois en poudre.
Affinage lent (3 semaines). Parfumé, savoureux, à pâte douce, fine et noisettée, mais parfois trop salé, le Selles-sur-Cher est en belle forme de mai à octobre. Mat. grasse, 45 p. 100.

Semussac (Aquitaine). — ***Vache.*** Les petits Semussacs sont des fromages blancs particulièrement onctueux, préparés entre Royan et Cozes.

Septmoncel (Jura). — V. *Bleu de Septmoncel.*

Sérac. — Autre nom de la Recuite (Ricotta*).

Serpa (Portugal). — ***Brebis.*** Fromage du type Serra*.

Serra (Portugal). — ***Brebis.*** En portugais *serra* signifie « montagne ».
Ce mot qualifie donc un fromage de montagne, rustique, fait de lait de brebis, mais quelquefois mélangé avec du lait de chèvre.
Il est, au Portugal, le fromage par excellence, mais il en existe de nombreuses variétés, encore que toutes sous la forme d'un disque plat (35 cm de diamètre sur 5 cm de haut), à pâte et consistance variables selon la saison. Poids : de 2 à 3 kg environ.
Bon toute l'année.

Serra da Estrella (Portugal). — ***Brebis.*** Du nom d'une chaîne de montagne. C'est le plus estimé des Serra.
La méthode de fabrication est simple. On chauffe le lait dans une chaudière sans trop tenir compte de la température. Dans la plupart des cas, on ajoute un extrait des fleurs d'une sorte de chardon pour coaguler le lait. La période de coagulation est de 2 à 6 heures et dépend dans une large mesure de la quantité d'extrait utilisée. Le caillé est brisé avec une louche ou à la main, pressé pour en éliminer la plus grande partie du sérum, et ensuite mis dans des cercles. Quand les fromages sont fermes, on les enlève des cercles, on les fait affiner pendant plusieurs semaines, et pendant ce temps on les lave fréquemment avec du sérum et on les sale en surface.

Serré ou **Serray.** — Résidu de la cuisson du petit-lait de fabrication du Gruyère; porte aussi, selon les patois locaux, le nom de *Sérat, Sérac, Céra.* C'est la Recuite*.

Severny (U. R. S. S.). — ***Vache.*** Fromage à pâte dure vendu en blocs rectangulaires pesant environ 1 kilo.

Siciliano Pepato (Italie). — ***Brebis.*** V. *Pepato.*

Silba (Yougoslavie). — ***Vache.*** Sorte de Port-Salut que les fromagers yougoslaves exportent aux Etats-Unis.

Silésien (Pologne). — ***Vache.*** On pourrait dire Hand Silésien, car il est fabriqué en Silésie à partir de lait écrémé et par une méthode semblable à celle qui est utilisée pour le Hand*. Le caillé malaxé à la main et salé, on y ajoute lait ou crème et quelquefois des substances aromatisantes telles que graines d'anis ou oignons (hachés).
En certaines localités, le Silésien est appelé *Schlesischer Weichquarg.* On le consomme frais ou mûri en pots.

Siraz (Yougoslavie). — ***Vache.*** Fromage d'origine serbe, semi-tendre, à partir de

À la crème.
Gravure de Ravenet, d'après Boucher.
Bibliothèque nationale, Paris.
Phot. Lauros-Giraudon.

lait entier. Le caillé est pressé en gâteaux ronds qui, exposés au soleil, doivent sécher jusqu'à ce que la matière grasse apparaisse par exsudation. On les frotte ensuite au sel et on les place dans des récipients de bois pour maturation.
Le Siraz, une fois affiné, a une consistance mielleuse et compacte.

Sirene (Bulgarie). — ***Brebis.*** Fromage comparable au Feta* grec.

Sir iz mješine (Yougoslavie). — ***Brebis.*** On chauffe en bouteille du lait écrémé de brebis avant de le coaguler rapidement avec de la présure faite de caillettes d'estomacs séchés de veaux ou d'agneaux. On presse le caillé en gâteaux parfois consommés frais, mais plus souvent séchés, coupés en cubes; ceux-ci sont salés et affinés dans la peau fraîche d'une chèvre ou d'un mouton.

Sir mastni ou **Mastni sir** (Yougoslavie). — ***Brebis.*** Originaire du Monténégro.

Sir posni ou **Posni sir** (Yougoslavie). — ***Brebis.*** Egalement originaire du Monténégro, mais à partir de lait écrémé, ce fromage est encore connu sous les noms de *Tord* et de *Mrsav.*

Skyr (Islande). — ***Vache.*** Sorte de Yaourt fait de Fromage blanc frais. Si on ne le trouve plus sous ce nom qu'en Islande, tous les pays nordiques le connaissent. Une saga rapporte l'histoire d'un homme, nommé Bard, qui servait à ses invités du pain, du beurre et de grands bols de Fromage blanc. Comme ils avaient très soif, ils avalèrent le lait à grande gorgée, « puis Bard fit apporter du babeurre et ils le burent ».
Le lait caillé est très populaire en Scandinavie. Jadis, en Norvège et en Suède, on gardait le lait des mois d'affilée pour en faire un produit appelé *Syr,* qu'un voyageur du siècle dernier décrit comme « du lait à goût de vinaigre, avec quelque chose de plus amer que l'aloès ». Il est probable que Skyr et Syr sont la même chose.
Egalement, les fermières norvégiennes, à cette époque, versaient du lait frais bouilli sur des feuilles de tette (petite plante à fleurs bleues des prés, ayant la propriété de cailler le lait et de l'aseptiser); elles appelaient le résultat « lait de tette » et s'en servaient ainsi jusqu'en hiver.
Au Danemark, on affiche encore une prédilection pour le lait aigre et caillé : Tykmaelk.

Skyros (Grèce). — ***Chèvre*** ou ***brebis.*** Sorte de Kefalotyi préparé dans l'île de Skyros.

Slipcote (Angleterre). — ***Vache.*** Fromage à pâte molle à partir de lait entier dans le Rutlandshire, où il est connu depuis le milieu du XVIIIe siècle.
Autrefois, le Slipcote était affiné entre des feuilles de chou durant 3 jours au moins. C'est peut-être ce qui lui donne sa particularité : sa surface se ramollit et se décolle, après affinage.
De forme ronde ou rectangulaire, le Slipcote est large de 10 à 15 cm sur 2,5 à 5 cm de haut.

Slivotchny (U. R. S. S.). — ***Vache.*** Fromage frais vaguement comparable à notre Petit-Suisse ou au Fromage blanc de fabrication industrielle.

Smoked. — Terme générique pour les fromages fumés. Ce sont habituellement des fromages de type américain, ou Cheddar. Seuls ceux de bonne qualité peuvent être heureusement fumés. Cette saveur leur est communiquée d'une des trois manières suivantes :
1° addition d'un agent chimique appelé *fumée liquide* au lait ou au caillé;
2° salage du fromage avec du « sel fumé » (mais cela risque de donner au produit une apparence striée);
3° le fromage peut être fumé à la manière des viandes. Dans une pièce, on brûle « à l'étouffée » du bois tel que l'hickory (sorte de noyer d'Amérique du Nord), et une ouverture conduit la fumée dans une seconde pièce où, à température basse pour que le fromage ne fonde pas, celui-ci, en petites portions entourées de parchemin, se fume lentement.
Est-il utile de dire que cette dernière façon, naturelle, est bien supérieure?
Quelques fromages italiens, comme le Provolone, sont également fumés et entrent dans la catégorie des « Smoked ».

Smolenski (U. R. S. S.). — ***Vache.*** Pâte molle fabriquée dans la région de Smolensk à partir de lait pasteurisé. Après un ou deux mois de maturation, il acquiert un goût piquant, légèrement ammoniacal. Cylindrique, il pèse environ 1 kilo.

Sollies-Toucas (Provence) — ***Chèvre.*** Fromage local.

sonde. — Appareil métallique en forme de gouge conique à bords coupants, des-

Sondage pratiqué sur le Roquefort.
Phot. Société Marie Grimal.

tiné à pénétrer dans les fromages à pâte dure pour en prélever la quantité nécessaire à l'appréciation de leur qualité visuelle et gustative.

Sorbais (Picardie). — ***Vache.*** Fromage à pâte molle lavée de forme carrée et dérivé du Maroilles. Poids : environ 600 g. Du nom de son petit village de la Thiérache picarde. On l'appelle aussi *Monceau*. Mat. grasse, 45 à 50 p. 100.

Sospel (comté de Nice). — ***Vache.*** De diffusion locale, ce fromage, qui pèse de 6 à 9 kg et ressemble à une énorme Tome de Savoie, est dit aussi en patois nissard « Froumai gras » (fromage gras).

soufflés. — Les soufflés salés, en entrée, sont souvent au fromage de Gruyère. En voici la recette la plus classique :

SOUFFLÉ AU GRUYÈRE

Faites fondre dans une casserole 60 g de beurre, mélangez 50 g de farine et mouillez avec un quart de litre de lait. Salez, poivrez et faites bouillir en remuant avec le fouet.

Retirez du feu et ajoutez une noix de beurre, de la muscade râpée et 4 jaunes d'œufs.

Ajoutez 3 blancs battus en neige ferme et, en même temps, 100 g de Gruyère râpé.

Le mélange doit se faire vivement avec la cuiller de bois. Versez l'appareil dans un moule à soufflé préalablement beurré et poudré de fromage.

Faites cuire à four moyen pendant 20 minutes et servez aussitôt.

Il va de soi que l'on peut remplacer le Gruyère par du Comté, du Beaufort, de l'Emmental, du Parmesan. Mais les soufflés au Roquefort, à la Fourme d'Ambert sont excellents.

Soulougouni (U. R. S. S.). — ***Vache. Brebis.*** Fromage saumuré du Caucase et de Transcaucasie.

Soumaintrain (Bourgogne). — ***Vache.*** Soumaintrain est une petite localité voisine de Saint-Florentin, mais le fromage portant ce nom, quoique voisin dudit Saint-Florentin, est plus mince.

Le Soumaintrain est un fromage à pâte molle, à croûte lavée, à caillé grossièrement divisé, à coagulation mi-rapide, très voisin de celui de Saint-Florentin et en général de tous les produits de ce type fabriqués dans les vallées de l'Armance et de l'Armançon. Ces fromages à fermentation lente nécessitent de très fréquents lavages à l'eau salée pendant au moins 2 mois pour obtenir une pâte crémeuse et riche en saveur. Un peu trop affiné, on dit qu'il munstérise; ce n'est pas un gros défaut, mais il est préférable de le déguster en son état de perfection. La pâte doit être jaune foncé et la croûte rouge-brun; son poids est d'environ 500 g pour un diamètre de 12 à 13 cm et 3 cm d'épaisseur. Mat. grasse, 45 p. 100. Bonne époque : de septembre à mai.

Soufflé au Gruyère.
Phot. Léo Aarons.

soupes et potages. — Nombreux sont les potages et les soupes où intervient le fromage. Généralement le Parmesan italien, le Gruyère suisse, le Comté français, le Cantal, etc.
D'abord, râpés, ces trois premiers fromages peuvent accompagner, servis à part, les consommés et autres petites marmites et les soupes de poissons et autres cotriades. Il y a, ensuite, les gratinées diverses. Mais on aurait tort de croire qu'elles n'utilisent que les pâtes cuites. Une gratinée au Roquefort et une soupe à l'oignon au Camembert sont excellentes.
Citons encore : le bouillon italien aux bombolines (les bombolines sont des boulettes frites de pâte faites de farine, beurre, Emmental râpé, œufs et dés de mortadelle); le consommé aux diablotins (croûtons poudrés de Gruyère râpé et de cayenne et dorés au four); la soupe au fromage helvétique; les divers minestrones « alla genovese », « alla milanese », au riz; le potage Rossini (oignons, tomates en purée avec croûtons frits et Parmesan râpé); le potage à la rate du Nivernais; le potage aux raves (sur « soupes » de pain au Gruyère); le consommé napolitain aux raviolis; la soupe au pistou; la « Zuppa » pavese et la « Zuppa » aux légumes (choux, pois chiches, macaroni et Parmesan râpé); etc.

soupe au fromage. — C'est en quelque sorte la soupe à l'oignon. Ponchon* l'a rimée :

Je m'invite, n'en doutez pas,
Et j'en veux manger, de ce pas,
A pleine louche, à pleine écuelle...
Ne me regardez pas ainsi,
C'est ma façon habituelle.
La soupe à l'oignon, Dieu merci!
Ne m'a jamais porté dommage.
Ainsi, la mère, encore un coup,
Insistez, faites-en beaucoup,
Et n'épargnez pas le fromage.

Elle est prête?... Alors on s'y met.
Ô simple et délicat fumet!
Tous les parfums de l'Arabie
Et que l'Orient distilla,
Ne valent pas une roupie
De singe, auprès de celui-là.
Et puis!... Quel fromage énergique!
File-t-il, cré nom! File-t-il!
Si l'on ne lui coupe le fil,
Il va filer jusqu'en Belgique!

Mais c'est sous le nom de *soupe au fromage* qu'Alphonse Daudet, dans *les Annales*, rapportait ces délicieux souvenirs de jeunesse :

LA SOUPE AU FROMAGE

C'est une petite chambre au cinquième, une de ces mansardes où la pluie tombe droite sur les vitres à tabatière, et qui — la nuit venue, comme maintenant — semblent se perdre avec les toits, dans le noir et dans la rafale. Pourtant la pièce est bonne, confortable, et l'on éprouve en y entrant je ne sais quel sentiment de bien-être qu'augmentent encore le bruit du vent et les torrents de pluie ruisselant aux gouttières. On se croirait dans un nid bien chaud, tout en haut d'un grand arbre. Pour le moment, le nid est vide. Le maître du logis n'est pas là; mais on sent qu'il va rentrer bientôt, et tout chez lui a l'air de l'attendre. Sur un bon feu couvert, une petite marmite bout tranquillement avec un murmure de satisfaction. C'est un peu tard veiller pour une marmite; aussi quoique celle-là semble faite au métier, à en juger par ses flancs roussis, passés à la flamme, de temps en temps elle s'impatiente, et son couvercle se soulève, agité par la vapeur. Alors une bouffée de chaleur appétissante monte et se répand dans toute la chambre.

Oh! la bonne odeur de soupe au fromage!...

Parfois aussi le feu couvert se dégage un peu. Un écoulement de cendre se fait entre les bûches, et une petite flamme court sur le parquet, éclairant le logis par

Bergers et leurs troupeaux. *Compost et calendrier des bergers,* Guy Marchant, 1496. Gravure sur bois partiellement coloriée. Bibliothèque nationale, Paris.
Phot. Bibl. nat.

le bas, comme pour faire son inspection, s'assurer que tout est en ordre. Oui, ma foi! tout est bien en ordre, et le maître peut venir quand il voudra. Les rideaux d'algérienne sont tirés devant les fenêtres, drapés confortablement autour du lit. Voici là-bas le grand fauteuil qui s'allonge auprès de la cheminée; la table dans un coin, toute dressée, avec la lampe prête à allumer, le couvert mis pour un seul et, à côté du couvert, le livre, compagnon du repas solitaire... Et, de même que la marmite a un coup de feu, les fleurs de la vaisselle ont pâli dans l'eau, le livre est froissé aux bords. Il y a sur tout cela l'air attendri, un peu fatigué, d'une habitude. On sent que le maître du logis doit rentrer très tard toutes les nuits et qu'il aime à trouver en rentrant ce petit souper qui mijote, et tient la chambre parfumée et chaude jusqu'à son retour.

Oh! la bonne odeur de soupe au fromage!...

A voir la netteté de ce logement de garçon, je m'imagine un employé, un de ces êtres minutieux qui installent dans toute leur vie l'exactitude de l'heure du bureau et l'ordre des cartons étiquettes. Pour rentrer si tard, il doit avoir un service de nuit à la poste ou au télégraphe. Je le vois d'ici, derrière un grillage, en manches de lustrine et calotte de velours, triant, timbrant des lettres, dévidant les banderoles bleues des dépêches, préparant à Paris qui dort ou qui s'amuse toutes ses affaires de demain... Eh bien, non! Ce n'est pas cela. Voici qu'en furetant dans la chambre, la petite lueur du foyer vient éclairer de grandes photographies accrochées au mur Aussitôt l'on voit sortir de l'ombre, encadrés d'or et majestueusement drapés, l'empereur Auguste, Mahomet, Félix, chevalier romain, gouverneur d'Arménie, des couronnes, des casques, des tiares, des turbans, et sous ces coiffures différentes, toujours la même tête solennelle et droite, la tête du maître de céans, l'heureux seigneur pour qui cette soupe embaumée mijote et bout doucement sur la cendre chaude...

Oh! la bonne odeur de soupe au fromage!...

Certes, non! celui-là n'est pas un employé des postes. C'est un empereur, un maître du monde, un de ces êtres providentiels qui tous les soirs de répertoire font trembler les voûtes de l'Odéon et n'ont qu'à dire : « Gardes, saisissez-le! » pour que les gardes obéissent. En ce moment, il est là-bas dans son palais, de l'autre côté de l'eau. Le cothurne aux talons, la chlamyde à l'épaule, il erre sous les portiques, déclame, fronce le sourcil, se drape d'un air ennuyé dans ses tirades tragiques. C'est si triste en effet de jouer devant les banquettes! Et la salle de l'Odéon est si grande, si froide, les soirs de tragédie!... Tout à coup, l'empereur, à demi gelé sous sa pourpre, sent un frisson de chaleur lui courir par tout le corps. Son œil s'anime, sa narine s'ouvre... Il songe qu'en rentrant il va trouver sa chambre encore chaude, le couvert mis, la lampe prête, et tout son petit chez-lui bien rangé, avec ce soin bourgeois des comédiens qui se vengent dans la vie privée des allures un peu désordonnées de la scène... Il se voit découvrant la marmite, remplissant son assiette à fleurs...

Laitière, par L. Borgex, 1900. Bibliothèque nationale, Paris. *Phot. Lauros-Giraudon.*

Oh! la bonne odeur de soupe au fromage!...

A partir de ce moment, ce n'est plus le même homme. Les plis droits de sa chlamyde, les escaliers de marbre, la raideur des portiques n'ont plus rien qui le gêne. Il s'anime, presse son jeu, précipite l'action. Pensez donc! si le feu allait s'éteindre là-bas... A mesure que la soirée s'avance, sa vision se rapproche et lui donne de l'entrain. Miracle! l'Odéon dégèle! Les vieux habitués de l'orchestre, réveillés de leur torpeur, trouvent que ce Marancourt est vraiment magnifique, surtout aux dernières scènes. Le fait est qu'au dénouement, à l'heure décisive où l'on poignarde les traîtres, où l'on marie les princesses, la physionomie de l'empereur vous a une béatitude, une sérénité singulières. L'estomac creusé par tant d'émotions, de tirades, il lui semble, qu'il est chez lui, assis à sa petite table, et son regard va de Cinna à Maxime avec un bon sourire d'attendrissement, comme s'il voyait déjà les jolis fils blancs qui s'allongent au bout de la cuiller, quand la soupe au fromage est cuite à point, bien mijotée et servie chaude...

Enfin, Max Buchon, en 1879, lui dédiait cette chanson sur l'air de *la Bonne Aventure ô gué!*

Quand un Romain était las
De Falerne antique,
On dit qu'il prenait hélas!
Deux grains d'émétique.
Cette brave Antiquité
N'avait donc pas inventé
La soupe au fromage
O gué!
La soupe au fromage.

La marmite est sur le feu;
Mettez-y du beurre.
Ne craignez que le trop peu.
Et sitôt qu'il pleure
La farine et les oignons
Et de notre mieux soignons
La soupe au fromage, etc.

Les oignons bien fricassés,
Verser l'eau bouillante,
Et faire à son gré laissez
La flamme brillante.
Peu de sel, mais pas trop,
Et voilà partie au trot
La soupe au fromage, etc.

Au pain les plus beaux croûtons
Vite à la soupière
Par couches, ajoutons
Notre vieux Gruyère.
Pour le coup, versez-moi là
Votre marmite, et voilà
La soupe au fromage, etc.

Quels superbes filets blancs
La soupière grise
Fait rayonner de ses flancs,
Sitôt qu'on y puise!
Quel ineffable fumet
Lance, à notre nez gourmet,
La soupe au fromage, etc.

Ah! voyons laissons un peu
Souffler notre panse...
Buvons le coup du milieu,
Selon l'ordonnance...
A quoi bon se dépêcher?
Il faut d'abord ensacher
La soupe au fromage, etc.

Dieu! comme cela descend!
Qu'en dis-tu, compère?
Second service, à présent;
Les deux font la paire.
Je sens ma soif revenir,
Mais il faut d'abord finir
La soupe au fromage, etc.

Maintenant, le verre en main!
Certes, on peut bien boire,
Sans crainte du lendemain,
Quand de tout déboire
On est sûr d'être vainqueur
En s'appliquant sur le cœur
La soupe au fromage, etc.

SOUVIGNY (Bourbonnais). — Localité où l'on fabrique un fromage de vache, à pâte molle, et un Chevrotin.

Souvigny : l'église Saint-Pierre. XIe et XVe siècle. *Phot. J. Bottin.*

Sovietski (U. R. S. S.). — ***Vache.*** Pâte pressée issue de lait pasteurisé, c'est, en quelque sorte, le fromage officiel. Ces blocs rectangulaires de 50 cm sur 20 et pesant de 12 à 16 kg sont de goût piquant, de consistance plastique, avec des trous dans la pâte au bout de 4 mois de maturation.

Spalen ou **Spalenkäse** (Suisse). — ***Vache.*** Fromage à pâte cuite du type Emmental, mais très dur et fabriqué à l'origine dans le canton d'Unterwald. Il est également connu sous le nom de *Nidwaldner Spalenkäse* dans ce dernier canton. On en fabrique aujourd'hui dans d'autres régions de Suisse et dans les Alpes italiennes, où on l'appelle *Sbrinza* ou *Sbrinz de Raspa*.
Le Spalen tire probablement son nom, comme on l'a vu à l'article *Sbrinz**, de sa filiation tessinoise. Il est affiné, d'une texture granuleuse et d'une saveur forte rappelant celle de la noix, avec quelquefois des petits trous.
De 45 à 50 cm de diamètre sur 7,5 à 10 cm d'épaisseur, il peut peser de 12 à 20 kg. Complètement affiné, il est utilisé en râpé. Ses méthodes de fabrication varient ici et là, et il arrive qu'il soit préparé à partir de lait partiellement écrémé. Mais, d'une façon générale, après avoir été frotté au sel sur une période de 3 à 4 semaines, le Spalen est affiné plusieurs années. En hiver, on le frotte avec de l'huile, durant cet affinage qui peut atteindre 3 et 4 ans.
On fabrique du Spalen en Argentine et en Uruguay, mais il y est généralement appelé *Sbrinz.*

Spiced. — Nom générique des fromages épicés soit par l'adjonction d'épices en grains ou en poudre, soit par l'utilisation d'une huile extraite de telle ou telle autre épice.
Le Caraway, le Kuminost, le Pepato, etc., sont des Spiced. Nombre de ces Spiced sont d'origine scandinave et fort appréciés dans ces pays. Ce sont généralement des fromages à pâte dure. Aux Etats-Unis, où l'on apprécie également beaucoup les « Spiced », des standards fédéraux spécifient qu'ils ne peuvent qu'être fabriqués à partir de lait pasteurisé, ou bien être affinés pendant 60 jours à une température supérieure à 2 °C et renfermer au moins 42 g d'épices pour 45 kg de fromage.

Spitz ou **Spitzkäse** (Allemagne). — ***Vache.*** Sorte de Petit Limburger à pâte épicée (généralement de carvi) qui se présente sous une forme cylindrique ou rectangulaire et que l'on fabrique à partir de lait écrémé.

Spreads (Etats-Unis). — ***Vache.*** Crèmes diverses de fromage à tartiner, aromatisées... quelquefois même à l'ananas!

Stangen ou **Stangenkäse** (Allemagne). — ***Vache.*** Du type Limbourg. Il est fabriqué à partir de lait de vache partiellement écrémé et pèse 800 g.

Stanislavski (U. R. S. S.). — ***Vache.*** Hexaèdre à pâte ferme pesant 3 kg environ.

Steenvoorde (Flandre). — Important centre de fabrication fromagère : Edam, Gouda, Mimolette, Saint-Paulin.

Steinbuscher (Allemagne). — ***Vache.*** Fabriqué à l'origine (1860) à Steinbusch, en Brandebourg, ce fromage à pâte molle de 13 cm carrés sur 5 cm de haut ressemble au Romadour, avec une consistance interne semblable à celle du beurre.
Le lait utilisé doit être frais et de haute qualité. L'affinage, de 8 semaines (été) à 10 semaines (hiver), doit être réalisé à une température non supérieure à 14,5 °C; durant les 2 premières semaines, une couche de moisissure blanche se forme en surface.
Le Steinbuscher doit être alors lavé à l'eau salée et retourné fréquemment. Lorsque le développement de la moisissure atteint un niveau suffisant, on le frotte à sec et, en fin de traitement, on l'emballe dans du parchemin.

Stepnoï (U. R. S. S.). — ***Vache.*** On dit également *Steppe.* C'est un fromage à pâte dure, à partir de lait entier, fabriqué à l'origine en Russie par des colons allemands. On le trouve en U. R. S. S. sous forme de blocs carrés pesant de 12 à 16 kg, mais également en Autriche, en Allemagne et au Danemark sous forme de sphères aplaties pesant de 6 à 11 kg ou de rectangles pesant 5,9 kg.
Ceux-ci ont alors une saveur mielleuse et ressemblent, en plus doux, au Tilsit.

Stilton (Angleterre). — ***Vache.*** Il est à juste titre considéré comme le plus fin des fromages anglais et peut rivaliser avec les meilleurs des nôtres. Mieux, et sans paraître iconoclaste, on peut affirmer que certains Stiltons, bien traités et servis « en situation », valent trop de Roqueforts médiocres comme on en trouve aujourd'hui.
Fabriqué à l'origine, vers 1750, dans le Leicestershire, il n'atteignit à la réputation que lorsqu'on le fabriqua et le servit à Stilton, dans le Huntingdonshire. Il est désormais fabriqué dans d'autres régions d'Angleterre, et les Américains ont essayé à leur tour. Ils n'ont réussi qu'à proposer un ersatz, mais les meilleurs, de lait entier des vaches de race Shorthorn, sont ceux de Melton Mowbras, Hartwigton in the Dose Valley et de la Vale of Belvoir.
Le Stilton est un Bleu. Riche et mielleux tout en étant de saveur piquante, il est plus doux que le Roquefort et le Gorgonzola. Ses caractéristiques distinctives sont les veines étroites bleu-vert de la moisissure dans toute la masse du caillé

La Laitière. Gravure en couleurs. 1785. Bibliothèque nationale, Paris. *Phot. Lauros-Giraudon.*

et la croûte ridée comparable à celle d'un melon, qui résulte du séchage des moisissures et des bactéries se développant en surface. La texture ouverte et écailleuse de la pâte, dans le Stilton, conditionne favorablement le développement de la moisissure, de sorte qu'il n'est pas habituel ni utile d'y percer des trous comme on le fait dans le Roquefort et le Gorgonzola.

Le Stilton mesure ordinairement 20 cm de diamètre sur 20 à 30 cm d'épaisseur. Il peut peser de 5,4 à 6,6 kg, mais on en fabrique, ici et là, de plus petits et de plus gros atteignant 8 kg.

A l'origine, on ajoutait de la crème au lait entier, mais aujourd'hui on se contente d'un Stilton simple crème. Même ainsi le Stilton, par le miracle du *Penicillium roqueforti* (ou pour mieux dire du *Penicillium glaucum*), est un très grand fromage, après sa période de maturation allant de 4 à 6 mois. Mat. grasse, 55 p. 100.

Il faut le déguster à l'anglaise, avec un porto vintage, en fin de repas et sans les femmes. D'aucuns, décalottant le Stilton, y versent, chaque jour, précieusement, une ou deux cuillers de porto ou de sherry et, au bout d'une semaine, servent à la cuiller à soupe de larges et sublimes portions de ce chef-d'œuvre.

Stirred Curd (Canada). — ***Vache.*** Tire son nom de « caillé remué » du fait qu'au moment de l'expulsion du caillé celui-ci est constamment remué. Pour le reste, c'est un fromage assez doux, que l'on pourrait comparer au Colby* britannique.

Store (Canada). — ***Vache.*** Autre nom du Cheddar fabriqué au Canada.

Stracchino (Italie). — ***Vache.*** Nom générique appliqué à différents types de fromages fabriqués en Italie à partir de lait entier. Le plus connu est le Stracchino di Gorgonzola, mais il faut citer aussi le Stracchino di Milano et le Stracchino di Crescenza*, fromage gras à pâte molle et crue préparé à Pavie et à Milan, jadis fabriqué seulement en hiver, et, à présent, toute l'année.

Stresa (convention de). — Convention garantissant l'appellation de certains fromages à l'extérieur de leurs frontières. Elle fut signée par les pays suivants : Autriche, Danemark, France, Italie, Norvège, Pays-Bas, Suède et Suisse, à Rome, le 19 mai 1952.

Les fromages garantis par cette convention sont :

Roquefort	France
Pecorino Romano	Italie
Camembert	France
Brie	France
Saint-Paulin	France
Fontina	Italie
Asiago	Italie
Fiore Sardo	Italie
Provolone	Italie
Caciocavallo	Italie
Emmental	Suisse
Sbrinz	Suisse
Gruyère	Suisse et France
Gudbrandsdalsost	Norvège
Nökkelost	Norvège
Samsoë	Danemark
Maribo	Danemark
Danbo	Danemark
Svecia	Suède
Herrgards	Suède
Pinzgauer Bierkäse	Autriche
Gouda	Pays-Bas
Edam	Pays-Bas
Fromage de Leide	Pays-Bas
Fromage de Frise	Pays-Bas
Fynbo	Danemark
Elbo	Danemark
Tybo	Danemark
Havarti	Danemark
Danablu	Danemark
Marmora	Danemark
Ädelost	Suède

Styrie (Autriche). — ***Vache.*** Fromage de lait entier, cylindrique, préparé dans la province autrichienne dont il porte le nom.

Succia (Suède). — ***Vache.***

SUE (Eugène). — L'auteur des *Mystères de Paris* (1804-1857) fut aussi celui des *Sept Péchés capitaux.* Au chapitre de la gourmandise, il imagine un chanoine ayant perdu le boire et le manger, dépérissant, sauvé et ramené aux joies terrestres de la digestion par un mystérieux M. Appétit.

L'ordonnance de ce dernier consiste en un déjeuner épicurien dont voici le dessert :

« *Fromage de Brie de la ferme d'Estourville, près Meaux. Cette maison a eu, pendant quarante ans, l'honneur de servir la bouche de M. le prince de Talleyrand qui proclamait le fromage de Brie le roi des fromages (seule royauté à laquelle ce grand diplomate soit resté fidèle jusqu'à sa mort).*

Boire un verre ou deux de vin de Porto tiré d'une barrique trouvée sous les décombres du grand tremblement de terre de Lisbonne. Bénir la Providence de ce miraculeux sauvetage, et vider pieusement son verre! »

Suffolk (Angleterre). — ***Vache.*** Fromage folklorique et si dur qu'il est l'objet de mille plaisanteries. On dit de lui que les chiens n'osent même pas le mordre. Ou encore que la faim, qui peut faire avaler des pierres, se rebute devant lui. On l'appelle encore *Suffolk Bank* et il est originaire de ce comté célèbre tout à la fois par sa race de chevaux de trait et sa race de moutons à tête noire réputée.

Suisse. — V. *Petit-Suisse.*

Sulle Spalle (Suisse). — ***Vache.*** V. *Sbrinz.*

Suprême (Normandie). — ***Vache.*** Nom de fantaisie donné par certains commerçants parisiens spécialisés à un fromage triple crème du pays de Bray. En fait il s'agit d'un Excelsior* un peu affiné.

Surati (Inde). — ***Bufflonne.*** Il tire son nom de la ville de Surat, dans le district de Gujarat, province de Bombay. Originairement au lait de bufflonne, on en prépare aujourd'hui au lait de vache. C'est un fromage non coloré, caractérisé par le fait qu'il est affiné dans son sérum et ainsi transporté, dans de grands récipients de terre cuite, jusqu'au lieu de vente, après une quinzaine de jours.
De saveur aigrelette, il est réputé posséder de grandes vertus thérapeutiques.

SURGÈRES. — Chef-lieu de canton de la Charente-Maritime abritant une Ecole nationale d'industrie laitière.

Süssmilch (Allemagne). — ***Vache.*** V. *Wilstermarsch.*

Sveciaost (Suède). — ***Vache.*** Le fromage de Svecia, ou Sveciaost, est réservé à la consommation domestique. Fait à partir de lait entier, partiellement ou complètement écrémé, il accuse de grandes différences d'une fabrication à une autre, et cela d'autant plus que son caillé peut être, en outre, épicé.
Ce sont des fromages plats de 28 cm de diamètre sur 13 à 15 cm de haut, pesant de 11 à 15 kg environ. Au fur et à mesure de l'affinage (qui peut durer 4 mois), il sèche, se sale et devient d'un goût plus corsé, agressif même.

Swedish (Suède). — Désignation nationale, généralement suivie du genre du fromage : Swedish Gouda, Swedish Tilsit, Swedish Blue.

Sweet Curd (Etats-Unis). — Le mot signifie « caillé doux », et ce nom est aux Etats-Unis un terme générique pour certaines variétés de Brick, de Gouda et une sorte de Cheddar, plus humide et moins compacte.

Swiss (Suisse). — ***Vache.*** Fromage à pâte pressée du type Emmental dont le goût a été donné aux Américains par des émigrés helvétiques. La Suisse exporte outre-Atlantique la majorité des 50 000 t de sa production annuelle.

La Marchande de lait caillé.
« Lait caillé ni fromage à la pie
Ne sont pas bons au temps des roupies. »
Gravé par Nicolas Guérard. XVIIIᵉ siècle.
Musée Carnavalet, Paris.
Phot. Lauros-Giraudon.

T

Charles Maurice de Talleyrand-Périgord.
Phot. Larousse.

Taffelost (Scandinavie). — ***Vache.*** Fromage au sérum ressemblant au Mysost*, fabriqué dans toute la Scandinavie. Sa saveur est particulièrement accentuée.

Tafi (Argentine). — ***Vache.*** Fromage fabriqué à Tucumán. Il ressemblerait quelque peu au Cantal.

Taleggio (Italie). — ***Vache.*** Fabriqué à l'origine en Lombardie, dans la vallée du Taleggio, après la Première Guerre mondiale, c'est un fromage à pâte molle appartenant au groupe Stracchino*.
On ajoute une culture à du lait entier frais à 29 ou 32 °C. Au bout d'une demi-heure, le caillé est découpé en cubes gros comme une noix, raffermi, recueilli en toile, égoutté et mis en moule. Après démoulage et salage au sel sec, le Taleggio est affiné 2 mois environ entre 2 et 4 °C. Il se présente comme un parallélépipède rectangulaire de 20 cm au carré sur 5 cm de haut et pèse de 1,6 à 1,8 kilo. Mat. grasse, 48 p. 100.
De pâte jaune paille, de saveur douce et aromatique, le Taleggio est un bon fromage de table.

TALLEYRAND-PÉRIGORD (Charles Maurice de) [1754-1838]. — Les anecdotes abondent à propos de Talleyrand et de la table. Celui qui réclamait, plutôt que des instructions de son gouvernement, un chef français; celui qui eut Carême pour cuisinier; celui qui trouva avec élégance le moyen de présenter deux magnifiques turbots tout en n'en servant qu'un à ses invités, tenait à Vienne, lors du congrès qui ne fit pas que s'amuser, table ouverte.
On raconte que c'est au cours d'un dîner qu'il offrait à Metternich que la conversation aborda le chapitre des fromages. Un historien de Talleyrand, M. Frédéric Loliée, assure que le peintre Isabey (auteur du tableau connu des *Ministres européens en séance*) y assistait, avec d'autres sans doute, dont le comte de Viel-Castel.
Le représentant de la France soutint que le fromage de la Brie était le meilleur du monde. Ce ne pouvait être l'avis de lord Castlereagh, amateur de Stilton, du baron de Falk, ministre de Hollande et qui, comme tel, prônait le Limbourg. Et d'autres...
Quelques semaines plus tard, Talleyrand réunissait les ambassadeurs de toutes les nations, qu'il avait invités à faire venir, de leurs pays respectifs, le fromage de leur choix.
Cinquante-deux variétés furent ainsi rassemblées, et le jury, jury peu banal on l'avouera, décréta à l'unanimité la suprématie du Brie.
Et l'un des congressistes, devant cette royauté nouvelle, murmura, montrant Talleyrand : « C'est bien le seul roi qu'il ne trahira pas! »
Les fromages français, arrivés par courrier diplomatique, venaient de Villeroy, près de Meaux, et le fermier producteur en était un sieur Baulny. C'est à Villeroy que plus tard devait mourir et être enterré Péguy. (V. *Sue* [*Eugène*], lequel, lui, précise le nom de la ferme : Estourville.)
On sait que Metternich voulut sa revanche. Il l'eut avec le dessert. Les pâtisseries viennoises étaient renommées. Il demanda au célèbre Sacher de créer un gâteau : ce fut le Sacher Torte qui remporta à son tour tous les suffrages.

talmouse. — Très ancienne pâtisserie au fromage dont l'étymologie peut dériver de *talmelier,* « boulanger ». Mais il con-

vient de remarquer que recevoir une talmouse c'est aussi recevoir un coup sur la figure, de *taler,* « meurtrir », et *mouse* « museau ». Et que les talmouses se disaient aussi *casse-museaux.*
On trouve le mot, écrit *talemouse,* pour la première fois en 1398.
Les talmouses les plus célèbres furent celles de Saint-Denis.
Les habitants de Sarcelles venant voir l'archevêque de Paris, au XVIIIe siècle, en offrirent au digne prélat avec ce commentaire :

Des talmouses de Saint-Denis;
Vous vous portez fort bien aussi,
Comme on voit à votre frimouse
Qu'on prendrait pour une talmouse.

Des personnages de Balzac (dans *Un début dans la vie*) arrêtent la diligence à Saint-Denis pour y manger des talmouses.
Il en est différentes recettes. La première est celle du *Viandier :*

« Faites de fins fromages par morceaux carrés, menus comme fèves et parmi le fromage soient détrempés œufs largement, et mêlé le tout ensemble, et la croûte détrempée d'œufs et de beurre. »

Mais en voici une recette plus compréhensible :

TALMOUSES DE SAINT-DENIS

Mettre en terrine 250 g de fromage à la crème, même quantité de Brie ou de Camembert bien nettoyé, de façon qu'il soit complètement blanc, un peu de sel, 10 g de sucre et 20 g de fécule.
Ajouter 2 ou 3 œufs entiers et 2 jaunes.
Bien travailler le tout avec d'abord une fourchette, puis une spatule.
Lorsque la pâte est bien homogène, fouetter 2 blancs d'œufs en neige et les incorporer à la masse.
Garnir de cet appareil des tartelettes (pâte brisée) et cuire au four chaud.

Tamié (ou *Abbaye de Tamié*) [Savoie]. — ***Vache.*** Fabriqué par les trappistes de l'abbaye de Tamié, près du lac d'Annecy; c'est un Reblochon plus grand et supérieur.
Le lait, emprésuré lentement (et naturellement entier), donne naissance à cette pâte pressée non cuite, à croûte lavée, moins crémeuse que le Reblochon, mais plus parfumée.
Rond et plat, de 18 cm de diamètre sur 4 d'épaisseur, un Tamié pèse 1,2 kg. Il s'en fabrique de 30 à 50 t annuellement. Mat. grasse, 40 à 45 p. 100.

Tanag (Irlande). — ***Vache*** Pâte pressée que l'on ne fabrique plus guère au pays de l' « homme tranquille ».

Tandil (Argentine). — ***Vache.*** Fromage du genre Cantal.

Tanzenberger (Autriche). — ***Vache.*** Fromage du type Limburger* fabriqué en Carinthie.

Tarare (Lyonnais). — ***Vache.*** Fromage fermier à pâte molle fleurie, de lait écrémé partiellement. Généralement cylindrique, il mesure 8 cm de diamètre sur 2 de hauteur; 75 p. 100 de matière grasse.

Tardets (Pays basque). — ***Vache.*** Fromage de bergers de la région de Tardets-Sorholus, dans les Pyrénées-Atlantiques.

Tartare. — Nom de marque d'un fromage industriel à pâte molle, double crème, aromatisé à l'ail et aux fines herbes afin de relever son goût.

Tath (Irlande). — ***Vache.*** Fromage pratiquement disparu.

Tchanakh (U. R. S. S.). — ***Vache.*** Fromage saumuré du Caucase et de la Transcaucasie. On le prépare quelquefois avec du lait de brebis.

Teleme (Bulgarie). — ***Chèvre*** ou ***brebis.*** On l'appelle *Brandza* de Braila* en Roumanie. On en fait également en Grèce (il ressemble beaucoup au Feta* grec, d'ailleurs) et en Turquie. C'est un fromage dit « épicé ».
Il est de lait de brebis ou de chèvre, fabriqué par coagulation du lait frais à partir de présure. L'affinage dure de 8 à 10 jours, dans une saumure diluée, en tonneaux ou en récipients métalliques avec du sel entre les couches. Il devient blanc et crémeux.

Telpanir (Arménie). — Autre nom du Tschil*.

Terzolo (Italie). — ***Vache.*** Nom italien utilisé pour distinguer les fromages du type Parmesan* ou Grana* fabriqués pendant l'hiver.

Tête de Moine (Suisse). — ***Vache.*** (V. *Bellelay.*) On fabrique aussi, en Suisse, des fromages plus petits, meules cylindriques de 1 à 2 kg, à croûte brune, solide et rugueuse, riches en matière grasse, prêts à être consommés au bout de 6 mois, soit de septembre à mars, puisqu'ils sont fabriqués avec les laits riches de la saison d'été. Le format évolue vers une miniaturisation : le poids est

Des patez, des talmouses, toutes chaudes.
Gravé par Lebas, d'après Boucher.
Bibliothèque nationale, Paris.
Phot. Lauros-Giraudon.

Tête de Moine.
Phot. Ismand.

Brebis de race Texel et son agneau.
Phot. Lauros.

aujourd'hui de 500 à 700 g. Mat. grasse, 45 à 50 p. 100.

Tête de Mort. — Approximation pour « Tête de Maure ». Nom donné en France aux fromages de Hollande enrobés de paraffine rouge.

Texel (Hollande). — ***Brebis.*** Fromage pesant entre 1,350 et 1,800 kg, fabriqué dans l'île de Texel, en mer du Nord, au large des côtes de Hollande.

Thenay (Orléanais). — ***Vache.*** Fromage à pâte molle fleurie fabriqué dans ce village de Loir-et-Cher et ressemblant au Camembert.

Thionville (Lorraine). — ***Vache.*** Fromage maigre de consommation locale.

Thiviers (Périgord). — ***Chèvre.*** Petit fromage local du nom de son village natal, de la famille des Cabécous.

Thoissey (Bresse). — ***Chèvre.*** En forme de bouchon de bonbonne, ce chèvre local a dû abandonner son nom à la requête d'un fabricant local pour celui, générique, de *Bressan.*

Tholy. — V. *Récollet.*

Thônes (Savoie). — ***Vache.*** V. *Persillé de Thônes.*

THOUARS. — Capitale d'une région gourmande, le Thouarsais; on y termine les repas avec des fromages de chèvre locaux qui portent quelquefois ce nom. Ils viennent des alentours, et notamment d'Argenton-Château.

Thuringia Caraway Cheese (Allemagne). — ***Vache.*** Variété de Handkäse fabriquée en Thuringe, aromatisée au cumin.

Tibet (Tibet). — ***Yack.*** Fromage dur à râper, fabriqué au Tibet. Les fromages, suspendus par chaînes de 50 à 100, sont ainsi mis à sécher pour conservation.

Tignard (Savoie). — ***Vache*** et ***chèvre.*** Fabriqué autrefois à Tignes et à Val-d'Isère, ce fromage de vache ou de chèvre, à moisissures intérieures vertes, a tendance à disparaître, et c'est bien dommage.

Tillamook (Etats-Unis). — ***Vache.*** Variété de Cheddar* américain fabriquée dans l'Oregon.

Tilsit (U. R. S. S.). — ***Vache.*** En vérité, on pourrait tout aussi bien dire que le Tilsit est allemand, puisqu'il est né en Prusse-Orientale, autour de cette ville célèbre par le traité napoléonien et qui s'appelle aujourd'hui Sovietsk.
On ne dit pas, on ne dira jamais du Sovietsk, mais du Tilsit. Au surplus, on en fabrique maintenant sous ce nom en Allemagne du Nord.
Ce furent des immigrants hollandais qui amenèrent à Tilsit, il y a fort longtemps, cette fabrication d'un fromage à caillé plastique de dureté moyenne, de saveur douce et piquante, semblable à celle du Limburger*.
Habituellement cylindrique et plat, de 25 cm de diamètre sur 10 à 15 d'épaisseur, le Tilsit pèse environ 4,5 kg. On en fabrique aussi en pains rectangulaires.
Sa pâte est jaune pâle, tendre, semée souvent de petits trous ronds. Lorsqu'il est fabriqué à partir de lait pasteurisé, on y ajoute quelquefois des graines d'anis.
Fabriqué également en Europe centrale, le Tilsit est quelquefois appelé *Ragnit**.

Tilsit (Suisse). — ***Vache.*** C'est vers la fin du siècle dernier qu'un Helvète de Felben, en Thurgovie, ramena un échantillon du Tilsit prussien et décida d'en fabriquer. Il se nommait Wegmüller.
Le Tilsit suisse, en meule de 4 à 5 kg comme son homologue allemand, est, à mi-maturation, entreposé dans les caves des marchands, où il achève pendant quelques mois (3 à 5) de mûrir. De pâte tendre et de couleur dorée, de trous rares et réguliers, de goût délicat, il est sensiblement plus doux que son modèle originel. Mat. grasse, 45 p. 100.

A droite :
Tibet : troupeau de yacks au pâturage.
Phot. Rondière-Rapho.

tiropites. — Sorte de soufflé au fromage (cuisine grecque).

Toggenburger (Liechtenstein). — ***Vache.*** Fait de lait écrémé abandonné de 48 à 72 heures afin de cailler sans présure, sa maturation en cave froide dure de 6 à 9 mois. Sa pâte est blanche et granuleuse. Sa surface est une couche de matière grasse appelée *Speckschicht.*
On le consomme sur place, mais il s'en fait également en Suisse du côté de Saint-Gall et dans le district de Werdenberg. On l'appelle également quelquefois *Bloderkäse.*

Tomar (Portugal). — ***Brebis.*** Fromage local du type Serra*.

Tome ou **tomme.** — Ce mot s'applique à de nombreux fromages et d'un peu partout, quoique le plus souvent à ceux de Savoie. *Tome* est également le nom du Cantal* ou du Laguiole* au premier stade de leur préparation. Les Tomes, en général, offrent 45 p. 100 de matière grasse.

Tome des Allues (Savoie). — ***Chèvre.*** Pâte pressée non cuite, de fabrication montagnarde et consommée sur place de fin juillet à mars.

Tome d'Annot (Provence). — ***Chèvre.*** Fromage à pâte pressée non cuite.

Tome d'Arles (Provence). — ***Brebis.*** Fromage à pâte molle, aromatisé au thym pulvérisé et au laurier en feuilles.

Tome des Aravis (Savoie). — ***Vache.*** Variété produite dans le périmètre de fabrication des Reblochons, à pâte pressée non cuite. Bonne époque : de juin à mars.

Tome de Belley (Bugey). — V. *Chevret.*

Tome boudane (Savoie). — ***Vache.*** Nom générique des Tomes de ménage fabriquées en hiver, dans la basse montagne. Mat. grasse, 20 à 30 p. 100.

Tome de Brach (Limousin). — ***Brebis.*** Fromage à pâte persillée, du nom d'un hameau de Saint-Priest-de-Gimel. De plus en plus rare, on en trouve encore en mai et juin. On l'appelle également *Cailladas**.

Tome de Champsaur (Dauphiné). — ***Chèvre.*** Pâte molle fabriquée par les bergers de la haute vallée du Drac et celles qui sont adjacentes.

Tome de Combovin (Dauphiné). — ***Chèvre.*** Fromage à pâte molle.

Tome de Corps (Dauphiné). — ***Chèvre.*** Pâte molle légèrement pressée.

Tome de Crest (Dauphiné). — ***Chèvre.*** Fromage à pâte molle.

Tome fraîche (Auvergne et Rouergue). — ***Vache.*** Cantal ou Laguiole frais avec lesquels on fait l'aligot.
On dit aussi *Tome grasse,* ou encore *Tome d'aligot.*

Tome au marc (Savoie). — Les véritables Tomes au marc sont généralement préparées par les fermiers qui produisent en même temps du vin dans la vallée. Ils disposent, après la vendange et le travail de la vinification, des Tomes un peu séchées à cette intention en couches alternées avec du marc dans une futaille qu'ils bouchent à la terre glaise afin de provoquer une reprise de fermentation, et qu'ils consomment durant l'hiver. Saveur très forte, arômes puissants. Toute l'année. Mat. grasse, 20 à 40 p. 100.
Aucun rapport avec le Fondu au raisin, que l'on a présenté jadis comme Tome au marc et quelquefois encore comme Tome aux raisins.

Tome de Payerne (Suisse). — ***Vache.*** Variété de Tome vaudoise en ce centre traditionnel de fabrication de fromages de ce type. Aromatisée au cumin, la

À gauche : Tilsit.
Phot. Ismand.

Tome de montagne.
Phot. Établ. Riches-Monts.

Tomes de Savoie.
Phot. Volka-Atlas.

Tome de Payerne est moulée en pain rectangulaire. Mat. grasse, 50 p. 100.

Tome de Praslin (Savoie). — ***Chèvre.*** Fromage de la région de Courchevel, à pâte pressée non cuite et lavée.

Tome aux raisins (Savoie). — ***Vache.*** Il s'agissait d'un excellent fromage fermier ingénieusement aromatisé. Certains industriels s'en sont mêlés, qui présentent, le plus souvent, sous ce même nom de *Tome aux raisins,* un fromage fondu enrobé de déchets de gêne de marc torréfié.

Tome du Revard (Savoie). — ***Chèvre.*** Fromage à pâte pressée, non cuite. Mat. grasse, 30 à 40 p. 100.

Tome de Romans (Dauphiné). — ***Vache.*** Fromage à pâte molle. Autrefois au lait de chèvre. Mat. grasse, 50 p. 100.

Tome de Roure (comté de Nice). — ***Vache.*** Du village dominant la vallée de la Tinée, au lait non écrémé. Rare.

Tome de Saint-Marcellin (Dauphiné). — ***Vache.*** Fromage à pâte molle, autrefois au lait de chèvre, aujourd'hui au lait de vache.

En effet, bien que les producteurs s'en défendent, il est bel et bien vrai que les Saint-Marcellin d'autrefois étaient au pur lait de chèvre. Aujourd'hui, les troupeaux de chèvres ont émigré vers les hauteurs du Vercors voisin. Ne subsistent plus dans la vallée de l'Isère que des vaches tributaires des laiteries — nombreuses dans la région —, où l'on fabrique un fromage non dénué de charme, mais qui est devenu complètement différent de son modèle.

Tome de Savoie (Savoie). — ***Vache.*** Terme générique d'un fromage de lait de vache partiellement écrémé et dont le caillage à la présure dure en été 40 minutes. On découpe ensuite le caillé en petits morceaux de la grosseur d'un pois, on le brasse 30 minutes, on le laisse reposer 5 minutes et on le moule en retournant ces moules pour égouttage et salage des deux faces.

L'affinage dure d'abord un mois en cave chaude, puis plusieurs mois en cave humide et froide.

C'est un fromage non lavé, à croûte dure, relativement maigre, car sa fabrication se double toujours d'une fabrication de beurre fermier. Ainsi se trouve résolu, dans les montagnes, le problème de l'approvisionnement familial en beurre et en fromage. L'excédent est descendu par le producteur sur le marché et trouve un débouché dans la consommation locale.

Généralement cylindrique, de 20 cm de diamètre sur 12 de hauteur, la Tome de Savoie pèse 1,6 kg. Sa pâte jaunâtre, souple, sous une croûte à moisissures grises, rouges et jaunes, a un goût relevé, fort et subtil. Mat. grasse, 20 à 40 p. 100.

Dans les communes viticoles de plaine, il était autrefois coutume d'affiner lentement les meilleures Tomes de ménage dans du marc de raisin. C'était la Tome au marc. Complètement enrobé dans la masse, le fromage y prenait un arôme particulier non déplaisant. Cet heureux temps, hélas... (v. *Tome aux raisins*).

Naturellement, chaque village ou presque ayant son tour de main dans la préparation de la Tome ou étant fier de son troupeau, de la qualité de ses alpages, les Tomes prennent souvent le nom de leur origine. On distingue ainsi :

— la *Tome des Allobroges* (marque commerciale);
— la *Tome de Beaufort;*
— la *Tome de Bauges;*
— la *Tome de Bonneville;*
— la *Tome boudane* (fabriquée dans la haute Tarentaise);
— la *Tome de Pelvoux* (fabriquée dans les Hautes-Alpes).

Tome de Sixt. — ***Vache.*** Elle se mange très dure, après plusieurs années, et Curnonsky disait plaisamment qu'il faut l'attaquer à la hache.

On peut également inclure dans cette liste la *Tome grise,* générique de toutes les autres, et la *Tome au fenouil,* qui est une Tome de Savoie aromatisée au fenouil comme on peut l'imaginer.

La Tome a inspiré un poète inconnu :

On a chanté sur tous les tons
L'amour, le vin, le saucisson,
La femme avec tous ses attraits,
Eh bien moi, je vais vous chanter [aujourd'hui
La Tome.
Qu'elle soit d'ici ou bien d'ailleurs,
De Chevrières ou de Saint-Sauveur,
De Chatte ou de Saint-Marcellin,
Pour moi je l'aime toujours bien
La Tome.

Quand elle sèche dans le panier,
A la cave ou dans le grenier,
Elle n'intéresse pas encore bien
Parce qu'elle ne sent encore rien,
La Tome.
Ce n'est que plus tard en vieillissant
Qu'elle prend du goût en bleuissant

A force de prendre des bains
Dans l'eau-de-vie ou dans le vin
La Tome.

Et puis quand elle est dans le placard
Entre le pain et le lard,
Entre eux ils s'entendent bien
Parce qu'elle ne leur dit jamais rien,
La Tome.
Maison avec son air mutin
Il arrive qu'elle bouge les reins,
Et en lui coupant les flancs
On voit qu'elle a des habitants,
La Tome.

Certains disent qu'à ce moment
Elle régale bien des gourmands
Et qu'après un bon mâchon
Elle fait faire la digestion,
La Tome.
Mais quand elle est faite à ce point
Je conseille bien les jeunes gens
Pour embrasser votre fiancée
Faites attention de ne pas trop manger
De la Tome.

Tome vaudoise (Suisse). — ***Vache.*** Petits fromages ronds et plats de 100 g environ, fabriqués dans le canton de Vaud; maturation de 7 à 10 jours.
Pâte grasse, trois quarts grasse ou migrasse. Arôme doux. Quelquefois épicée au cumin. (V. *Tome de Payerne.*)

Tome du Vivarais (Vivarais). — ***Chèvre*** ou ***vache.*** Charles Forot, dans son beau livre *Odeurs de forêt et fumets de table*, en a chanté l'artisanale préparation :

Comment on fait la Tome en Bas-Vivarais.

Le Bas-Vivarais ne le cède en rien à notre montagne; on y fait du fromage de chèvre, ou « toummo », m'écrit Pimpanello. On passe le lait dans un « coulaire » (passoire dont la grille est remplacée par une toile de fil que l'on peut laver) : on le caille avec de la présure dans de grands pots appelés caillères; on obtient la « caillade », que l'on mange l'été à quatre heures. On le fait égoutter dans des moules de terre « lès escudello » à Vallon, « lès fesselo » à Saint-Montant. On tourne et on sale les Tommes. Une Tomme à demi sèche est une « toummo chalustro » : en mai, ces dernières sont excellentes.
Si vous saviez quelle place tient la Tomme dans les préoccupations des paysannes d'ici! Tout l'hiver elles gémissent : pas de lait — pas de Tommes! Mais dès que janvier revient, les premiers chevreaux naissent, et les femmes revivent!
On se hâte de vendre les chevreaux pour faire des Tommes : et quels soins il faut pour les réussir, bien au chaud, bien au doux, dans le coin de la cheminée; trop près, on les cuit (on les chenille); trop loin, le caillé ne prend pas.
Mais quelle fierté de vendre les premières Tommes de l'année, aussi froides, ma foi, que la neige encore présente, mais allez, ce sont bien celles du Bas-Vivarais qui sont les meilleures, fleurant les cent plantes parfumées de nos landes. Chère Pimpanello, les paysannes de notre Haut-Vivarais vont protester : et je sais qu'elles en caillent encore de grasses, veloutées au palais, délicieuses...
Tomme de vache; en salade; en « miquo ».

Il y a aussi la Tomme de vache, plus sèche, plus maigre, moins fine, que l'on fait avec le petit lait dont on a retiré la crème, une Tomme plus vite aigrelette, plus compacte, plus grossière peut-être, de cette grossièreté loyale du pain bis. Mais ne vous hâtez pas de la dédaigner. Elle était le régal des paysans de mon enfance. Ils la mangeaient avec des pommes de terre et des pissenlits ou de la doucette. Fraîche, elle fait une salade — oui, oui, une salade! — qui met en joie telle Parisienne de ma connaissance : essayez.
Prenez une Tomme de vache bien égouttée, pétrissez-la à la fourchette, avec de l'huile de colza — c'est la plus appréciée dans nos montagnes — ou de l'huile d'olive —, notre Bas-Vivarais en a d'excellente! — ou même si vous n'avez ni l'une ni l'autre, de la bonne huile d'arachide, assaisonnez abondamment avec vinaigre de vin, poivre gris et poivre rouge, une gousse d'ail râpée. Salez. Laissez reposer et servez avec des pommes de terre que vous avez dévêtues de leur robe et passées au four. C'est un mets puissant, tonique et simple. Sans doute, mais mon estomac! Ne vous affolez pas : essayez.
De la Tomme de vache on fait parfois « lo miquo », un « plat pagel », du patois miqua, *« griller ». « Vous cuisez à l'eau des pommes de terre, me confiait Paul Besson, de Sainte-Eulalie, vous les pelez, les écrasez chaudes dans un fromage de vache blanc, finement émietté, y ajoutez un peu de crème fraîche. Mélangez le tout et faites-en des boulettes de la grosseur d'une orange. Les roussir ensuite au four sur une tôle beurrée. Mais celle que j'ai mangée avait été cuite et dorée sur des braises, je l'ai trouvée délicieuse. »*

Topfen (Allemagne). — ***Vache.*** V. *Topfkäse.*

Topfenknödel. — Quenelles au fromage à la crème (cuisine austro-allemande).

Topfenpalatschinken. — Crèpes fourrées au Fromage blanc et au jambon (cuisine austro-allemande).

Topfenstrudel. — Gâteau au Fromage blanc (cuisine autrichienne).

Topfkäse (Allemagne). — ***Vache.*** Fromage de lait acide, à pâte cuite. On verse le caillé chauffé dans des pots de terre cuite *(Töpfe)*, d'où le nom de ce fromage cuit du type Cooked*. On dit aussi *Topfen.*

Tord (Yougoslavie). — ***Brebis.*** V. *Sir posny.*

Toscanello (Italie). — ***Brebis.*** Fromage à râper très dur fabriqué, comme son nom l'indique, en Toscane.

Touareg (Afrique). — ***Vache.*** Fromage de lait écrémé fabriqué par les tribus berbères d'Afrique du Nord et jusqu'au Tchad.
On utilise quelquefois de la présure pour coaguler le lait, et quelquefois aussi une préparation coagulant le lait, fabriquée à partir de feuilles de l'arbre appelé *kourourou.*
Le caillé mou est versé sur des paillassons, en couches très minces. Lorsqu'il est assez ferme pour conserver sa forme, on le place dehors au soleil pendant environ 10 jours ou près d'un feu pendant environ 6 jours.
On le retourne de temps en temps et, finalement, il devient très dur et sec. Il n'est pas salé.

Touchinski (U. R. S. S.). — ***Vache*** et ***brebis.*** Fromage saumuré du Caucase et de Transcaucasie. (V. *Ossetin.*)

Toucy (Nivernais). — ***Chèvre.*** En cette petite ville où naquit Pierre Larousse, on fait en très petite quantité ce fromage à pâte molle et à croûte naturelle.

Touloumisio (Grèce). — ***Vache.*** Fromage grec ressemblant au Feta*. Le caillé, qui est préparé de la même façon que dans la fabrication du Feta, est placé dans des sacs de peau. Lorsque le sérum est retiré, on sale le caillé sur des tables, puis on le place dans des barils de bois jusqu'à ce qu'il soit dur. Ensuite, on le lave bien et on le découpe en petits morceaux, qui sont placés dans les sacs de peau. On verse une saumure ou du lait dans les sacs pour recouvrir le caillé; on dit que le lait améliore la qualité du fromage. Les sacs de fromage sont placés dans un local froid pour l'affinage; ils sont ouverts de temps en temps pour permettre au gaz de fermentation de se dégager.

Toupin (Savoie). — ***Vache.*** Fromage laitier à pâte cuite lavée de la vallée d'Abondance. Cylindre plat de 8 à 20 cm de haut sur 20 cm de diamètre. Il pèse de 4 à 6 kg après affinage de 4 à 8 mois.

Tour Eiffel. — Nom de fantaisie attribué au fromage de chèvre de la région de Pouligny-Saint-Pierre, Fontgombault, Le Blanc, dans l'Indre, du fait de sa forme pyramidale élancée.

Tournon-Saint-Martin (Berry). — ***Chèvre.*** Rond et plat, du nom de ce petit village; il ne dépasse pas le cadre local.

Tournon-Saint-Pierre (Touraine). — ***Chèvre.*** Même chose que pour le Tournon-Saint-Martin. Mat. grasse, 45 p. 100.

Tourol (chèvrerie de). — Chèvrerie de M. Raulet, à Bonnac, en Ariège. Cet ami des choses bien faites préparait artisanalement d'admirables fromages de lait de chèvre, non salés, et d'une saveur qui tient à la qualité de l'élevage autant qu'à l'amour qu'il mettait à les préparer.
C'est grâce à des « fous » comme M. Raulet que tout espoir n'est pas perdu.

Tourolade. — Préparation des fromages de la chèvrerie de Tourol, dans l'Ariège. Envelopper des fromages très secs d'herbes et les faire griller sur braise douce. Mieux vaut procéder en plein air, car l'odeur forte qui se dégage est « prenante ». Mais le résultat est savoureux.

tourteau fromagé. — Un bulletin de la Société d'études folkloriques du Centre-Ouest nous apprenait, en 1967, que ce mets a pris naissance dans la région mothaise, à Lusignan. Par la Sèvre, il gagna La Crèche, Niort, se répandit dans la région de Brioux-sur-Boutonne, Melle, puis monta vers Poitiers en même temps qu'il descendait vers Ruffec. Permettant ainsi à Marie-Claire Lambert de rimer :

Appétissant, dodu, sous sa robe de bure,
Le tourteau fromagé du beau pays [mothais
A gagné les faveurs des exigeants gour-[mets
Quoique peu vaniteux de sa sobre [parure...

C'est dire aussi que les recettes sont multiples. En voici une :

RECETTE DU TOURTEAU FROMAGÉ

Faire une pâte brisée, la laisser reposer 20 mn, puis en garnir une tourtière de 24 cm de diamètre.
Cuire cette pâte à blanc, à four moyen, 6 mn. Délayer 250 g de fromage de chèvre frais bien égoutté avec 125 g de sucre, une pincée de sel, les jaunes de

5 œufs et 50 g de fécule de pomme de terre. Ajouter une larme de cognac.
Battre les blancs d'œufs en neige ferme. Les amalgamer à la préparation.
Verser le tout sur la pâte brisée et cuire à four moyen 45 mn.

Un peu du même style est le fromageou poitevin, dont voici la recette :

FROMAGEOU POITEVIN

Mélanger 300 g de Fromage frais de chèvre (ou à défaut de vache) avec autant de sucre en poudre et les jaunes de 10 œufs. Y ajouter les blancs battus en neige.
Beurrer et fariner un moule, y verser le mélange aux trois quarts et cuire à four d'abord doux puis chaud, 1 heure environ.

On fait aussi dans cette région un gâteau au Fromage blanc avec raisins de Corinthe, fruits confits et zestes de citron, qui est en quelque sorte un tourteau distingué.

Tracy (Nivernais). — ***Chèvre.*** Fromage comparable à ceux de Pouilly et de Sancerre.

Trang'Nat (Lorraine). — ***Vache.*** Fromage frais à pâte molle salée, poivrée et légèrement croûtée d'usage domestique.

Trappiste. — Nom générique des fromages fabriqués dans les diverses trappes : Cîteaux, Bricquebec, Mont des Cats, Sainte-Anne-d'Auray, Tamié, etc. (V. ces noms.) Il en existe également en Belgique.

Trappisten (Autriche). — ***Vache.*** Nom commercial d'un fromage autrichien, du genre Port-Salut. Il a son origine dans un fromage fabriqué en 1885 dans un monastère voisin de Banjaluka (en Bosnie, aujourd'hui Yougoslavie). On le fabrique dans divers monastères d'Allemagne méridionale et en Hongrie, Tchécoslovaquie, Yougoslavie. De pâte jaune pâle et de saveur douce, demi-tendre, mais affiné comme une pâte dure, il varie selon les processus de fabrication. Ordinairement au lait entier de vache, on y ajoute, en certains endroits, du lait de brebis ou de chèvre.
En Bosnie, il est mou et tendre; en Hongrie, plus dur. De même, la dimension varie ainsi que le poids, qui va de 1 200 g à 4,5 kg et plus.

Travnik (Albanie et Yougoslavie). — ***Brebis.*** Ordinairement fabriqué à partir de lait entier de brebis, ce fromage est quelquefois à base de lait écrémé, et l'on y ajoute du lait de chèvre. Il est, en Albanie, vieux de plus d'un siècle et était connu alors sous le nom d'*Arnautski Sir* ou d'*Arnauten.* Plus tard, sa fabrication s'est étendue à la Yougoslavie et singulièrement dans la plaine du Vlasic (on lui donne aussi quelquefois ce nom), et il porte à présent le nom de *Travnik,* qui est celui de la ville de Bosnie où se trouve le centre de sa fabrication.
Frais et de lait entier, le Travnik est tendre, presque blanc et de saveur douce et fort agréable.

Trébèche (« Trois-Cornes ») [Poitou]. — ***Brebis.*** Fromage triangulaire, d'où son nom qui vient du celtique *tri,* « trois », et *bézeck,* « pointe ». On écrit également *Trébesche, Trébiche* et on dit aussi *Frougnée* et *Frougnea* et *Sableau.* Dans les *Dialogues poitevins* de la ministresse Nicole (1665), on peut lire : « Premé qu'aué mangé lou crème et lou frougnes », et, dans les poésies patoises de l'abbé Gusteau : « Daux fromages à trébèche et fasus tout exprès. »
C'est dans la région de Fontenay-le-Comte et de Chaillé que l'on faisait ce fromage de lait de brebis, autrefois. Il n'en existe plus guère... Sa forme le fait aussi appeler *Trois-Cornes,* et *Sableau* ou *Aunis**, mais des anciens Trois-Cornes ne restent que les moules, et le fromage est aujourd'hui de lait de vache.

Trébiche. — Variante de *Trébèche.*

Trebolgiano (Argentine). — ***Vache.*** C'est le Reggiano* local. Meules de 25 kg environ, à croûte noire, à pâte jaune paille à trous. Affinage de 14 mois (Trebolgiano Chico) à 18 mois (Trebolgiano Grande).

Trecce (Italie). — ***Vache.*** Fromage à caillé plastique « tressé », d'où son nom. Ce petit fromage de « pasta filata », du type Caciocavallo* et Scamorze*, est à consommer frais.

triple. — Terme utilisé pour des fromages de grosseur supérieure : Triple-Bonde, Triple-Cœur, Triple-Crème, Triple-Aurore, etc.

Trois-Cornes. — V. *Sableau* et *Trébèche.*

Trönder (Norvège). — ***Vache.*** Gros fromage cylindrique (il pèse 14 kg) à pâte douce.

Non loin de l'abbaye bénédictine de Fontgombault, dont voici le cloître, se fabrique le fromage de chèvre pyramidal appelé Tour Eiffel.
Phot. Hinous-« Connaissance des Arts ».

Trôo (Orléanais). — ***Chèvre.*** Fromage fermier de la vallée du Loir, affiné dans de la cendre végétale.

Trouville (Normandie). — ***Vache.*** Variante recherchée du Pont-l'Evêque.

Troyes ou **Troyen** (Champagne). — ***Vache.*** Rappelant quelque peu un Camembert maigre et rustique, ce fromage au lait partiellement écrémé, à pâte molle fleurie, reste de consommation locale.
Fabriqué jadis à Barberey* (banlieue de Troyes), il était destiné à être cendré.

Truckles (Angleterre). — ***Vache.*** Variété de Wiltshire*.

truffade. — Suzanne Robaglia (qui publia sous le nom de Margaridou des recettes régionales), disparue en 1968, aimait à dire : « Ceux qui mangent la Fourme ne savent pas quelle vie ont les montagners, ces heureux mortels qui villégiaturent pour rien dans les plus beaux paysages où ils sont seuls tout l'été. Ceux qui mangent le fromage ne savent pas qu'il est l'œuvre de solitaires perdus dans la gentiane et l'airelle, d'hommes qui ont le courage de tout quitter pour suivre leurs vaches et faire le fromage dans le dû... »
C'est avec eux qu'il faut partager la truffade, selon la recette de Margaridou :

RECETTE DE LA TRUFFADE

Garnir une poêle bien glissante avec une vingtaine de petits lardons. Mettre la poêle au feu. Lorsque le lard est fondu, retirer les lardons et ajouter trois cuillers d'huile d'olive.
Couper 6 pommes de terre en tranches plates, les mettre dans la graisse, les poudrer de sel. Couvrir puis découvrir en remuant souvent et en les écrasant à la fourchette, cela pendant un quart d'heure.
Couper 200 g de Tome fraîche en minces lames. Mélanger ces lamelles aux pommes de terre, sur feu vif, et laisser dorer le mélange, sans le remuer.
Verser à l'envers sur le plat de service.

Tschil (U. R. S. S., Arménie). — ***Vache*** ou ***brebis.*** Fabriqués à partir de lait écrémé acide, ce sont des gâteaux salés et affinés dans des sortes de pétrins de bois durant 5 à 8 jours. Une fois affinés, ces fromages sont divisés et conditionnés en pots. On les appelle également *Leaf, Telpanir* et *Zwirn.*

Tuchinsk (U. R. S. S.). — ***Vache.*** Autre prononciation du Touchinski. (V. aussi *Ossetin.*)

Tulum (Turquie). — ***Chèvre.*** Fromage à pâte pressée, fort et piquant, affiné dans des peaux de chèvre ou de mouton, auxquelles il emprunte le nom et qui voudrait imiter le Roquefort. D'un blanc grisâtre tirant sur le jaune, friable, il est préparé à partir de lait écrémé.

Tvdr sir (Yougoslavie). — ***Brebis.*** Fabriqué en Serbie à partir de lait de brebis écrémé, il renferme des petits trous, est de saveur forte et ressemble en moins gras au Brick*.

Tvorog (U. R. S. S.). — ***Vache.*** Fromage de lait acide fabriqué par les fermiers russes et sur une grande échelle. Le lait est coagulé en endroit chaud pendant 24 heures. Le sérum éliminé, le caillé est mis dans des moules de bois et pressé. Le Tvorog est souvent utilisé pour la fabrication d'une sorte de gâteaux appelés *Vatrouchki.*

Twins (Etats-Unis). — ***Vache.*** V. *Cheddar.*

Tybo (Danemark). — ***Vache.*** Bloc de 2 à 3 kg du type Samsoë* et fabriqué dans la région de Thay.

Tykmaelk (Danemark). — Lait de vache aigre ou caillé, dont la cuisine danoise fait grand usage.

Tyrolien (Allemagne). — ***Vache.*** Fromage appelé aussi *Bleu de Rastadt.*

tyrosémiophiliste. — Autrement dit, collectionneur d'étiquettes de fromages.

Tybo.
Phot. Comité d'expansion des fromages danois.

U

Ulloa (Espagne). — ***Vache.*** Fromage de Galice du genre Perilla*.

Uni-Bresse. — Fromage industriel (v. *Pipo Crem*). Marque de laiterie coopérative.

Uri (Suisse). — ***Vache.*** Fromage à pâte dure de 20 à 30 cm de diamètre sur 20 d'épaisseur et pesant entre 9 et 18 kg. Il est fabriqué dans le canton helvétique d'Uri.

GRATIN DE NOUILLES AU FROMAGE D'URI (Uriner Käsesuppe)

Faire prendre couleur à 2 cuillerées à soupe de farine, dans 3 cuillerées de beurre. Mouiller avec 3 tasses de lait mêlé d'eau et laisser cuire 5 mn sans cesser de remuer. Ajouter 200 g de fromage d'Uri râpé et retirer du feu
Faire cuire « al dente » 500 g de nouilles. Battre 3 jaunes d'œufs. Y ajouter 2 cuillerées de la sauce blanche, puis verser le tout dans le reste de la sauce et remettre sur le feu pour chauffer sans cuire.
Retirer du feu. Ajouter les pâtes et 2 tasses de jambon en lanières, puis 3 blancs d'œufs battus en neige ferme. Mélanger. Verser dans un plat à gratin bien beurré et laisser dorer au four, à chaleur moyenne, une vingtaine de minutes.

Urseren (Suisse). — ***Vache.*** Fromage à saveur douce que les Italiens appellent *Orsera*.

U. R. S. S. (fromages d'). — Principaux fromages de l'Union soviétique : Altaïski, Aragatski, Armavir, Brynza, Dessertnyï-belyï, Dorobouski, Erevanski, Eriwani, Estonski, Gornyï, Gornyï Altaï, Karpatski, Kaunas, Kéfir, Kobiïski, Kostromskoï, Koubanski, Latviïski, Leaf, Lescin, Lou-

Paysage de Seelisberg, dans le canton d'Uri.
Phot. Onst-Swissair.

Fromages russes. *En haut, à gauche :* **Roquefort, et,** *à droite :* **fromages de Kalinie, de Smolensk, de Medynska.** *En bas :* **fromages pasteurisés en tubes et crèmes de Gruyère.** *Phot. A. P. N.*

bitelski, Maile, Maile Pener, Medynski, Mesitra, Moskovski, Motal, Novo-Oukrainski, Ossetin, Ouglitchski, Pochekhonski, Rossiïski, Severny, Slivotchny, Smolenski, Soulougouni, Sovietski, Stanislavski, Stepnoï, Tchanakh, Tilsit, Touchinski, Tschil, Tuchinski, Tvorog, Voljski, Vologodski, Yaroslavski, Youjnyï, Zakoussotchnyï, Zwirn. (V. à chacun de ces mots.)

Urt (Pays basque). — ***Vache.*** Autrefois fromage de bergers fabriqué dans ce village des Pyrénées, il a été remplacé par un fromage à pâte pressée non cuite, semblable au Saint-Paulin et fabriqué en laiterie industrielle. Mat. grasse, 40 à 50 p. 100.

BARQUETTES AU FROMAGE D'URT

Pour 6 personnes, faites bouillir un verre de bon vin blanc sec — picpoul ou autre — avec une échalote hachée très finement. Laissez réduire de moitié. Passez le vin et le laissez refroidir.
Préparez dans un saladier 6 œufs bien battus; incorporez-y 150 g de fromage d'Urt coupé en lamelles très minces, 125 g de beurre, une pincée de poudre de cannelle, un peu de sel, une prise de cayenne. Ajoutez le vin en remuant bien le mélange; mettez dans une casserole sur le feu et remuez constamment jusqu'à ce que la pâte soit devenue bien homogène. Versez-la dans des barquettes de pâte feuilletée (que vous aurez fait chauffer au four) et envoyez à table, brûlant, dans des assiettes chaudes.

usages de la table. — Si, à travers les âges, les usages de table ont maintes et maintes fois changé, il n'en reste pas moins que pour le service des fromages on doit changer et la fourchette et le couteau.
Les couteaux à fromage ont généralement des lames d'argent ou de métal inoxydable. Ils se présentent, comme les fourchettes, sur l'assiette à dessert. Evidemment, il convient de porter le fromage à sa bouche avec la fourchette. Mais c'est si bon, pour un morceau de Gruyère, de le manger « avec les doigts »! Alors, cela dépendra de l'ambiance et des autres convives.
On a dit qu'au restaurant il était inadmissible qu'un garçon coupe, du même couteau, un Roquefort, par exemple, et un Gruyère. Il en sera de même chez soi, et il faut garnir le plateau des fromages de suffisamment de couteaux pour que les invités n'aient pas à subir cette promiscuité d'un fromage doux et d'un fromage fort.
Faut-il râper la croûte ou la couper? C'est évidemment une question de fromage et aussi de goût. On racle un Camembert à point, on coupe la croûte d'un morceau de Comté. L'important est de le faire discrètement et de ne pas encombrer toute l'assiette de ces restes.

usine (fromages d'). — Qu'il soit entendu une fois pour toutes que l'auteur du présent ouvrage considère ces produits non comme des fromages, mais comme de simples nourritures terrestres. Et nécessaires, hélas! Du moins, le consommateur l'imagine-t-il.

V

Vacchino Romano (Italie). — Désigne les fromages Romano* au lait de vache.

Vachard (Auvergne). — Sorte de Saint-Nectaire rustique fabriqué dans le Puy-de-Dôme, à croûte grise à peine fleurie; il est peut-être son ancêtre. De forme variable, le Vachard est un fromage fermier pesant son kilo. Mat. grasse, 45 p. 100.

Vacherin (Suisse). — ***Vache.*** C'est le prince des fromages d'Helvétie, dont le Gruyère est roi. Mais on le rencontre sous trois formes : le *Vacherin à fondue* et le *Vacherin à main,* qui sont fribourgeois, et le *Mont d'Or,* en provenance des Juras.
Le Vacherin à fondue est fabriqué en hiver dans le canton de Fribourg. C'est un fromage à pâte dure, fait à partir de lait entier auquel on a ajouté du lait écrémé. Il se présente sous forme de meules de 7 à 12 kg.
C'est avec lui que l'on fait la fondue fribourgeoise, en mélangeant si possible du Vacherin mûr de deux meules différentes, et la fondue moitié-moitié.
Le Vacherin à main, fabriqué en automne dans les Alpes fribourgeoises, est de pâte plus tendre, presque fondante. En meules de même taille revêtues de gaze pour leur donner de la stabilité, il est prêt à la consommation au bout de 3 mois et pleinement mûr au bout de 5.
Le Vacherin Mont d'Or est, lui, une spécialité hivernale de la vallée de Joux et du Jura bernois et neuchâtelois. De pâte grasse crémeuse, d'un blanc tendre, avec une croûte rougeâtre et veloutée épaisse, il est d'un arôme fin et délicat. Prêt à la consommation au bout de 6 semaines, il devient coulant (de septembre à février), et les amateurs le dégustent à la cuiller. Il a une forme ronde et pèse de 300 g à 3 kg, en ses cercles d'écorce de sapin.

Vacherin (Savoie). — ***Vache.*** Fromage gras rappelant le Vacherin Mont d'Or. Sa croûte est cerclée d'écorce de sapin ou de merisier. Il est au mieux de sa forme d'avril à juin. Mat. grasse, 45 p. 100.
On distingue selon l'origine plusieurs variétés :
— le Vacherin d'Abondance*;
— le Vacherin des Aillons, du nom d'une vallée alpestre (v. *Bauges*);
— le Vacherin du Châtelard, du nom d'un canton alpestre (v. *Bauges*);
— le Vacherin des Dranses et Abondance;
— le Vacherin des Bauges (cerclé de bouleau; il est lavé de vin blanc et aromatisé).

Vacherin (Franche-Comté). — ***Vache.*** Fromage du Jura originaire du haut Doubs (ce dernier, fabriqué aux alentours de la forêt domaniale de la Joux, est quelquefois appelé *Vacherin de Joux*).

Val Berghe (comté de Nice). — ***Chèvre.*** Fromage de petite production de la haute vallée de la Roya. On le francise quelquefois sous le nom de *Valberg* ou de *Tome de Valberg.* Mat. grasse, 45 p. 100.

Val de Blore (comté de Nice). — ***Brebis.*** Pâte pressée non cuite fabriquée dans la haute vallée de la Tinée. Cylindre aplati de 4 à 5 kg, à croûte mince et soigneusement lavée. Mat. grasse, 45 p. 100.

Valençay (Berry). — ***Chèvre.*** Fromage en forme de pyramide tronquée, dont la croûte à moisissures bleues et blanches est parfois poudrée d'une fine poussière

Vacherin Mont d'Or.
Phot. Ismand.

Valençay.
Phot. Pierre Gun-Sopexa.

de cendre de bois. Affinage de 3 à 4 mois. Pâte onctueuse et jaune. Bonne epoque : d'avril à novembre. Mat. grasse, 45 p. 100.
On trouve à présent toute l'année des Valençays laitiers au lait de chèvre caillé congelé ou à la poudre de lait.

valeur alimentaire des fromages. — V. *diététique.*

Valréas. — V. *Picodon* de Valréas.*

Varella. — Fromage fabriqué dès l'an 1207 en Roussillon. En 1295, Perpignan était un grand centre fromager.

Varennes (Nivernais). — ***Chèvre.*** Fromage analogue à ceux de Tracy, de Pouilly et de Cosne.

Västerbottensost (Suède). — ***Vache.*** Fabriqué dans la province de Västerbotten, en Suède septentrionale, de la même façon que le Västgötaost, avec cette différence que le caillé, après avoir été chauffé, est brassé pendant une période prolongée pour être mis en moules une fois devenu très ferme. Ce fromage à maturation lente pèse une vingtaine de kilos. Son affinage dure de 8 à 12 mois, après quoi il acquiert un goût piquant prononcé.

Västgötaost (Suède). — ***Vache.*** Fabriqué dans la province de Västergötland, c'est un fromage à texture ouverte rappelant le Herrgårdsost*.

Vatel (Grand). — ***Vache.*** Fromage triple crème de la vallée du Morin, auquel certains fromagers parisiens ont attribué ce nom de fantaisie d'autant plus contestable que Vatel ne fut rien qu'un maître d'hôtel hypocondriaque et timoré. Le Grand Vatel fromage, par contre, est une bonne pâte douce et crémeuse, à croûte fleurie.

Vatrouchka (U. R. S. S.). — Gâteau fabriqué par les paysans russes à partir du *Tvorog**.

VAUDOYER (Jean-Louis). — Romancier, poète, essayiste, Jean-Louis Vaudoyer (1883-1963) fut un subtil gourmet. Dans son *Eloge de la gourmandise,* il n'a pas oublié le fromage :

« De tous les mets préparés par la main de l'homme et que la nature ne produit pas tels qu'on les mange, le fromage est celui qui évoque le plus fidèlement l'aspect et le tempérament des paysages où paissent les vaches, chèvres et brebis qui donnent le lait dont ce fromage est fait.
« Le Camembert est (présuré agressivement) une prairie normande; le Brie, vaste et plat, une plaine à basse ligne d'horizon circulaire; le Gruyère est creusé de grottes comme la montagne; les fromages de chèvre, dont l'écorce couleur de pierre porte de légères chinures vertes, c'est une garrigue où de vivaces plantes parfumées vagabondent sur un terrain de roches. Le Gorgonzola a la massive solidité du ciment romain. Connais-tu ce caillou comestible : le Chafsigre [c'est-à-dire le Schabzieger*], *que les bergers suisses emportent l'hiver sur les sommets et qui semble aussi aride, aussi stérile que la neige éternelle? »*

Venaco ou **Venacais** (Corse). — ***Chèvre.*** Fromage à croûte molle lavée, quelquefois de lait de brebis, fabriqué dans la plaine d'Aleria. Carrés, secs, ces fromages parfumés acquièrent une saveur puissante.

Vendôme bleu (Orléanais). — ***Vache.*** Fromage rond rappelant vaguement le Coulommiers. Il est quelquefois confit sous les cendres de sarments. Bonne époque : de septembre à juillet. Mat. grasse, 50 p. 100.

Vendôme cendré (Orléanais). — ***Vache.*** En cours d'affinage, placé dans la cendre de sarments de vigne; il est plus sec que le Vendôme bleu. Bonne époque : d'octobre à juillet. Mat. grasse, 50 p. 100.

Veneto (Italie). — ***Vache.*** Fromage du type Grana* ou Parmesan*, cylindrique et plat, de 20 à 40 cm de diamètre sur 13 à 20 cm d'épaisseur pour un poids de 11 à 27 kg. Sa surface est huilée et quelquefois de couleur foncée. L'intérieur est jaune verdâtre ou paille lorsqu'il est fabriqué au printemps. Affinage, 2 ans. C'est un fromage à saveur forte, voire amère, et très dur à râper.
Son nom (on l'appelle aussi *Venezza*) indique son origine : Venise et ses environs.

Ventoux (Vaucluse). — ***Chèvre.*** V. *Cachat d'Entrechaux* ou *de Malaucène.*

Vermenton (Bourgogne). — ***Chèvre.*** Petit cône de pâte molle à croûte naturelle. Mat. grasse, 45 p. 100.

Verneuil (Touraine). — ***Chèvre.*** De la forme du Sainte-Maure, mais uniquement de fabrication industrielle.

Vézelay (Bourgogne). — ***Chèvre.*** Bonne époque : de mai à septembre.

Vic-en-Bigorre (Bigorre). — ***Brebis.*** Fabriqué artisanalement dans les cabanes montagnardes des bergers de la région de Vic, principalement à Esbareich.

Vieux Lille. — Nom donné localement à une Mimolette française mûrie dans les caves lilloises. Très populaire dans le Nord, où il se déguste toute l'année.

Villalón (Espagne). — ***Brebis.*** Fromage à pâte molle des provinces de León, de Zamora, de Valladolid et de Palencia, sur une zone de plus de 400 000 ha dite « Tierra de Campos » (terre des champs). Les brebis sont d'une race dite « churra », à laine épaisse, et grande productrice d'un lait d'excellente qualité. On en a vu donnant 700 g de lait quotidien durant les 5 mois et demi de leur lactation.
Sa fabrication comprend : filtrage du lait dès qu'il arrive à la fromagerie, soit à l'aide d'un épurateur centrifuge, soit avec un filtre à pression; pasteurisation immédiate à 63 °C pendant une demi-heure; réfrigération à 30 °C et addition de 1 p. 100 de ferments sélectionnés.
La coagulation doit durer 1 heure, et elle est suivie par la division du caillé en morceaux de la grosseur d'une boîte d'allumettes. On laisse reposer 10 minutes; on met dans des moules métalliques que l'on garde pendant 24 heures dans un local à 12 °C. On retire les fromages du moule et on sale à raison de 2 p. 100 avec du sel fin et sec. On les place alors sur quelques tables formant gouttières, et on les laisse affiner pendant 10 à 12 jours.
Le Villalón se présente sous forme d'un cylindre allongé, ce qui l'a fait baptiser *Pata de Mulo* (« patte de mule »). C'est un fromage mou. En modifiant le salage, on obtient un fromage dur : le Cincho*, ou Campos*.

Villebarou (Blésois). — ***Vache.*** Petit fromage fermier à pâte molle et à croûte naturelle, fleurissant bleu et vendu sur des feuilles de platane.
Il est rond, de la dimension d'un Coulommiers, assez plat; sa meilleure saison est la fin du printemps, l'été et l'automne. Mat. grasse, 45 p. 100.

Villedieu (Normandie). — ***Vache.*** Cousin du Neufchâtel préparé à Villedieu, hameau du pays de Bray. Bonne époque : de juin à décembre.

Le site de Vézelay.
Phot. Reichel-Top-Réalités.

Ville-Saint-Jacques (Ile-de-France). — ***Vache.*** D'un format plus petit que le Brie de Melun habituel, il en a toutes les qualités. Mat. grasse, 45 p. 100.

Villiers-sur-Loir (Orléanais). — ***Chèvre.*** Sorte de chèvre du Vendômois préparé à Villiers-sur-Loir. Affiné dans la cendre et enrobé d'une feuille de vigne, il a porté souvent le nom de *Villiers-Vendôme.* (V. aussi *Trôo.*)
Le Villiers-sur-Loir, fermier à chair fine et lisse, est au mieux de mai à novembre.

vins. — *Accord des vins et des fromages.* L'accord des vins et des fromages? Sans doute ne nierons-nous pas qu'ils composent, ensemble, un « univers harmonique », un éventail de choix probablement unique. Mais encore faut-il ne pas en faire une servitude. Il est bon — dit quelque part M. Pierre Androuët à ce propos — de « donner libre cours à sa fantaisie ». Et il ajoute : « Les vins n'offrant pas chaque année un caractère identique; les fromages, suivant leur état d'affinage, ne possédant pas le même arôme ni la même consistance, les conditions matérielles de leur confrontation n'étant pas toujours placées sous le signe d'un même climat psychologique, ces « épousailles » sont à chaque fois différentes. »

C'est répondre, et bien, aux amateurs d'oukases.

Rien n'est plus subjectif que le choix d'un vin sur un fromage, et si l'on peut tracer quelques grandes lignes, avancer des « canons », encore ne sera-ce que pour multiplier les exceptions à toute règle.

La preuve en est que nous trouvons dans deux ouvrages fort sérieux deux tableaux sur les accords et qui, eux, ne s'accordent point! Du moins complètement.

L'univers « harmonique » des vins et des fromages. *Phot. Viller-Chenot.*

Le lecteur en trouvera les oppositions résumées à la page suivante.

Mais cela néanmoins est une indication. Tandis que ces tableaux précis — et sots! — où l'on apprend qu'avec l'Epoisses seul un Pommard peut faire l'affaire, que l'on pourra hésiter entre un Richebourg et un Corton avec le Soumaintrain — ne servent qu'à embrouiller les choses.

Ce qu'il faut dire avant tout, c'est, outre le goût personnel du dégustateur, que le vin (et mieux, nous dirons la boisson) du pays convient au fromage du pays. Parce que c'est la « nature des choses ». Le Camembert s'accommode parfaitement du cidre, le Munster de la bière (les fromages anglais également, d'ailleurs, et les allemands! et les belges!).

Donc, à chaque fromage son vin « frère », si vaches, brebis, chèvres ont poussé en même temps que la vigne. On obtient alors des propositions fort valables, comme par exemple : Ligueil, Amboise; Beaufort, Apremont; Comté, Arbois; Vendôme, Jasnières; Crottins, Chavignol; Pélardon, Saint-Péray; Reblochon, Seyssel; Les Riceys, rosé des Riceys.

Mais si le vin adéquat fait défaut? Il vaudrait mieux alors dresser un tableau plus complet des accords et des compensations.

Exemple : Crottins de Chavignol, Chavignol, Sancerre, Chablis, etc.

Cela n'empêchant point qu'un Beaujolais peut nous satisfaire avec les mêmes Crottins, malgré la règle formulée qu'un chèvre doit être arrosé d'un vin blanc!

Et nous pouvons bien nous satisfaire d'un Broccio sans vin de Corse, d'un Frinault sans Gris-Meunier, d'un Bleu d'Auvergne sans Châteaugay!

On a dit, on dit encore, aussi, que le fromage est un éperon à boire et un moyen de bien déguster le vin. Je pense le contraire. Eperon à boire, certes, surtout s'il est puissant. Mais alors il tue le vin! Il l'embellit avec trop de zèle, si vous préférez. Un reginglard médiocre devient, sur un Camembert, sublime, presque un grand vin, mais, Camembert aura beau faire, ce n'est là qu'illusion, et ce n'est pas, en fait, un grand vin.

Les vignerons, les négociants le savent bien qui, pour mieux vendre le pinard d'une récolte, d'une cuvée, ne manquent pas de servir, pour dégustation d'échantillon, du fromage.

On restera dans un juste milieu. On se laissera guider par le moment, le plaisir de l'occasion ou les possibilités de la cave.

Cet « univers harmonique », on le recher-

chera, pour le plaisir, à l'occasion, sans que la simple dégustation d'un fromage devienne un exercice de style... ou, malheureusement, un pensum !
Une place à part doit être faite au Roquefort (et en général aux Bleus, y compris le merveilleux Stilton). Là s'affrontent toujours les écoles, de l'anglaise qui propose le Porto (avec raison à notre sens, mais c'est aussi que le fromage, ici, devient un dessert), à la bordelaise qui prône les Sauternes, l'Yquem en premier lieu, en passant par les rouges de Bordeaux ou de Bourgogne, voire des Côtes du Rhône.
En vérité, choisissez hardiment et selon votre goût. Et laissez dire les « professeurs ».

pâtes sèches et pâtes cuites	vins blancs secs, rosés secs	vins blancs secs, vins rouges fruités
pâtes persillées	vins rouges fruités ayant de la sève	vins rouges légers
pâtes demi-dures	vins tendres et légers avec du bouquet, rosés et rouges; blanc sec	vins tendres, légers, fruités et secs, tant blancs que rouges et rosés
pâtes molles	vins rouges corsés mais souples, ou corsés, puissants avec plénitude	vins rouges séveux, vins rouges corsés
pâtes fraîches	tous les vins secs et légers, blancs et rosés; champagne	vins blancs et rosés, légers et fruités
pâtes fondues	vins de table honnêtes	tous les vins secs et légers
fromages de chèvre	crus locaux, blancs, rosés et rouges, gouleyants	tous les vins secs, fruités et légers, ainsi que les vins de pays de leur cru d'origine

Viota (Finlande). — ***Vache.*** Fromage fondu extrêmement crémeux.

viril. — Le fromage est-il viril? Oui, s'il faut en croire James de Coquet, qui constate :
« Les femmes sont, en général, insensibles à cette montée d'arpèges qu'est un fromage fait à cœur. Elles lui préfèrent ces produits crémeux, nourrissants et fadasses que l'on fabrique à l'intention des gens qui n'aiment pas le fromage et qui veulent en manger quand même. »

Viry. — Aujourd'hui accouplé à Châtillon, c'était autrefois un village. On y faisait un fromage à la crème que recommandait Grimod de La Reynière dans son *Almanach* (1806), fromage que l'on trouvait en dépôt chez M. Delaisse, épicier, 17, rue de la Monnaie.

VITRY-LE-FRANÇOIS. — Chef-lieu d'arrondissement de la Marne. On y fabrique des boîtes pour fromages.

Vize (Grèce). — ***Brebis.*** Petit fromage à pâte dure excellent pour râper.

Vlašić (Yougoslavie). — ***Brebis.*** V. *Travnik*.

Void (Lorraine). — ***Vache.*** Fromage local meusien en voie de disparition. Pâte molle à croûte lavée excellente en été et en automne. Mat. grasse, 40 à 45 p. 100.

Voljski (U. R. S. S.). — ***Vache.*** Blocs rectangulaires à pâte plastique et à croûte fine, pesant entre 2,5 et 3 kg. Goût piquant.

Vologodski (U. R. S. S.). — ***Vache.*** Fromage fumé en meules de 2 à 2,5 kg.

Volvet. En Hollande, fromages au lait entier ayant au moins 48 p. 100 de mat. grasse.

Vorarlberg (Autriche). — ***Vache.*** Fromage dur à partir de lait entier ou écrémé, gras, d'odeur et de saveur fortes.

Voves (Ile-de-France). — ***Vache.*** Fromage à pâte molle soit cendré, soit au foin. Mat. grasse, 40 p. 100.

WX

Walliser ou **Walliserkäse** (Suisse). — ***Vache.*** Fromages des vallées valaisannes, ressemblant un peu à l'Emmental.

Warsawski (Etats-Unis). — ***Vache.*** Imitation réussie d'un fromage polonais.

Warwickshire (Angleterre). — ***Vache.*** Fromage du comté de Warwick fort semblable au Derby*.

Washed Curd (Canada). — ***Vache.*** Le nom l'indique, il s'agit d'un « caillé lavé ». C'est un fromage semi-tendre, fabriqué un peu comme le Cheddar, mais dont le caillé est lavé une fois broyé et avant d'être salé. Cela donne un fromage doux et de médiocre conservation.

Weisslacker (Allemagne). — ***Vache.*** Ou *Weisslackerkäse.* C'est un cube pesant environ 1,5 kg, fabriqué à partir du lait écrémé du soir mêlé à celui du matin, en Bavière. Après un affinage de 3 mois en milieu frais et surtout humide, le Weisslacker est enveloppé de papier et laissé encore 1 mois avant d'être vendu à point. Il ressemble quelque peu au Limburger*. On l'appelle également *Bierkäse.*

Wensleydale (Angleterre). — ***Vache.*** Quelquefois vendu frais et blanc, comme il le fut durant la dernière guerre, il est plus souvent affiné, veiné de bleu et comparable au Stilton*. Frais, il a une fine saveur de miel. Fabriqué à partir de lait entier de vache, il fut à l'origine préparé dans un district du Yorkshire, dont il porta le nom.

Werder (Allemagne). — ***Vache.*** Fabriqué autrefois dans les fermes de Prusse occidentale, c'est un fromage de lait entier (l'été) et de lait partiellement écrémé (l'hiver), demi-tendre et ayant la forme du Gouda. Ses dimensions sont variables grandement, sa saveur, acide. Plus doux que le Tilsit, il est aussi plus humide.
On l'appelle également *Elbinger* et *Niederungskäse.*

West Friesan (Hollande). — ***Vache.*** Fabriqué dans la Frise occidentale à partir de lait écrémé, ce fromage est consommable au bout d'une semaine.

« Fabrication du fromage en Hollande. »
Gravure sur bois. XVIe siècle.
Bibliothèque nationale, Paris.
Phot. Lauros-Giraudon.

Westphalie (Allemagne). — ***Vache.*** On dit aussi *Fromage de lait acide de Westphalie.* Il appartient à la famille des Hand* Cheese. On ajoute au caillé placé dans une toile du sel, du beurre, des graines d'anis et du poivre. On moule à la main et on affine en cave fraîche et humide.

Wexford (Irlande). — ***Vache.*** Récent fromage irlandais.

Wilstermarsch (Allemagne). — ***Vache.*** Le Wilstermarscherkäse est un fromage du Schleswig-Holstein qui ressemble au Tilsit, mais, par sa fabrication, il vieillit plus rapidement. Sa saveur aigre est caractéristique. On l'appelle aussi *Holsteiner Marsch.* Il existe cinq types de fabrication de ce fromage :

1° le Rahm, fabriqué à partir de lait entier frais avec addition de crème;

2° le Süssmilch, fait avec du lait entier frais;

3° le Zweitzeitige, à partir d'un mélange de lait écrémé du soir et de lait entier matinal;

4° le Dreizeitige, fait d'un mélange de lait écrémé vieux de 24 heures, de lait écrémé vieux de 12 heures et de lait frais entier;

5° le Herbst, d'un mélange de lait écrémé de 36 heures, de lait écrémé de 24 heures, de lait écrémé de 12 heures et de lait frais entier.

Ces deux derniers sont consommés localement, la vente principale est celle du Zweitzeitige. Il est mis en vente au bout de 3 à 4 semaines. Il pèse environ 5 kg.

Wiltshire (Angleterre). — ***Vache.*** Sorte de Gloucester* préparé dans le Wiltshire, comme le Cheddar*, avec ou sans seconde cuisson. C'est une pâte dure à caillé doux semblable au Derby*. Une variété de 23 cm de diamètre sur 23 cm d'épaisseur porte le nom de *Truckles.*

Withania (Inde). — ***Vache.*** Fabriqué en Inde orientale. Son lait est coagulé avec une présure obtenue avec les baies du withania, qui lui donnent une saveur agréable s'il est affiné à point. Un affinage de trop longue durée lui confère une saveur âcre déplaisante.

C'est pour des raisons religieuses que la présure animale est remplacée par celle, végétale, du withania.

Woriener (Allemagne). — ***Vache.*** Comme son cousin le Brioler*, il tire son nom d'une localité de Prusse-Orientale et ressemble au Limburger.

X

Xaintray (Poitou). — ***Chèvre.*** On fabrique dans cette localité des Deux-Sèvres des fromages de chèvre, fermiers et industriels.

Femme portant un pot de lait. Miniature du manuscrit de Barthélemy l'Anglais, *Livre des propriétés des choses,* traduit par frère Jehan Corbechon. Parchemin. XVe siècle. Bibliothèque nationale, Paris. *Phot. Bibl. nat.*

Y

Yaourt (ou **Yogourt**). — Selon M. Camus, directeur des recherches à l'I. N. R. A., le Yaourt, ou Yogourt, est né, il y a certainement très longtemps, dans les Balkans et en Turquie d'Asie. C'était alors une fabrication uniquement fermière, réalisée à partir du lait de la ou des femelles laitières présentes à la ferme ou qui suivaient la tribu nomade (vache, jument, brebis, chèvre, bufflonne). Il porte des noms divers selon la nature du lait utilisé. Il s'agit toujours d'un lait fermenté, sans égouttage, ce qui le distingue du fromage.

Le lait, fraîchement trait, était soumis à une cuisson prolongée qui amenait son volume aux trois quarts, aux deux tiers ou même à la moitié de sa valeur primitive. Ainsi concentré, il était fortement pasteurisé : après refroidissement à une température supportable à la main, il était ensemencé avec du Yaourt de la veille ou du Yaourt sec, et on l'abandonnait dans une enceinte chaude jusqu'à coagulation.

L'étude des levains employés en Orient, souvent appelés *maya,* a été faite par divers auteurs, qui y ont mis en évidence la présence d'une flore microbienne abondante d'espèces différentes (moisissures, levures, diplocoques lactiques), mais avec une prédominance de deux espèces thermophiles, un streptocoque et un bacille lactique, très caractéristiques.

De tous les travaux entrepris sur ce sujet, une conclusion s'est imposée : seuls ces deux derniers ferments sont spécifiques du Yaourt et y ont leur utilité. Tout le reste n'est qu'impureté.

La législation française a d'ailleurs défini le Yaourt à ce point de vue (circulaire du 13 mai 1953) en disant qu'il s'agit « d'un lait coagulé exclusivement par fermentation lactique obtenue par ensemencement à l'aide de deux seuls ferments lactiques spécifiques, *Thermobacterium bulgaricum* et *Streptococcus thermophilus* ».

Thermobacterium bulgaricum... bulgare! Metchnikoff attribuait d'ailleurs la longévité et la bonne santé des Bulgares à l'usage constant du Yaourt, de même que pour les Turcs et les Arméniens. Dans ces pays, 15 p. 100 des habitants atteignaient 100 ans, contre 9 sur un million en Europe. En tout cas, il est incontestable que, depuis des siècles, le Yaourt a joué un rôle nutritif important. Gayelord Hauser note que son nom a la même signification dans tous les pays du monde.

À droite :
atelier de levain pour la fabrication des Yaourts, aux usines Chambourcy. *Phot. Larousse.*

Les Arméniens l'appellent *Matzoon,* les Yougoslaves *Kisselo mleko,* et leur ex-roi Pierre assurait que beaucoup de centenaires de son pays devaient leur longévité au Kisselo mleko. Les Russes mangent leur Yaourt avec du pain noir et en grande quantité. En France, on le nomme *Yaourt.* En Sardaigne, on l'appelle *gioddu,* aux Indes *dadhi,* en Egypte *benraib,* mais tous ces noms signifient la même chose : « longue vie ».

En France, c'est sous le règne de François Ier que le Yaourt fit une première — et fugace — apparition. En 1542, le souverain était tombé dans un état de langueur qui résista à tous les remèdes et, si l'on peut dire, à tous ses médecins habituels. Ayant appris par son ambassadeur auprès de la Sublime Porte qu'un médecin juif de Constantinople faisait des cures merveilleuses au moyen d'un lait de brebis préparé d'une certaine façon, il le fit venir auprès de lui. Le praticien vint à Paris, avec son troupeau, à petites journées. Grâce à ce lait fermenté préparé à la mode orientale, le roi guérit, mais le médecin ne voulut pas livrer son secret. Et, d'ailleurs, son troupeau ayant péri par suite des fatigues du voyage, il retourna seul en Orient.

On vend à présent, en France, des quantités considérables de Yaourt industriel, certains additionnés de sucre, de parfums, d'extraits divers, de colorants... « destinés, selon le mot de M. Camus, à faire apprécier le Yaourt à ceux qui ne l'aiment pas, mais à le faire détester de ceux qui l'aiment ».

On ne conseillera jamais trop au consommateur de faire lui-même son Yaourt. Rien n'est plus simple et moins onéreux. Le Yaourt peut ainsi devenir un assaisonnement des mets de première importance et de subtilité gastronomique. Voici, selon Gayelord Hauser, quelques recettes excellentes qui vous permettront de faire de délicieuses préparations.

COUPE DE FRUITS AU YAOURT

Placez alternativement une couche de fraises au miel, des tranches d'ananas et de bananes dans une coupe à glace, disposez entre chaque couche de fruits du Yaourt glacé. Décorez le tout avec une grosse fraise roulée dans du sucre roux et écoutez les louanges de vos invités.

YAOURT AUX FRAMBOISES

Mélangez une tasse de Yaourt épais avec une demi-tasse de compote de framboises ou la même quantité de jus de framboise. Glacez; avant de servir dans des coupes à glace, arrosez de miel.

BLINTCHIKI AU YAOURT

Préparez des crêpes minces et enduisez-les légèrement de confiture d'abricots ou de framboises; mélangez du fromage blanc avec du Yaourt fortifié, étendez ce mélange sur la confiture et roulez les crêpes. Placez-les à four modéré et faites cuire pendant 20 minutes. Servir chaud, après avoir garni chaque blintchik avec un peu de Yaourt au miel.

GOULASH AU YAOURT

Coupez une livre de veau en cubes. Faites fondre deux cuillerées à soupe de margarine dans une cocotte épaisse avec une cuillerée de thé de paprika. Ajoutez deux oignons émincés, dorés. Ensuite, roulez vos morceaux de viande dans la levure, salez et mettez dans la cocotte; quand la viande aura pris une belle couleur brune, fouettez une tasse de Yaourt et versez-le sur la viande. Couvrez la cocotte, laissez mijoter pendant 20 minutes.

Affichette pour une marque de Yaourt. *Phot. Larousse.*

Yaroslavski (U. R. S. S.). — ***Vache.*** Fromage à pâte ferme. De forme cylindrique, il pèse de 10 à 12 kg.

York (Angleterre). — ***Vache.*** Fromage fermier à partir de lait entier. Très doux, il doit se consommer sur place.

Youjnyï (U. R. S. S.). — ***Brebis.*** Fromage local caucasien.

Young America (Etats-Unis). — ***Vache.*** V. *Cheddar.*

Z

Zakoussotchnyï (U. R. S. S.). — ***Vache.*** Fromage fabriqué à partir de lait pasteurisé, ce simili-Camembert se vend après un mois de maturation.

Ziegenkäse (Allemagne). — ***Chèvre.*** Nom générique des fromages de chèvre, en Allemagne, en Suisse alémanique et dans d'autres pays de langue germanique.

Zieger. — Terme alémanique désignant une Recuite, notamment en Suisse.

Ziger (Italie). — Autre nom de la Recuite (Ricotta*) dans le haut Adige. Il vient du terme alémanique *Zieger.*

Zlatiborski sir (Yougoslavie). — ***Brebis.*** Fromage à la crème régional.

Émile Zola.
Phot. Nadar.

ZOLA (Emile). — Le romancier des Rougon-Macquart (1840-1902) a, dans *le Ventre de Paris,* consacré quelques pages au commerce B. O. F. qui méritent d'être données ici :

« Autour d'elles, les fromages puaient. Sur les deux étagères de la boutique, au fond, s'alignaient des mottes de beurre énormes; les beurres de Bretagne dans des paniers débordaient, les beurres de Normandie, enveloppés de toile, ressemblaient à des ébauches de ventres, sur lesquelles un sculpteur aurait jeté des linges mouillés; d'autres mottes entamées, taillées par les larges couteaux en rochers à pic, pleines de vallons et de cassures, étaient comme des cimes éboulées, dorées par la pâleur d'un soir d'automne. Sous la table d'étalage, de marbre rouge veiné de gris, des paniers d'œufs mettaient une blancheur de craie, et, dans les caisses, des clayons de paille, des bonbons posés tout à bout, des gournay rangés à plat, comme des médailles, faisaient des nappes plus sombres, tachetées de tons verdâtres. Mais c'était surtout sur la table que les fromages s'empilaient. Là, à côté des pains de beurre à la livre, dans des feuilles de poirée, s'élargissait un cantal géant, comme fendu à coups de hache; puis venaient un chester, couleur d'or, un gruyère, pareil à une roue tombée de quelque char barbare, des hollande ronds comme des têtes coupées, barbouillées de sang séché, avec cette dureté de crâne vide qui les fait nommer tête de mort. Un parmesan, au milieu de cette lourdeur de pâte cuite, ajoutait sa pointe d'odeur aromatique. Trois brie, sur des planches rondes, avaient des mélancolies de lunes éteintes; deux, très secs, étaient dans leur plein; le troisième, dans son deuxième quartier, coulait, se vidait d'une crème blanche, étalée en lac, ravageant les minces planchettes, à l'aide desquelles on avait vainement essayé de le contenir. Des port-salut, semblables à des disques antiques, montraient en exergue le nom imprimé des fabricants. Un romantour, vêtu de son papier d'argent, donnait le rêve d'une barre de nougat, d'un fromage sucré, égaré parmi ces fermentations âcres. Les roquefort, eux aussi, sous des cloches de cristal, prenaient des mines princières, des faces marbrées et grasses, veinées de bleu et de jaune, comme attaqués d'une maladie honteuse de gens riches qui ont trop mangé de truffes; tandis que, dans un plat, à côté, des fromages de chèvre, gros comme un poing d'enfant, durs et grisâtres, rappelaient les cailloux que les boucs, menant leur troupeau, font rouler aux coudes des sentiers pierreux. Alors commençaient les puanteurs; les mont-d'or, jaune clair, puant une odeur douceâtre; les troyes, très épais, meurtris sur les bords, d'âpreté déjà plus forte, ajoutant une fétidité de cave humide; les camembert, d'un fumet de gibier trop faisandé, les neuchâtel, les limbourg, les maroilles, les pont-l'évêque, carrés mettant chacun leur note aiguë et particu-

lière dans cette phrase rude jusqu'à la nausée; les livarot, teintés de rouge, terribles à la gorge comme une vapeur de soufre; puis enfin, par-dessus tous les autres, les olivet, enveloppés de feuilles de noyer, ainsi que ces charognes que les paysans couvrent de branches, au bord d'un champ, fumantes au soleil. La chaude après-midi avait amolli les fromages; les moisissures des croûtes fondaient, se vernissaient avec des tons riches de cuivre rouge et de vert-de-gris semblables à des blessures mal fermées; sous les feuilles de chêne, un souffle soulevait la peau des olivet, qui battait comme une poitrine, d'une haleine lente et grosse d'homme endormi; un flot de vie avait troué un livarot, accouchant par cette entaille d'un peuple de vers. Et, derrière les balances, dans sa boîte mince, un géromé anisé répandait une infection telle, que des mouches étaient tombées autour de la boîte, sur le marbre rouge veiné de gris...

« ... Le soleil oblique entrait sous le pavillon, les fromages puaient plus fort; à ce moment, c'étaient surtout le maroilles qui dominait; il jetait des bouffées puissantes, une senteur de vieille litière, dans la fadeur des mottes de beurre.

Puis, le vent parut tourner; brusquement, des râles de limbourg arrivèrent entre les trois femmes, aigres et amers, comme soufflés par des gorges de mourants...

« ... Et comme elles soufflaient un peu, ce fut le camembert qu'elles sentirent, surtout le camembert, de son fumet de venaison, avait vaincu les odeurs plus sourdes du maroilles et du limbourg; il élargissait ses exhalaisons, étouffait les autres senteurs sous une abondance surprenante d'haleines gâtées. Cependant, au milieu de cette phrase vigoureuse, le parmesan jetait par moments un filet mince de flûte champêtre, tandis que les brie y mettaient des douceurs fades de tambourins humides. Il y eut une reprise suffocante du livarot. Et cette symphonie se tint un moment sur une note aiguë du géromé anisé, prolongée en point d'orgue...

« ... Elles restaient debout, se saluant, dans le bouquet final des fromages. Tous, à cette heure, donnaient à la fois. C'était une cacophonie de souffles infects, depuis les lourdeurs molles des pâtes cuites, du gruyère et du hollande, jusqu'aux pointes alcalines de l'olivet. Il y avait des ronflements sourds du cantal, du chester, des fromages de chèvre, pareils à un chant large de basse, sur lesquels se détachaient en notes piquées les petites fumées brusques des neufchâtel, des troyes et des mont-d'or. Puis les odeurs s'effaraient, roulaient les unes sur les autres, s'épaississaient des bouffées du port-salut, du limbourg, du géromé, du maroilles, du livarot, du pont-l'évêque peu à peu confondues, épanouies en une seule explosion de puanteurs... »

Zomma (Turquie). — ***Brebis.*** Fromage du genre Katschkawalj fabriqué en Turquie, mais renfermant au moins 30 p. 100 de matière grasse.

Zweitzeitige (Allemagne). — ***Vache.*** V. *Wilstermarsch.*

Zwirn (U. R. S. S., Arménie). — ***Vache*** ou ***brebis.*** V. *Tschil.*

Le marché des fromages mous, aux Halles centrales de Paris, en 1905. Bibliothèque nationale, Paris. *Phot. N-D-Roger-Viollet.*

« Qui veut du lait, il est tout chaud. » Lithographie en couleurs de Schavonetti, d'après Wheattey. 1793. Recueil des *Cris de Londres.* Bibliothèque nationale, Paris. *Phot. Lauros-Giraudon.*

table des recettes

bibliographie

Les livres sur le fromage ne sont pas nombreux. En voici quelques-uns :

L'Aventure de Roquefort, par Henri Pourrat (éd. Caves de Roquefort, 1957).

Le Livre de l'amateur de fromage, par Raymond Lindon (Robert Laffont, éd., 1961).

Célébration du fromage, par Maurice Lelong, O. P. (Robert Morel, éd., au Jas du Revest-Saint-Martin, 1963).

Je connais tous les fromages, par Ch. de Frehan (Gérard, Verviers, 1964, Marabout Flash).

365 Fromages, par Pierre Androuët (Robert Morel, éd., au Jas du Revest-Saint-Martin, 1967).

Le Livre du fromage, par Christian Plume (Ed. des Deux Coqs d'or, 1968).

Le Guide des fromages, par Pierre Androuët (Stock, ed., 1971).

La Cuisine au fromage, par Céline Vence, Robert Courtine et Jean Desmur (Ed. Denoël, 1972).

Moi, le fromage et vous, par Hubert (Rustica).

Imprimerie Grafica Editoriale - Bologna - Dépôt légal: novembre 1973 - N° de série éditeur 14401 - Imprimé en Italie (Printed in Italy) - 506304 H - janvier 1988